이한우의 지인지감 06

이한우의
사기
6

이한우의 사기

6

세가(世家) 권43-권60

21세기북스

일러두기

1. 삼가주(三家注)는 원칙적으로 모두 번역하되 발음을 풀이한 것이 기존 발음과 같은 경우에는 대부분 생략했다. 또 중복되거나 지금 상황과 동떨어진 주는 생략했다.

2. 삼가주란 배인(裴駰)의 『사기집해(史記集解)』, 사마정(司馬貞)의 『사기색은(史記索隱)』, 장수절(張守節)의 『사기정의(史記正義)』를 뜻하며, 삼가주의 번역은 각주 앞에 각각 【집해(集解)】, 【색은(索隱)】, 【정의(正義)】로 표시해 구분했다.

3. 【 】표시로 시작하지 않는 주석은 옮긴이의 주이며, 삼가주와 다른 서체로 표기했다. 삼가주에 옮긴이의 주를 단 경우에도 마찬가지이다.

4. 발음 풀이 중에 간단한 것은 주(注)로 처리하지 않고 대부분 본문에 포함해 [○-○]이라는 식으로 표현했다. 또 역자가 뜻을 분명히 하기 위해 [○=○]이라는 표현을 쓰기도 했다.

5. 지나치게 미세해 지금의 독자에게 불필요한 주는 생략했고, 번역문에 녹였을 때는 따로 주(注) 표시를 하지 않았다.

6. 번역 원전은 인터넷사이트 '한천초려(漢川草廬)'를 기본으로 삼았다.

차례

세가(世家)

세가(世家)

권43

조세가(趙世家) 제13

권43 조세가(趙世家) 제13

조씨(趙氏)의 선조는 진(秦)나라와 공동 조상이다. 중연(中衍)에 이르러 제(帝) 태무(大戊)의 마부가 되었다. 그 후손 비렴(蜚廉)에게 두 아들이 있었으니 한 아들은 이름을 오래(惡來)라고 했는데 주왕(紂王)을 섬기다가 주(周)나라 사람들에게 살해되었고 그 후손이 진(秦)이 되었다. 오래의 동생은 계승(季勝)이라고 했는데 그 후손이 조(趙)가 되었다.

계승은 맹증(孟增)을 낳았다. 맹증은 주나라 성왕(成王)에게 총애를 받았으니 이 사람이 택고랑(宅皐狼)[1]이다. 고랑은 형보(衡父)를 낳았고, 형보는 조보(造父)를 낳았다.

조보는 주나라 목왕(繆王)에게 총애를 받았다. 조보가 준마 8마리[乘匹]를 얻자[2] 도림(桃林)[3]에서 도려(盜驪)·화류(驊騮)·녹이(綠耳) 등을 목왕에게 바쳤다. 목왕은 조보에게 마차를 몰게 하여 서쪽을 순수했는데, 서왕모(西王母)를 만나 즐겁게 놀다가 돌아가는 것을 잊었다[4]. 이때 서(徐)나라 언왕(偃王)이 반란을 일으키자, 목왕은 하루에 1,000리를 달리는 말을 타고 와서 서나라 언왕을 공격해 크게 깨트렸다[5].

마침내 조보에게 조성(趙城)을 내려주었으니[6] 이로 말미암아 조씨(趙氏)가 되었다.

---

1) 【집해(集解)】 서광(徐廣)이 말했다. "혹자가 말하기를, 고랑은 지명으로 서하(西河)에 있다고 했다."

2) 【색은(索隱)】 조보가 준마 8마리를 얻은 뒤 그 색을 보고 그 힘을 재어 훈련을 시켰다. 4마리를 아울러서 승(乘), 2마리를 필(匹)이라고 한다.

3) 【정의(正義)】 『괄지지(括地志)』에서 말했다. "도림은 섬주(陝州) 도림현에 있는데, 서쪽으로 동관(潼關)에 이른다. 『산해경(山海經)』에 이르기를 과보산(夸父山) 북쪽에 숲이 있는데 이름은 도림이라고 했고, 광활해 사방 300리인데 그 속에 말이 많았다. 조보가 여기서 화류, 도이 등을 얻어 주나라 목왕에게 바친 것이다."

4) 【색은(索隱)】 『목천자전(穆天子傳)』에서 이렇게 말했다. "목왕은 서왕모와 요지(瑤池) 가에서 술을 마시고 노래를 불렀다." 이것이 바로 즐겁게 놀다가 돌아가는 것을 잊었다는 것이다. 초주(譙周)는 이 일을 믿지 않았다.

5) 【색은(索隱)】 초주(譙周)가 말했다. "서 언왕은 초 문왕과 동시대 사람이니 주나라 목왕과는 시간적 거리가 멀다." 이 또한 실상이 아니라는 것이다.

6) 【정의(正義)】 진주(晉州) 조성현(趙城縣)이 바로 조보의 읍이다.

조보로부터 6세를 내려오면 엄보(奄父)에 이르는데, (자를) 공중(公仲)이라고 했고 주나라 선왕(宣王)이 융(戎)을 칠 때 마부[御]가 되었다. 천무(千畝)[1] 전투에서 엄보는 (위험에 빠진) 선왕을 탈출시켰다. 엄보는 숙대(叔帶)를 낳았다. 숙대 때 주나라 유왕(幽王)이 무도하자 주나라를 떠나 진(晉)나라로 가서 진나라 문후(文侯)를 섬겼으니, 비로소 진나라에 조씨 가문이 세워졌다.

1) 【정의(正義)】 『괄지지(括地志)』에서 말했다. "천무평원은 진주(晉州) 악양현(岳陽縣) 북쪽으로 90리에 있다."

숙대 이래로 조씨 집안[趙宗]이 더욱 크게 일어나서 5세를 지나 조숙(趙夙)을 낳았다.

진(晉)나라 헌공(獻公) 16년에 곽(霍)·위(魏)·경(耿) 나라를 칠 때 조숙은 장수가 되어 곽나라를 쳤다. 곽공(霍公)이 제(齊)나라로 달아났다. 진(晉)나라에 크게 가뭄이 들자, 점을 치니 "곽태산(霍太山)이 빌미[祟]가 되었다"라고 했다. (이에) 조숙을 시켜 제나라에 있는 곽나라 임금을 불러서 복위시켜주어 곽태산의 제사를 받들게 하니 진나라에 다시 풍년이 들었다. 진나라 헌공은 조숙에게 경(耿)[1] 땅을 내려주었다.

1) 【색은(索隱)】 두예(杜預)가 말했다. "경은 지금의 하동(河東) 피지현(皮氏縣) 경향(耿鄕)이다."

숙(夙)이 공맹(共孟)을 낳은 때는 노나라 민공(閔公) 원년에 해당한다. 공맹은 조최(趙衰)를 낳았는데, 자(字)는 자여(子餘)다[1].

1) 【색은(索隱)】 『계본(系本)』에서는 공명(公明)이 공맹과 조숙을, 숙(夙)은 성계(成季) 최(衰)를, 최는 선맹(宣盟) 순(盾)을 낳았다고 했다. 『좌전(左傳)』에 이르기를 최는 조숙의 동생이라고 했다. 그런데 이 「계가(系家-세가)」에 이르기를 공맹이 최를 낳았다고 했는데 초주(譙周)는 이를 착오일 뿐이라고 보았다.

조최가 진나라 헌공과 여러 공자 중에서 누구를 섬길지 점을 쳤으나 모두 길하지 않았다. 오직 공자 중이(重耳)를 섬기는 것에 대한 점괘만 길하다고 나와서 곧바로 중이를 섬겼다. 중이가 여희(驪姬)의 난 때문에 적(翟)나라로 도망치자, 조최가 그를 따랐다. 적나라가 장구여(薔咎如)를 쳐서 두 여자를 얻은 뒤에 그중 어린 여자를 중이의 처로 삼았고, 나이 든 여자를 조최의 처로 삼았으니, 조순(趙盾)을 낳았다.

애초에 중이가 진(晉)나라에 있을 때 (이미) 조최의 처가 조동(趙同), 조괄(趙括), 조영제(趙嬰齊)를 낳았다. 조최는 중이를 따라 망명했다가 19년 만에 나라로 돌아올 수 있었다. 중이가 진나라 문공이 되자 조최는 원대부(原大夫)가 되어 원성(原城)[1]에 살면서 국정을 맡았다. 문공이 나라로 돌아올 수 있었던 것과 패자(霸者)가 될 수 있었던 것은 대부분 조최의 계책 덕분인데, 이 이야기는 「진세가(晉世家)」에 실려 있다.

1) 【색은(索隱)】『좌전(左傳)』에 이르기를 "양왕(襄王)이 원성을 진 문공에게 내려주었는데 원이 불복했다. 문공이 원을 쳐서 신의를 보이니 원은 항복했다. 이에 조최를 원의 대부로 삼았다"라고 했으니, 바로 이것이다. 원은 본래 주나라 경기권 안에 있는 읍이다.

조최가 이미 진나라로 돌아오자, 진나라에 있던 아내는 적나라에 있는 아내를 데려오라고 굳게 요구했고, 그 아들 순(盾)을 후계자로 삼으니 진나라 아내의 세 아들은 모두 자기를 낮춰 순을 섬겼다.
진나라 양공(襄公) 6년에 조최가 졸하니 시호를 성계(成季)라고 했다.

조순이 성계를 이어 국정을 맡은 지 2년 만에 진나라 양공이 졸했는데, 태자 이고(夷皐)는 나이가 어렸다. 순은 이렇게 되면 나라에 어려운 일이 많을 것이라고 여겨서 양공의 동생 옹(雍)을 세우려고 했다. 옹은 이때 진(秦)나라에 있었기에 사신을 보내 맞이하려고 했다. (이에) 태자의 어머니[1]가 낮밤으로 엉엉 울면서 조순에게 머리를 조아리고 말했다.
"선군(先君-돌아가신 임금)께 무슨 죄가 있기에 그의 적자를 내버리고 따로 임금을 구한단 말인가요?"
조순이 이를 걱정했고 또 양공의 종친과 대부들이 자신을 습격해 죽일까 두려워서, 마침내 결국 태자를 (임금으로) 세우니 이 사람이 영공(靈公)이다. 이어 군대를 발동해서 진(秦)나라로 양공의 동생을 맞이하러 보냈던 자들을 막았다. 영공이 이미 세워지고 나자, 조순은 더욱 국정에 전권을 행사

했다.

1) 【색은(索隱)】 목영(穆嬴)이다.

영공이 세워진 지 14년이 되자 갈수록 교만해졌다. 조순이 여러 차례[驟=數] 간언했으나 영공은 듣지 않았다. (하루는) 곰 발바닥 요리[熊蹯]를 먹는데 고기[胹]가 제대로 익히지 않았다고 해서 요리사[宰人]를 죽이고는 그 시체를 들고 나가게 했는데, 조순이 그 장면을 보았다. 영공이 이 때문에 겁을 먹고 순을 죽이려고 했다. 그러나 평소부터 어질고 다른 사람을 사랑했던 순은 일찍이 뽕나무 아래에서 굶주리던 사람에게 먹을 것을 주어 살린 적이 있었는데, (이 사람이) 도리어 순을 보호하고 구해줌으로써 순은 달아날 수 있었다. (조순이) 아직 국경을 나가기 전에 (조순의 사촌 동생) 조천(趙穿)이 영공을 시해하고 양공의 동생 흑둔(黑臀)을 세웠으니, 이 사람이 성공(成公)이다. (이에) 조순은 다시 돌아와 국정을 맡았다. 군자가 순을 기롱해[譏=責] 말했다.

"정경(正卿)이 되어 달아나면서 국경을 넘지 못했고, 또 돌아와서는 역적을 토벌하지도 않았다."

이 때문에 태사(太史)는 (역사를 기록하며) "조순이 자기 임금을 시해했다[弑]"라고 적었다. 진(晉)나라 경공(景公)[1] 때 조순이 졸하니 시호를 선맹(宣孟)이라고 했고, 아들 삭(朔)이 뒤를 이었다[嗣=繼].

1) 【색은(索隱)】 성공(成公)의 아들이며 이름은 거(據)다.

조삭은 진나라 경공 3년에 진나라의 하군(下軍)을 거느리고 정나라를 구원하러 가서 초나라 장왕과 황하가에서 싸웠다. 조삭은 진나라 성공(成公)의 누나를 취해 부인으로 삼았다.

진나라 경공 3년에 대부 도안고(屠岸賈)가 조씨들을 없애려고 했다. 애초에 조순이 살아 있을 때, 꿈에서 숙대(叔帶)가 허리[要=腰]를 붙잡고 곡을 했는데 심히 슬펐고 얼마 뒤에 웃으면서 박수를 치고 또 노래까지 부르는 것을 보았다. 순이 점을 쳐보니 (거북 껍데기의) 균열이 끊어졌다가 뒤에 좋아지는 조짐이었다. 조나라 사관 원(援)이 점을 쳐보니 점괘는 다음과 같았다.

"이 꿈은 매우 나쁜데, (재앙이) 그대 몸이 아니라 마침내 그대 아들에 미치게 되겠지만, 그러나 또한 당신의 허물입니다. 손자에 이르면 조씨 집안은 장차 대대로 더욱 쇠약해질 것입니다."

도안고란 자는 처음에 영공에 총애를 받았다가 경공에 이르러서는 고는 사구(司寇)가 되었는데, 장차 난을 일으키려고 하여 마침내 영공을 시해한 역적을 다스린다면서 조순까지 옭아 넣으려고 여러 장수에게 두루 알리면서 말했다.

"순은 비록 몰랐다지만 오히려 그는 역적의 수괴다. 신하가 임금을 시해했는데, 자손이 조정에 있으면 어찌 죄를 다스리겠는가? 주살할 것을 청한다."

한궐(韓厥)이 말했다.

"영공이 역적의 난을 만났을 때 조순은 밖에 있었기 때문에 우리 선군께서는 무죄라고 여겨서 주살하지 않았소. (그런데) 지금 여러분이 장차 그 후손을 죽인다면 이는 선군의 뜻이 아니고 함부로 주살하는 것이오. 함부로 주살하는 것을 일러 난(亂)이라고 하오. 신하가 큰일을 하는데도 임금이 그 일을 듣지 못했다면 이는 임금을 업신여기는 것[無君]이 되오."

도안고가 듣지 않았다. (이에) 한궐이 조삭에게 서둘러 도망치라고 했다. 삭은 기꺼이 응하지 않으면서 말했다.

"그대가 반드시 조씨 가문의 제사가 끊어지지 않게만 해준다면 이 삭은 죽어도 여한이 없소."

한궐은 이를 받아들이고서 병을 핑계로 집 밖을 나가지 않았다. 고는 (경 공에게) 청하지도 않은 채 자기 마음대로 여러 장수와 함께 하궁(下宮-후궁) 에서 조씨을 공격해 조삭, 조동(趙同), 조괄(趙括), 조영제(趙嬰齊)를 죽이고 일족을 모두 없앴다.

조삭의 아내는 성공의 누나로 유복자를 임신 중이었는데, 경공의 궁으 로 달아나 숨었다. 조삭의 문객 중에 공손저구(公孫杵臼)라는 사람이 있었 는데 저구는 삭의 친구 정영(程嬰)에게 말했다.

"(당신은) 어째서 아직 죽지 않는가?"

정영이 말했다.

"삭의 부인이 유복자를 임신 중이라, 만일 다행히도 사내아이를 낳으면 내가 그를 받들 것이고 딸을 낳는다면 나는 천천히 죽을 뿐이오[1]."

얼마 뒤[居無何] 에 삭의 아내가 몸을 풀었는데[免身] 사내아이를 낳았 다. 도안고가 이를 듣고는 궁중을 수색했다. 부인이 아기를 속바지[綺] 안에 감추고는 기도하며 말했다.

"조씨 집안이 망하려거든 네가 큰 소리로 울고, 만일 망하지 않으려거든 아무 소리도 내지 말거라!"

수색을 마칠 때까지 아기는 끝내 아무 소리도 내지 않았다. 이미 위기에 서 벗어나게 되자 정영이 공손저구에게 말했다.

"지금 한 번 수색에서는 찾아내지 못했지만, 뒤에 틀림없이 또다시 뒤지 게 될 것인데 어쩌면 좋겠소?"

공손저구가 말했다.

"고아를 기르는 일과 죽은 일 중에 어느 쪽이 어렵소?"

정영이 말했다.

"죽는 것이야 쉽지만, 고아를 기르는 일은 어려울 뿐이오."

공손저구가 말했다.

"조씨의 선군께서는 그대를 두텁게 대우했으니, 그대는 어려운 일에 힘쓰고 나는 쉬운 일을 맡아서 먼저 죽길 청하오."

마침내 두 사람이 모의해 다른 사람의 아이를 구해서 등에 업고 화려한 무늬가 있는 강보에 씌워 산속에 숨겼다. 정영이 산에서 나와서 장군들에게 거짓으로[謬] 말했다.

"저는 불초해서 능히 조씨 고아를 기를 수 없습니다. 누가 내게 천금을 준다면 조씨 고아가 있는 곳을 말해주겠습니다."

장군들은 모두 기뻐하며 허락하고는 군사를 내어 정영을 따라가서 공손저구를 공격했다. 저구도 거짓으로 말했다.

"소인이로구나, 정영아! 지난날 하궁의 난에서 죽지 않고 나와 모의해 조씨 고아를 숨겼더니, 지금 나를 팔아먹는구나. 아무리 기를 수 없기로서니, 차마 팔아먹을 수 있단 말인가!"

아이를 끌어안고 외치며 말했다.

"하늘이시여, 하늘이시여! 조씨 고아에게 무슨 죄가 있습니까? 청컨대 저 아이를 살리시고 오직 이 저구만 죽이소서!"

장군들은 이 청을 받아들이지 않고 드디어 저구와 고아를 죽였다. 장군들은 조씨 고아가 정말로[良=誠] 죽은 줄 알고 모두 기뻐했다. 그러나 진짜 조씨 고아는 도리어 살아 있었으니, 정영은 결국 고아와 함께 산속으로 들어가 숨었다.

1) 딸이 태어나면 그때 가서 죽겠다는 말이다.

15년이 흘러 진(晉)나라 경공(景公)이 병이 들어 점을 쳐보니 대업(大業-조씨의 선조 고요)의 후손이 제사를 지낼 수 없게 된 것이 빌미[祟]라고 했다. 경공이 한궐에게 묻자, 조씨 고아가 살아 있다는 것을 아는 궐이 말했다.

"대업의 후손이 진(晉)나라에서 제사가 끊긴 것은 아마도 조씨일 것입니다. 무릇 중연(中衍) 이래로, 후손들은 성이 모두 영성(嬴姓)입니다. 중연은 사람 얼굴 모양에 입이 새 부리[鳥嘴] 같으며 인간 세상에 내려와 은나라 제(帝) 태무(大戊)를 보좌했는데, 후손들은 주나라 천자에 이르러 모두 밝은 다움[明德]이 있었습니다. 그 후에 유왕(幽王)과 여왕(厲王)이 무도하자 숙대(叔帶)가 주나라를 떠나 진(晉)나라에 와서 선군(先君-돌아가신 임금) 문후(文侯)를 섬겼고 성공(成公)까지 대대로 공을 세우면서 일찍이 제사가 끊어진 적이 없었습니다. 그런데 지금 오직 우리 임금께서 조씨 집안을 없애는 바람에 나라 사람들이 슬퍼하니, 그래서 그것이 거북 껍데기 점과 시초점에 나타난 것입니다. 부디 임금께서는 이 점을 잘 생각하소서[圖=思]."

경공이 물었다.

"조씨 집안에 아직도 뒤로 자손이 있는가?"

한궐이 실상을 다 갖춰 고했다. 이에 경공은 마침내 한궐과 모의해 조씨 고아를 세우기로 하고서 그를 불러다가 궁중에 숨겼다. 여러 장군이 병문안을 위해 입궐하자 경공은 한궐의 군사를 이용해 장군들을 위협해서 조씨 고아를 만나보게 했다. 조씨 고아의 이름은 무(武)였다. 여러 장군은 어쩔 수 없어서[不得已=不獲已] 마침내 이렇게 말했다.

"지난번 하궁의 난은 도안고의 짓으로, 임금의 명을 고쳐 아울러 여러 신하에게 명령한 것입니다. 그런 것이 아니었으면 누가 감히 난을 일으키겠습니까? 임금의 병이 아니었더라도[微] 여러 신하는 진실로 조씨의 후손을 세울 것을 청하려고 했습니다. (그런데) 지금 임금께서 명하시니, 그것은 곧 저희 신하들의 바람입니다."

이에 조무(趙武)와 정영을 불러서 여러 장군에게 두루 돌아가며 인사를 하게 했고 드디어 장군들은 정영·조무와 함께 도리어 도안고를 공격해 일족을 멸했다. (경공은) 조무에게 원래의 땅과 읍을 회복시켜주었다.

조무가 관례(冠禮)를 치르고 성인이 되자, 정영은 마침내 여러 대부에게 작별 인사를 하고 조무에게 일러 말했다.

"예전에 하궁의 난 때 (다른 사람들은) 모두 능히 죽을 수 있었습니다. 저는 능히 죽지 못한 것이 아니라 조씨의 후손을 키울 생각이었습니다. (그런데) 지금 군께서 이미 가업을 세우고 성인이 되어 원래 자리를 되찾았으니, 저는 장차 구천에 내려가서 조선맹(趙宣孟-조선자)과 공손저구에게 이 소식을 알릴 것입니다."

조무는 눈물을 줄줄 흘리면서 머리를 조아리고는 굳게 간청하여해 말했다.

"이 무가 죽을 때까지 분골쇄신해서 그대에게 보답하고자 하는데, 그대는 어째서 차마 나를 버리고 죽으려 하십니까?"

정영이 말했다.

"그럴 수 없습니다. 그 사람(-공손저구)은 제가 일을 이룰 수 있다고 여겼기 때문에 저보다 먼저 죽은 것입니다. 지금 제가 가서 알려주지 않는다면 이 때문에 (그 사람은) 제가 맡은 일이 이뤄지지 않았다고 여길 것입니다."

드디어 스스로 목숨을 끊었다. 조무는 자최(齊衰-상복)를 입고 삼년상을 지냈고, 그를 위해 제읍(祭邑)을 마련해 봄가을에 제사를 지냈으며 대대로 끊어지지 않게 했다[1].

1) [집해(集解)] (유향(劉向)의) 『신서(新序)』에서 말했다. "정영과 공손저구는 신의를 지킨 벗이자 두터운 선비라 할 수 있다. 그러나 정영이 자살해 알리겠다고 한 것은 실로 지나쳤다."

조씨가 자리를 되찾은 지 11년에 진나라 여공(厲公)이 극씨(郤氏) 집안의 대부 셋을 죽였다. 난서(欒書)는 화가 자신에게도 미칠까 겁이 나서 마침내 드디어 자기 임금 여공을 시해하고 양공(襄公)의 증손 주(周)[1]로 바꿔 세웠으니, 이 사람이 도공(悼公)이다. 진나라에서는 이때부터 대부들이 점점 더

강해졌다[稍彊].

1) 【집해(集解)】 서광(徐廣)이 말했다. "「연표(年表)」에 이르기를 양공의 손자라고 했다." 【색은(索隱)】 「진세가(晉世家)」에서는 양공의 막내아들로 이름이 주(周)라고 했다.

조무가 조씨 집안을 이어받은 지 27년 되었을 때 진나라 평공(平公)이 세워졌다.

평공 12년에 조무는 정경(正卿)이 되었다. 13년에 오나라 연릉계자(延陵季子)가 진나라에 사신으로 와서 말했다.

"진나라 정권은 결국 조무자(趙武子), 한선자(韓宣子), 위헌자(魏獻子)의 후손에게 돌아가겠구나!"

조무가 죽으니, 시호를 문자(文子)라 했다.

문자는 경숙(景叔)[1]을 낳았다. 경숙 때 제나라 경공(景公)이 안영(晏嬰)을 진나라에 사신으로 보냈는데[2], 안영이 진나라 숙향과 이야기를 나누었다. 안영이 말했다.

"제나라 정권은 뒤에 결국 전씨(田氏)에게로 돌아갈 것이오."

숙향 또한 말했다.

"진나라 정권은 장차 육경(六卿)에게로 돌아갈 것이오. 육경이 사치를 부리는데도 우리 임금은 제대로 걱정도 하지 않습니다[不能恤]."

1) 【색은(索隱)】 『계본(系本)』에 이르기를 "경숙의 이름은 성(成)"이라고 했다.
2) 【집해(集解)】 서광(徐廣)이 말했다. "평공 19년이다."

조경숙이 졸했고 그는 조앙(趙鞅)을 낳았는데 이 사람이 간자(簡子)다.

조간자가 (정경으로) 자리에 있던 진나라 경공(頃公) 9년에, 간자는 장차 제후들과 회합해 주나라를 지키려 했다.

그 이듬해에 주나라 경왕(敬王)을 (무력으로 호송해) 주나라로 들여보냈는데, (그동안 나라 밖에 있었던 것은) 동생 자조(子朝)를 피하기 위함이었다.

진나라 경공 12년에 육경(六卿)이 법에 따라 공족인 기씨(祁氏)와 양설씨(羊舌氏)를 죽이고는 그들의 읍을 나눠 10개 현으로 만든 다음 각각 자기 종족들을 이 현들의 대부로 삼았다. 진나라 공실(公室)은 이로 말미암아 더욱 쇠약해졌다.

13년 뒤에 노(魯)나라 적신(賊臣) 양호(陽虎, ?~?)[1]가 도망쳐 오니, 조간자는 뇌물을 받고 그를 두텁게 예우했다.

---

1) 춘추시대 말기 노(魯)나라 사람이다. 자는 화(貨)이고 얼굴이 공자(孔子)와 닮았다고 한다. 계씨(季氏)의 가신(家臣)으로 계평자(季平子)를 섬겼다. 계평자가 죽자, 권력을 장악했고, 일찍이 계환자(季桓子)를 잡아 강제로 동맹을 맺게 했다. 노(魯) 정공(定公) 8년에 삼환(三桓)을 제거하고 삼환의 적자(嫡子)들을 모두 죽이려다가 실패하고 양관(陽關)으로 달아났다. 다음 해 삼환이 양관을 공격하자 제(齊)나라로 달아났고, 다시 진(晉)나라로 달아나서 조간자(趙簡子)의 모신(謀臣)이 되었다.

조간자가 큰 병이 들어 닷새 동안 사람도 알아보지 못하자 대부들이 모두 걱정했다. 의원 편작(扁鵲)이 진찰을 하고 나오자, 동안우(董安于)[1]가 물었다. 편작이 말했다.

"혈맥(血脉)이 잘 다스려지고 있는데 무슨 걱정입니까? 예전에 진(秦)나라 목공(繆公)도 일찍이 이와 같았는데, 7일 만에 깨어났습니다. 깨어난 날 (목공은) 공손지(公孫支)와 자여(子輿)에게 이렇게 말했습니다.

'내가 상제가 있는 곳에 가서 아주 즐거웠다. 내가 오래 머물렀던 것은 마침 배울 것이 있어서였다. 상제가 내게 이르기를, 진(晉)나라에 장차 큰 난이 일어나 5세 동안 불안정할 것이고 후손이 장차 패자(霸者)가 되겠지만 늙기도 전에 죽을 것이며 패자의 아들은 장차 그대 나라의 남녀들 사이에 구분이 없게 할 것이라고 했다.'

공손지가 이를 적어 보관했으니, (그 후에) 진(秦)나라가 (진(晉)나라를) 참언(讖言)하는 말이 여기에서 나왔습니다. 헌공(獻公) 때의 변란이나 문공(文公)이 패자가 된 일, 양공(襄公)이 효산(殽山)에서 진(秦)나라의 군대를 물리치고 돌아간 뒤 음탕함에 빠졌던 일은 여기 계신 여러분도 들은 바입니다. 지금 주군의 병이 그와 같으니, 사흘도 안 되어 반드시 병이 나을 것이고 [間=差] 병이 낫게 되면 반드시 무슨 말씀이 있을 것입니다."

1) 【집해(集解)】 위소(韋昭)가 말했다. "안우는 간자의 가신이다."

이틀하고 반나절이 지나자, 간자가 깨어났다. 대부들에게 말했다.

"내가 상제가 있는 곳에 가서 아주 즐거웠으니, 여러 신과 하늘 한가운데서 놀았다. 다양한 악기로 반복해서 연주하고 온갖 춤을 추는 것이 삼대(三代)의 음악과는 같지 않았으나 그 소리가 사람의 마음을 감동시켰다. 곰 1마리가 나를 붙잡으려 하자 상제께서 내게 곰을 쏘라고 명하시니 내가 화살로 곰을 맞혀 죽였고, 다시 큰곰 1마리가 다가오길래 또한 활로 쏘아 맞혀서 그 큰곰도 죽었다. 상제께서 몹시 기뻐하며 내게 대나무 상자 2개를 주셨는데, 모두 옆에 보조 상자가 각각 딸려 있었다. 내가 상제 곁에 있는 아이를 보았는데, 상제께서 내게 적(翟)나라 개 1마리를 주시면서 '네 아들이 성장하면 이것을 주라' 하셨다. 상제께서는 또 내게 '진(晉)나라가 대대로 쇠퇴하다가 7대에 이르러 망하게 되고[1), 영성(嬴姓)이 장차 범괴(范魁) 서쪽에서 주나라 사람들을 크게 물리치겠지만[2) 실로 그 땅을 차지하지는 못할 것이다. 지금 내가 우순(虞舜)의 공훈을 생각해서 적당한 때 우순의 후손인 맹요(孟姚)를 네 7대의 후손3)과 짝지어주겠노라'라고 하셨다."

동안우가 이 말을 받아 적어 보관하게 했다. 편작의 말을 간자에게 아뢰니, 간자는 편작에게 밭 4만 무(畝)를 내려주었다.

1) 【정의(正義)】 이는 진나라 정공(定公)·출공(出公)·애공(哀公)·유공(幽公)·열공(烈公)·효공(孝公)·정공(靜公)의 7세다. 정공 2년에 진나라가 삼진(三晉)에 멸망 당했으니, 이 글과 「연표(年表)」를 근거로 보자면 조간자가 병에 걸린 것은 정공 11년이다.

2) 【색은(索隱)】 범괴는 지명인데, 정확히 어디인지 알지 못한다. 아마도 조나라 땅일 것이다. 【정의(正義)】 영(嬴)은 조성(趙姓)이다. 주나라 사람이란 위(衛)나라를 가리킨다.

3) 【색은(索隱)】 7대의 후손이란 무령왕(武靈王)이다.

그 후 어느 날 간자가 외출할 때 어떤 사람이 길을 막아섰는데[當道] 쫓아내도 떠나가지 않자, 시종이 화가 나서 그를 칼로 베려고 하니 길을 막은 사람이 말했다.

"내가 주군께 아뢸 말씀이 있습니다."

시종이 이를 보고했다. 간자가 그를 부르더니 말했다.

"아[譆=噫], 내가 보았던 자절(子晰)이다1)."

길을 막았던 사람이 말했다.

"좌우 사람들을 물리쳐주십시오. 아뢸 말씀이 있습니다."

간자가 좌우 사람들을 물리쳤다. 길을 막았던 사람이 말했다.

"주군께서 병이 나셨을 때 제가 상제 곁에 있었습니다."

간자가 말했다.

"그렇지, 그런 일이 있었지. 그대가 나를 봤을 때 내가 무얼 하고 있었는가?"

길을 막았던 사람이 말했다.

"상제께서 주군께 곰과 큰곰을 쏘라고 해서 모두 죽였습니다."

간자가 말했다.

"그랬지. 또 무슨 일이 있었는가?"

길을 막았던 사람이 말했다.

"진(晉)나라에 장차 큰 어려움이 생기면 주군께서 가장 먼저 겪게 되어 있었습니다. 그래서 상제께서는 주군께 두 경을 없애라고 한 것인데, 그때의 곰과 큰곰 둘 다가 그 조상입니다[2]."

간자가 말했다.

"상제께서 내게 내려주신 대나무 상자 2개에는 모두 작은 상자[副]가 딸려 있었는데, 이는 무슨 뜻인가[3]?"

길을 막았던 사람이 말했다.

"주군의 아들이 장차 적(翟)에서 두 나라를 쳐부술 것인데, 모두 자성(子姓)이라는 뜻입니다."

간자가 말했다.

"내가 상제 곁에 있는 아이를 보았는데, 상제께서 내게 적나라 개 1마리를 주시면서 '네 아들이 장성하면 주어라'라고 하셨다. 왜 내 아들에게 적나라 개를 주라고 하셨는가?"

길을 막았던 사람이 말했다.

"그 아이는 주군의 아들이고 적나라 개는 대(代)나라 선조입니다. 주군의 아들이 장차 반드시 대나라를 차지하게 된다는 뜻입니다. 또한 주군 후대에 이르러서 정치를 개혁하고 오랑캐 복장을 입으며 적 땅에서 두 나라를 집어삼키게 될 것입니다[4]."

간자가 그 사람의 성을 묻고는 관직을 주려고 했다. 길을 막았던 사람이 말했다.

"신은 야인(野人)으로, 상제의 명을 전할 뿐입니다."

드디어 보이지 않았다. 간자는 이 일을 기록해 부(府-관청 귀중물 보관소)에 보관하게 했다.

1) 【색은(索隱)】 간자는 길을 막았던 사람을 보자 마침내 깨닫고서 말했다. "아, 이 사람은 전에 꿈에서 본 사람으로 그 이름이 자절이라는 것을 내가 알고 있다."

2) 【정의(正義)】 범씨(范氏)와 중항씨(中行氏)의 조상이라는 말이다.

3) 【정의(正義)】 부(副)란 둘 다 자성(子姓)이라는 뜻이다.

4) 【정의(正義)】 무령왕(武靈王)이 중산(中山) 땅을 경략해 영가(寧葭)에 이르고, 서쪽으로는 호(胡) 땅을 경략해 누번(樓煩)과 유중(楡中)에 이르게 되는 것을 말한다.

또 어느 날에 고포자경(姑布子卿)[1]이 간자를 만나러 갔는데, 간자가 여러 아들을 불러 관상을 보게 했다.

자경이 말했다.

"장군이 될 만한 상이 없습니다."

간자가 말했다.

"조씨가 혹시 멸망하게 되는가?"

자경이 말했다.

"제가 길에서 한 아이를 보았는데, 아마도[殆] 주군의 아들일 것입니다."

간자가 아들 무휼(毋卹)을 불렀다. 무휼이 오자 자경이 벌떡 일어나며 말했다.

"이분이야말로 진짜로 장군감입니다!"

간자가 말했다.

"이 아이의 어미는 비천한 적(翟)나라 여종인데, 어찌 귀하다고 말할 수 있겠는가?"

자경이 말했다.

"하늘이 내린 사람은 비록 비천하다고 해도 반드시 귀하게 됩니다."

이로부터 얼마 후에 간자가 아들들을 모두 불러 이야기를 나눠보았더니 무휼이 가장 뛰어났다. 간자는 마침내 여러 아들에게 말했다.

"내가 상산(常山) 꼭대기에 귀중한 부절을 숨겨놓았는데, 가장 먼저 찾는 사람에게 상을 주겠다."

여러 아들이 상산 꼭대기로 말을 달려가서 찾았으나 아무것도 얻지 못했다. 무휼이 돌아와서 말했다.

"이미 부절을 찾았습니다."

간자가 말했다.

"말해보아라."

무휼이 말했다.

"상산 꼭대기에서 대나라를 내려다보았는데[臨], 대나라는 빼앗을 수 있겠습니다."

간자가 이에 무휼이 과연 뛰어나다는 것을 알고는 마침내 태자 백로(伯魯)를 폐하고 무휼을 태자로 삼았다.

1) 【집해(集解)】 사마표(司馬彪)가 말했다. "고포는 성이고, 자경은 자다."

2년 뒤인 진나라 정공(定公) 14년에 범씨(范氏)와 중항씨(中行氏)가 난을 일으켰다.

이듬해 봄에 간자가 한단(邯鄲) 대부 오(午)에게 말했다.

"위(衛)나라 장부[士] 500집을 내게 주면 내가 그들을 진양(晉陽)에다 두겠소1)."

오가 허락했으나 돌아간 후에 그 부형(父兄)들이2) 오의 말을 따르지 않아서 약속을 어기게 되었다. 조앙(趙鞅)이 오를 붙잡아서 진양에다 가두었다. 마침내 한단 사람들에게 고해 말했다.

"내가 사사로이 오를 주살하려 하는데, 여러분은 누구를 세우고 싶은가?"[3]

드디어 오를 죽였다.

조직(趙稷)[4]과 섭빈(涉賓)이 한단을 거점으로 삼아 반란을 일으키니, 진(晉)나라 임금은 적진(籍秦)[5]으로 하여금 한단을 에워싸게 했다. (그러나) 순인(荀寅)과 범길석(范吉射)은 조오(趙午)와 잘 지냈기에[6] 기꺼이 적진을 돕지 않고 도리어 난을 모의했는데, 동안우가 이를 알게 되었다.

10월에 범씨와 중항씨가 조앙을 치자 앙은 진양으로 달아났고, 진(晉)나라 사람들이 그를 에워쌌다. 범길석과 순인의 원수인 위양(魏襄) 등이 계책을 내어, 순인을 몰아내고 그 자리에 양영보(梁嬰父)를, 범길석을 몰아내고 그 자리에 범고역(范皐繹)을 세우려고 했다. 순력(荀櫟)[7]이 진후(晉侯)에게 말했다.

"임금께서 대신에게 명해 난을 일으킨[始亂=作亂] 자는 죽이라고 하셨습니다. (그런데) 지금 세 신하[8]가 난을 일으켰는데 조앙만 쫓아버리시는 것은 형 집행이 공평하지 않으니, 청컨대 모두 내쫓으십시오."

---

1) 【집해(集解)】 복건(服虔)이 말했다. "전해에 조앙이 위나라를 에워싸자, 위나라 사람들이 두려워서 장부 500집을 바쳤는데, 조앙이 그들을 한단에 두었다가 다시 진양으로 옮기려 한 것이다."

2) 【집해(集解)】 복건(服虔)이 말했다. "오의 부형과 한단의 장로들을 말한다."

3) 【집해(集解)】 두예(杜預)가 말했다. "오는 조앙의 동족으로, 한단에 별도로 봉해졌다. 그래서 한단 사람들로 하여금 오의 종친 중에서 한 사람을 세우라고 한 것이다."

4) 【집해(集解)】 복건(服虔)이 말했다. "오의 아들이다."

5) 【집해(集解)】『좌전(左傳)』에 이르기를, "적진은 이때 상군사마(上軍司馬)였다"라
고 했다.

6) 【집해(集解)】『좌전(左傳)』에 이르기를, "오는 순인의 조카이고 순인과 범길석은
인척 관계"라고 했다.

7) 【집해(集解)】 복건(服虔)이 말했다. "순력은 지문자(智文子)다."

8) 【집해(集解)】 가규(賈逵)가 말했다. "범씨·중항씨·조씨다."

11월에 순력, 한불녕(韓不佞)[1], 위치(魏哆)[2]가 공의 명을 받들어서 범씨와 중항씨를 쳤으나 이기지 못했다. 범씨와 중항씨가 도리어 정공을 쳤으나 정공이 반격하자 범씨와 중항씨는 패해 달아났다.

정미일에 두 사람[3]은 조가(朝歌)로 달아났다. 한불녕과 위치는 조앙을 용서해달라고 청했고[4], 12월 신미일에 조앙이 강성(絳城)으로 들어와 정공의 궁에서 맹세했다.

그 이듬해에 지백문자(知伯文子)가 조앙에게 일러 말했다.

"범씨와 중항씨가 비록 난을 일으킨 것은 분명하지만 동안우가 부추긴 것이나 마찬가지니, 이는 동안우도 함께 모의에 참여한 것입니다. 진나라 법에 난을 일으킨 자는 죽음에 처하게 되어 있습니다. 저 두 사람은 이미 죄에 엎어졌으나 동안우만 살아 있습니다."

조앙이 이를 걱정했다. 동안우가 말했다.

"신이 죽으면 조씨가 안정되고 진나라가 평안해질 터이니, 저의 죽음이 늦었습니다."

드디어 자살했다. 조씨가 이를 지백에게 고하자, 그다음부터는 조씨가 평안해졌다.

1) 【색은(索隱)】 한간자(韓簡子)다.

2) 【색은(索隱)】 위간자(魏簡子)다.

3) 【색은(索隱)】 범길석과 순인이다.

4) 【집해(集解)】 복건(服虔)이 말했다. "그의 죄가 순인이나 범길석보다 가벼웠기 때문이다."

공자(孔子)는 조간자가 진나라 임금에게 청하지도 않고 한단의 조오를 붙잡고서 진양을 지켰다는 이야기를 듣고는 『춘추(春秋)』에 이렇게 적었다. "조앙이 진양을 근거지로 삼아 반란을 일으켰다."

조간자에게는 주사(周舍)라는 신하가 있었는데 직간(直諫)을 잘했다. 주사가 죽고 난 뒤로 간자가 매번 조회할 때마다 늘 언짢아하니 대부들이 자신들의 잘못을 빌었다. 간자가 말했다.

"대부들에게는 죄가 없다. (다만) 내가 듣건대 양 1,000마리 가죽이 여우 1마리의 겨드랑이털만도 못하다고 했다. 대부들은 조회 때마다 그저 '네, 네[唯唯]' 하는 대답만 할 뿐이어서 주사와 같은 거리낌 없는 간언[諤諤=謣謣]을 들을 수 없으니, 이래서 걱정하는 것이다."1)

이러했기 때문에 간자는 조읍(趙邑) 백성이 그를 따르게 할 수 있었고 진나라 사람들을 품어줄 수 있었다.

1) 【집해(集解)】 『한시외전(韓詩外傳)』에서 말했다. "주사가 사흘 낮밤을 문 앞에 서 있자, 간자가 사람을 시켜 물었다. '그대는 과인을 만나 무슨 일을 하고 싶은가?' 대답했다. '바라건대, 기탄없이 곧은 말 하는 신하[諤諤之臣=謣謣之臣]가 되어 묵필과 나무판을 들고서 주군의 허물을 관찰해 하루가 지나면 기록하는 바가 있고 한 달이 지나면 이뤄지는 바가 있으며 1년이 지나면 효과가 나타나는 바가 있도록 하고 싶습니다.'"

진나라 정공 18년에 조간자가 조가(朝歌)에서 범씨와 중항씨를 에워쌌

고, 중항문자(中行文子)[1]는 한단(邯鄲)으로 달아났다.

이듬해 위(衛)나라 영공(靈公)이 졸했다. 간자와 양호(陽虎)는 위나라 태자 괴외(蒯聵)를 위나라로 들여보냈으나, 위나라에서 들이지 않아 (괴외는) 척(戚)[2]에 머물렀다.

1) 【색은(索隱)】 순인(荀寅)이다.
2) 【정의(正義)】 두예(杜預)가 말했다. "척은 위(衛)나라 읍이다."

진나라 정공 21년에 간자가 한단을 뽑아버리자, 중항문자는 백인(栢人)으로 달아났다. 간자가 다시 백인을 에워싸자, 중항문자와 범소자(范昭子)[1]는 드디어 제(齊)나라로 달아났다. 조씨가 결국 한단과 백인을 차지했다. 범씨와 중항씨의 남은 읍들은 진(晉)나라에 편입되었다. 조씨는 명목상으로는 진나라 상경(上卿)이었지만 실질적으로는 진나라 권력을 좌우했고 봉읍(奉邑)은 제후들과 어깨를 나란히 했다[侔=齊].

1) 【색은(索隱)】 범길석(范吉射)이다.

진나라 정공 30년에 정공이 황지(黃池)에서 오왕(吳王) 부차(夫差)와 맹주 자리를 놓고 다투었는데, 조간자는 이때 진나라 정공을 따라갔고 결국 오나라 왕이 맹주가 되었다.

정공 37년에 정공이 졸했는데, 간자는 삼년상을 없애버리고 단지 1년 상으로 마치게 했다. 이해에 월왕(越王) 구천(句踐)이 오나라를 멸망시켰다.

진(晉)나라 출공(出公) 11년에 지백(知伯)이 정나라를 쳤다. 조간자는 병이 나서 태자 무휼(毋卹)로 하여금 군대를 거느리고 가서 정나라를 에워싸게 했다. 지백이 술에 취해 무휼에게 술을 뿌리며 두들겨 팼다. 무휼의 여러 신하가 지백을 죽일 것을 청했다.

무휼이 말했다.

"주군께서 이 무휼을 태자로 삼으신 것은 내가 치욕[詬=屈辱]을 참아낼 수 있다고 여기셨기 때문이오."

그렇지만 그 또한 지백에 대해 서운함을 품었다[慍].

지백이 돌아와 그 일을 간자에게 말하고서 무휼을 폐하라고 했으나 간자는 듣지 않았다. 무휼은 이 일로 말미암아 지백에게 원망을 품었다[怨].

진나라 출공 17년에 간자가 졸하자 태자 무휼이 뒤를 이어 세워지니, 이 사람이 양자(襄子)다.

조양자 원년에 월나라가 오나라를 에워쌌다[1]. 양자는 상중에 아버지에게 올리는 음식을 줄이고 초륭(楚隆)을 보내 오나라 왕을 위문했다[2].

1) 【정의(正義)】 「연표(年表)」와 「조세가(趙世家)」에 이르기를 『좌전(左傳)』에서는 월나라가 오나라를 멸망시킨 것이 간자(簡子) 35년이라고 했으니, 이미 양자 원년보다 15년 전 일이다. 이어지는 문장에서 오왕을 위문했다고 했는데, 이는 간자 30년 일이다. 착오일 뿐이다.

2) 아버지 간자와 오왕의 사이가 좋아 이렇게 한 것이다.

양자의 누나는 예전에 대왕(代王)의 부인이었다. 이미 간자를 안장하고서는, 미처 상복을 벗기도 전에 북쪽으로 하옥산(夏屋山)[1]에 올라 대왕(代王)을 불렀다. 요리사를 시켜 구리로 만든 국자[銅枓]를 들고 대왕과 시종들에게 음식을 대접하게 한 뒤 술잔이 오갈 때 몰래 요리사 각(各)[2]으로 하여금 구리 국자로 대왕과 시종들을 쳐 죽이게 하고는 드디어 군사를 일으켜 대 땅을 평정했다. 누나가 이 소식을 듣고는 눈물을 흘리며 하늘을 향해 통곡하다가 날카로운 비녀[摩笄]로 자살했고, 대나라 사람들이 이를 가엾게 여겨서 그녀가 죽은 곳의 이름을 마계산(摩笄山)이라고 했다[3]. 이어 대 땅을 갖고서 백로(伯魯)의 아들 주(周)를 봉해 대성군(代成君)으로 삼았다. 백로는 양자의 형으로 옛 태자였다. 태자가 일찍 죽어 그 아들을 봉해준 것이다.

1) 【집해(集解)】 서광(徐廣)이 말했다. "이 산은 광무(廣武)에 있다."

2) 【집해(集解)】 서광(徐廣)이 말했다. "판본에 따라 낙(雒)으로 되어 있다."

3) 【정의(正義)】 『위토지기(魏土地記)』에서 이렇게 말했다. "대군 동남쪽으로 25리 떨어진 곳에 마두산(馬頭山)이 있다. 조양자가 대왕을 죽이고 나서 사람을 시켜 그 부인을 부르니, 대왕의 부인이 말했다. '동생 때문에 지아비에게 함부로 하는 것은 어질지 못하고, 지아비 때문에 동생을 원망하는 것은 마땅하지 못하다.' 그러고는 비녀를 날카롭게 갈아서 스스로를 찔러 죽으니, 사자 또한 드디어 자살했다."

양자가 세워진 지 4년이 되었을 때, 지백(知伯=智伯)이 조씨(趙氏)·한씨(韓氏)·위씨(魏氏)와 함께 범씨·중항씨의 옛 땅을 전부 나눠 가졌다. 진나라 출공이 화가 나서 제나라와 노나라에 알린 뒤 이들 네 경(卿)을 치려고 했다. 네 경은 두려워서 드디어 함께 출공을 공격했다. 출공은 제나라로 도망가다가 길에서 죽었다. 지백이 마침내 소공(昭公)의 증손 교(驕)를 세우니 이 사람이 진(晉)나라 의공(懿公)[1]이다.

지백이 더욱 교만해져서 한씨와 위씨에게 땅을 요구하니 한씨와 위씨는 그에게 내주었다. 조씨에게도 땅을 요구했으나 조씨는 주지 않았는데 (앞서) 정나라를 포위했을 때 양자가 지백에게 당했던 치욕 때문이다. 지백이 화가 나서 드디어 한씨와 위씨를 거느리고 조씨를 공격했다. 조양자는 두려워서 마침내 진양으로 달아나서 그곳을 지켰다.

1) 【색은(索隱)】 판본에 따라 애공(哀公)이라고 했다. 할아버지 이름은 옹(雍)이니,
   곧 소공 막내아들로 대자(戴子)라고 불렀다.

   원과(原過)가 양자를 따르던 중 뒤처졌다가 왕택(王澤)1)에서 (어떤) 세 사
람을 보았는데, (그들은) 허리띠 위로는 모습이 보였지만 허리띠 아래로는
아무것도 보이지 않았다. 그들이 원과에게 속이 뚫리지 않은 두 마디짜리
대나무 토막을 주면서 말했다.
   "우리 대신 이것을 조무휼에게 가져다주라."
   원과가 이미 진양에 도착해 그 일을 양자에게 고했다. 양자가 사흘 동
안 재계한 다음 직접 대나무를 쪼개보니 안에 붉은 글씨로 이렇게 되어 있
었다.
   "조무휼아! 우리는 곽태산(霍泰山) 산양후(山陽侯)의 천사(天使)다. 3월
병술일에 장차 너로 하여금 돌아가서 지씨를 멸하도록 할 것이다. (그러면)
너 또한 우리를 위해 우리의 100개 읍에 사당을 세워 제사를 지내도록 해
라. 그러면 우리가 장차 네게 임호(林胡)의 땅을 줄 것이다. 후대에 이르러
장차 굳센 왕[佽王]이 나타날 것이니, 그는 검붉은 피부에 용의 얼굴을 했으
며 새 부리 같은 입에 멋진 귀밑머리와 눈썹, 구레나룻과 턱수염을 가졌고
넓고 큰 가슴에 몸통이 길쭉하고 당당하며 옷깃을 왼쪽으로 여민 채 갑옷
을 입고 말을 탄 자일 것이다. 그는 문득[奄] 하종(河宗)2)을 차지한 뒤 휴혼
(休溷)과 제맥(諸貉)까지 이를 것이며3), 남쪽으로는 진(晉)나라의 다른 읍
들4)을 치고 북쪽으로는 흑고(黑姑)5)를 멸망시킬 것이다."
   양자가 두 번 절하고 (원과가 만난) 세 신령의 명을 받았다.

1) 【정의(正義)】 『괄지지(括地志)』에서 말했다. "왕택은 강주(絳州) 정평현(正平縣) 남
   쪽으로 7리에 있다."

2) 【정의(正義)】 살펴보건대, 용문(龍門) 황하의 상류이니 남(嵐)과 승(勝) 두 주가

그곳이다.

3) 【정의(正義)】 하종부터 휴혼과 제맥까지는 곧 융적(戎狄)의 땅이다.

4) 【정의(正義)】 한씨와 위씨의 읍을 말한다.

5) 【정의(正義)】 이 또한 융국(戎國)이다.

(지백·한·위) 세 나라가 진양을 공격한 지 1년여가 지나자, 분수(汾水)의 물을 끌어다 성으로 흘려보내니 성안에서 물에 잠기지 않은 곳은 높이가 3판(三版)[1]은 되어야 했다. 성안에서는 솥을 높이 걸고 불을 땠으며 서로 자식을 바꿔 먹었다. 여러 신하가 모두 다른 마음[外心=二心]을 품고 양자에 대한 예의가 갈수록 오만해졌지만, 오직 고공(高共)[2]만이 감히 예를 잃지 않았다. 양자가 두려워서 마침내 한밤중에 상(相-재상) 장맹동(張孟同)을 한씨와 위씨에게 은밀하게 보냈다. 한씨·위씨와 함께 모의해 3월 병술일에 세 나라가 도리어 지씨를 멸한 뒤 그 땅을 함께 나눠 가졌다. 이에 양자가 상을 내리면서 고공을 맨 위에 두었다.

장맹동이 말했다.

"진양의 난 때 오직 고공만이 아무런 공로가 없었습니다."

양자가 말했다.

"바야흐로 진양이 위급했을 때 여러 신하가 모두 해이해졌지만, 오직 고공만이 감히 남의 신하 된 예를 잃지 않았으니, 그래서 그를 맨 앞에 둔 것이다."

이에 조씨는 북쪽으로 대(代)를 차지하고 남쪽으로 지씨 땅을 합병해 한씨와 위씨보다 강해졌다. 드디어 100개 읍에서 세 신령에게 제사를 지냈고, 원과로 하여금 곽태산 사당 제사를 주관하게 했다.

1) 【정의(正義)】 하휴(何休)가 말했다. "1판은 8척이다."

2) 【집해(集解)】 서광(徐廣)이 말했다. "판본에 따라 고혁(高赫)으로 되어 있다."

그 후에 (조양자는) 공동씨(空同氏-서융 부족)의 여자를 아내로 맞아들여 아들 다섯을 낳았다. 양자는 백로(伯魯)가 자리에 오르지 못했기 때문에 기꺼이 자기 아들을 세우지 않고 장차 기필코 백로의 아들 대성군(代成君)에게 자리를 넘기려고 했다. 대성군이 먼저 죽어버리자 마침내 대성군의 아들 완(浣)을 데려다가 그를 세워서 태자로 삼았다.

양자가 세워진 지 33년 만에 졸하자 완이 세워지니 이 사람이 헌후(獻侯)다.

헌후는 어린 나이에, 자리에 나아가 중모(中牟)를 다스렸다[治]¹⁾.

양자의 동생 환자(桓子)²⁾가 헌후를 내쫓고 대 땅에서 스스로를 세웠는데, 1년 만에 졸했다. 나라 사람들이 환자가 세워진 것은 양자의 뜻이 아니라고 여겨서 마침내 함께 그 아들을 죽이고 다시 헌후를 맞아들여 세웠다.

10년에 중산무공(中山武公)³⁾이 처음으로 세워졌다.

13년에 평읍(平邑)⁴⁾에 성을 쌓았다.

15년에 헌후가 졸하자 아들 열후(烈侯) 적(籍)이 세워졌다.

1) 【집해(集解)】「지리지(地理志)」에 이르기를 "하남(河南) 중모현(中牟縣)이며 조나라 헌후가 경(耿)에서 이곳으로 천도했다"라고 했다.

2) 【색은(索隱)】『계본(系本)』에서는 "양자 아들 환자"라고 했으니, 이와는 같지 않다.

3) 【집해(集解)】서광(徐廣)이 말했다. "서주 환공(桓公)의 아들이다. 환공은 효왕(孝王)의 동생이자 정왕(定王)의 아들이다."

4) 【집해(集解)】「지리지(地理志)」에 이르기를 "대군(代郡)에 평읍현이 있다"라고 했다.

열후 원년에 위(魏)나라 문후(文侯)가 중산국을 치고 태자 격(擊)을 시켜 그곳을 지키게 했다.

6년에 위씨·한씨·조씨가 모두 서로를 세워 제후가 되었고, 헌자(獻子)를 추존해 헌후(獻侯)라고 했다.

열후가 음악을 좋아해 상국(相國) 공중련(公仲連)에게 물었다.

"과인이 좋아하는 사람이 있는데, 그를 귀하게 해주어도 되겠는가?"

공중련이 말했다.

"부유하게 해주는 것은 괜찮지만, 귀하게 해주는 것은 안 됩니다."

열후가 말했다.

"그렇군. 정나라 가수 창(槍)과 석(石) 두 사람에게 내가 밭을 내려주려 하는데, 각각 1만 무(畝)다."

공중련이 말했다.

"알겠습니다."

그러고는 (공중련이 밭을) 주지 않았다. 한 달 후에 열후가 대 땅에서 돌아와 가수들에게 주기로 한 땅에 관해 물으니, 공중이 말했다.

"찾고는 있지만 줄 만한 곳이 없습니다."

얼마 뒤에 열후가 다시 물었다. 공중은 끝내 주지 않았고, 마침내 병을 핑계로 조회하러 오지도 않았다. 반오군(番吾君)[1]이 대 땅에서 와서는 공중에게 일러 말했다.

"군왕께서는 정말로 선정(善政)을 하려고 하지만 어떻게 해야 하는지를 모르고 있습니다. (그런데) 지금 공중 당신은 조나라 상국이 되어 어언 [於今] 4년이나 되었지만 실로 좋은 선비를 추천한 적이 있습니까?"

공중이 말했다.

"없소."

반오군이 말했다.

"우축(牛畜)·순흔(荀欣)·서월(徐越)이 모두 쓸 만합니다."

공중이 마침내 세 사람을 (관직에) 나아가게 했다. (공중련이) 입조 하사 열후가 다시 물었다.

“가수들 밭은 어찌 되었는가?”

공중련이 말했다.

“바야흐로 사람을 시켜서 좋은 땅을 고르게 했습니다.”

우축이 열후를 어짊과 마땅함[仁義]으로 모시고 왕도(王道)로써 단속하니 열후가 너그러워졌다. 다음 날에 순흔이 열후를 모시면서 뛰어난 인재를 선발하고 유능한 관리를 임용했고, 셋째 날에는 서월이 열후를 모시면서 재물을 아끼고 씀씀이를 줄이며 (신하들의) 공로와 다움[功德]을 잘 살피게 했다. 그들이 하는 말이 모두 타당하지 않음이 없으니, 임금이 기뻐했다. 열후가 상국에게 사람을 보내 말했다.

“가수에게 땅을 내리기로 한 일은 일단 멈추라.”

관직을 내려 우축을 사(師), 순흔을 중위(中尉), 서월을 내사(內史)[2]로 삼고, 상국에게는 옷 2벌을 내려주었다.

1) 【집해(集解)】 서광(徐廣)이 말했다. “番의 발음은 (번이 아니라) 반(盤)이다. 상산(常山)에 반오현(番吾縣)이 있다.”

2) 【정의(正義)】 『한서(漢書)』 「백관공경표(百官公卿表)」에서 말했다. “내사는 주나라의 관직으로, 진(秦)나라가 이를 이어받았다. 경사(京師)를 다스리는 일을 담당했다.”

9년에 열후가 졸하자 동생 무공(武公)이 세워졌다.

무공이 13년에 졸하자 조나라는 다시 열후의 태자 장(章)을 세웠으니, 이 사람이 경후(敬侯)다. 이해에 위나라 문후가 졸했다.

경후 원년에 무공의 아들 조(朝)가 난을 일으켰으나 성공하지 못하고 나라를 나가서 위(魏)나라로 달아났다. 조나라가 비로소 한단(邯鄲)에 도읍했다.

2년에 영구(靈丘)[1]에서 제나라를 물리쳤다.

3년에 늠구(廩丘)에서 위나라를 구원하고 제나라 군대를 크게 패배시 켰다.

4년에 위나라가 토대(兎臺)에서 우리를 무찔렀다. (조나라가) 강평(剛平)[2] 에 성을 쌓았는데, 위(衛)나라를 침략하기 위해서였다.

5년에 제나라와 위(魏)나라가 위(衛)나라를 위해서 조나라를 공격해 우 리 강평을 차지했다.

6년에 초나라로부터 군대를 빌려 위(魏)나라를 쳐서 극포(棘蒲)를 차지 했다.

8년에 위(魏)나라 황성(黃城)[3]을 뽑아버렸다.

9년에 제나라를 쳤다. 제나라가 연(燕)나라를 치자 조나라는 연나라를 구원했다.

10년에 중산국과 방자(房子)[4]에서 교전했다.

1) **【집해(集解)】** 「지리지(地理志)」에 이르기를 "대군(代郡)에 영구현이 있다"라고 했다.

2) **【정의(正義)】** 토대와 강평은 둘 다 하북(河北)에 있다.

3) **【집해(集解)】** 두예(杜預)가 말했다. "진류(陳留) 외황현(外黃縣) 동쪽에 황성이 있다."

4) **【정의(正義)】** 조주(趙州) 방자현(房子縣)이 이곳이다.

11년에 위·한·조 나라가 함께 진(晉)나라를 멸망시키고 그 땅을 나눠 가 졌다. 중산국을 치고 다시 중인(中人)[1] 읍에서 교전했다.

12년에 경후가 졸하자 아들 성후(成侯) 종(種)이 세워졌다.

1) **【집해(集解)】** 서광(徐廣)이 말했다. "중산당현(中山唐縣)에 중인정(中人亭)이

있다.”

성후 원년에 공자 승(勝)이 성후와 왕위를 다투며 난을 일으켰다.

2년 6월에 눈이 내렸다.

3년에 태무오(大戊午)[1]가 재상이 되었다. 위(衛)나라를 쳐서 향읍 73개를 차지했다. 위(魏)나라가 우리 인(藺)읍[2]을 차지했다.

4년에 고안(高安)[3]에서 진나라와 싸워 물리쳤다.

5년에 견(鄄)[4] 땅에서 제나라를 쳤다. 위(魏)나라가 회(懷) 땅에서 우리를 패배시켰다. 정나라를 공격해 패배시키고 그 땅을 한나라에 주니, 한나라는 우리에게 장자(長子)[5]를 주었다.

6년에 중산이 장성(長城)을 쌓았다. 위(魏)나라를 쳐서 탁택(濁澤)[6]에서 패배시키고 위나라 혜왕(惠王)을 에워쌌다.

7년에 제나라를 침공해서 장성에까지 이르렀다. 한나라와 함께 주나라를 공격했다.

8년에 한나라와 더불어 주나라를 둘로 나누었다.

9년에 제나라와 아성(阿城) 아래에서 싸웠다.

10년에 위(衛)나라를 공격해서 견(甄) 땅을 차지했다.

11년에 진나라가 위(魏)나라를 공격하니, 조나라가 석아(石阿)에서 위나라를 구원했다.

12년에 진나라가 위(魏)나라 소량(小梁)을 공격하니, 조나라가 위나라를 구원했다.

13년에 진나라 헌공(獻公)이 서장(庶長) 국(國)을 보내 위나라 소량을 쳐서 태자와 좌(痤)를 사로잡았다. 위(魏)나라가 회수(澮水)에서 우리를 패배시키고 피뢰(皮牢)를 차지했다. 성후가 한나라 소후(昭侯)와 상당(上黨)에서 만났다.

14년에 한나라와 함께 진(秦)나라를 공격했다.

15년에 위(魏)나라를 도와 제나라를 공격했다.

1) 【집해(集解)】 서광(徐廣)이 말했다. "판본에 따라 무(戊)가 성(成)으로 되어 있다."
2) 【정의(正義)】 「지리지(地理志)」에 이르기를 "서하군(西河郡)에 속한다"라고 했다.
3) 【정의(正義)】 아마도 하동(河東)에 있던 곳 같다.
4) 【정의(正義)】 복주(濮州) 견성현(鄄城縣)이 이곳이다.
5) 【집해(集解)】 「지리지(地理志)」에 이르기를 "상당(上黨)에 장자현이 있다"라고 했다.
6) 【정의(正義)】 湪의 발음은 (단이 아니라) 탁(濁)이다.

16년에 한나라, 위나라와 함께 진(晉)나라를 나눈 뒤 진나라 임금은 단지 (端氏)[1]에 봉해주었다.

1) 【집해(集解)】 서광(徐廣)이 말했다. "평양(平陽)에 있다."

17년에 성후가 위나라 혜왕(惠王)과 갈얼(葛孽)[1]에서 만났다.

19년에 제나라, 송나라와 평륙(平陸)에서 회맹했고, 연나라와 아(阿)에 서 회맹했다.

20년에 위나라가 좋은 서까래[榮椽=良木]를 바쳤기에 그것으로 단대(檀 臺)를 만들었다.

21년에 위나라가 우리 한단을 에워쌌다.

22년에 위나라 혜왕이 우리 한단을 뽑았으나, 제나라 또한 계릉(桂陵)에 서 위나라를 무찔렀다.

24년에 위나라가 우리 한단을 돌려주니, 위나라와 장수(漳水)에서 회맹 했다. 진나라가 우리 인(藺)을 공격했다.

25년에 성후가 졸했다. 공자 설(緤)이 태자 숙후(肅侯)와 자리를 다투었

는데, 설이 패해 한나라로 달아났다.

1) **【집해(集解)】** 서광(徐廣)이 말했다. "마구(馬丘)에 있다."

숙후 원년에 진(晉)나라 임금에게서 단지(端氏)를 빼앗고 그를 둔류(屯留)로 옮겨가 살게 했다.

2년에 위나라 혜왕과 음진(陰晉)에서 만났다.

3년에 공자 범(范)이 한단을 습격했으나 이기지 못하고 죽었다.

4년에 천자에게 조회했다.

6년에 제나라를 공격해 고당(高唐)을 뽑아버렸다.

7년에 공자 각(刻)이 위나라 수원(首垣)을 공격했다.

11년에 진나라 효공(孝公)이 상군(商君)으로 하여금 위나라를 치게 해서 그 장수인 공자 앙(卬)을 사로잡았다. 조나라가 위나라를 쳤다.

12년에 진나라 효공이 졸하고 상군도 죽었다.

15년에 수릉(壽陵-임금이 묻히게 될 능)을 조성하기 시작했다. 위나라 혜왕이 졸했다.

16년에 숙후가 대릉(大陵)을 유람하고 녹문(鹿門)을 나설 때 태무오(大戊午)가 말고삐를 잡아당기며[扣=牽] 말했다.

"농사일이 바야흐로 다급하니, 하루라도 농사를 짓지 않으면 100일 동안 먹을 것이 없습니다."

숙후가 수레에서 내려 사과했다.

17년에 위나라 황(黃) 땅을 포위했으나 이기지 못했다. 장성을 쌓았다[1].

18년에 제나라와 위나라가 우리를 쳤는데, 우리가 황하 물을 터서 흘려보내자[灌=水攻] 적군이 철수했다.

22년에 장의(張儀)가 진나라 재상이 되었다. 조자(趙疵)가 진나라와 싸워 패했으니, 진나라는 조자를 하서(河西)에서 죽이고 우리 인(藺)과 이석(離石)을 차지했다.

23년에 (한나라 장수) 한거(韓擧)가 제나라, 위나라와 싸우다 상구(桑丘)[2]에서 죽었다.

1) 【정의(正義)】 운중(雲中)에서 북쪽으로 대(代) 땅에 이른다.

2) 【집해(集解)】 「지리지(地理志)」에 따르면, 태산(泰山)에 상구현(桑丘縣)이 있다.

24년에 숙후가 졸했다. 진·초·연·제·위 나라가 각각 정예병 1만 명씩을 내어 장례에 참여했다. 아들 무령왕(武靈王)[1]이 세워졌다.

1) 【색은(索隱)】 이름은 옹(雍)이다.

무령왕 원년에[1] 양문군(陽文君) 조표(趙豹)가 재상이 되었다. 양(梁-위)나라 양왕(襄王)과 태자 사(嗣), 한나라 선왕(宣王)과 태자 창(倉)이 신궁(信宮)에 와서 조회했다. 무령왕이 어려서 능히 정사를 들을 수 없었기 때문에 견문이 넓은 사부 세 사람과 좌우 측근 중에서 뽑은 사과(司過)[2] 세 사람을 두었다.

정사를 직접 듣게 되자 먼저 선왕 때의 귀한 신하인 비의(肥義)에게 (도리를) 묻고 작질을 높여주었다. 나라 안의 나이 80세가 넘는 삼로(三老-덕망 있는 원로)들에게는 매달 예물을 보내주었다.

1) 【집해(集解)】 서광(徐廣)이 말했다. "「연표(年表)」에 이르기를, 위나라가 우리 조호(趙護)를 꺾었다고 했다."

2) 임금의 허물을 살피는 것을 직무로 삼는다.

3년에 호(鄗) 땅에 성을 쌓았다.

4년에 한나라와 (하북(河北) 땅) 구서(區鼠)에서 회맹했다.

5년에 한나라 여자를 취해 부인(夫人)으로 삼았다.

8년에 한나라가 진나라를 공격했으나 이기지 못하고 물러갔다. 다섯 나라가 서로 왕(王)을 칭했으나 조나라만 거부하며 말했다.

"아무런 실속도 없이 감히 그런 이름을 가져서 무엇 한단 말인가?"

나라 사람들에게 자기를 군(君)으로 부르라고 명했다.

9년에 한나라, 위나라와 함께 진나라를 공격했으나 진나라가 우리를 꺾고 8만 명의 목을 베었다. 제나라가 관택(觀澤)[1]에서 우리를 패배시켰다.

10년에 진나라가 우리 서도(西都)와 중양(中陽)[2]을 차지했다. 제나라가 연나라를 깨뜨렸다. 연나라 재상 자지(子之)가 임금이 되고 임금은 도리어 신하가 되었다.

11년에 무령왕이 한나라로부터 공자(公子) 직(職)을 불러 연왕(燕王)으로 세워주면서 악지(樂池)로 하여금 그를 호송케 했다.

13년에 진나라가 우리 인(藺)을 뽑아버리고 장군 조장(趙莊)을 사로잡았다. 초왕과 위왕이 와서 한단을 방문했다.

14년에 조하(趙何)가 위나라를 공격했다.

1) 【정의(正義)】 『괄지지(括地志)』에서 말했다. "관택고성(觀澤故城)은 위주(魏州) 돈구현(頓丘縣) 동쪽으로 18리에 있다."

2) '중도와 서양'으로 된 판본도 있다고 하니, 일정치가 않다.

16년에 진나라 혜왕(惠王)이 졸했다. 왕이 대릉(大陵)[1] 땅에 유람을 갔다. 하루는 꿈에 처녀가 거문고를 타면서[鼓瑟] 시를 노래로 불렀다.

"미인이 눈부시게 아름답도다[熒熒].

얼굴은 싱싱한 능소화 같아라.

운명이여, 운명이여!

일찍이 나 영성(嬴姓)의 여인을 몰라주는가?"

다른 날에 왕이 술을 마시고 즐기다가 꿈 이야기를 몇 번이나 하면서 미인의 모습을 상상하자, 오광(吳廣)이 이를 듣고 부인을 통해 자기 딸 왜영(娃嬴-吳娃)을 들여보내니 바로 맹요(孟姚, ?~기원전 301년)다. 맹요는 왕의 지극한 총애를 받았으니, 이 사람이 혜후(惠后)다.

1) 산서성(山西省) 여량시(呂梁市) 문수현(文水縣)이다.

17년에 왕이 구문(九門)[1]을 나와 야대(野臺)[2]를 만들고 제나라와 중산국의 국경을 살폈다.

1) 【집해(集解)】 서광(徐廣)이 말했다. "상산(常山)에 있다." 【정의(正義)】 본래 전국시대 때 조나라 읍이다.

2) 【집해(集解)】 서광(徐廣)이 말했다. "판본에 따라 야(野)는 망(望)으로 되어 있다."

18년에 진(秦)나라 무왕(武王)이 (역사(力士)) 맹열(孟說)과 함께 용무늬가 새겨진 붉은 쇠솥을 들다가 정강이뼈[臏]가 끊어져서 죽었다. 조나라 왕이 대나라 재상 조고(趙固)로 하여금 연나라에 있던 공자 직(稷)을 맞아들인 다음 그를 호송해 진나라 왕으로 세웠으니, 이 사람이 소왕(昭王)이다.

19년 봄 정월에 신궁(信宮)에서 큰 조회를 열었다. 비의(肥義, ?~기원전 295년)[1]를 불러 그와 함께 천하의 일을 토의했는데, 닷새가 지나서야 마쳤다. (그 후에) 왕이 북쪽으로 중산국 땅을 경략해 방자(房子)에 이르렀다가 드디어 대 땅으로 가니, 북쪽으로는 무궁(無窮)까지 이르고 서쪽으로는 황하까지 이르러 황화산(黃華山)[2] 정상에 올랐다. 누완(樓緩)을 불러 모의해 말했다.

"우리 선왕께서는 세상의 변화에 따라 남번(南藩-남쪽 변방)의 땅을 넓히셨고 장수(漳水)와 부수(滏水)의 험난한 지세를 이용해 장성을 세우셨으며 또 인(藺)과 곽랑(郭狼)을 차지하고 임(荏) 땅에서 임호(林胡)를 무찌르셨으나, 그 공업이 아직 마무리되지 않았다. 지금 중산이 우리 뱃속 한가운데에 있고 북쪽에 연나라가 있으며 동쪽에 호(胡)[3]가 있고 서쪽에 임호, 누번(樓煩), 진나라, 한나라의 변경이 있어서 강한 병력의 지원이 없으면 사직이 망하게 생겼으니 어찌하면 좋겠는가? 무릇 세상을 뛰어넘는 명성을 가지면 세속의 비난이 있게 마련이다. 내가 호복(胡服)을 입고자 한다."

누완이 말했다.

"좋습니다."

그러나 다수의 신하가 모두 (호복 입기를) 원하지 않았다.

---

1) 전국시대 조(趙)나라 사람으로, 조 무령왕(武靈王) 때 대부를 지냈다. 무령왕이 호복(胡服)에 말 타고 활 쏘는 일을 추진하는 것에 동의했고, 무령왕이 혜문왕(惠文王)에게 왕위를 넘기자, 상국이 되었다. 문왕 3년에 영왕(靈王)의 맏아들 장(章)이 대안양군(代安陽君)에 봉해졌다. 당시 이태(李兌)가 장은 강장(強壯)하면서도 뜻이 교만해 무리를 모아 세력을 키우면서 동생이 왕이 되는 것을 마음으로 불복하고 있으므로 재앙이 있을 것이라고 하면서 병을 핑계로 물러나라고 권했지만, 비의가 거절했다. 다음 해 장이 과연 난을 일으켜서 주보(主父-무령왕)의 명령이라 속이고 왕을 부르니, 그가 먼저 들어갔다가 피살당했다.

2) 【정의(正義)】 황화산은 대개 서하(西河) 쪽에 있는 산 이름이다.

3) 【정의(正義)】 동호(東胡)와 오환(烏丸)의 땅이다.

이때 비의가 왕을 모시고 있었는데, 왕이 말했다.

"간주(簡主)와 양주(襄主) 두 분의 공로는 호(胡)와 적(翟=狄)의 이로움을 도모한 것이다. 남의 신하 된 자가 총애를 받는 것은[寵] 효도와 공순, 장유유서, 순리에 밝은 절조가 있기 때문이고 이치에 통달한 것은[通=達理] 백성을 돕고 임금에게 보탬이 되는 공적이 있기 때문이니, 이 둘이야말로 신하의 본분이다. 이제 나는 양주께서 걸었던 자취를 이어받아 호(胡)와 적(翟)의 고을을 개척하고자 하는데, 세상이 끝날 때까지 그런 (뛰어난) 신하를 만나보지 못할 것 같다[1].

적을 약하게 하면[2] 힘을 적게 들이고도 많은 공을 이룰 수 있으니, 백성을 크게 수고롭게 하지 않으면서도 지난날의 공훈[3]을 이룰 수 있을 것이다. 무릇 세상에서 뛰어난 공을 세운 사람은 전해오던 풍습을 어겼다는 비난을 받게 되고, 홀로 지혜롭고 사려 깊은 사람은 오만한 백성의 원망을 사게 마련이다. 이제 나는 장차 호복을 입고서 말을 타고 활을 쏘는 것으로써 백성을 가르치려 하는데[4], 세상은 반드시 과인에 대해 이런저런 말들을 해댈 것이니 어찌하면 좋겠는가?"

비의가 말했다.

"신이 듣건대, 의심하면서 일을 하면 공을 이루지 못하고 의심하면서 행동하면 이름을 얻지 못한다고 했습니다. 왕께서는 이미 세상과 어긋났다는 비난을 받으셨으니, 아마도 천하 사람들이 말하는 의견을 돌아보실 필요는 없을 듯합니다. 무릇 지극한 다움[至德]을 논하는 사람은 세속에 영향받지 않고, 큰 공을 이루는 사람은 대중과 모의하지 않습니다. 옛날에 순임금이 유묘(有苗)의 춤을 추었고 우왕이 나국(裸國)에서 옷을 입지 않았지만, 이는 욕구와 쾌락을 위한 것이 아니라 지극한 다움을 갖추고 공을 성취하기 위함이었습니다. 어리석은 자는 일이 성사되어도 모르지만, 지혜로운 자는 일의 모습이 나타나기 전에 미리 봅니다. 그러니 왕께서는 무엇을 의심하십니까?"

왕이 말했다.

　"내가 호복 입는 것을 의심하는 것이 아니라 천하가 나를 비웃을까 두렵다. 미친 자가 즐거워하는 것이 지혜로운 자에게는 비애이고, 어리석은 자가 비웃으면 뛰어난 사람은 더 잘 살피는 법이다. 세상에서 나를 따르는 자들이라 해도 호복으로 인한 공을 알 수는 없을 것이니, 세상 사람 모두가 나를 비웃는다 해도 호 땅과 중산은 내가 반드시 차지할 것이다."
　이에 드디어 호복을 입었다.

1) 【정의(正義)】 세상이 다 끝날 때까지 백성을 돕고 임금에게 보탬이 되는 그런 충신을 만나보지 못할 것이라는 말이다.

2) 【정의(正義)】 내가 호복(胡服)을 입게 되면 적들은 반드시 곤궁에 처하고 약해질 것이라는 말이다.

3) 【정의(正義)】 간자와 양자가 이룬 공훈을 말한다.

4) 부국강병을 추진하겠다는 뜻이다. 이하에 이어지는 호복 착용 문제 또한 군사적인 편리함에서 나온 것이다.

　왕설(王緤)을 시켜 (숙부) 공자 성(成)에게 일러 말했다.

　"과인은 호복을 입고 장차 조회할 것이니, 숙부께서도 호복을 입길 바랍니다. 집에서는 아버지 말을 듣고 나라에서는 임금 말을 듣는 것은 고금의 공인된 행동 준칙이요, 자식이 아버지를 거스르지 않고 신하가 임금을 거스르지 않는 것은 온 세상 형제 사이에 두루 통하는 마땅함[兄弟之通義]입니다. (그런데) 지금 과인이 의복을 바꾸라는 가르침을 내렸는데 숙부께서 입지 않으신다면 천하 사람들이 그에 대해 이런저런 말들을 할까 걱정입니다. 나라를 다스리는 데는 일정한 원칙[常=常道]이 있으니, 백성을 이롭게 하는 것을 근본으로 삼는 것이고, 정사를 행하는 데도 일정한 원칙[經=經道]이 있으니, 명령이 행해지는 것을 최상으로 삼는 것입니다. 은덕을 펼 때는 먼저 아래 백성부터 시작해야 하고, 정사를 시행할 때는 먼저 귀한 사람부터 믿게 해야 합니다.

지금 호복을 입는 뜻은 욕구와 쾌락 때문이 아닙니다. 일을 할 때는 목적으로 삼는바[所止]^{소지}[1)가 있어야 공로가 이뤄지는 바가 있게 되고, 일이 성사되고 공을 세운 다음이라야 좋다고 할 수 있을 것입니다. 지금 과인은 숙부께서 정사를 행하는 일정한 원칙[經]^경을 거스름으로써 숙부에 대한 세상의 비난을 부추기게 될까 두렵습니다.

또 과인이 듣건대 나라를 이롭게 하는 일을 하는 사람은 일을 행할 때 그릇됨이 없고 왕의 친인척에 의지하면 명예에 누가 되지 않는다고 했으니, 그렇기 때문에 숙부의 의로움을 사모해 호복의 공을 이루고자 합니다. 왕설을 시켜 숙부를 뵙게 했으니, 청컨대 호복을 입어주십시오."

공자 성(成)이 두 번 절하고 머리를 조아리며 말했다.

"신은 진실로 왕께서 호복을 입으신다는 말을 들었습니다. 신은 불민한데다 병석에 누워 있느라 달려가서 자주[滋]^자 진언을 드리지 못했습니다만, 왕께서 명을 내리셨으니, 신이 감히 그에 대답함으로써 어리석은 충심이나마 남김없이 말씀드리고 합니다."

그러고는 말했다.

"신이 듣건대, 중원[中國]^{중국}이란 곳은 대개 총명하고 매우 지혜로운[徇智]^{순지}[2) 사람들이 사는 곳이고 온갖 물건과 재화가 모여드는 곳이며, 뛰어나고 빼어난 이들이 가르침을 행하는 곳이고 어짊과 마땅함이 베풀어지는 곳이며, 『시(詩)』·『서(書)』, 예악(禮樂)이 쓰이는 곳이고 각종 기예와 기능이 사용되는 곳이며, 먼 곳 사람들이 우러르며 보러 오는 곳이고 오랑캐들이 모범으로 삼는 곳이라고 했습니다. (그런데) 지금 왕께서는 이런 것들을 버리고 먼 곳의 복장을 따라 입으려 하시니, 이는 옛사람의 가르침을 고치고 옛사람의 도리를 바꿔 인심을 거스르는 것이며 학자들을 발끈하게 하고[佛]^불 중원과는 멀어지려는 것이라 그래서 신이 바라건대, 왕께서는 이를 잘 생각하소서[圖=思]^{도 사}."

사자가 이를 보고하자 왕이 말했다.

"나는 원래 숙부께서 병이 났다고 들었는데, 내가 장차 직접 가서 청하겠다."

1) 【정의(正義)】 정현(鄭玄)이 말했다. "지(止)란 지극함[至]이다. 임금 된 자는 어짊에 오래 머물러야 하고[止], 신하 된 자는 삼감에 오래 머물러야 하고, 남의 자식 된 자는 효에 오래 머물러야 하고, 남의 부모 된 자는 자애로움에 오래 머물러야 하고, 나라 사람들과 사귐에 있어서는 믿음에 오래 머물러야 한다."

2) 【집해(集解)】 서광(徐廣)이 말했다. "「오제본기(五帝本紀)」에서는 '어릴 때 벌써 매우 지혜로웠고[幼而徇齊]'라고 했다."

왕이 드디어 공자 성의 집으로 가서 직접 청하며 말했다.

"무릇 옷이란 입는 데 편하기 위한 것이고, 예(禮)란 일을 편리하게 하기 위한 것입니다. 빼어난 이[聖人]가 마을 백성을 살펴서 마땅함에 고분고분하게 하고 일에 바탕을 두고서 예를 제정한 것은, 그 마을 백성을 이롭게 하고 그 나라를 부강하게 하기 위함이었습니다.

무릇 머리카락을 자르고 문신을 하며 팔뚝에 무늬를 새겨넣고[錯臂]1) 옷깃을 왼쪽으로 여미는 것[左衽]은 구월(甌越)2) 백성(의 풍습)입니다. 이빨을 검게 물들이고[黑齒] 이마에 무늬를 새기며[雕題] 물고기 껍질로 만든 모자를 쓰고[鰝冠] 바느질이 거친 옷을 입는 것[秫絀]은 대오(大吳)라는 나라(의 풍습)입니다. 그러므로 예와 복장이 같지는 않지만, 그 편리함은 한가지입니다. 마을이 다르면 그 쓰임(옷을 입음)에 달라짐이 있고, 일이 다르면 예가 바뀌는 것입니다. 이 때문에 빼어난 이는 결과적으로[果] 그 나라에 이롭다면 어느 한 가지에만 매이지 않았고, 결과적으로 그 일에 편리하다면 그 예를 같게 하지 않았습니다.

유자(儒者)가 스승을 섬기는 것은 한 가지이지만 습속이 다르고 중원 또한 예는 같지만, 교화가 다른데, 하물며 산골의 편리함이야 말해 무엇 하겠습니까? 따라서 거취(去就)의 달라짐에 대해 지혜로운 자는 억지로 한 가지만을 고집하지 않으며, 먼 곳과 가까운 곳의 복장에 대해 뛰어나고 빼어난 이는 억지로 똑같아야 한다고 고집하지 않았습니다. 궁벽한 마을일수록 이상한 것들이 많고, 왜곡된 학자일수록 궤변이 많습니다. 잘 모르더라도 의심하지 않고 자신들의 습속과 다른 데도 비난하지 않는 것은, 공정하게 많은 이의 의견을 모아서 최선의 결과를 얻으려 하기 때문입니다. 지금 숙부께서 말씀하신 것은 습속에 관한 것이고, 제가 말한 것은 습속을 만드는 이치에 관한 것입니다.

우리나라는 동쪽으로 황하와 박락(薄洛)[3] 나루가 있어 제나라·중산국과 함께 쓰고 있지만 노를 저을 만한 배를 쓰는 일이 없었습니다. 상산(常山)부터 대(代)와 상당(上黨)에 이르기까지 동쪽으로는 연나라, 동호와 국경을 접하고 서쪽으로는 누번, 진(秦)나라, 한나라와 국경을 접하고 있지만 지금 기마병의 방비가 없습니다. 과인에게는 노를 저을 만한 (제대로 된) 배도 없는데, 물을 끼고 살아가는 백성이 장차 어떻게 황하와 박락 나루의 물을 지킬 수 있겠습니까? 복장을 바꾸고 말타기와 활쏘기를 익힘으로써 연나라, 삼호(三胡)[4], 진(秦)나라, 한나라와의 변경을 지키고자 하는 것입니다.

그리고 옛날에 간주(簡主)께서 진양에서 상당에 이르는 지역을 막지 않으셨고 양주(襄主)께서 융을 삼키고 대를 차지함으로써 여러 오랑캐 세력을 물리쳤다는 것은 어리석은 자나 지혜로운 자나 다 아는 바입니다. (그러나) 예전에 중산국은 제나라의 강력한 군대를 등에 업고서 우리 땅을 짓밟고 우리 백성을 포로로 끌고 갔으며 물을 끌어들여 호(鄗)를 에워쌌으니, 만일 사직의 신령이 돌보지 않았더라면 호는 거의 지킬 수 없었을 것입니다. 선왕께서 이를 부끄럽게 여기셨지만, 아직 그 원한을 갚지는 못했습니다.

이제 기병과 사수가 방비한다면 가깝게는 상당의 지형을 쉽게 관찰할 수 있고 멀게는 중산에 대한 원한을 갚을 수도 있을 것입니다. 그런데도 숙부께서는 중원의 풍습에 순종하느라 간주와 양주의 뜻을 거스르고, 복장을 바꾸었다는 소리를 듣기 싫어서 호에서 겪은 수치를 잊고 계시니, 이는 과인이 바라는 바가 아닙니다."

공자 성은 두 번 절하고 머리를 조아리며 말했다.

"신이 어리석어 왕의 뜻에 이르지 못한 채 감히 세속에서 들은 바만 아뢰었으니, 신의 죄입니다! 지금 왕께서 장차 간주와 양주의 뜻을 이어받아 선왕의 뜻을 따르려 하시는데 신이 감히 왕의 명을 듣지 않을 수 있겠습니까?"

다시 두 번 절하고 머리를 조아렸다. 마침내 호복을 내려주었다. 다음 날 호복을 입고 조회에 나왔다. 이에 비로소 호복령(胡服令)을 내렸다.

1) 【색은(索隱)】 착비(錯臂) 또한 문신인데, 붉은색이나 청색으로 팔뚝에 그림을 새겨넣는 것이다.

2) 【색은(索隱)】 유씨(劉氏)가 말했다. "지금의 주애(珠崖)와 담이(儋耳)를 일러 구인(甌人)이라고 하니, 이 사람들이 구월이다."

3) 【집해(集解)】 서광(徐廣)이 말했다. "안평경현(安平經縣) 서쪽에 장수(漳水)가 있는데, 나루터 이름이 박락 나루다."

4) 【색은(索隱)】 임호·누번·동호가 삼호다.

조문(趙文)·조조(趙造)·주소(周紹)[1]·조준(趙俊)이 모두 왕에게 호복을 입지 말고 옛날 법에 따르는 것이 편리하다고 간언하자, 왕이 말했다.

"선왕 때도 습속이 같지 않았는데 어떻게 옛 법도대로만 하겠는가? 제왕들도 서로 답습하지 않았는데 어떤 예를 따르자는 말인가? 복희(伏羲)와 신농(神農)은 교화만 했지, 사람을 주살하지 않았고 황제(黃帝), 요(堯)임금,

순(舜)임금은 사람을 주살하긴 했어도 분노를 다른 사람에게 연루시키지는 않았다. 삼왕(三王-우왕·탕왕·무왕·문왕)에 이르러서는 시대에 따라 법도를 만들고[隨時制法] 일에 따라 예(禮)를 제정했다[因事制禮]. 법령과 제도는 각각 그 시대의 마땅함을 따르고 의복과 기계는 저마다 그 쓰임에 편리할 뿐이다. 따라서 예 또한 반드시 한 방법일 필요는 없으며 나라를 편리하게 하는 것이 반드시 옛것일 필요는 없다.

빼어난 이가 일어날 때[2] 서로 답습하지 않고서도 임금다운 임금[王=王者]이 될 수 있었고, 하나라와 은나라는 쇠약할 때 예를 바꾸지 않아서 멸망한 것이다. 그렇다면 옛날 법도를 어긴다고 해서 비난할 필요는 없으며, (옛날) 예를 따른다고 해서 칭찬할 필요도 없다. 그리고 복장이 기이하다고 해서 그 사람의 마음이 음탕하다고 한다면 추(鄒)나라와 노(魯)나라에는 기이한 행동이 없을 것이요, 습속이 괴이한 지역의 백성은 좋지 않다고 한다면 오나라와 월나라에는 뛰어난 선비[秀士]가 없을 것이다.

또 빼어난 이는 몸에 편리한 것이 옷이고 일에 편리한 것이 예라고 하셨다. 나아가고 물러나는 예절과 의복의 제도는 일반 백성을 가지런히 하려는 것이지, 뛰어난 이를 논하려는 것이 아니다. 따라서 백성을 다스리려면 습속과 함께 흘러가야 하고, 뛰어난 이는 변화와 함께 가야 한다. 속담에 이르기를 '책 속의 지식으로 말을 몰려는 자는 말의 본성을 다 알지 못하며, 옛날로써 지금을 제어하려는 자는 일의 변화에 통달할 수 없다'라고 했다. 옛 법도를 따르려는 공만으로는 세상을 뛰어넘을 수 없고, 옛것을 법도로 삼는 학문만으로는 지금을 제어하기에 충분치 못하다. 그대들 생각은 이 점에 미치지 못한 것이다."

드디어 마침내 호복을 입고 병사들을 모아서 말타기와 활쏘기를 훈련시켰다.

---

1) 【집해(集解)】 서광(徐廣)이 말했다. "『전국책(戰國策)』에는 소(紹)로 되어 있다. 韶

의 발음은 (초가 아니라) 소(紹)다."

2) 빼어난 이가 임금이 되었다는 말이다.

　20년에 왕은 중산 땅을 공략해 (중산국) 영가(寧葭) 현에 이르렀고, 서쪽으로는 호(胡) 땅을 공략해 유중(楡中)에 이르니 임호(林胡) 왕이 말을 바쳤다. 돌아와서 누완(樓緩)을 진나라에, 구액(仇液)을 한나라에, 왕분(王賁)을 초나라에, 부정(富丁)을 위(魏)나라에, 조작(趙爵)을 제나라에 사신으로 보냈다. 대(代)나라 상(相-재상) 조고(趙固)가 호(胡) 땅을 주관하면서 호나라 병사들을 불러 모았다.

　21년에 중산을 공격했다. 조소(趙紹)가 우군, 허균(許鈞)이 좌군, 공자 장(章)이 중군을 맡았고 왕이 그들 모두를 이끌었다. 우전(牛翦)이 전차와 기병을 거느리고 조희(趙希)가 호 땅과 대 땅의 군대를 함께 거느렸으며, 조나라는 좁은 골짜기를 지나[陘][1] 곡양(曲陽)에서 군대를 합류시킨 뒤 단구(丹丘), 화양(華陽), 치(鴟)의 요새를 공격해 차지했다. 왕의 군대가 호(鄗)·석읍(石邑)·봉룡(封龍)·동원(東垣)을 차지하자 중산이 4개 읍을 바치며 강화를 청했고, 왕이 이를 허락하고 군대를 철수시켰다.

　23년에 중산을 공격했다.

　25년에 혜후(惠后)가 졸했다.

　주소(周紹)에게 호복을 입게 하고서 왕자 조하(趙何)의 스승으로 삼았다.

　26년에 다시 중산을 공격했으니, 빼앗은 땅[攘地]이 북쪽으로 연나라와 대에 이르고 서쪽으로 운중(雲中)과 구원(九原)에 이르렀다.

1) 【집해(集解)】 서광(徐廣)이 말했다. "형(陘)이란 산줄기가 끊어진 곳의 이름이다. 상산(常山)에는 정형(井陘)이 있고 중산(中山)에는 약형(若陘)이 있으며 상당(上黨)에는 연여(閼與-알여)가 있다."

27년 5월 무신일에 동궁(東宮)에서 큰 조회를 열고, 나라를 전해주었으니[傳國], (둘째 아들인) 왕자 하(何)를 세워 왕으로 삼았다. (새) 왕은 사당에서 예를 마치고 조정에 나아가 정사에 임했으니, 대부들이 모두 신하로서 복종했고 비의(肥義)가 상국(相國)으로서 아울러 왕의 사부가 되었다. 이 사람이 혜문왕(惠文王)이다. 혜문왕은 혜후 오왜(吳娃)의 아들이다. 무령왕은 스스로를 주보(主父)라고 불렀다.

주보는 아들을 군주로 세워 나라를 다스리게 한 뒤에 자신은 호복을 입고서 사와 대부들을 거느리고 서북쪽의 오랑캐 땅을 공략했고, 운중(雲中)과 구원(九原) 땅에서 곧바로 남쪽으로 진(秦)나라를 습격하고자 스스로 거짓 사자가 되어 진나라에 들어갔다. 진나라 소왕(昭王)은 이를 몰랐다가, 얼마 후[已而=尋]에 그 모습이 기이하고 위엄이 넘쳐서 남의 신하 노릇을 할 사람이 아니라고 여기고는 사람을 보내 뒤쫓게 했는데 주보는 말을 달려 이미 관문을 벗어난 뒤였다. 알아보니 마침내 주보였다. 진나라 사람들은 크게 경악했다. 주보가 진나라에 들어간 까닭은 직접 지형을 둘러보고[略] 그 참에 진나라 임금의 사람됨을 살펴보기 위해서였다.

혜문왕 2년[1)]에 주보가 새로 얻은 땅을 순행해 드디어 대(代) 땅을 나가서 서쪽으로 갔다가, 서하(西河)에서 (흉노의 일파인) 누번왕(樓煩王)과 마주치자, 그 병사를 거두었다.

1) 【집해(集解)】 서광(徐廣)이 말했다. "원년에 공자 승(勝)이 재상이 되자 평원(平原)을 봉해주었다."

3년에 중산국(中山國)을 멸망시키고 부시(膚施) 땅[1)]에 그 왕을 옮겼다. 영수(靈壽)[2)]에 궁을 짓기 시작했으며, 북쪽 지방을 바야흐로 복종시키자

대 땅으로 통하는 길이 크게 뚫렸다. 돌아와서 논공행상하고 크게 사면령을 내렸으며 닷새 동안 주연을 베풀었다. 장남 장(章)을 대 땅에 봉해 안양군(安陽君)으로 삼았다. 장은 평소 사치스럽고 동생이 세워진 것을 마음속으로 받아들이지 않았다. 주보는 또 전불례(田不禮)를 시켜서 장을 돕게 했다[3].

1) 【집해(集解)】 서광(徐廣)이 말했다. "상군(上郡)에 있다."

2) 【집해(集解)】 서광(徐廣)이 말했다. "상산(常山)에 있다."

3) 대 땅 재상으로 삼았다는 말이다.

이태(李兌)가 비의에게 말했다.

"공자 장은 몸이 건장하나, 마음이 교만하며 무리를 모으고 욕심이 크니, 아마도 사사로운 마음을 품고 있겠지요? 전불례는 사람됨이 잔인하고 살인을 즐기며 교만합니다. 두 사람의 뜻이 맞으면 틀림없이 음모를 꾸미고 반란을 일으킬 것이며, 한 번 일을 벌이면 요행을 바랄 것입니다. 무릇 소인배에게 욕심이 있으면 경솔하고 얕은 생각으로 단지 그 이익만 볼 뿐 그 피해는 돌아보지 않을 것이니, 같은 부류가 서로 부추겨서 함께 재앙의 문으로 들어가게 됩니다. 제가 보건대 틀림없이 그날이 멀지 않았습니다. 그대는 책임이 무겁고 권세가 커 난이 당신에게서 시작되고 화도 당신에게 모일 것이니, 당신은 틀림없이 먼저 환난을 입게 됩니다. 어진 자는 만인을 사랑하고 지혜로운 자는 재앙이 일어나기 전에 방비하는데, 어질지도 않고 지혜롭지도 않으니 어찌 나라를 다스릴 수 있겠습니까? 그대는 어찌하여 병을 핑계로 조정에 나가지 않음으로써 공자 성(成)에게 정무를 맡기지 않으십니까? 원망의 창고[怨府]가 되지 말고, 재앙의 사다리[禍梯]도 되지 마십시오."

비의가 말했다.

"안 될 말이오. 예전에 주보께서 왕을 저 비의에게 부탁하시면서 말씀하시기를 '그대의 법도를 바꾸지 말고 결심을 달리하지 말며 한마음을 굳게 지키고 그대의 삶을 마치게'라고 하시니, 저 의는 두 번 절하고 명을 받아서 이를 기록해두었소[籍=記]. 지금 전불례의 난을 두려워해 내가 기록해둔 것을 잊는다면 이보다 큰 변절이 어디 있겠소? 조정에 나아가 엄명을 받고 물러나 전력을 다하지 않는다면 이보다 더한 배신이 어디 있겠소? 변절하고 배신한 신하는 형벌로도 용납받지 못할 것이오. 속담에 말하기를 '죽은 자가 다시 살아나도 살아 있는 자는 부끄럽지 않다'라고 했소. 내가 이미 왕 앞에서 말했으므로 나는 내 말을 지킬 뿐이니, 어찌 나 자신의 안전을 바라겠소? 하물며 지조 있는 신하는 어려움이 와야 절조가 보이며, 충성스러운 신하는 재앙이 이르러야 행동이 분명해진다고 했소. 당신이 내게 가르침을 베풀고 충고도 했으나, 나는 왕 앞에서 한 말을 끝까지 거스르지 않겠소."

이태가 말했다.

"알겠습니다. 그대는 최선을 다하십시오! 제가 그대를 뵙는 것도 올해뿐이겠군요."

그러고는 눈물을 흘리며 나갔다. 이태는 여러 차례 공자 성을 만나 전불례가 일으킬지도 모를 난에 대비했다.

다른 날에 비의가 신기(信期)[1]에게 말했다.

"공자 장과 전불례는 정말로 근심거리요. 그들은 예의상으로는 잘 듣는 것처럼 하지만 실제로는 악독하며, 그 사람됨이 불효한 자식에 불충한 신하요[不子不臣]. 내가 듣건대, 간신이 조정에 있으면 나라의 재앙이요 참소하는 신하가 궁중에 있으면 군주의 좀이라고 했소. 이들은 탐욕스럽고 욕심이 크며, 안에서는 군주의 총애를 얻으면서 밖에서는 포악하오. 왕명을 빙자해서 거만하고 하루아침에 멋대로 명령을 내리는 것도 어려워하지 않으니, 재앙이 장차 나라에 미칠 것이오. 지금 나는 이를 근심해서 밤에도 자는 것을 잊고 굶주려도 먹는 것을 잊고 산다오. 도적이 출몰하고 있으니 방비하지 않을 수 없구려. 지금 이후로 왕을 뵙고 싶은 자가 있다면 반드시 내가 먼저 만날 테니, 내가 먼저 몸을 던져 막아보고 일이 없다면 왕께 안내하도록 하겠소.”

신기가 말했다.

“참으로 좋습니다. 제가 이런 말을 들을 수 있다니!”

1) 【색은(索隱)】 아래에 나오는 고신(高信)이다.

4년에 여러 신하를 불러 조회를 여니 안양군도 와서 조회했다[來朝]. 주보가 왕에게 정무를 듣게 한 뒤 자신은 곁에서 여러 신하와 종실의 예절을 살펴보았다. 그는 장남인 장이 의기소침해 도리어 북면해서 신하가 되어 동생에게 몸을 굽히는 것을 보고는 마음속으로 불쌍하게 여겼다. 이에 조나라를 나눠 대 땅에서 장으로 하여금 왕 노릇을 하게 하려고 했으나, 계책을 결단하지 못하고 그냥 그만두었다[輟=止].

주보가 왕과 함께 사구(沙丘) 땅을 유람할 때 서로 다른 궁에 묵었는데, 공자 장이 곧 그의 무리, 전불례와 함께 난을 일으켜서 거짓으로 주보의 명령이라고 하면서 왕을 불렀다. 비의가 먼저 들어오자 그를 죽였다. 고신(高信-신기)이 즉시 왕과 함께 싸웠다. 공자 성과 이태가 몸소 나라에서 달려와 네 고을의 병사를 일으켜 들어와서 난을 막으니, 공자 장과 전불례를 죽이고 그 무리를 전멸시킴으로써 왕실을 바로잡았다. 공자 성은 재상이 되어 안평군(安平君)이란 봉호를 받았고, 이태는 사구(司寇)가 되었다.

공자 장이 패했을 때 주보로부터 달아났는데, 주보가 문을 열어주니[開]1) 성과 태는 주보의 궁을 에워쌌다. 공자 장이 죽었으나 공자 성과 이태가 모의해 말했다.

"장 때문에 주보를 에워쌌지만, 즉시 병사를 풀면 우리는 멸족당할[夷=^이誅滅] 것이다."

이에 드디어 주보를 에워싼 뒤 궁중 사람들에게 "늦게 나오는 자는 주멸하겠다"라고 명하니, 궁중의 사람들이 모두 나왔다. 주보도 나가려고 했으나 그러지 못했고 또 음식을 구할 수도 없어서, 참새 새끼[爵㲉]까지 찾아 잡아먹다가 석 달 만에 사구궁(沙丘宮)에서 굶어 죽었다. 주보의 죽음이 확인되자 마침내 발상(發喪)해 제후들에게 부음을 전했다.

1) 【색은(索隱)】 문을 열어 그를 받아들였다는 말이다.

이때 왕이 어려서 성과 태가 정권을 장악했기에, 처벌당할 것이 두려워서 주보를 에워쌌던 것이다.

주보는 애초에 장남 장을 태자로 삼았으나 후에 오왜를 얻자, 그녀를 총애해 몇 년이나 그녀의 궁을 나오지 않다가 아들 하를 낳았다. 이에 태자 장을 폐위하고 하를 세워 왕으로 삼았다가, 오왜가 죽어 사랑이 식자 옛 태자를 불쌍하게 여겨서 두 사람 모두를 왕으로 세우려 했다. 그러나 망설이며 결정을 내리지 못하던 중에 난이 일어나서 부자가 함께 죽음에 이르러 천하의 웃음거리가 되었으니, 어찌 비통하지 않겠는가?

주보가 죽고 혜문왕이 세워졌는데, 세워진 지 5년에 막(鄚)과 역(易)[1]을 연나라에 주었다.

8년에 남행당(南行唐)[2]에 성을 쌓았다.

9년에 조량(趙梁)이 장군이 되어 제나라와 연합해서 한나라를 공격했으니, 노관(魯關) 아래까지 이르렀다.

10년에 진나라가 서제(西帝)를 자칭했다.

11년에 동숙(董叔)이 위씨(魏氏)와 함께 송나라를 쳐서 위나라로부터 하양(河陽)을 얻었다. 진나라가 경양(梗陽)을 차지했다.

12년에 조량(趙梁)이 장수가 되어 제나라를 공격했다.

13년에 한서(韓徐)가 장수가 되어 제나라를 공격했다.

공주3)가 죽었다.

14년에 상국 악의(樂毅)가 조·진·한·위·연 나라를 이끌고 제나라를 공격해 영구(靈丘)를 차지했다. 진나라와 중양(中陽)에서 회동했다.

15년에 연나라 소왕(昭王)이 와서 만나보았다. 조나라가 한·위·진 나라와 함께 제나라를 공격하니 제나라 왕이 패해 달아났고, 연나라 홀로 깊이 들어가 임치(臨菑)를 차지했다.

1) 【집해(集解)】 서광(徐廣)이 말했다. "둘 다 탁군(涿郡)에 속한다."

2) 【집해(集解)】 서광(徐廣)이 말했다. "상산(常山)에 있다."

3) 【색은(索隱)】 아마도 오애의 딸이고 혜문왕의 누나일 것이다.

16년에 진나라가 다시 조나라와 함께 여러 차례 제나라를 공격하니, 제나라 사람들이 걱정했다. 소려(蘇厲)1)가 제나라를 위해 조왕에게 편지를 보내 말했다.

1) 유세객 소진(蘇秦)의 동생으로, 마찬가지로 유세객이다.

"신이 듣건대, 옛날의 뛰어난 임금이라 해도 그 은덕이 천하에 널리 베풀어지지 않았고 가르침이 백성에게 널리 스며들지 않았으며 계절마다 올리는 제사도 귀신들에게 늘 일정했던 것은 아니었습니다. 그럼에도 감로(甘露)가 내리고 때맞춰 비가 내리며 오곡이 풍년 들고 백성은 돌림병에 걸리지 않았기에 많은 사람이 이를 좋다고 여겼지만, 그런데도 뛰어난 임금은 더 좋은 구상을 했습니다.

지금 족하의 뛰어난 행적과 공업이 진(秦)나라에 자주 베풀어진 적이 없고, 쌓인 원한과 분노를 평소 제나라에 깊이 심어준 일도 없습니다. 진나라가 조나라와 동맹이 되었지만[與國], 억지로 한나라에서 군사를 징발한다고 해서 진나라가 진실로 조나라를 아껴서이겠습니까? 진나라가 실제로 제나라를 미워하는 것이겠습니까? 일에 지나친 바가 있을 경우 뛰어난 임금은 이를 깊이 살핍니다.

진나라는 조나라를 좋아하거나 제나라를 미워해서가 아니라 한나라를 멸망시켜 동주와 서주[二周]를 삼키고 나서 제나라를 이용해 천하를 차지하려는[餤=取] 것인데, 일이 성사되지 않을까 걱정해서 군사를 내어 위나라와 조나라를 겁박한 것입니다. 또 천하가 자신을 두려워할까 걱정해서 인질을 보내 믿음을 보인 것입니다. 또 천하가 급속도로 반란을 일으킬까 걱정해서 한나라에서 군사를 징발해 그들을 위협한 것입니다. 말로는 동맹국[與國]에 은덕을 베푼다고 하면서도[1] 실은 텅 빈 한나라를 치고자 하니, 신이 볼 때 진나라의 계책은 반드시 이러한 데서 나온 것입니다. 무릇 일이란 본래 형세는 다르지만, 근심거리는 같은 것이라 초나라가 오랫동안 정벌을 당하자, 중산이 망했던 것처럼 지금 제나라가 오랫동안 정벌을 당하고 있으니, 한나라는 반드시 망할 것입니다.

제나라를 깨뜨리면 왕께서는 여섯 나라와 그 이익을 나누게 될 것입니다. 하지만 한나라를 멸망시키면 진나라가 홀로 그것을 차지하게 되니, 동주와 서주를 거둬들여 제기(祭器-왕의 상징)를 서쪽으로 가져가서 진나라 홀로 동주와 서주를 차지합니다. 세금과 땅이란 공로에 따라 주는 법이건만, 왕께서 얻게 되는 이익은 진나라와 비교해서 어느 쪽이 많겠습니까?

---

1) 【색은(索隱)】 여국(與國)은 조나라다. 진나라와 조나라가 지금 동맹국이 되었는데, 진나라는 한나라의 군사를 징발해 이끌고 조나라와 함께 제나라를 침으로써 위엄과 말로 조나라와 함께하고 있으므로 이 때문에 동맹국에 은덕을

베푼다고 한 것이다.

한 유세객이 그것을 따져보고 말했습니다.

'한나라가 삼천(三川)[1]을 잃고 위(魏)나라가 진(晉)나라를 잃고 나면 시장과 조정이 달라지기도 전[市朝未變][2]에 (조나라에) 재앙이 미칠 것이다.'

연나라가 제나라 북쪽 땅을 모두 차지하면[盡] 사구(沙丘)와 거록(鉅鹿)까지 거리가 300리도 채 안 되며[斂][3] 한나라의 상당(上黨)에서 한단까지는 100리이니, 연나라와 진나라가 왕의 산천을 도모할 경우 샛길로 300리면 도달할 수 있습니다. 진나라의 상군(上郡)[4]은 (조나라) 정관(挺關)과 가깝고 유중(楡中)까지는 1,500리이니, 진나라가 삼군(三郡)의 병력으로 왕의 상당을 공격한다면[5] 양장(羊腸)[6] 서쪽과 구주산(句注山)[7] 남쪽의 땅은 왕께서 차지하실 수 없을 뿐입니다. (진나라가) 구주산을 넘어 상산을 차지해서[斬=取] 지킨다면 300리만 가도 연나라와 통하게 되어 대 땅의 말과 호 땅의 개[8]는 동쪽(조나라)으로 더는 내려오지 못하고 곤산(昆山)의 옥도 (조나라에) 들어오지 못하니, 이 세 보물 또한 왕이 차지하지 못하실 것입니다. 왕께서는 오랫동안 제나라를 쳤고 강한 진나라를 따라 한나라를 공격하셨기 때문에 그 화가 필경 이 지경까지 이른 것입니다. 바라건대 왕께서는 이를 깊이[孰=熟] 생각하십시오.

1) **【정의(正義)】** 하남(河南)의 땅이다.

2) 아주 짧은 시간을 말한다.

3) **【정의(正義)】** 사구는 형주(邢州)이고 거록은 기주(冀州)이며, 제나라 북쪽 경계는 패주(貝州)다. 염(斂)은 감(減)이다. 이는 제나라를 깨뜨리고 한나라를 멸망시키고 나면 연나라의 남쪽 경계와 진나라의 동쪽 경계는 서로 거리가 300리도 채 안 되는데, 조나라가 그사이에 놓이게 된다는 말이다.

4) **【정의(正義)】** 부주(鄜州)와 연주(延州) 등이다.

5) 【정의(正義)】 진나라 상당군은 지금의 택주(澤州)·노주(潞州)·의주(儀州)·심주(沁州) 등 네 주의 땅으로 상주(相州)의 절반을 겸한다. 원래 한나라가 모두 차지하고 있었는데, 칠국시대에 이르러 조나라가 의주와 심주 두 주의 땅을 얻었으며 한나라는 여전히 노주와 택주의 절반을 갖고 있었고 나머지 절반은 조나라와 위나라에 속했다. 심주는 양장파(羊腸坂) 서쪽에, 의주와 병주(幷州), 대주(代州) 세 주는 구주산(句注山)에 있었다. 진나라가 삼군의 병력으로 조나라의 택주와 노주를 공격했다고 하는데, 구주산 남쪽에는 조나라 땅이 없다.[따라서 삼군(三郡)은 삼군(三軍)의 잘못으로 보는 것이 온당할 듯하다.]

6) 【정의(正義)】 태항산(太行山)의 비탈길 이름으로 남쪽은 회주(懷州)에, 북쪽은 택주에 속한다.

7) 【정의(正義)】 구주산은 대주(代州) 서북쪽에 있다.

8) 【정의(正義)】 곽박(郭璞)이 말했다. "호 땅의 들개는 여우와 비슷하면서 작다."

또 제나라가 정벌을 당한 것은 왕을 섬겼기 때문[1]이지만, 천하가 진나라에 붙어 행동에 옮기고 있는 것[屬行]은 왕을 도모하기 위해서입니다. 연나라와 진나라의 동맹이 맺어져서 병사들을 출동시킬 날이 며칠 남지 않았습니다.

그리하여 다섯 나라는 왕의 땅을 셋으로 나누려 하겠지만[2], 제나라는 오국(五國)의 맹약을 어긴 채 왕의 근심을 없애고자 몸을 던져[殉] 서쪽으로 출병해 강한 진나라를 막아서서는 진나라로 하여금 제(帝)라는 호칭을 없애게 하고 복종을 청할 것이며 고평(高平)과 근유(根柔)를 위나라에 돌려주고 경분(岊分)과 선유(先兪)를 조나라에 돌려줄 것입니다. 제나라가 왕을 섬기는 일을 마땅히 최상의 행위[上佼=上行]로 두어야 하건만 지금 마침내 죄를 물으시니[抵辠][3], 신은 천하 제후 중에 훗날 왕을 섬기려는 자가 감히 스스로 확신을 갖지[自必] 못 할까 걱정입니다. 바라건대 왕께서는 이 점을 깊이 따져보십시오.

1) 【정의(正義)】 조나라 왕을 섬겼다는 이유로 진나라는 반드시 제나라를 칠 것이라는 말이다.

2) 【정의(正義)】 진·제·한·위·연 나라가 조나라 땅을 셋으로 나누려는 것을 말한다.

3) 【집해(集解)】 진나라와 함께 제나라를 친 것을 말한다.

이제 왕께서 천하 제후들과 함께 제나라를 공격하지 않는다면 천하는 반드시 왕을 의롭다고 여길 것입니다. 제나라는 사직을 받들어 독실하게 왕을 섬길 것이고 천하도 반드시 모두 왕의 의로움을 중하게 여길 것입니다. (그리하여) 왕께서는 천하를 거느리고 진나라와 잘 지내실 수 있게 되고 만일 진나라가 포악하게 굴더라도 왕께서는 천하를 거느리고 그것을 막으시면 되니, 이는 한 시대의 명망과 존경이 왕에 의해 만들어지는 것입니다."

이에 조나라는 마침내 공격을 멈추었으니, 진나라의 제의를 사양하고 제나라를 공격하지 않았다.

왕이 연나라 왕과 만났다. 염파(廉頗, ?~?)[1]가 장수가 되어 제나라 석양(昔陽)[2]을 공격하여 그곳을 차지했다.

1) 조나라 혜문왕(惠文王) 때 장(將)이 되었다가 나중에 상경(上卿)으로 승진했다. 제(齊)나라와 위(魏)나라를 공격해 여러 차례 크게 이기고 제나라의 기(幾)와 위나라의 방릉(防陵), 안양(安陽) 등 많은 땅을 빼앗았다. 장평(長平) 전투에서 견고하게 수비해 진(秦)나라 군대로 하여금 3년 동안 출병했지만, 얻은 것 없이 돌아가게 했다. 나중에 조나라는 진나라의 반간계에 걸려 염파를 해직하고 조괄(趙括)을 장수로 기용했다가 대패했다. 효성왕(孝成王) 15년에 연(燕)나라가 대군을 일으켜 침입하자 오히려 역공을 취해 연나라 장수 율복(栗腹)을 죽이고 연나라 수도를 포위한 뒤 5개 성을 할양받고 화친을 맺었는데, 이 공으로 위문(尉文)에 봉해지고 신평군(信

平君)이 되어 가상국(假相國)에 임명되었다. 도양왕(悼襄王) 때 악승(樂乘)으로 대신하게 하자 위나라로 달아나 대량(大梁)에서 살았고, 나중에 초(楚)나라에서 늙어 죽었다. 인상여(藺相如)와 생사를 같이하기로 하면서 문경지교(刎頸之交)를 맺은 일이 유명하다.

2) 【집해(集解)】 낙평첨현(樂平沾縣)에 석양성이 있다.

17년에 악의(樂毅)가 조나라 군대를 거느리고 위(魏)나라 백양(伯陽)을 공격했다. 또 진(秦)나라는 조나라가 자기들과 함께 제나라를 공격하지 않은 것에 원망을 품고 조나라를 쳐서 우리 성 2개를 뽑아버렸다.

18년에 진나라가 우리 석성(石城)[1]을 뽑아버렸다. 왕은 다시 위(衛)나라 동양(東陽)으로 가서 황하의 물길을 트고 위씨(魏氏)를 쳤다. 큰비가 내려 [大潦] 장수(漳水)가 범람했다[出]. (진나라의) 위염(魏冉)이 와서 조나라 재상이 되었다.

19년에 진나라가 우리의 두 성을 패배시켰다. 조나라가 백양을 위(魏)나라에 (돌려)주었다. 조사(趙奢)가 장수가 되어 제나라 맥구(麥丘)를 공격해서 차지했다.

1) 【집해(集解)】 「지리지(地理志)」에 이르기를, 우북평(右北平)에 석성현이 있다고 했다.

20년에 염파(廉頗)가 장수가 되어 제나라를 공격했다. 왕이 진나라 소왕(昭王)과 서하(西河)[1] 밖에서 만났다.

1) 【집해(集解)】 서광(徐廣)이 말했다. "「연표(年表)」에서는 진나라와 민지(澠池)에서 만났다고 했다."

21년에 조나라는 장수(漳水)의 물길을 바꿔 무평(武平) 서쪽으로 흐르게 했다.

22년에 역병이 크게 돌았다[大疫]. 공자 단(丹)을 세워 태자로 삼았다.

23년에 누창(樓昌)이 장수가 되어 위(魏)나라 기(幾) 땅을 공격했으나 차지하지 못했다. 12월에 장수 염파가 기를 공격해 차지했다.

24년에 염파가 장수가 되어 위(魏)나라 방자(房子)를 공격해서 뽑아버린 뒤 거기에 성을 쌓고서 돌아왔다. 다시 안양(安陽)을 공격해 차지했다.

25년에 연주(燕周)가 장수가 되어 창성(昌城)과 고당(高唐)을 공격해서 차지했다. 위(魏)나라와 함께 진(秦)나라를 공격했다. 진나라 장수 백기(白起)가 우리 화양(華陽)을 격파하고[1] 장군 1명을 사로잡았다.

26년에 동호(東胡)에게 빼앗겼던[歐=歐略] 대 땅을 차지했다.

1) 【정의(正義)】 이때 위·한·조 나라가 화양에 병력을 집결시켰다. 서쪽으로 진나라를 공격하기 위함이었다.

27년에 장수의 물길을 바꿔 무평(武平) 남쪽으로 흐르게 했다. 조표(趙豹)[1]를 봉해 평양군(平陽君)으로 삼았다. 황하가 범람했는데, 큰비가 내렸기 때문이다[大潦].

1) 【집해(集解)】 혜문왕의 동모제다.

28년에 인상여(藺相如, ?~?)[1]가 제나라를 쳐서 평읍(平邑)에 이르렀다. 북쪽 구문(九門)에 큰 성을 쌓는 일을 중단했다. 연나라 장수 성안군(成安君) 공손조(公孫操)가 자기 임금을 시해했다.

29년에 진나라와 한나라가 함께 조나라를 공격해 연여(閼與)[2]를 에워쌌다. 조나라가 조사(趙奢)를 장수로 삼아 진나라를 공격해 연여성 아래에서 진나라 군대를 크게 깨뜨리니, (조사에게) 칭호를 내려주어 마복군(馬服君)3)이라고 했다.

1) 원래 조나라 환자(宦者) 영무현(令繆賢)의 사인(舍人)이었다. 혜문왕(惠文王) 때 진(秦) 소왕(昭王)이 유명한 구슬인 화씨벽(和氏璧)을 진나라의 성 15개와 바꾸자고 요구해왔는데, 이때 영무현의 천거로 왕명을 받들고 진나라에 사신으로 가서 기지를 발휘해 구슬과 함께 무사히 돌아왔고, 이 공으로 상대부(上大夫)가 되었다. 혜문왕 20년 진나라 왕과 조나라 왕이 민지(澠池)에서 회담할 때 조나라 왕이 수모를 당하지 않도록 한 공으로 상경에 올랐는데, 장군 염파(廉頗)보다 지위가 높았다. 염파가 이를 모욕이라 여겨 단단히 별렀는데, 이를 안 그가 염파를 피했다. 조나라의 안전을 위해 그랬다는 사실을 안 염파가 자신의 잘못을 뉘우치고 사죄해 문경지교(刎頸之交)를 맺었다.

2) 【정의(正義)】 閼은 발음이 (알이 아니라) 어(於)와 연(連)의 반절음이다.

3) 【정의(正義)】 마복산 때문에 이런 칭호를 내린 것이다.

　　33년에 혜문왕이 졸하자 태자 단(丹)이 세워지니, 이 사람이 효성왕(孝成王)이다.

　　효성왕 원년1)에 진나라가 우리를 쳐서 성 3개를 뽑아버렸다. 조왕이 막 [新] 세워져 태후가 용사(用事)2)했기에 진나라가 서둘러 공격한 것이다. 조씨(趙氏)가 제나라에 구원을 청하자, 제나라가 말했다.

　　"반드시 장안군(長安君)3)을 인질로 보내야 마침내 출병할 수 있다."

　　태후가 기꺼워하지 않자, 대신들이 힘써 간언했는데, 태후가 좌우에 명확하게 일러 말했다.

　　"또다시 장안군을 인질로 보내자고 말하는 자가 있으면 이 늙은이가 반드시 그 낯짝에 침을 뱉을[唾] 것이오."

　　좌사(左師) 촉룡(觸龍)이 태후를 만나고 싶다고 하자 태후는 잔뜩 화가

난 채 그를 기다렸다[胥=須]. 촉룡이 궁에 들어가 잰걸음으로 걸어가서 앉더니, 스스로 사죄하며 말했다.

"이 늙은 신하가 발에 병이 나서 빨리 걸을 수 없어 오랫동안 뵙질 못했습니다. 가만히 제 몸을 헤아려 생각해보니 태후의 옥체도 혹시 불편한 것은 아닐까 걱정되어 이렇게 태후를 뵙길 바란 것입니다."

태후가 말했다.

"이 늙은이는 가마에 의지해서 다니면 되오."

촉룡이 말했다.

"식사는 줄지 않았습니까?"

태후가 말했다.

"죽에 의지하고 있을 뿐이오."

촉룡이 말했다.

"이 늙은 신하는 요즘 아무것도 먹고 싶은 마음이 없었는데, 마침내 억지로 하루에 3~4리를 걸었더니 식욕이 조금 나아지고 몸도 좋아졌습니다."

태후가 말했다.

"이 늙은이는 그렇게 할 수가 없소."

태후의 불편한 기색이 조금 풀리자, 좌사공(左師公)이 말했다.

"이 늙은 신하에게 비천한 자식 서기(舒祺)가 있는데, 가장 어리고 불초합니다. 신이 쇠약해지면서 남몰래 그 녀석이 점점 더 가엾고 사랑스럽습니다. 바라건대 흑의(黑衣-궁중 시위대)에 결원이 나면 그를 채워 넣어서 왕궁을 지킬 수 있도록 해주기를 죽음을 무릅쓰고[昧死] 아룁니다."

태후가 말했다.

"삼가 그리하지요[敬諾]. 나이가 몇이요?"

대답해 말했다.

"열다섯입니다. 어리긴 합니다만, 신이 죽어 구덩이로 들어가기 전에 그 아이를 부탁드리는 것입니다."

태후가 말했다.

"장부도 어린 자식을 사랑하고 아끼는가요?"

대답해 말했다.

"부인들보다 더하지요."

태후가 웃으며 말했다.

"부인들이 훨씬 더 심하지요."

대답해 말했다.

"노신이 가만히 보니까 태후께서 연후(燕后)를 사랑하시는 것이 장안군보다 더 낫습니다[賢=愈]."

태후가 말했다.

"그대는 틀렸소. 장안군만큼 깊이 사랑하지는 않소."

좌사공이 말했다.

"부모가 자식을 사랑한다면 자식을 위해 깊고 멀리 생각해야 합니다. 태후께서 연후를 시집보내실 때 연후의 발을 붙들고 우셨습니다. 멀리 보낼 것을 생각하니 참으로 슬프셨을 터이고, 이미 갔다 해도 그리워하지 않음이 없었을 것입니다. (그러나) 제사를 지낼 때면 축원해 말씀하시기를 '절대 돌아오지 않게 해주십시오'라고 하셨을 것이니, 어찌 생각을 장구하게 해서 그녀의 자손이 서로 이어가며 연나라 왕이 되기를 바라신 것이 아니겠습니까?"

태후가 말했다.

"그렇소."

좌사공이 말했다.

"지금으로부터 3대 이전에 조나라 군주의 자손으로서 후(侯)가 된 자의 후계자 가운데 현재 자리에 있는 사람이 있습니까?"

태후가 말했다.

"없소."

좌사가 말했다.

"단지 조나라뿐만 아니라 다른 제후국에라도 있습니까?"

태후가 말했다.

"이 늙은이는 들어본 적이 없소."

말했다.

"이는 가까이 있는 화는 자신의 몸에 미치고, 멀리 있는 화는 자손에 미치기 때문입니다. 어찌 군주의 자손으로서 후가 된 사람들이 선하지 않겠습니까?

(그런데도 그들이 화를 당하게 되는 것은) 자리는 높은데 공이 없고 녹봉은 두터운데 공이 없이 진귀한 보물만 몸에 많이 지니고 있기 때문입니다. 지금 태후께서는 장안군의 자리를 높여주시고 기름진 땅을 봉토로 주시며 귀중한 물건을 많이 주셨습니다만, 지금 나라를 위해 공을 세울 수 있게 해주지 않으신다면 하루아침에 산릉이 무너졌을 때[一旦^{일단}山^산陵^릉崩^봉][4] 장안군이 어떻게 조나라에서 자신을 보전할 수 있겠습니까? 이 늙은 신하는 장안군을 위하는 태후의 계책이 짧다고 여기니, 그래서 그를 아끼는 것이 연후만 못하다고 한 것입니다."

태후가 말했다.

"알겠습니다. 그대의 뜻에 따라 장안군을 보내시오."

이에 장안군을 위해 수레 약 100대를 마련해 제나라에 인질로 보내니, 제나라 군대가 마침내 출병했다.

---

1) 【집해(集解)】 서광(徐廣)이 말했다. "평원군(平原君)이 재상이 되었다."

2) 일반적으로 용사(用事)라고 하면 재상이 전권을 휘두르는 것을 말하는데, 여기서는 중립적으로 집정(執政)했다는 뜻이다.

3) 【색은(索隱)】 혜문후의 막내아들이다. 조나라에도 장안이 있었다.

4) 태후가 돌아가신다는 말을 할 수 없어, 이렇게 에둘러 표현한 것이다.

자의(子義)[1]가 이를 듣고는 말했다.

"군주의 자식은 골육지친임에도 공이 없이 누리는 높은 자리, 공로 없이 받는 녹봉으로는 귀한 보물을 지킬 수 없는데, 하물며 나 같은 자임에랴!"

1) 【색은(索隱)】 조나라의 뛰어난 사람이다.

제나라 안평군(安平君) 전단(田單)이 조나라 군대를 거느리고 연나라 중양(中陽)[1]을 공격해 뽑아버렸고, 또 한나라 주인(注人)[2]을 공격해 뽑아버렸다.

2년에 혜문후가 졸했다. 전단이 조나라 재상이 되었다.

1) 【집해(集解)】 서광(徐廣)이 말했다. "판본에 따라 중인(中人)으로 되어 있다." 【정의(正義)】 연나라에는 중양이 없다. 『괄지지(括地志)』에서 말했다. "중산고성(中山故城)은 일명 중인정(中人亭)이라고 하는데, 정주(定州) 당현(唐縣) 동북쪽으로 41리에 있다. 이때는 연나라에 속했다."

2) 【정의(正義)】 읍 이름이다. 『괄지지(括地志)』에서 말했다. "주성(注城)은 여주(汝州) 양현(梁縣)에서 서쪽으로 15리에 있다."

4년에 왕이 꿈에서 좌우 솔기가 다른 색의 옷[偏裻之衣]^{편독 지 의}[1]을 입고서 비룡(飛龍)을 타고 하늘로 오르다가 다다르지 못하고 떨어졌는데, 산처럼 쌓인 금과 옥을 보았다. 이튿날 왕이 서사(筮史) 감(敢)을 불러 해명하게 하니[占之]^{점지}[2], 이렇게 말했다.

"꿈에 좌우 솔기가 다른 색의 옷을 입었다는 것은 온전치 못하다[殘]^잔는 뜻입니다. 비룡을 타고 하늘로 오르다가 다다르지 못했다는 것은 기세는 있으나 실상이 없다는 뜻입니다. 산처럼 쌓인 금과 옥을 보았다는 것은 근심이 있다는 뜻입니다."

1) **[정의(正義)]** 두예(杜預)가 말했다. "편(偏)은 좌우의 색이 다른 것이다. 솔기[裻]
   가 가운데에 있는데, 좌우가 달라서 편(偏)이라고 한 것이다." 살펴보건대 독
   (裻)은 옷 뒤쪽 가운데를 꿰맨 줄을 말한다.

2) 원칙적으로 점을 치는 것은 복(卜), 점괘를 풀어내는 것은 점(占)이라 한다.

    사흘 뒤에 한나라 상당(上黨) 태수 풍정(馮亭)의 사신이 와서 말했다.

    "한나라가 상당을 지킬 수 없어 진나라에 편입하려고 하는데, 관리와 백
성은 모두 조나라에 편입되는 것을 바라지 진나라에 편입되는 것을 바라지
않습니다. (상당에는) 성시읍(城市邑)이 17개인데, 두 번 절하고 조나라에 편
입되기를 바라니 부디 왕께서는 관리와 백성의 바람을 헤아려주소서!"

    왕이 크게 기뻐하며 평양군(平陽君) 표(豹)를 불러 이를 알려주며 말
했다.

    "풍정이 성시읍 17개를 우리에게 편입시키고자 하니, 이를 받는 것이 어
떻겠는가?"

    대답해 말했다.

    "빼어난 이는 아무런 연고 없는 이익을 큰 재앙으로 여깁니다."

    왕이 말했다.

    "그 사람들이 나의 임금다움을 사모하는데, 어째서 아무런 연고가 없다
고 하는가?"

    대답해 말했다.

    "저 진나라가 한씨 땅을 야금야금 먹어 들어가며[蠶食] 중간에서 도로
를 끊어 서로 다니지 못하게 한 것은 스스로 가만히 앉아서 상당의 땅을 받
으려는 생각이었을 것입니다. (그런데) 한씨가 (상당을) 진나라에 편입되지
않으려 하니, 그 까닭은 화를 조나라에 전가하려는[嫁=轉嫁] 생각입니다.
진나라가 애써 수고로움을 다하고도 조나라가 그로 인한 이익을 얻는 것인
데, 비록 강대국이라 해도 약소국에게 이익을 얻기 어려운 판에 약소국이

어떻게 강대국을 향해 이익을 얻을 수 있겠습니까? (그러니) 어찌 연고 없는 이익이 아니라고 할 수 있겠습니까? 또 저 진나라는 소로써 농사를 짓고[1] 강을 통해 양식을 운반해[2] 잠식해 들어가서 전쟁에서 가장 힘써 싸운[倍戰=力攻] 자들에게 상국(上國) 땅을 쪼개 나눠줄 것이니, 진나라는 이미 정치가 잘 시행되고 있어 함께 어려움을 행할 수 없으므로 결단코 받아서는 안 됩니다[3]."

왕이 말했다.

"지금 100만 대군을 일으켜 공격했지만, 해를 넘겨 1년여가 지났어도 아직 성 하나 얻지 못했다. (그런데) 지금 성시읍 17개를 우리나라에 선물로 준다 하니[幣][4], 이는 큰 이익이다."

1) 【정의(正義)】 소를 이용해서 농사를 지어 가을이 되면 수확량이 많다는 뜻이다. 진나라가 한나라 상당을 쳐서 이길 날이 얼마 남지 않았으니, 그곳에서도 소로 농사를 지어 반드시 큰 수확을 기대할 것이라는 말이다.

2) 【정의(正義)】 진나라는 위수(渭水)에서 식량을 조운해 동쪽으로 황하와 낙수(洛水)로 들어가며 군대가 한나라 상당을 공격할 것이라는 말이다.

3) 【정의(正義)】 상국이란 진나라 땅을 말한다. 즉 한나라 상당 땅을 쪼개 진나라 땅으로 삼고서 진나라 정치를 이미 그곳에서 시행하고 있으므로 조나라는 진나라와 더불어 어려움을 함께할 수 없으니, 풍정 17읍을 받아서는 절대 안 된다는 말이다.

4) 【정의(正義)】 풍정 17읍을 조나라에 편입시킨다는 것은 마치 폐백(幣帛)을 보내오는 것과 같으니, 이는 큰 이익이라는 말이다.

조표가 나가자, 왕은 평원군(平原君)과 조우(趙禹)를 불러 이를 말해주었다. 두 사람이 내답해 말했다.

"100만 대군을 일으켜 공격했지만, 해를 넘겨 1년여가 지났어도 아직 성

하나 얻지 못했는데, 지금 앉아서 성시읍 17개를 얻는다니 이런 큰 이익을
놓칠 수 없습니다."

왕이 말했다.

"좋다!"

마침내 조승(趙勝)으로 하여금 땅을 받게 하니, (조승이) 풍정에 고해 말
했다.

"우리나라 사자 신(臣) 승을 우리나라 군주께서 사신으로 보내 명을 받
들게 하셨습니다. 1만 호 성읍 3개를 태수에게 봉하시고 1,000호 성읍 3개를
현령에게 봉해주셨으며, 모두 대대로 후(侯)가 되게 하셨습니다. 또 관리와
백성에게는 모두 3등급씩 작위를 올려주고, 관리와 백성이 모두 편안하게
지내도록 황금 6근을 내려주셨습니다."

풍정이 눈물을 흘리며, 사신을 보지도 않은 채 말했다.

"저는 세 가지 불의(不義)에 처할 수 없으니, 주군을 위해 땅을 지키면서
목숨을 걸고 지키지 못한 것이 첫 번째 불의요, (한나라를) 진나라에 편입시
키라는 군주의 명을 듣지 않은 것이 두 번째 불의요, 군주의 땅을 팔아서 저
의 녹봉만 먹는 것이 세 번째 불의입니다."

조나라는 드디어 군대를 출동시켜 상당을 차지했고[1], 염파가 군을 이끌
고 장평(長平)에 주둔했다.

1) **[집해(集解)]** 『한서(漢書)』「풍봉세전(馮奉世傳)」에서 말했다. "조나라는 풍정을
봉해 화양군(華陽君)으로 삼아서 조나라 장수 조괄(趙括)과 함께 진나라에
맞서게 했는데, 장평(長平)에서 전사했다. 집안 종족들이 이로 말미암아 뿔
뿔이 흩어졌는데, 혹은 노(潞)에 남거나 조나라로 갔다. 조나라로 간 사람 중
에 관직이 장수가 된 사람도 있는데, 그 사람의 아들은 대국(代國)의 재상이
되었다. 진나라가 6국을 멸망시키자 풍정의 후손인 풍무택(馮毋擇), 풍거질
(馮去疾), 풍겁(馮劫)은 모두 진나라의 장군이나 승상이 되었고, 한(漢)나라가

일어나고서 문제(文帝) 때 풍당(馮唐)이 이름을 날렸는데 그가 곧 대국(代國) 재상의 아들이다."

7년에 염파를 파면하고 조괄(趙括)에게 대신 군을 이끌게 했다. 진나라 군대가 조괄을 에워싸자, 조괄이 군대를 거느리고 항복했고, 병졸 40여만 명이 모두 파묻혔다. 왕이 조표의 계책을 듣지 않아 장평의 화가 있게 되었다며 후회했다.

왕이 돌아와서 진나라 요구를 듣지 않자, 진나라는 한단을 에워쌌다[1]. 무원(武垣) 현령 부표(傅豹), 왕용(王容), 소석(蘇射)이 연나라 백성 무리를 이끌고 연나라로 돌아갔다[2]. 조나라는 영구(靈丘)를 갖고서 초나라 재상 춘신군(春申君)에게 봉해주었다.

1) 【집해(集解)】 서광(徐廣)이 말했다. "9년의 일이다."

2) 【정의(正義)】 무원은 이때 조나라에 속했고 연나라와 접경하고 있었다. 그래서 연나라 백성 무리를 이끌고 연나라로 돌아갔다고 말한 것이다.

8년에 평원군이 초나라에 가서 구원을 청하고 돌아오자, 초나라가 구원하러 왔는데 위공자 무기(無忌) 또한 구원하러 왔다. 이에 진나라는 마침내 한단의 포위를 풀었다[1].

1) 【정의(正義)】 『위공자전(魏公子傳)』에 이르기를 "조왕이 호(鄗) 땅을 공자의 탕목읍으로 삼았다"라고 했다. 「연표(年表)」에 이르기를 9년에 공자 무기가 한단을 구원했다고 했으니, 에워싼 것이 9년이므로 이 글은 착오다.

10년에 연나라가 창장(昌壯)[1]을 공격해 5월에 뽑아버렸다. 조나라 장수

악승(樂乘)과 경사(慶舍)가 진(秦)나라 장수 신량(信梁)의 군대를 공격해 깨뜨렸다. 태자가 죽었다[2]. 진나라가 서주를 공격해 뽑아버렸다. (조나라 장수) 도보기(徒父祺)가 출정했다[出][3].

11년에 원지(元氏)에 성을 쌓고 상원(上原)을 현으로 삼았다. 무양군(武陽君) 정안평(鄭安平)[4]이 죽자, 그 땅을 거두었다.

12년에 한단의 사료 창고[會]에 불이 났다.

14년에 평원군 조승이 죽었다[5].

1) 【정의(正義)】 장(壯)은 잘못으로, 마땅히 성(城)이라야 한다.

2) 【집해(集解)】 서광(徐廣)이 말했다. "이해에 주나라 난왕(赧王)이 졸했으니, 혹자는 '태자(太子)라 한 것은 혹 천자(天子)를 (잘못) 말한 것인가?'라고 했다." 【색은(索隱)】 조나라의 태자인데, 역사서에서는 이름을 잃어버렸다.

3) 【정의(正義)】 조나라는 진나라가 서주를 뽑아버리는 것을 보고서 도보기를 시켜 군대를 이끌고 국경 밖으로 나가게 했다.

4) 【집해(集解)】 서광(徐廣)이 말했다. "옛 진나라 장수로, 조나라에 항복했다."

5) 【집해(集解)】 「연표(年表)」를 살펴보면 15년으로 되어 있다.

15년에 위문(尉文) 땅을 갖고서 상국 염파를 봉해주고 신평군(信平君)으로 삼았다. 연왕이 승상 율복(栗腹)을 보내 우호를 약속하며[約讙] 조왕에게 황금 500근을 예물로 바쳤는데[酒], 율복이 돌아가서 연왕에게 보고했다.

"조씨네 장정들은 다 장평에서 죽고 고아들은 아직 성장하지 않았으니, 정벌할 만합니다."

연왕이 창국군(昌國君) 악간(樂間)을 불러 이에 관해 물어보자, 악간이 대답해 말했다.

"조나라는 사방의 적들과 싸우는 나라라서 그 백성이 싸움에 익숙하므로 정벌해서는 안 됩니다."

연왕이 말했다.

"내가 많은 병사로서 적은 병사를 공격하려 하니, 둘로써 하나를 치면 되겠소?"

악간이 대답해 말했다.

"안 됩니다."

왕이 말했다.

"내가 다섯으로써 하나를 치면 되겠소?"

대답해 말했다.

"안 됩니다."

연왕이 크게 화를 냈다. 여러 신하가 모두 된다고 하자 연나라는 마침내 이군(二軍)과 전차 2,000승을 출동시켰다. 율복이 장수가 되어 호(鄗) 땅을 공격하고 경진(卿秦)도 장수가 되어 대(代) 땅을 공격했는데, 염파가 조나라 장수가 되어 율복을 깨뜨려 죽이고 경진과 악간을 사로잡았다[1].

1) 【정의(正義)】 세 사람 모두 연나라 장수다.

16년에 염파가 연나라를 에워쌌다. 악승을 무양군(武襄君)[1]으로 삼았다.

17년에 임시 재상[假相]인 대장(大將) 무양군이 연나라를 공격해 도성[國=國都]을 에워쌌다.

18년에 연릉(延陵)[2]의 균(鈞)이 군대를 거느리고 상국 신평군을 따라서 위나라를 도와 연나라를 공격했다. 진나라가 우리 유차(楡次)[3] 37개 성을 뽑아버렸다.

19년에 조나라가 연나라와 땅을 바꾸었는데, 용태(龍兌)·분문(汾門)[4]·임락(臨樂)[5]을 연나라에 주었고 연나라는 갈(葛)[6]·무양(武陽)·평서(平

舒)[7]를 조나라에 주었다.

20년에 진왕 정(政)이 막 세워졌다. 진나라가 우리 진양(晉陽)을 뽑아버렸다.

21년에 효성왕이 졸했다. 염파가 장수가 되어 위나라 번양(繁陽)[8]을 공격해서 차지했다. 악승을 보내 염파를 대신하게 하자 염파가 악승을 공격하니, 악승은 달아나고 염파는 도망쳐 위나라로 들어갔다. 효성왕의 아들 언(偃)이 세워지니 이 사람이 도양왕(悼襄王)이다.

1) 【정의(正義)】 양(襄)은 '들어 올리다[擧]'라는 뜻으로, 최상을 말한다. 악승의 공로가 최고였다는 말이다.
2) 【집해(集解)】 서광(徐廣)이 말했다. "대군(代郡)에 연릉현이 있다."
3) 【집해(集解)】 서광(徐廣)이 말했다. "태원(太原)에 있다."
4) 【집해(集解)】 서광(徐廣)이 말했다. "북신성(北新城)에 있다."
5) 【집해(集解)】 서광(徐廣)이 말했다. "방성(方城)은 임향(臨鄉)에 있다."
6) 【집해(集解)】 서광(徐廣)이 말했다. "갈성은 고양(高陽)에 있다."
7) 【집해(集解)】 서광(徐廣)이 말했다. "평서는 대군(代郡)에 있다."
8) 【집해(集解)】 서광(徐廣)이 말했다. "돈구(頓丘)에 있다."

도양왕 원년에 위나라에 크게 예를 갖췄다[大備]. 평읍(平邑)과 중모(中牟)의 길을 통하게 하려고 했으나 이루지 못했다[1].

1) 【정의(正義)】 중모산의 측면과 평읍은 이때 둘 다 위나라에 속했기에 황하를 건너는 길을 만들어서 서로 통하게 하려고 했는데, 결국 이루지 못했다.

2년에 이목(李牧)이 장수가 되어 연나라를 공격해서 무수(武遂)와 방성(方城)을 뽑아버렸다. 진나라가 춘평군(春平君)[1]을 불렀다가 그 참에 그를 억류하니, 설균(泄鈞)이 그를 위해서 문신후(文信侯-여불위)에게 말했다.

"춘평군은 조나라 왕이 매우 아끼는 인물이라 그 나라 낭중(郎中)들이 시기하고 있습니다. 그래서 서로들 '춘평군이 진나라에 들어가면 진나라는 분명 그를 억류시킬 것'이라고 함께 모의해 진나라로 들여보낸 것입니다. 이제 그대께서 그를 억류시키면 조나라와의 사이가 끊어지고 낭중 계략에 빠지게 됩니다. 그대께서는 춘평군을 돌려보내 평도(平都)[2]에 머무르게 하는 것이 낫습니다. 춘평군은 말과 행동 모두 조나라 왕의 신임을 받고 있는 터라 조나라 왕은 분명 넉넉하게 조나라 땅을 떼어서 평도와 바꾸려 할 것입니다."

문신후가 말했다.

"좋다."

그러고는 춘평군을 보내주었다. 한고(韓皐)에 성을 쌓았다.

1) 【정의(正義)】 춘평군은 곧 태자다.

2) 【정의(正義)】 『여지리지(輿地理志)』에서 말했다. "평도현은 지금의 신흥군(新興郡)인데, 양주현(陽周縣)과 서로 가깝다."

3년에 방훤(龐煖)이 장수가 되어 연나라를 공격해서 장수 극신(劇辛)을 사로잡았다[禽=擒].

4년에 방훤이 장수가 되어 조·초·위·연 나라의 정예 군대를 거느리고 진나라 최(蕞)를 공격했으나 뽑아버리지 못했고, 이동해 제나라를 공격해서 요(饒)와 안(安)[1]을 차지했다.

5년에 부저(傅抵)가 장수가 되어 평읍(平邑)에 주둔했고, 경사(慶舍)는 동양(東陽)과 하외(河外)의 군사를 거느리고 하량(河梁-황하의 다리)을 지켰다.

6년에 장안군(長安君)을 요(饒)[2] 땅에 봉했다. 위나라가 조나라에 업(鄴)

땅을 주었다.

1) 【집해(集解)】 서광(徐廣)이 말했다. "발해(渤海)에 있다." 또 이르기를 "요는 북해
   (北海)에, 안은 평원(平原)에 속한다"라고 했다.
2) 【정의(正義)】 곧 요양(饒陽)이다.

9년에 조나라가 연나라를 공격해 이양성(貍陽城)[1]을 차지했다. 군대가
철수하기도 전에 진나라가 업을 공격해 뽑아버렸다. 도양왕이 졸하자 아들
유목왕(幽繆王) 천(遷)이 세워졌다.

1) 【정의(正義)】 이(貍)는 마땅히 어(漁)가 되어야 한다. 조나라가 연나라를 쳐서 어
   양성을 차지했다는 말이다.

유목왕 천(遷)[1] 원년, 백인(柏人＝栢人)에 성을 쌓았다.
2년에 진나라가 무성(武城)을 공격하니, 호첩(扈輒)이 군사를 이끌고 구
원에 나섰으나 군대는 패하고 자신은 전사했다.

1) 【집해(集解)】 서광(徐廣)이 천에게는 시호가 없다고 했는데 여기서 홀로 유목왕
   이라고 한 것은 대개 진나라가 조나라를 멸망시킨 후에 그의 신하들이 몰래
   추시(追諡)한 것으로 보인다. 태사공은 아마도 다른 데서 본 바가 있어, 이렇
   게 기록했을 것이다.

3년에 진나라가 적려(赤麗)와 의안(宜安)을 공격하니, 이목(李牧)이 군사
를 이끌고 비(肥)성 아래서 싸워 물리쳤다. 이목을 봉해 무안군(武安君)으
로 삼았다.
4년에 진나라가 파오(番吾)[1]를 공격하니, 이목이 그들과 싸워 물리쳤다.

1) 【정의(正義)】 파(婆) 또는 반(盤)이라고 하고, 포(蒲)라고도 한다.

　5년에 대(代) 땅에 큰 지진이 일어나니[大動] 악서(樂徐) 서쪽부터 북쪽으로 평음(平陰)까지 누대·가옥·담장의 태반이 부서지고 땅이 동서로 130보나 갈라졌다[坼].

　6년에 대기근이 들자, 민간에서는 유언비어[讙言=訛言]가 떠돌았다.

　"조나라는 울부짖고

　진나라는 웃는다네.

　못 믿겠거든

　땅에서 나는 풀을 보시라!"

　7년에 진나라 사람들이 조나라를 공격하자 조나라 대장 이목, 장군 사마상(司馬尙)이 군대를 이끌고 반격했는데, 이목은 주살되고 사마상은 파면되었다. 조총(趙怱)과 제나라 장수 안취(顔聚)가 그들을 대신했으나 조총의 군대는 패배하고 안취는 달아나 버렸다. 이에 조왕 천이 항복했다[1].

1) 【집해(集解)】 『회남자(淮南子)』에 이렇게 기록되어 있다. "조왕이 방릉(房陵)으로 유배되자 고향을 그리워하며 산수에 관한 노래를 지었는데, 듣는 사람 중에 눈물을 흘리지 않는 사람이 없었다."

　8년 10월에 (조나라 수도) 한단(邯鄲)이 진나라 땅이 되었다.

　태사공(太史公)이 말한다.

　"내가 풍왕손(馮王孫)에게 듣기를 '조왕 천의 어머니는 노래하는 여자[倡][1]로 도양왕의 총애를 받았으니, 도양왕이 적자 가(嘉)를 폐하고 천을 세웠다. 천은 평소 아무런 덕행이 없고 참소하는 말을 잘 믿어서 훌륭한 장수 이목을 죽이고 곽개(郭開)를 썼다'라고 했는데, 이 어찌 실상과 어느 정도 관련이 있는 말[繆][2]이 아니겠는가! 진나라가 이미 천을 사로잡자, 조나라의 달아난 대부들이 함께 가(嘉)를 세워서 왕으로 삼았다. 대 땅에서 6년 동안 왕 노릇을 했으나, 진나라가 군대를 보내 가를 깨뜨리자 끝내 조나라는 멸망했다. 진나라는 (조나라를) 군(郡)으로 삼았다."[3]

1) 【집해(集解)】 서광(徐廣)이 말했다. "『열녀전(列女傳)』에 이르기를 한단의 노래하는 여자라고 했다."

2) 흔히 繆를 '황당하다'로 옮기는데, 그때는 발음이 류(謬)가 된다. 그러면 문맥에 맞지 않다. 繆를 무로 읽을 경우에는 '얽다[絡]'나 '묶다[結]'는 뜻이니, 곧 서로 연관되거나 연결된다는 말이다. 문맥에 따라 여기서는 繆를 무로 읽었다.

3) 【색은술찬(索隱述贊)】 조씨 집안[趙氏之世]/진나라와 조상이 같다네[與秦同祖]/주나라 목왕이 서나라 왕을 평정한 공으로[周穆平徐]/마침내 조보를 봉해주었지[乃封造父]/숙대가 비로소 진나라를 섬겨[帶始事晉]/조숙이 처음으로 봉토를 갖게 되었네[夙初有土]/도안고가 명을 속여 주살하려 했지만[岸賈矯誅]/한궐은 조무를 세웠지[韓厥立武]/보배로운 부절 대 땅을 내려다보아[寶符臨代]/마침내 태자 백로는 자리를 차지했구나[卒居伯魯]/간자는 꿈에서 적나라 개를 선물로 받았고[簡夢翟犬]/신령스러운 노래와 더불어 여인을 하사받았지[靈歌處女]/호복이 비록 강하기는 했으나[胡服雖彊]/후사를 제대로 세우지는 못했네[建立非所]/염파와 이목 제대로 쓰지 못하다가[頗牧不用]/왕은 유배 떠나는 포로 신세가 되었구나[王遷囚虜]!

권44

위세가(魏世家) 제14

권44 위세가(魏世家) 제14

위(魏)나라 선조는 필공(畢公) 고(高)의 후손이다. 필공 고는 주(周)나라와 같은 성이다[1]. 무왕(武王)이 (은나라 마지막 왕) 주왕(紂王)을 치고서 고를 필(畢) 땅에 봉해주었고[2], 이에 필성(畢姓)이 되었다. 그 후에 봉작이 끊어져 평민이 되었으니, 어떤 이는 중원[中國]에 살았고 어떤 이는 이적(夷狄)에 살았다. 그 후예 중에 필만(畢萬)이라는 사람이 있었는데, 진(晉)나라 헌공(獻公)을 섬겼다.

1) 【색은(索隱)】『좌전(左傳)』에서 부신(富辰)이 말하기를 문왕의 아들 16개 나라 중에 필(畢)·원(原)·풍(豐)·순(郇)이 있다고 했으니, 필공은 문왕의 아들임을 말한 것이다. 그런데 여기서 그냥 주나라와 같은 성이라고 한 것은 아마도 좌씨(左氏)의 설을 쓰지 않은 듯하다. 마융(馬融)도 말하기를, 필공(畢公)과 모공(毛公)은 문왕의 서자라고 했다.

2) 【집해(集解)】 두예(杜預)가 말했다. "필 땅은 장안현(長安縣) 서북쪽이다." 【정의(正義)】 『괄지지(括地志)』에서 말했다. "필원(畢原)은 옹주(雍州) 만년현(萬年縣)에서 서남쪽으로 28리에 있다."

헌공 16년에 조숙(趙夙)이 (임금의) 수레를 몰았는데 필만이 수레 오른쪽에 타고서 곽(霍)·경(耿)·위(魏) 나라를 쳐서 멸망시켰다. 경 땅을 갖고서 조숙을 봉해주었고 위 땅을 갖고서 필만을 봉해주고 대부로 삼았다. 복언(卜偃)[1]이 말했다.

"필만의 후손은 틀림없이 크게 될 것이다. 만(萬)은 꽉 찬 수[滿數]이고, 위(魏)는 큰 이름[大名]이다. 이런 이름을 비로소 상으로 받았으니, 하늘이 그를 열어준 것이다. 천자의 백성을 일러 조민(兆民)이라 하고 제후의 백성을 일러 만민(萬民)이라 하는데, 지금 이름이 크고 그를 따르는 무리가 꽉 찬 수이니 그는 반드시 많은 백성을 소유할 것이다."

애초에 필만이 진나라를 섬길 것인지, 여부를 두고 점을 쳤는데[卜] 둔괘(屯卦, ☳)가 비괘(比卦, ☵)로 변하는[之=變][2] 점괘를 만나니 신료(辛廖)가 그것을 풀이했다[占之].

"길하다. 둔괘는 단단하고[固] 비괘는 들어가니[入] 길하기가 어찌 이보다 더 크겠는가? 후손은 반드시 번창할 것이다!"

1) 【색은(索隱)】 진나라에서 점을 담당하는 대부 곽언(郭偃)이다.

2) 이를 효변(爻變)이라 한다.

필만이 봉지를 받은 지 11년 만에 진나라 헌공이 졸하자 네 아들이 서로 세워지려고 다투다가 진나라가 어지러워졌다. 그런데 필만의 집안은 점점 커졌으니, 나라 이름을 따라 위씨(魏氏)라고 했다.

무자(武子)를 낳았다[1]. 위 무자는 위씨 집안의 아들로서 진나라 공자 중이(重耳)를 섬겼다.

진나라 헌공 21년에 무자도 중이를 따라 망명했다.

중이가 19년 만에 돌아와 세워져서 진나라 문공이 되니, 위 무자로 하여금 위씨 후대의 봉작을 이어받게 하고 반열에 올려 대부로 삼고 위 땅을 다스리게 했다.

도자(悼子)를 낳았다.

1) 【색은(索隱)】 『좌전(左傳)』에 이르기를, 무자의 이름은 주(犨)라고 했다.

위 도자는 (위 땅에서) 옮겨져 곽(霍)[1] 땅을 다스렸다. (그는) 위강(魏降)을 낳았다.

1) 【정의(正義)】 진주(晉州) 곽읍현(霍邑縣)인데, 한나라 때는 체현(彘縣)이었다. 후한 때 영안(永安)으로 고쳤다가 수나라 때 곽읍으로 고쳤는데, 본래 춘추시대 때는 곽백국(霍伯國)이었다.

위강은 진나라 도공(悼公)을 섬겼다.

도공 3년에 (도공이) 제후들과 회동했다. 도공의 동생 양간(楊干)이 군대의 행군을 어지럽히자, 위강이 양간에게 모욕을 주었다[1]. 도공이 노해 말했다.

"제후들과 만나는 것은 영광스러운 일인데, 그 자리에서 내 동생을 욕보이다니!"

장차 위강을 주살하려 했다. 누군가가 도공을 설득해 그만두었다. 결국 위강에게 정사를 맡겨 융(戎)·적(翟)과 우호 관계를 맺게 하니, 융과 적이 귀부(歸附)했다.

도공 11년에 도공이 말했다.

"내가 위강을 기용하고서 8년 동안 아홉 번 제후를 규합하고 융·적과 화합했으니, 그대가 힘쓴 덕분이다."

여악(女樂)을 내려주자, 세 번 사양한 다음에 받았다. 옮겨서 안읍(安邑)을 다스렸다. 위강이 졸하자 시호를 소자(昭子)[2]라 했다. 위영(魏嬴)을 낳았다. 위영은 위헌자(魏獻子)를 낳았다[3].

1) 【색은(索隱)】 『좌전(左傳)』에 이르기를 "양간의 마부에게 모욕을 주었다"라고 했다.

2) 【집해(集解)】 서광(徐廣)이 말했다. "『세본(世本)』에서는 장자(莊子)라 했다."

3) 【색은(索隱)】『계본(系本)』에 이르기를 "헌자의 이름은 도(荼)인데, 도는 장자의
   아들"이라고 했다. 위영은 나오지 않는다.

   헌자는 진나라 소공(昭公)을 섬겼다. 소공이 졸하자 육경(六卿)은 강해
지고 공실은 약해졌다.

   진나라 경공(頃公) 12년에 한선자(韓宣子)가 늙어 위헌자가 국정을 맡았
다. (이때) 진나라 종실 기씨(祁氏)와 양설씨(羊舌氏)가 갈등을 빚자, 육경이
그들을 주살했고 그들의 읍을 모두 빼앗아 10개 현으로 만든 뒤 육경이 각
기 그 자식들을 현의 대부로 삼았다. 헌자는 조간자(趙簡子)[1], 중항문자(中
行文子)[2], 범헌자(范獻子)[3]와 함께 나란히 진나라 경(卿)이 되었다.

1) 【색은(索隱)】 조앙(趙鞅)이다.
2) 【색은(索隱)】 순인(荀寅)이다.
3) 【색은(索隱)】 범길석(范吉射)이다.

   그 후 14년이 지나 공자(孔子)가 노(魯)나라 재상이 되었다.
   4년 후에 조간자가 진양(晉陽)의 난으로 인해 한씨(韓氏)·위씨(魏氏)와
함께 범씨(范氏), 중항씨(中行氏)를 공격했다. 위헌자는 위치(魏侈)[1]를 낳
았다.
   위치는 조앙(趙鞅)과 함께 범씨와 중항씨를 공격했다.

1) 【색은(索隱)】 치(侈)는 다른 판본에 치(哆)로 되어 있기도 한데, 대개 치(哆)는 잘
   못인 듯하다.

   위치의 손자가 위환자(魏桓子)[1]인데, 한강자(韓康子)[2], 조양자(趙襄子)[3]

와 함께 지백(知伯)⁴⁾을 쳐서 없애고 그 땅을 나누었다.

1) 【색은(索隱)】『계본(系本)』에 이르기를 "양자(襄子)가 환자 구(駒)를 낳았다"라고
   했다.
2) 【색은(索隱)】 이름은 건(虔)이다.
3) 【색은(索隱)】 이름은 무휼(無恤)이다.
4) 【색은(索隱)】 지백(智伯)은 지요(智瑤)인데, 본래 성이 순(荀)이어서 순요(荀瑤)라
   고도 한다.

환자의 손자가 문후(文侯) 도(都)¹⁾다. 위나라 문후 원년은 진(秦)나라 영
공(靈公) 원년이다. 한무자(韓武子), 조환자(趙桓子), 주(周)나라 위왕(威王)
과 같은 시대다.

1) 【색은(索隱)】『세본(世本)』에서는 사(斯)라고 했다.

6년에 소량(少梁)에 성을 쌓았다.

13년에 (태자) 자격(子擊)으로 하여금 번(繁) 땅과 방(龐) 땅을 공격해 에
워싸게 해서 그곳 백성을 내보냈다.

16년에 진(秦)나라를 쳐서 임진(臨晉)과 원리(元里)에 성을 쌓았다.

17년에 중산(中山)을 쳐서 자격으로 하여금 그곳을 지키게 했고, 조창당
(趙倉唐)으로 하여금 그를 돕게 했다. 자격이 문후의 스승 전자방(田子方)을
조가(朝歌)에서 마주쳤는데, 자격은 수레를 끌어 비키게 하고는 내려서 인
사를 올렸다. 전자방은 예를 갖추지 않았다. 이에 자격이 물었다.

"부귀한 사람이 남에게 교만합니까? 아니면 빈천한 사람이 남에게 교만
합니까?"

자방이 말했다.

"실로 빈천한 사람이 남에게 함부로 굴뿐이오. 무릇 제후이면서 남에게 함부로 굴면 그 나라를 잃고, 대부이면서 남에게 함부로 굴면 그 집안을 잃지요. 빈천한 자는 행동이 왕의 뜻에 들어맞지 못하고 진언을 해도 쓰이지 않게 되면 그를 떠나서 초나라, 월나라로 가기를 마치 신발 벗듯이[若脫躧然] 할 것이니, 어찌 이 둘을 동일시할 수 있겠습니까?"

자격이 기분 나빠하며[不懌=不悅] 떠나갔다. 서쪽으로 진(秦)나라를 치고 정(鄭)나라에까지 이르렀다가 돌아와서 낙음(雒陰)과 합양(合陽)[1]에 성을 쌓았다.

1) 【정의(正義)】 낙(雒)은 칠저수(漆沮水)이고, 성은 강 남쪽에 있다. 합양(郃陽)은 합수(郃水) 북쪽이다.

22년에 위(魏)나라, 조(趙)나라, 한(韓)나라가 반열에 올라 제후가 되었다.

24년에 진나라가 우리를 쳐서 양호(陽狐)에 이르렀다.

25년에 자격이 앵(罃)을 낳았다[1].

1) 【색은(索隱)】 자격은 무후(武侯)이고, 앵은 혜왕(惠王)이다.

위 문후는 (공자의 제자) 자하(子夏)에게 경전과 육예[經藝]를 배웠고, 단간목(段干木)을 빈객으로 대우했으니, 그의 마을을 지날 때면 일찍이 예를 갖추지 않은[不軾] 적이 없었다[1]. 진나라가 일찍이 위나라를 치려 하자 어떤 사람이 말했다.

"위나라 임금은 뛰어난 이를 예로써 대우해, 나라 사람들이 임금을 어질다[仁]고 칭찬합니다. 상하가 화목하니 (그를) 도모해서는 안 됩니다."

문후는 이렇게 해서 제후들 사이에서 명예를 얻었다.

1) 【정의(正義)】 황보밀(皇甫謐)의 『고사전(高士傳)』에 나오는 이야기다. "목(木)은 진(晉)나라 사람인데, 도리를 지키며 벼슬하지 않았다. 위 문후가 만나보려 그 집 문을 찾아가자 간목은 담장을 뛰어넘어 그를 피했다. 문후가 빈객의 예로 그를 대우해서, 궐 밖을 나가 그의 마을을 지날 때면 수레 가로막대를 쥐고 고개를 숙여 예를 표했다[軾]. 마부가 물었다. '주군께서는 왜 고개 숙여 예를 표하십니까?' 말했다. '단간목은 뛰어난 사람이라, 권세와 이익을 좇지 않고 군자의 도리를 가슴속에 품고서 궁벽한 곳에 숨어 지내지만, 그의 명성이 1,000리 밖에까지 이르렀으니, 내 어찌 고개 숙여 예를 표하지 않을 수 있겠느냐!'"

서문표(西門豹)를 임명해 업(鄴) 땅을 지키게 하니 하내(河內)[1]가 잘 다스려졌다는 칭송이 있었다.

1) 【색은(索隱)】 살펴보건대, 대하(大河)는 업 동쪽에 있었다. 그래서 업을 이름하여 하내라고 한 것이다. 【정의(正義)】 옛날 제왕의 수도는 대부분 하동(河東)과 하북(河北)에 있었기 때문에, 그래서 하북을 하내(河內), 하남을 하외(河外)라고 했다. 또 황하는 용문(龍門) 남쪽에서 남쪽으로 화음(華陰)에 이르렀다가 동쪽으로 위주(衛州)에 이르러서 꺾어져 동북쪽으로 바다로 들어가는데, 굽어져 기주(冀州)를 휘돌아가므로 하내라고 한다고 한다.

위 문후가 이극(李克)에게 말했다.
"선생은 일찍이 과인을 가르쳐 말하기를 '집안이 가난해지면 좋은 아내를 생각하게 되고 나라가 어지러워지면 좋은 재상을 생각하게 된다'라고 했소. 지금 재상으로 삼을 만한 사람[所置]은 (동생) 성자(成子) 아니면 적황(翟璜)인데, 이 두 사람은 어떻소?"

이극이 말했다.

"신이 듣건대 신분이 낮은 사람은 신분이 높은 사람의 일을 논하지 않고, 관계가 먼 사람은 가까운 사람의 일을 논하지 않는다고 했습니다. 신은 궁궐 문 바같에 있는 사람이라 감히 명을 감당할 수가 없습니다."

문후가 말했다.

"선생께서는 일을 당해서는 사양하지 마시오."

이극이 말했다.

"임금께서 깊이 살피지 않으신 때문입니다. 평소에는 그가 가까이하는 사람을 살피고, 부귀할 때는 그가 어울리는 사람을 살피고, 현달했을 때는 그가 어떤 사람을 추천하는가를 살피고, 궁할 때는 그가 어떤 일을 하지 않는지를 살피고, 가난할 때는 그가 (아무리 힘들어도) 어떤 것을 취하지 않는지를 살피십시오. 이 다섯 가지면 충분히 사람이 어떤지를 정할 수 있는데, 어찌 저 같은 사람의 말을 기다리십니까?"

문후가 말했다.

"선생께서는 숙소로 돌아가시오. 과인의 재상은 정해졌소."

이극이 잰걸음으로 나와 적황의 집에 들렀다[過]. 적황이 말했다.

"지금 듣건대 임금께서 선생을 불러 재상감을 논했다[卜相]라고 하던데, 과연 누가 되겠습니까?"

이극이 말했다.

"위성자(魏成子)가 재상이 될 것입니다."

적황이 화가 나서 낯빛이 바뀌며 말했다.

"귀로 듣고 눈으로 본 것으로 치자면 제가 어찌 위성자만 못합니까? 서하 태수는 제가 추천했습니다. 임금께서 마음속으로 업 때문에 걱정하실 때는 제가 서문표를 추천했습니다. 임금께서 중산 정벌을 도모하실 때는 제가 악양(樂羊)을 추천했습니다. 중산을 이미 뽑아버리고 나서 그곳을 지킬 사람이 없자 제가 선생을 추천했습니다. 임금의 아들에게 사부가 없자 제가 굴후부(屈侯鮒)를 추천했습니다. 제가 어찌 위성자만 못합니까?”

이극이 말했다.

“그렇다면 그대가 이 이극을 그대 임금께 천거한 것이 어찌 장차 패거리를 지어[比周] 큰 벼슬이나 구하려고 한 것이었습니까? 임금께서 재상을 두는 일에 관해 물으시면서 ‘성자(成子) 아니면 적황(翟璜)인데, 이 두 사람은 어떻소?’라고 하셨습니다. 그래서 이 이극이 대답하기를 ‘임금께서 깊이 살피지 않으신 때문입니다. 평소에는 그가 가까이하는 사람을 살피고, 부귀할 때는 그가 어울리는 사람을 살피고, 현달했을 때는 그가 어떤 사람을 추천하는가를 살피고, 궁할 때는 그가 어떤 일을 하지 않는지를 살피고, 가난할 때는 그가 (아무리 힘들어도) 어떤 것을 취하지 않는지를 살피십시오. 이 다섯 가지면 충분히 사람이 어떤지를 정할 수 있는데, 어찌 저 같은 사람의 말을 기다리십니까?’라고 대답했습니다. 이 때문에 위성자가 재상이 되리라는 것을 알았습니다. 또 그대가 어찌 위성자와 비교될 만합니까? 위성자는 식록(食祿)이 1,000종(鍾)인데, 그중 10분의 9를 밖에다 쓰고 10분의 1만 집안에 썼습니다. 이렇게 해서 동쪽으로 복자하(卜子夏), 전자방(田子方), 단간목(段干木) 이 세 사람을 얻어 임금께서 모두 스승으로 삼았지만, 그대가 추천한 다섯 사람은 임금께서 모두 신하로 삼았습니다. (그런데) 그대가 어찌[惡=安] 위성자와 비교될 만합니까?”

적황은 멈칫 뒷걸음질을 치며[逡巡] 두 번 절하고서 말했다.

“저는 비루한 자[鄙人]입니다. 대답이 예를 잃었으니, 바라건대 죽을 때까지 제자가 되겠습니다.”

26년에 곽산(虢山)이 무너져 내려 황하를 막았다.

32년에 정나라를 쳤다. 산조(酸棗)에 성을 쌓았다. 주(注)[1]에서 진나라를 물리쳤다.

35년에 제나라가 우리 양릉(襄陵)을 쳐서 차지했다.

36년에 진나라가 우리 음진(陰晉)[2]을 침략했다.

1) 【집해(集解)】 사마표(司馬彪)가 말했다. "하남 양현(梁縣)에 주성(注城)이 있다."

2) 【집해(集解)】 서광(徐廣)이 말했다. "지금의 화음(華陰)이다."

38년에 진나라를 쳐서 우리 무하성(武下城)에서 패배시키고 장수 식(識)을 붙잡았다. 이해에 위나라 문후가 졸하자 아들 격(擊)이 세워지니, 이 사람이 무후(武侯)다.

위나라 무후 원년에 조(趙)나라 경후(敬侯)가 막 세워졌을 때[1] 공자 삭(朔)이 난을 일으켰다가 이기지 못하고 위나라로 도망쳐 와서는, 위나라와 함께 한단(邯鄲)을 습격했으나 위나라가 패해 물러났다.

1) 【색은(索隱)】 살펴보건대 『기년(紀年)』에 따르면 위 무후 원년은 조나라 열후(烈侯) 14년에 해당하니, 서로 같지가 않다.

2년에 안읍(安邑)과 왕원(王垣)[1]에 성을 쌓았다.

1) 【집해(集解)】 서광(徐廣)이 말했다. "원현(垣縣)은 왕옥산(王屋山)에 있다. 그래서 왕원이라고 했다."

7년에 제나라를 쳐서 상구(桑丘)에 이르렀다[1].

9년에 적(翟)나라가 괴수(澮水)[2]에서 우리를 꺾었다. 오기(吳起)로 하여금 제나라를 치게 하여 영구(靈丘)[3]에 이르렀다. 제나라 위왕(威王)이 막 세워졌다.

1) 【정의(正義)】 「연표(年表)」에는 "제나라가 연나라를 쳐서 상구를 차지했다"라고 했으니, 따라서 위나라가 연나라를 도와 제나라를 쳐서 상구에 이른 것이다.

2) 【색은(索隱)】 澮는 발음은 (회가 아니라) 고(古)와 외(外)의 반절음이다. '괴수에서' 라고 한 것은 괴수(澮水) 주변을 말한다.

3) 【정의(正義)】 영구는 이때 제나라에 속했기 때문에, 그래서 삼진(三晉)이 그곳을 친 것이다.

11년에 한나라, 조나라와 함께 진(晉)나라 땅을 셋으로 나누고 후손을 절멸시켰다.

13년에 진(秦)나라 헌공(獻公)이 역양(櫟陽)을 현(縣)으로 삼았다.
15년에 북린(北藺)[1]에서 조나라를 물리쳤다.

1) 【정의(正義)】 석주(石州)에 있으며 조나라 서북쪽이다.

16년에 초나라를 쳐서 노양(魯陽)[1]을 차지했다. 무후가 졸하자[2] 아들 앵(罃)이 세워지니, 이 사람이 혜왕(惠王)이다.

1) 【정의(正義)】 지금의 여주(汝州) 노산현(魯山縣)이다.

2) 【색은(索隱)】 『기년(紀年)』을 살펴보건대, 무후는 26년에 졸했다.

혜왕 원년이다. 애초에 무후가 졸하자 아들 앵과 공중완(公中緩)이 태자 자리를 두고 다투었다.

공손기(公孫頎)가 송나라에서 조나라로 돌아갔다가 다시 조나라에서 한나라로 들어가서 한나라 의후(懿侯)[1]에게 일러 말했다.

"위앵이 공중완과 태자 자리를 두고 다투고 있는데[2], 임금께서도 들으셨는지요? 지금 위앵은 왕조(王錯)를 얻어 상당(上黨)을 끼고 있으니, 실로 이것만으로도 나라 절반을 차지한 것입니다. 그러므로 그들을 없앤다면 위나라를 깨뜨리는 것도 필연적일 것이니, 때를 놓쳐서는 안 됩니다."

의후가 기뻐하며 마침내 조나라 성후(成侯)와 연합군을 만들어 위나라 정벌에 나서서 탁택(濁澤)에서 싸웠는데, 위씨가 대패하고 위나라 임금[魏君]^{위군}도 에워싸였다.

조나라가 한나라에 일러 말했다.

"위나라 임금을 없애고 중완을 세운 다음에 위나라 땅을 분할하고서 물러나는 것이 우리에게도 이롭습니다."

한나라가 말했다.

"안 됩니다. 위나라 임금을 죽이면 사람들이 반드시 우리를 포학하다 할 것이고, 땅을 분할하고서 물러나면 사람들이 반드시 우리를 탐욕스럽다 할 것입니다. 위나라가 양분되게 하는 것이 낫습니다. 위(魏)나라가 둘로 나뉘면 송나라나 위(衛)나라보다도 강하지 못할 것이니, 그러면 우리는 끝까지 위나라로 인한 걱정은 하지 않아도 됩니다."

조나라가 듣지 않으려 하자 한나라는 언짢아하며 자기 병력을 이끌고 밤중에 철수해버렸으니, 혜왕이 죽지 않고 나라가 쪼개지지도 않은 까닭은 조씨와 한씨 두 집의 모의가 일치하지 않았기 때문이다. 만약 어느 한쪽 말이라도 따랐더라면 위나라는 반드시 쪼개졌을 것이다. 옛말[故曰]^{고왈}에 "임금이 죽었는데 적자가 없으면 그런 나라는 얼마든지 깨부술 수 있다"라고 했다.

---

1) **[색은(索隱)]** 애후(哀侯)의 아들이다.

2) **[색은(索隱)]** 살펴보건대 『기년(紀年)』에서는 "무후 원년에 공자 완(緩)을 봉해주

었다. 조후(趙侯) 종(種)과 한 의후가 우리를 쳐서 채(蔡) 땅을 차지하니, 혜왕이 조나라를 쳐서 탁양(濁陽)을 에워쌌다. 7년에 공자 완이 한단으로 가서 난을 일으켰다"라고 했는데, 바로 이 일을 말한다.

2년에 위나라가 마릉(馬陵)에서 한나라를 쳐부수고 회(懷)에서 조나라를 쳐부수었다.

3년에 제나라가 관(觀)[1]에서 우리를 깨뜨렸다.

5년에 한나라와 택양(宅陽)에서 회맹했다. 무도(武堵)에 성을 쌓았다. 진나라에 패했다[2].

6년에 송나라 의대(儀臺)를 쳐서 차지했다.

9년에 괴(澮)에서 한나라를 쳐서 패배시켰다. 진나라와 소량(少梁)에서 싸웠는데, (진나라가) 우리 장수 공손좌(公孫座)를 사로잡고 방(龐) 땅을 차지했다. 진나라 헌공이 졸하고 아들 효공(孝公)이 세워졌다.

1) 【정의(正義)】 위주(魏州) 관성현(觀城縣)으로, 옛날의 관국(觀國)이다. (위소의) 『국어주(國語注)』에서 말했다. "관국은 하나라 계(啓)의 아들 태강(太康)의 다섯째 동생이 봉해진 곳인데, 하나라가 쇠퇴하자 봉국을 없앴다."

2) 【집해(集解)】 서광(徐廣)이 말했다. "진나라 「연표(年表)」에 이르기를, 낙음(洛陰-낙수 남쪽)에서 한나라와 위나라를 물리쳤다고 했다."

10년에 조나라를 쳐서 피뢰(皮牢)를 차지했다. 혜성이 나타났다.

12년에 유성이 낮에 떨어져 소리가 났다.

14년에 조나라와 호(鄗) 땅에서 회맹했다.

15년에 노·위(衛)·송·정 나라 임금이 와서 조회했다[1].

16년에 진나라 효공과 두평(杜平)에서 회맹했다. 송나라 황지(黃池)를 침략했으나 송나라가 도로 빼앗아 갔다.

1) 【색은(索隱)】『기년(紀年)』을 살펴보건대, 노나라 공후(恭侯), 송나라 환후(桓侯), 위나라 성후(成侯), 정나라 희후(釐侯)가 와서 조회했는데 모두 14년의 일이 었다. (그런데) 정나라 희후는 실은 한나라 소후(昭侯)다. 한나라 애후(哀侯)가 정나라를 멸망시키고 나서 도읍을 그리로 옮기고서 국명을 고쳐 정나라라고 했다.

17년에 진나라와 원리(元里)에서 싸웠는데 진나라가 우리 소량을 차지했다. (위나라가) 조나라 한단을 에워쌌다.

18년에 한단을 뽑아버렸다. 조나라가 제나라에 구원을 청하자, 제나라는 전기(田忌), 손빈(孫臏)으로 하여금 조나라를 구원하게 해서 계릉(桂陵)에서 위나라를 꺾었다.

19년에 제후들이 우리 양릉(襄陵)을 에워쌌다. 장성을 쌓고 고양(固陽)에 요새를 구축했다.

20년에 한단을 조나라에 되돌려주고 장수(漳水) 가에서 회맹했다.
21년에 동(彤) 땅에서 진나라와 회맹했다. 조나라 성후가 졸했다.
28년에 제나라 위왕이 졸했다. 중산 군(君)이 위나라 재상이 되었다[1].

1) 【색은(索隱)】 살펴보건대, 위나라 문후가 중산을 멸망시키고 동생으로 하여금 그곳을 지키게 했다가 뒤에 다시 나라를 회복시켜주었고, 이때 이르러 비로소 위나라 재상으로 삼았다. 중산은 뒤에 다시 조나라에 멸망 당했다.

30년에 위나라가 조나라를 치자 조나라는 제나라에 위급함을 알렸다.

제나라 선왕(宣王)이 손자(孫子)의 계책을 써서 조나라를 구원해 위나라를
공격했다. 위나라가 드디어 군사를 크게 일으켜서 방연(龐涓)으로 하여금
군대를 이끌게 하고 태자 신(申)을 상장군으로 삼았다. 외황(外黃)[1]을 지나
는데, 외황 사람 서자(徐子)가 태자에게 말했다.

"신에게 백전백승의 계책이 있습니다."

태자가 말했다.

"들어볼 수 있겠는가?"

객이 말했다.

"원래부터 말씀드리고 싶었습니다."

그러고는 말했다.

"태자께서 몸소 군대를 거느리고 제나라를 공격해서 대승을 거두고 거
(莒) 땅을 차지한다고 하더라도 그 부유함이란 위나라를 소유하는 데 지나
지 않을 것이고 그 귀함이란 왕이 되는 데서 더할 것이 없겠지만, 만약에 싸
워서 제나라를 이기지 못한다면 대대손손 위나라는 없을 것입니다. 이것이
신이 말씀드린 백전백승의 계책입니다."

태자가 말했다.

"알겠다. 반드시 그대 말에 따라 군대를 철수하겠다."

객이 말했다.

"태자께서 설사 철수하시려고 해도 그럴 수가 없을 것입니다. 태자에게
전투와 공격을 권하는 저들 중에는 공로를 세우고[啜汁] 싶어 하는 자들
이 많습니다. 태자께서 설사 철수하시려고 해도 아마 그럴 수가 없을 것입
니다."

그래도 태자가 철수하려 하자 마부가 말했다.

"장수가 출정했다가 돌아가는 것은 패배한 것이나 마찬가지입니다."

태자는 과연 제나라와 싸우게 되어 마릉(馬陵)[2]에서 패했다. 제나라가
태자 신을 포로로 잡고 장군 방연을 죽이니, 위나라 군대는 드디어 크게 깨

졌다.

1) 【집해(集解)】 이때 외황은 송나라에 속했다.
2) 【집해(集解)】 서광(徐廣)이 말했다. "원성(元城)에 있다."

31년에 진·조·제 나라가 함께 위나라를 공격했는데, 진나라 장수 상군(商君-상앙)이 우리 장군 공자 앙(卬)을 속이고 그 군대를 습격해서 빼앗고 깨뜨렸다. 진나라가 상군을 쓰니 동쪽으로 땅이 황하에 이르렀고, 제나라와 조나라가 여러 차례 우리를 깨뜨렸다. 안읍(安邑)이 진나라에 가까워, 이에 대량(大梁)으로 도읍을 옮겼다[徙治=遷都]. 공자 혁(赫)을 태자로 삼았다.

33년에 진나라 효공이 졸하자 상군이 진나라에서 달아나 위나라로 돌아오려고 했으나 위나라가 노해 받아들이지 않았다.

35년에 제나라 선왕(宣王)과 평아(平阿)[1] 남쪽에서 회맹했다.

1) 【집해(集解)】 「지리지(地理志)」에 따르면, 패군(沛郡)에 평아현이 있다.

혜왕이 여러 차례 군사적 패배를 당하자, 자신을 낮추고 넉넉한 예물로써 뛰어난 사람들을 초빙했다. 추연(鄒衍), 순우곤(淳于髡), 맹가(孟軻-맹자) 등이 모두 대량(大梁)으로 왔다. 양(梁-위)나라 혜왕(惠王)이 (맹자에게) 말했다.

"과인이 명민하지 못해[不佞=不敏] 군대가 밖에서 세 차례나 패한 끝에 태자는 포로가 되고 상장군은 죽었다. 나라가 이 때문에 텅 비게 되고 선군과 종묘사직을 욕되게 했으니, 과인이 심히 부끄럽다! 노인장[叟=長老]께서 1,000리를 멀다 않고 욕되게도 우리나라 조정까지 이르렀으니, 장차 무엇으로써 우리나라를 이롭게 해주려는가?"

맹가가 말했다.

"임금께서 이처럼 이익을 말씀하시면 안 됩니다. 무릇 임금이 이익을 탐하면 대부들도 이익을 탐하고, 대부들이 이익을 탐하면 서민들도 이익을 탐하니, 위아래가 이익을 다투면 나라가 위태로워집니다. 남의 임금 된 자에게는 어짊과 마땅함[仁義]이 있을 뿐이지, 어찌 이익이겠습니까?"

36년에 다시 제나라 왕과 견(甄) 땅에서 회맹했다. 이해에 혜왕이 졸하고 아들 양왕(襄王)[1]이 세워졌다.

1) 【색은(索隱)】『계본(系本)』에 따르면, 양왕의 이름은 사(嗣)다.

양왕 원년에 제후들과 서주(徐州)[1]에서 회맹해 서로 왕(王)을 칭했으니, 아버지 혜왕을 추존해 왕으로 삼았다[2].

1) 【집해(集解)】 서광(徐廣)이 말했다. "지금의 설현(薛縣)이다."
2) 【집해(集解)】 서광(徐廣)이 말했다. "2년에 조나라를 쳤다."

5년에 진나라가 우리 장군 용고(龍賈)의 군사 4만 5,000명을 조음(雕陰)[1]에서 쳐부수고 우리 초(焦)와 곡옥(曲沃) 땅을 에워쌌다. 진나라에 하서(河西) 땅을 내주었다.

1) 【집해(集解)】 서광(徐廣)이 말했다. "상군(上郡)에 있다."

6년에 진나라와 응(應) 땅에서 회맹했다. 진나라가 우리 분음(汾陰), 피지(皮氏), 초(焦) 땅을 차지했다. 위나라가 초나라를 쳐서 형산(陘山)[1]에서 패배시켰다.

7년에 위나라가 상군(上郡) 전부를 진나라에 편입시켰다. 진나라가 우리 포양(蒲陽)2)을 항복시켰다.

8년에 진나라가 우리 초와 곡옥 땅을 돌려주었다.

1) 【집해(集解)】 서광(徐廣)이 말했다. "밀현(密縣)에 있다."
2) 【정의(正義)】 습주(隰州)에 있다.

12년에 초나라가 양릉(襄陵)에서 우리를 꺾었다. 제후의 집정(執政-재상이나 상국)들이 진나라 상(相) 장의(張儀)와 설상(齧桑)1)에서 회동했다.

13년에 장의가 위나라 재상이 되었다. 위나라에서 여자가 남자로 바뀌는 일이 있었다. 진나라가 우리 곡옥과 평주(平周)를 차지했다.

1) 【집해(集解)】 서광(徐廣)이 말했다. "양성(梁城)과 팽성(彭城) 사이에 있다."

16년에 양왕이 졸하자 아들 애왕(哀王)이 세워졌다. 장의가 다시 진나라로 돌아갔다.

애왕 원년에 다섯 나라1)가 함께 진나라를 공격했으나 이기지 못하고 철수했다.

1) 【정의(正義)】 한·위·초·조·연 나라다.

2년에 제나라가 우리 관진(觀津)1)을 쳐부수었다.

5년에 진나라가 저리자(樗里子)로 하여금 우리 곡옥을 쳐서 빼앗게 했는데, 안문(岸門)2)에서 서수(犀首)3)를 쫓아버렸다.

6년에 진나라가 공자 정(政)⁴⁾을 찾아서 세워 태자로 삼았다. 진나라와 임진(臨晉)에서 회맹했다.

7년에 제나라를 공격했다. 진나라와 함께 연나라를 쳤다.

1) 【정의(正義)】 본래는 조나라 읍이었는데, 이때는 위나라에 속해 있었다.

2) 【집해(集解)】 서광(徐廣)이 말했다. "영음(潁陰)에 안문정(岸門亭)이 있다."

3) 【색은(索隱)】 서수는 관직 이름이니, 곧 공손연(公孫衍)이다.

4) 【색은(索隱)】 위나라 공자였다.

8년에 위(衛)나라를 쳐서 나란히 있는 두 성을 뽑아버리자, 위나라 임금이 이를 걱정 했다. (위(魏)나라 대부) 여이(如耳)가 위(衛)나라 임금을 뵙고서 말했다.

"(제가) 위(魏)나라 군대를 철수시키고 성릉군(成陵君)을 파면시켜도 되겠습니까?"

위나라 임금이 말했다.

"선생께서 과연 그렇게 할 수만 있다면 고(孤-제후의 자칭)는 대대로 이 위(衛)나라를 갖고서 선생을 섬길 것이오!"

여이가 성릉군을 만나서 말했다.

"예전에 위(魏)나라는 조나라를 쳐서 양장(羊腸)을 끊고 연여(閼與)를 뽑아버리고서¹⁾ 조나라를 나누기로 약속했는데, 조나라를 둘로 만들거나 멸망시키지 않았던 까닭은 위나라가 합종의 맹주[從主]였기 때문입니다. 지금은 위(衛)나라가 이미 멸망을 눈앞에 두고 있어[道亡] 장차 서쪽으로 진나라를 섬기려 할 것입니다. 그렇다면 진나라가 위(衛)나라를 구하게 하기 [醳=釋]보다는, 차라리 위(魏)나라가 (군사를 철수시키고 조나라를 쳐서) 위(衛)나라를 구함으로써 위(衛)나라로 하여금 위(魏)나라 은덕에 영원히 감사하게 하는 것이 더 낫습니다."

성릉군이 말했다.

"맞습니다!"

여이가 위(魏)나라 왕을 뵙고서 말했다.

"신이 위(衛)나라 임금을 만난 적이 있습니다. 위나라는 원래 주나라 왕실의 한 갈래로, 작은 나라로 불리지만 보배로운 기물들이 많습니다. 지금 나라가 어려움에 처했는데도 보배로운 기물들을 바치지 않는 것은 자기들을 공격하든 자기들을 구해주든 (그것을) 왕께서 주도한다고는 생각하지 않기 때문입니다. 따라서 보배로운 기물들을 내놓더라도 반드시 왕께는 들어오지 않을 것입니다. 신이 가만히 따져보건대, 먼저 위(衛)나라를 구하겠다고 말하는 사람이 반드시 위나라가 내놓는 보배로운 기물들을 받게 될 것입니다."

여의가 나간 뒤 성릉군이 들어와서 여이가 했던 (조나라를 치자는) 말을 위왕에게 아뢰었다. 위왕이 그 말을 듣고는 군대를 철수시키는 한편, 성릉군을 파면하고 죽을 때까지 만나보지 않았다.

1) 【집해(集解)】 서광(徐廣)이 말했다. "상당(上黨)에 있다." 【정의(正義)】 양장 비탈길[阪道]은 태항산에 있다. 만약에 양장을 끊고 연여를 뽑아서 북쪽으로 항주(恒州)와 연결된다면 조나라는 동서로 나뉘어 둘이 된다.

9년에 진(秦)나라 왕과 임진(臨晉)에서 회동했다. 장의와 위장(魏章)1)이 모두 위나라로 돌아왔다. 위나라 재상 전수(田需)가 죽자, 초나라는 장의·서수(犀首)·설공(薛公)2)을 걱정했다[書]3). 초나라 재상 소어(昭魚)가 소대(蘇代)에게 일러 말했다.

"전수가 죽었으니, 나는 장의·서수·설공 중 한 사람이 위나라 재상이 될까 두렵소."

소대가 말했다.

"그렇다면 누가 재상이 되면 당신이 편하겠습니까?"

소어가 말했다.

"나는 태자가 몸소 재상이 되었으면 합니다."

소대가 말했다.

"당신을 위해 북쪽으로 가서 반드시 태자가 재상이 되도록 하겠습니다."

소어가 말했다.

"어떻게요?"

소대가 말했다.

"당신이 양왕(梁王-위왕)이라 치고 이 소대가 당신에게 유세해보겠습니다."

소어가 말했다.

"어떻게요?"

소대가 말했다.

"제가 초나라에서 왔는데, 소어가 매우 근심하며 '전수가 죽었으니 나는 장의·서수·설공 중 한 사람이 위나라 재상이 될까 두렵소'라고 하기에 제가 말했습니다. '양왕은 훌륭한 군주[長主]이니 장의 등을 재상으로 삼지 않으실 것이 분명합니다. 장의가 재상이 되면 반드시 진나라를 편들고[右] 위나라를 무시할 것이고[左], 서수가 재상이 되면 반드시 한나라를 편들고 위나라를 무시할 것이며, 설공이 재상이 되면 반드시 제나라를 편들고 위나라를 무시할 것입니다. 양왕은 훌륭한 군주이니 반드시 이들을 마땅하지 않다고 여길 것입니다.' (이에 대해) 왕은 '그렇다면 과인은 누구를 재상으로 삼아야 하는가?'라고 물을 것입니다. (그러면) 저는 말하기를 '태자를 직접 재상으로 세우느니만 못합니다. 태자가 스스로 재상이 되면 그 세 사람은 모두 태자가 오랫동안 재상 자리에 있지 않을 것임을 알기에 장차 자기 나라가 위나라를 섬기도록 하는 데 힘써서 승상의 인장을 얻으려 할 것이니, 위나라의 강대함에다 세 만승지국이 도움이 더해진다면 위나라는 반드시 안정될 것입니다. 그래서 태자를 직접 재상으로 삼는 것만 못하다고 말씀드리는 것입니다'라고 할 것입니다."

드디어 북쪽으로 가서 양왕을 알현하고 그렇게 아뢰었더니, 태자가 과연 위나라 재상이 되었다.

1) 【색은(索隱)】 위나라 장수인데, 뒤에 그도 진(秦)나라 재상이 되었다.

2) 【색은(索隱)】 전문(田文)이다.

3) 세 사람 중에서 한 사람이 재상이 될까 두려워한 것이다.

10년에 장의가 죽었다.

11년에 진나라 무왕(武王)과 응(應) 땅에서 회동했다.

12년에 태자가 진(秦)나라에 조회했다. 진나라가 우리 피지(皮氏)로 쳐들어왔으나 뽑아버리지 못하고 포위를 풀었다.

14년에 진나라가 무왕후(武王后)를 (위나라로) 돌려보냈다.

16년에 진나라가 우리 포반(蒲反), 양진(陽晉)[1], 봉릉(封陵)을 뽑아버렸다.

17년에 진나라와 임진(臨晉)에서 회동했다. 진나라가 우리 포반을 돌려주었다.

18년에 진나라와 함께 초나라를 쳤다.[2]

21년에 제나라, 한나라와 함께 진나라 군대를 함곡(函谷)에서 꺾었다.

1) 【정의(正義)】 양진은 마땅히 진양(晉陽)이 되어야 하니, 잘못이다.

2) 【집해(集解)】 서광(徐廣)이 말했다. "20년에 제나라 왕과 한(韓)에서 회동했다."

23년에 진나라가 다시 하외(河外)와 봉릉을 돌려주고 강화를 맺었다. 애왕이 졸하자 아들 소왕(昭王)[1]이 세워졌다.

1) 【색은(索隱)】『계본(系本)』에 따르면, 소왕의 이름은 속(遬)이다.

    소왕 원년에 진나라가 우리 양성(襄城)을 뽑아버렸다.

    2년에 진나라와 전쟁을 했는데 우리가 불리했다.

    3년에 한나라를 도와 진나라를 공격했으나, 진나라 장수 백기(白起)가 우리 군대 24만을 이궐(伊闕)에서 크게 깨뜨렸다.

    6년에 진나라에 하동(河東) 땅 사방 400리를 주었다. (제나라) 망묘(芒卯)가 속임수로 (위나라에서) 중용되었다.

    7년에 진나라가 우리의 크고 작은 성 61개를 뽑아버렸다.

    8년에 진나라 소왕(昭王)이 서제(西帝)가 되고 제나라 민왕(湣王)이 동제(東帝)가 되었으나, 한 달여 만에 모두 제 칭호를 취소하고 왕으로 돌아갔다.

    9년에 진나라가 우리 신원(新垣)과 곡양(曲陽)[1] 성을 뽑아버렸다.

1) 【정의(正義)】 신원은 곡양과 가깝다.

    10년에 제나라가 송나라를 멸망시키니, 송왕이 우리 온(溫) 땅에서 죽었다.

    12년에 진·조·한·연 나라와 함께 제나라를 쳐 제서(濟西)에서 패배시키니, 민왕이 나라 밖으로 도망쳤다. 연나라 홀로 임치(臨菑)에 들어갔다. 진나라 왕과 서주(西周)[1]에서 회동했다.

1) 【정의(正義)】 곧 왕성이다.

    13년에 진나라가 우리 안성(安城)을 뽑아버렸다. (진나라) 군사들이 대량(大梁)에까지 이르렀다가 떠나갔다[1].

18년에 진나라가 (초나라 수도) 영(郢)을 뽑아버리니, 초나라 왕이 수도를 진(陳)으로 옮겼다.

19년에 소왕이 졸하고 아들 안희왕(安釐王)[2]이 세워졌다.

1) 【집해(集解)】 서광(徐廣)이 말했다. "14년에 홍수가 났다."
2) 【색은(索隱)】 『계본(系本)』에 따르면, 안희왕(安僖王)의 이름은 어(圉)다.

안희왕 원년에 진나라가 우리의 두 성을 뽑아버렸다.

2년에 또 우리의 두 성을 뽑아버리고 대량성 아래에 주둔했다. 한나라가 와서 구원했으나, 온(溫) 땅을 진나라에 내어주고 강화를 맺었다.

3년에 진나라가 우리의 네 성을 뽑아버리고 4만 명을 목 베었다.

4년에 진나라가 우리와 한나라, 조나라를 깨뜨리고 15만 명을 죽이니, 우리 장수 망묘(芒卯)가 달아났다. 위나라 장수 단간자(段干子)가 남양(南陽)[1]을 내주고 진나라에 강화를 청했는데, 소대(蘇代)가 위왕에게 일러 말했다.

"옥새를 탐내는 자는 단간자이고, 땅을 욕심내는 자는 진나라입니다. 그런데 지금 왕께서는 땅을 욕심내는 자로 하여금 옥새를 장악하게 하고 옥새를 탐내는 자로 하여금 땅을 장악하게 하시니, 위씨의 땅이 다 없어져도 모를 판입니다. 게다가 땅을 바쳐 진나라를 섬기는 것은 마치 땔나무를 끌어안고 불을 끄려는 것과 같아서, 땔나무가 모두 타버리지 않는 이상 불은 꺼지지 않을 것입니다."

왕이 말했다.

"그건 그렇다. 그럼에도 불구하고 일이 이미 시작되어 행해지고 있으니 바꿀 수가 없다."

대답해 말했다.

"왕께서는 박희(博戲)에서 올빼미를 귀하게 여기는 이유를 홀로 알지 못하십니까? 유리하면 (상대의 패를) 잡아먹고, 불리하면 멈출 수 있기 때문입니다. 지금 왕께서 '일이 이미 시작되어 행해지고 있으니 바꿀 수가 없다'라고 하신다면, 이 어찌 왕께서 지혜를 쓰시는 것이 박희에서 올빼미를 쓰는 것만 못하십니까?"

1) 【집해(集解)】 서광(徐廣)이 말했다. "수무(脩武)에 있다."

9년에 진나라가 우리의 회(懷) 땅을 뽑아버렸다.

10년에 위나라에 인질로 있던 진나라 태자가 죽었다.

11년에 진나라가 우리의 처구(郪丘)[1]를 뽑아버렸다.

1) 【집해(集解)】 서광(徐廣)이 말했다. "처구는 판본에 따라 늠구(廩丘)로 되어 있기도 하고 형구(邢丘)로 되어 있기도 하다. 지금의 송공현(宋公縣)이다."

진나라 소왕이 좌우 신하들에게 일러 말했다.

"지금의 한나라와 위나라를 처음과 비교했을 때, 언제가 더 강한가?"

대답해 말했다.

"처음만큼 강하지 못합니다."

왕이 말했다.

"지금의 여이(如耳)·위제(魏齊)와 옛날의 맹상군·망묘 중 어느 쪽이 더 뛰어난가?"

"옛날 사람들에 못 미칩니다."

왕이 말했다.

"(예전에) 맹상군과 망묘의 뛰어남을 갖고 강한 한나라와 위나라 군대를 거느리고서 진나라를 공격했을 때도 과인은 어떻게 할 수가 없었다. 그런데 지금 무능한 여이와 위제가 약한 한나라와 위나라를 거느리고서 진나라를 친다면 그야말로 과인으로서는 어쩔 수 없을 것임이 실로 명백하다."

좌우가 모두 말했다.

"분명히 그렇습니다."

중기(中旗)가 거문고에 기대고 있다가 대답했다.

"왕께서 천하를 짐작하시는 바가 지나칩니다. 진(晉)나라 육경이 득세하던 때는 지씨(知氏)가 가장 강해 범씨(范氏)와 중항씨(中行氏)를 멸망시켰고, 또 한나라와 위나라 군대를 거느리고 진양에서 조양자(趙襄子)를 에워싸고 진수(晉水)를 터서 진양성이 물에 잠기게 했으니, 물에 잠기지 않은 곳은 3판(版) 높이뿐이었습니다. 지백(知伯)이 물의 형세를 살피러 나갔는데, 이때 위나라 환자(桓子)는 왼쪽에서 수레를 몰고 한나라 강자(康子)는 참승(參乘)이 되었습니다. 지백이 말하기를 '내가 처음에는 물로 다른 사람의 나라를 망하게 할 수 있다는 것을 몰랐는데, 마침내 오늘에서야 알게 되었다'라고 했습니다.

분수(汾水)는 안읍(安邑)[1]을 잠기게 할 수 있고 강수(絳水)는 평양(平陽)[2]을 잠기게 할 수 있으니, 위환자가 한강자를 팔꿈치로 (툭툭) 치고 한강자가 위환자를 발로 (슬며시) 밟았습니다. 이처럼 팔꿈치와 발이 수레 위에서 오가며 뜻을 같이하게 되자, 지씨는 그 땅이 나뉘고 몸은 죽으며 나라는 망해 천하의 웃음거리가 되었습니다.

지금 진나라 군대가 아무리 강하다 해도 지씨를 능가할 수 없고, 한나라와 위나라가 아무리 약하다 해도 여전히 진양성 아래에 있을 때보다는 낫습니다[賢=愈]. 바야흐로 지금이야말로 팔꿈치와 발을 써서 연합할 때이니, 바라건대 왕께서는 너무 쉽게 생각하지 마소서!"

이에 진나라 왕이 두려움을 품었다.

---

1) **[정의(正義)]** 안읍은 강주(絳州) 하현(夏縣)에 있는데, 본래 위나라 도읍이었다. 분수는 동북쪽으로 흘러서 안읍 서남쪽을 지나 황하로 들어간다.

2) **[정의(正義)]** 평양은 진주(晉州)에 있는데, 본래 한나라 도읍이었다.

제나라와 초나라가 서로 맹약을 맺고 위나라를 공격하자 위나라가 사람을 보내 진나라에 구원을 청했는데, 오가는 사자들이 끊임없이 이어졌으나 [冠蓋相望] 진나라 구원병은 오지 않았다. 위나라에는 당저(唐雎)라는 사람이 있어 나이가 90세가 넘었는데, 이 사람이 위왕에게 일러 말했다.

"이 늙은 신하가 서쪽으로 가서 진왕에게 유세해 신(이 돌아오는 것)보다 먼저 진나라 군대를 출병시키도록 하겠습니다."

위왕이 두 번 절하고 드디어 수레를 준비해 그를 보냈다. 당저가 도착해 들어가서 진나라 왕을 만나뵈었다. 진나라 왕이 말했다.

"노인장께서 아득히 먼 이곳까지 마침내 오시다니 참으로 고생 많았겠소! 무릇 위나라의 구원 요청이 여러 차례 있어 과인은 위나라가 매우 위급하다는 것을 알고 있소."

당저가 대답해 말했다.

"대왕께서 이미 위나라가 위급하다는 것을 아시면서도 구원병을 보내려 하지 않으시는데, 이에 신이 가만히 생각건대 계책을 쓰는 신하들이 일을 맡으려 하지 않기 때문인 듯합니다. 무릇 위나라는 만승의 나라이면서도 서쪽으로 진나라를 섬기며 동쪽 울타리를 자청해 (진나라가 내려주는) 관대를 받고 봄가을로 제사를 지내는 까닭은, 진나라가 강해 충분히 함께할 만하다[爲與]1)고 여겨서입니다. (그런데) 지금 제나라와 초나라 군대가 이미 위나라 교외에 모여들었는데도 진나라는 구원병을 내지 않고 실로 그저 아직 위급하지 않다고 억지만 부리고 있습니다. 위나라가 크게 다급해지면 결국은 땅을 떼어주고 합종을 맺게 될 터이니[約從], 그때 가서 왕께서는 어떻게 구원하시겠습니까? 반드시 더 위급해지기를 기다렸다가 구원한다면 동쪽 울타리인 위나라를 잃고 제나라와 초나라라는 두 적을 강하게 만들 것인데 왕께 무슨 이로움이 있겠습니까?"

이에 진나라 소왕은 곧장 군대를 보내 위나라를 구원했다. 위씨는 다시 안정되었다.

1) 【색은(索隱)】 여(與)란 서로 인정해 화친을 맺고 강화할 수 있다는 말이다.

조나라가 사람을 보내 위나라 왕에게 일러 말했다.

"우리를 위해 범좌(范痤)를 죽여주면 사방 70리 땅을 바치겠습니다."

위나라 왕이 말했다.

"그리하라!"

관리를 시켜 그를 붙잡게 하니, 그의 집을 에워쌌으나 아직 죽이지는 못했다. 범좌가 그로 인해 지붕으로 올라가서 지붕을 기마자세로 옮겨 다니며 사자에게 말했다.

"죽은 범좌를 갖고서 거래하는 것보다는 차라리 살아 있는 범좌를 갖고서 거래하는 것이 낫습니다. 만일 범좌가 죽었는데도 조나라가 왕께 땅을 주지 않는다면 왕께서는 장차 어떻게 하시겠습니까? 그러니 먼저 땅을 떼어 받은 다음에 이 범좌를 죽이는 것이 낫습니다."

위나라 왕이 말했다.

"좋다."

범좌가 그 틈에 신릉군(信陵君)에게 글을 올려 말했다.

"저는 원래 위나라에서 면직된 재상인데도 조나라가 땅을 갖고서 저를 죽이려 하자 위왕이 이를 들어주었으니, 만약에 강대한 진나라가 장차 조나라를 본받아서 욕심을 부린다면 당신께서는 어찌하시겠습니까?"

신릉군이 왕에게 잘 말해서 그를 놓아주었다.

위나라 왕이 진(秦)나라로부터 구원을 받은 것을 이유로 진나라를 가까이하면서 한(韓)나라를 쳐서 옛 땅을 되찾으려고 하자, (위나라 신릉군) 무기(無忌)가 위나라 왕에게 일러 말했다.

"진나라는 융족(戎族)이나 적족(狄族)과 습속이 같고 호랑이나 이리 같은 마음을 가져서 욕심 많고 사나우며[貪戾], (의리보다는) 이익을 좋아하고 신의가 없으며 예의와 덕행도 알지 못합니다. 만약에 이익이 된다면 친척이나 형제라도 돌아보지 않는 것이 짐승과도 같으니, 이는 천하가 다 아는 바입니다. 두터운 다음을 베풀거나 쌓아둔 적도 없습니다. 그러므로 진나라 임금의 어머니가 걱정만 하다가 죽었고, 양후(穰侯) 위염(魏冉)은 외삼촌으로서 공로가 큼에도 끝내 쫓겨났으며, 두 동생은 죄도 없이 봉토(封土)를 두 번이나 빼앗겼습니다. 친척에게도 이와 같은데 하물며 원수의 나라에는 어떻겠습니까? 지금 임금께서 진나라와 함께 한나라를 치시면 진나라로 인한 우환에 더욱 가까워지는 것이니, 신은 그것이 심히 의심스럽습니다. 임금께서 이를 알지 못하신다면 이는 사리에 밝지 못한 것[不明]이며, 여러 신하가 이를 보고하지 않았다면 이는, 충성스럽지 못한 것[不忠]입니다.

지금 한(韓)나라는 한 여인에 의지해 나약한 군주를 받들고 있어서 나라 안으로는 큰 혼란이 있고, 나라 밖으로는 강성한 진나라와 위나라 군대와 싸우고 있습니다. 그런데도 임금께서는 한나라가 망하지 않으리라 생각하십니까? 한나라가 망하면 진나라는 정(鄭) 땅을 갖고 대량(大梁) 땅, 업(鄴) 땅과 이웃하게 되는데, 임금께서는 이를 안전하다고 생각하십니까? 임금께서는 옛 땅을 얻고자 하시면서 지금 강성한 진나라와의 친분에 의지하시는데, 임금께서는 이를 이롭다고 생각하십니까?

진나라가 섬길 만한 나라가 아닌 것은 아니지만, 한나라가 망한 후에는 반드시 다른 일을 찾을 것입니다. 그 다른 일이란 반드시 쉽고 이로운 곳으로 나아가는 것일 터이고, 쉽고 이로운 곳으로 나아가는 것이란 분명히 초나라와 조나라를 정벌하는 것은 아닐 터입니다. 이는 어째서이겠습니까?

무릇 산을 넘고 강을 건너 한나라의 상당(上黨) 땅을 넘고 강성한 조나라를 공격하는 것은 연여(閼與) 땅의 일을 되풀이하는 것이니[1], 진나라는 반드시 하지 않을 것입니다. 만약 황하 북쪽을 통해 업(鄴) 땅과 조가(朝歌) 땅을 등지고 장수(漳水)와 부수(滏水)를 가로질러 한단 땅의 근교에서 조나라 군대와 승부를 내는 것은 지백(知伯)의 재앙과도 같을 것이니, 진나라는 이 또한 감히 하지 않을 것입니다. 초나라를 치려면 섭산(涉山) 계곡을 지나서[道=行][2] 3,000리를 행군한 뒤에야 맹액(冥阨)의 요새[3]를 공격해야 하는데, 갈 길이 너무나 멀고 공격할 곳이 너무나 어려워서 진나라는 이 또한 하지 않을 것입니다. 만약 황하 남쪽을 통해 대량 땅을 등지고 오른쪽으로 상채(上蔡) 땅과 소릉(召陵) 땅을 낀다면 진(陳) 땅의 근교에서 초나라 군대와 승부를 내야 하니, 진나라는 이 또한 감행하지 않을 것입니다. 그러므로 말하기를 진나라는 틀림없이 초나라와 조나라를 치지 않을 것이며, 또 위(衛)나라와 제나라도 공격하지 않을 것입니다[4].

1) 【색은(索隱)】 전년에 진나라와 한나라가 함께 연여를 공격했는데, 조사(趙奢)가 진나라 군대를 깨뜨렸다.

2) 【색은(索隱)】 진나라에서 초나라로 가는 길은 둘인데, 섭곡(涉谷)이 서쪽 길이고 하내(河內)가 동쪽 길이다.

3) 【집해(集解)】 손검(孫檢)이 말했다. "초나라의 험한 요새다." 【정의(正義)】 冥의 발음은 (명이 아니라) 맹(盲)이다.

4) 【정의(正義)】 위(衛)나라와 제나라는 모두 한나라, 조나라, 위(魏)나라 동쪽에 있기 때문에 진나라가 (바로) 치지 못할 것이라는 말이다.

무릇 한나라가 망하고 난 후에 (진나라가) 군대를 출동하는 날에는 위(魏)나라가 아니면 공격할 상대가 없습니다. 진나라가 원래 가진 회(懷) 땅과 모(茅) 땅과 형구(邢丘) 땅에다가 다시 궤진(垝津)[1] 땅에 성을 쌓아서 황하 북쪽과 마주하게 되면 반드시 황하 북쪽의 공(共) 땅과 급(汲) 땅이 위태로워지며, 정(鄭) 땅을 갖고 원옹(垣雍) 땅을 얻으면 형택(滎澤)의 물을 터뜨려 대량 땅을 잠기게 해서 대량 땅이 반드시 망하게 될 것입니다. 임금의 사자가 출발해 진나라에 들러서 안릉군(安陵君)을 헐뜯으니, 진나라가 처형하려고 한 지 오래입니다. 진나라의 섭양(葉陽) 땅과 곤양(昆陽) 땅은 우리 무양(舞陽) 땅과 이웃해 있으니, 진나라가 사자의 헐뜯음을 듣는다면 안릉군은 진나라에 의해 망할 것이며, 무양 땅의 북쪽을 돌아 동쪽의 허(許) 땅에 닿으면 남쪽 지역[南國]²⁾이 반드시 위태로워질 것이니, 나라에 해로움이 없을 수 있겠습니까?

1) 【색은(索隱)】 하북(河北)에 있다.

2) 【정의(正義)】 남국은 이때 한나라에 속했는데, 위(魏)나라 남쪽에 있었기에 남국이라고 했다.

저 한나라를 미워하고 안릉군을 좋아하지 않는 것은 괜찮으나, 저 진나라가 우리 남쪽 지역을 좋아하지 않는 것을 걱정하지 않는 것은 잘못된 일입니다.

지난날[異日者] 진(秦)나라가 황하 서쪽의 진(晉)나라 땅에 있을 때는 그 나라가 대량 땅과는 1,000리나 떨어져 있는 데다 강과 산으로 가로막혀 있고 주(周)나라와 한(韓)나라가 사이에 있었습니다. 임향(林鄕) 땅의 싸움에서 지금에 이르기까지 진나라는 위나라를 일곱 번이나 공격했는데, 다섯 번은 영토 안까지 들어와 변방의 성을 모두 점령해서 문대(文臺)를 무너뜨리고 도시를 불살랐으며 숲의 나무를 모두 베었으니, 산짐승이 사라지고 도읍은 포위당했습니다. 또 빠르게 말을 몰고서 대량 땅의 북쪽을 지나 동쪽으로는 도(陶) 땅과 위(衛)나라의 근교에까지 이르렀고 북쪽으로는 평감(平監) 땅에 이르렀습니다.

진나라에 잃은 땅이 화산(華山)의 남쪽과 북쪽, 황하의 남쪽과 북쪽으로, 큰 고을이 수십이며 이름 있는 도시가 수백입니다. 진나라가 황하 서쪽의 진(晋)나라 땅에 있을 때는 대량 땅과 1,000리나 떨어져 있었는데도 재앙이 이와 같았습니다. 하물며 진나라로 하여금 한나라를 없애고 정 땅을 갖게 한다면 황하와 화산의 가로막음도 없고 그 사이에는 주나라와 한나라도 없어져서 대량 땅과는 100리만 떨어져 있게 되니, 재앙이 틀림없이 여기에서 비롯될 것입니다.

지난날 합종[從]이 성공하지 못한 것은 초나라와 위나라가 의심해 한나라를 참여시키지 않았기 때문입니다. 지금 한나라를 3년 동안이나 공격하면서 진나라는 한나라를 꺾고 강화를 요구하고 있지만, (한나라는) 망할 줄 알면서도 듣지 않고 조나라에 인질을 보내고는 천하와 함께하며 싸우기를 청하니 초나라와 조나라는 반드시 병력을 모을 것입니다. 이는 모두 진나라의 욕심이 끝이 없어서 천하의 나라를 모두 멸망시키고 온 세상의 땅을 신하로 삼지 않는 한 결코 멈추지 않으리란 것을 알기 때문입니다. 이런 이유로 신은 합종으로 임금을 섬기고자 하오니, 왕께서 속히 초나라와 조나라의 약속을 받아내는 한편으로 한나라의 인질을 잡고서 한나라를 살려두고 옛 땅을 요구하시면 한나라는 반드시 바칠 것입니다[效=致]. 이는 선비와 백성을 힘들게 하지 않고도 옛 땅을 얻는 방법이니, 그 공로는 진나라와 함께 한나라를 정벌하거나 강성한 진나라와 이웃해서 재앙을 당하는 것보다 많습니다.

무릇 한나라를 살려두고 위나라를 안정시키면 천하에 이로움이 될 것이니, 이는 진실로 하늘이 임금에게 준 기회입니다. 한나라의 상당 땅을 통해 공(共) 땅과 영(寧) 땅을 열어서 안성(安成) 땅을 지나게 한 뒤 출입에 세금을 받으면, 이는 위나라가 한나라의 상당 땅을 거듭 저당으로 잡는 것[重質]입니다. 지금 그 세금이 있으면 부유한 나라가 되기에 충분합니다.

한나라는 반드시 위나라에 은혜를 품어서 위나라를 사랑하고 위나라를 소중히 여기며 위나라를 두렵게 여길 것이니, 한나라는 반드시 감히 위나라를 배신하지 못하게 될 것입니다. 이는 한나라가 곧 위나라의 고을이 되는 것이니, 위나라가 한나라라는 고을을 얻게 된다면 위(衛)나라, 대량 땅, 황하 남쪽이 반드시 안정될 것입니다. 지금 한나라를 살려두지 않으면 주(周)나라와 안릉(安陵) 땅이 둘 다 반드시 위태로워질 것이며, 초나라와 조나라가 크게 무너지면 위(衛)나라와 제나라가 매우 두려워할 것이니, 천하가 서쪽으로 달려가서 진나라에 입조해 신하가 되는 것도 그리 먼 훗날의 이야기가 아닙니다."

(안희왕) 20년에 진나라가 (조나라 수도) 한단을 에워쌌다. 신릉군 무기가 왕명이라 속이고서[矯] 장군 진비(晉鄙)의 군대를 거둬 조나라를 구원하니 조나라가 보전될 수 있었다. 무기는 그 참에 조나라에 머물렀다.

26년에 진나라 소왕이 졸했다.

30년에 무기가 위나라로 돌아와서는 다섯 나라 군대를 이끌고 진나라를 공격해 하외(河外)에서 진나라 군대를 물리치고 몽오(蒙驁)를 내쫓아버렸다. 위나라 태자 증(增)이 진나라에 인질로 있었는데, 진왕이 노해 위나라 태자 증을 가두려고 하자 누군가가 증을 위해 진왕에게 말했다.

"공손희(公孫喜)[1]가 위나라 재상에게 굳게 청하기를 '위나라 군대를 일으켜서 빨리 진나라를 공격하십시오. 그러면 진왕이 노해 반드시 증을 가둘 것이니, 위왕 또한 노해 진나라를 치면 진나라가 반드시 큰 피해를 입게 될 것입니다'라고 했습니다. 지금 왕께서 증을 가두신다면 이는 공손희의 계책이 들어맞는 꼴입니다. 그러니 증을 더 귀하게 대우해주고 위나라와 연합함으로써 위나라로 하여금 제나라와 한나라의 의심을 받게 하는 것이 더 좋습니다."

왕이 마침내 증을 가두는 일을 중지했다.

1) 【색은(索隱)】『전국책(戰國策)』에는 공손연(公孫衍)으로 되어 있다.

　31년에 진나라 왕 정(政)이 막 세워졌다.

　34년에 안희왕이 졸하자 태자 증이 세워지니, 이 사람이 경민왕(景湣王)[1]이다.
　신릉군 무기가 졸했다.

1) 【색은(索隱)】『계본(系本)』에 이르기를 "안희왕이 경민왕 오(午)를 낳았다"라고 했다.

　경민왕 원년에 진나라가 우리의 20개 성을 뽑아버린 뒤 진나라 동군(東郡)으로 삼았다.
　2년에 진나라가 우리 조가(朝歌)를 뽑아버렸다. 위(衛)나라가 야왕(野王)으로 도읍을 옮겼다[1].
　3년에 진나라가 우리 급(汲) 땅을 뽑아버렸다.
　5년에 진나라가 우리 원(垣), 포양(蒲陽)[2], 연(衍)[3] 땅을 뽑아버렸다.
　15년에 경민왕이 졸하자 아들 왕가(王假)가 세워졌다.

1) 【집해(集解)】 서광(徐廣)이 말했다. "위나라는 복양(濮陽)에서 야왕으로 천도했다."
2) 【정의(正義)】 포수(蒲水) 북쪽에 있어 포양이라고 했다.
3) 【정의(正義)】 연은 정주(鄭州)에 있다.

　왕가 원년에 연나라 태자 단(丹)이 형가(荊軻)를 보내 진왕을 찔러 죽이려 했으나 진왕이 이를 알아차렸다.

3년에 진나라가 대량을 물에 잠기게 해서 왕가를 사로잡았으며[1] 드디어 위나라를 멸망시키고 군현(郡縣)으로 삼았다.

1) 【집해(集解)】『열녀전(列女傳)』에 이르기를 "진나라가 가(假)를 죽였다"라고 했다.

태사공(太史公)이 말한다.

"내가 대량(大梁) 옛터를 찾아간 적이 있는데, 옛터 사람이 말하기를 '진나라가 대량을 공격할 때 강물을 끌어들여 대량을 잠기게 하니, 석 달 만에 성이 무너져 내리고 왕이 항복을 청했다. 드디어 위나라를 멸망시켰다'라고 했다. 말을 하는 사람들은 모두 위나라가 신릉군을 기용하지 않은 탓에 나라가 쇠약해져서 멸망에 이르렀다고 하는데, 나는 그렇지 않다[不然]고 생각한다.

하늘이 바야흐로 진나라로 하여금 해내(海內-천하)를 평정하게 해서 그 대업이 아직 완성되지 않았을 뿐이니, 위나라가 아형(阿衡)[1]의 보좌를 받았다 한들 무슨 도움이 되었겠는가?[2]"[3]

1) 은나라 탕왕을 보좌한 명재상 이윤(伊尹)을 가리킨다.

2) 【색은(索隱)】 살펴보건대, 초주(譙周)가 말했다. "내가 듣건대, 이른바 하늘이 망하게 하는 나라란 뛰어난 이가 있는데도 쓰지 않는 나라다. 만약에 이 뛰어난 이를 쓴다면 어찌 망하는 일이 일어나겠는가? 만약에 주왕(紂王)이 세 어진 사람[三仁][『논어(論語)』「미자(微子)」편에 나오는 미자(微子)·기자(箕子)·비간(比干)을 가리킨다.]을 썼다면 주나라는 천하에서 왕 노릇하지 못했을 것인데, 하물며 진나라처럼 호랑이나 이리 같은 나라임에랴!"

3) 【색은술찬(索隱述贊)】 필공의 후예[畢公之苗]/나라를 얻어 성씨로 삼았지[因國爲姓]/큰 이름 비로소 상으로 받아[大名始賞]/가득 찬 수 스스로 바로잡았네[盈數自正]/후손들 번창해도[胤裔繁昌]/대대로 충정했지[世載忠正]/양간을

도륙했고[楊干就戮]/지씨는 임금 명 부지런히 받들었네[智氏奔命]/문후가 비로소 후에 세워지고[文始建侯]/무후 때 실로 강성했도다[武實彊盛]/(힘 잃고) 대량으로 동천하고[大梁東徙]/장안군 인질 되어 북쪽으로 보내야 했지[長安北偵]/망묘는 이미 아무런 공을 못 세우고[卯旣無功]/공자 앙 또한 나라 밖에 불려갔네[卬亦外聘]/왕가 때에 이르러 땅 깎이고 쇠약해지니[王假削弱]/왕가는 진나라 정에게 사로잡히는 신세가 되었도다[虜於秦政]!

권45 한세가(韓世家) 제15

권45 한세가(韓世家) 제15

한(韓)나라 선조는 주(周)나라와 같은 성[1]으로 희씨(姬氏)다. 후예들은
진(晉)나라를 섬겨서 한원(韓原)을 봉지로 얻고 한무자(韓武子)로 불렀다.
무자 이후 3대째에 한궐(韓厥)이 있었는데, 봉지 이름을 성으로 삼아 한씨
(韓氏)라고 했다.

1) 【색은(索隱)】 살펴보건대 『좌씨전(左氏傳)』에 이르기를 "한(邘)·진(晉)·응(應)·
    한(韓)은 무왕의 목(穆)이다"라고 했으니, 모두 무왕의 아들이다.

한궐의 일화다. 진(晉)나라 경공(景公) 3년에 진나라 사구(司寇) 도안고
(屠岸賈)가 난을 일으켜서 영공(靈公)의 적신(賊臣) 조순(趙盾)을 주살하려
고 했다. 조순은 이미 죽었으므로 아들 조삭(趙朔)을 죽이려고 했다. 한궐
이 도안고를 만류했으나 고가 듣지 않았다. 한궐은 조삭에게 알려주고 도
망치라고 했다. 조삭이 말했다.

"그대가 틀림없이 조나라 제사를 끊어지지 않게만 해준다면 나는 죽어
도 여한이 없을 것이오!"

한궐이 그리하겠다며 허락했다. 도안고가 조씨를 죽일 때 한궐은 병을
핑계로 문밖을 나가지 않았다. 정영(程嬰)과 공손저구(公孫杵臼)가 조씨 집
안의 고아 조무(趙武)를 숨겨주었는데, 궐은 그것을 알고 있었다.

(진나라) 경공(景公) 11년에 한궐은 극극(郤克)과 함께 800승(乘)의 전차

를 거느리고 제나라를 쳐 제나라 경공(頃公)을 안성(鞍城)[1]에서 쳐부수고 봉축보(逢丑父)를 사로잡았다. 이때 진(晉)나라는 육경(六卿)을 두었는데, 한궐이 경(卿) 한 자리를 차지하고 헌자(獻子)라 했다.

1) 【정의(正義)】『괄지지(括地志)』에서 말했다. "옛 안성(鞍城)은 지금 속명으로 마안성(馬鞍城)이니, 제주(濟州) 평음현(平陰縣)에서 10리 떨어진 곳에 있다."

경공 17년에 경공이 큰 병에 걸려 점을 쳐보았는데 대업(大業-조나라 먼 조상)의 제사를 이어받지 못한 것이 빌미[祟]가 되었다고 하니, 한궐이 조성계(趙成季)의 공을 거론하면서 지금 제사가 끊어졌다고 하여 경공을 감동시켰다. 경공이 물었다.

"아직도 후손이 남아 있는가?"

한궐이 이에 조무(趙武)가 있다고 말하자, 다시 옛 조씨의 전읍(田邑)을 회복시켜주고 계속 조씨의 제사를 잇도록 했다.

진(晉) 도공(悼公) 10년에 한헌자(韓獻子)가 나이가 많아 물러났다. 헌자가 졸하자 아들 선자(宣子)가 대를 이었다[1]. 선자는 주(州) 땅으로 옮겨가서 살았다.

1) 【색은(索隱)】 선자의 이름은 기(起)다.

진(晉) 평공(平公) 14년에 오(吳)나라 계찰(季札)이 진나라에 사신으로 와서 말했다.

"진나라 정치는 결국 한(韓)·위(魏)·조(趙)에 돌아갈 것입니다."

진(晉) 경공(頃公) 12년에 한선자가 조씨·위씨와 함께 기씨(祁氏)·양설씨(羊舌氏)의 10개 현을 나눠 가졌다.

진(晉) 정공(定公) 15년에 선자가 조간자(趙簡子)와 함께 범씨(范氏)와 중항씨(中行氏)를 침략해 쳤다. 선자가 졸하고 아들 정자(貞子)가 대신 세워졌는데, 정자는 평양(平陽)으로 옮겨가서 살았다[1].

1) 【색은(索隱)】『계본(系本)』에는 평자(平子)로 되어 있는데, 이름은 수(須)이며 선자의 아들이다. 평양은 산서(山西)에 있다.

정자가 졸하자 아들 간자(簡子)가 대를 이었다[1].
간자가 졸하자 아들 장자(莊子)가 대를 이었다.
장자가 졸하자 아들 강자(康子)[2]가 대를 이었다. 강자가 조양자(趙襄子)·위환자(魏桓子)와 함께 지백(知伯)을 물리치고 그 땅을 나눠 가지니, 땅이 더욱 커져서 제후들보다 컸다.

1) 【집해(集解)】 서광(徐廣)이 말했다. "역사 기록 대부분에 간자(簡子)나 장자(莊子)는 없고, 정자는 강자(康子)를 낳았다고 했다. 반씨(班氏-반고) 또한 마찬가지다." 【색은(索隱)】 서광(徐廣)은 "역사 기록 대부분에 간자(簡子)나 장자(莊子)는 없고, 정자는 강자(康子)를 낳았다고 했다. 반씨(班氏) 또한 마찬가지"라고 했다. 그러나 『계본(系本)』을 살펴보면 간자(簡子)가 있는데 이름은 불신(不信)이며, 장자(莊子)도 있는데 이름은 경(庚)이다.
2) 【색은(索隱)】 이름은 호(虎)다.

강자가 졸하자 아들 무자(武子)[1]가 대를 이었다.
무자 2년에 정나라를 쳐서 임금 유공(幽公)을 죽였다.
16년에 무자가 졸하자 아들 경후(景侯)[2]가 세워졌다.

1) 【색은(索隱)】 이름은 계장(啓章)이다.

2) 【색은(索隱)】『기년(紀年)』과 『계본(系本)』에는 모두 경자(景子)로 되어 있으며 이름은 처(處)라고 했다.

경후 건(虔) 원년에 정나라를 쳐서 옹구(雍丘)를 차지했다.

2년에 정나라가 부서(負黍)에서 우리를 쳐부수었다.

6년에 조나라, 위나라와 함께 반열에 올라 제후가 되었다.

9년에 정나라가 양적(陽翟)에서 에워쌌다. 경후가 졸하자 아들 열후(列侯) 취(取)가 세워졌다[1].

1) 【색은(索隱)】『계본(系本)』에는 무후(武侯)로 되어 있다.

열후 3년에 (자객) 섭정(聶政)이 한나라 재상 협루(俠累)를 죽였다.

9년에 진(秦)나라가 우리 의양(宜陽)을 쳐서 6개 읍을 차지했다.

13년에 열후가 졸하자 아들 문후(文侯)가 세워졌다[1]. 이해에 위(魏) 문후(文侯)가 졸했다.

1) 【색은(索隱)】『기년(紀年)』에는 문후가 없고, 『계본(系本)』에는 열후가 없다.

문후 2년에 정나라를 쳐서 양성(陽城)을 차지했다. 송나라를 쳐서 팽성(彭城)에 이르러 송나라 임금을 사로잡았다.

7년에 제나라를 쳐서 상구(桑丘)에 이르렀다. 정나라가 진(晉)나라를 배반했다.

9년에 제나라를 쳐서 영구(靈丘)[1]에 이르렀다.

10년에 문후가 졸하자 아들 애후(哀侯)가 세워졌다.

1) 【정의(正義)】 이때는 연나라에 속했다.

애후 원년에 조씨, 위씨와 함께 진(晉)나라를 나눠 가졌다.

2년에 정나라를 멸망시키고 그 참에 (양적에서) 정(鄭)으로 도읍을 옮겼다[1].

1) 【색은(索隱)】 『기년(紀年)』에 따르면, 위(魏) 무후(武侯) 21년에 한나라가 정나라를 멸망시키고 애후가 정나라에 들어갔으며 한나라는 천도한 후에 국호를 정(鄭)으로 바꾸었다. 그래서 『전국책(戰國策)』에서는 한(韓) 혜왕(惠王)을 정(鄭) 혜왕(惠王)이라고 불렀다. 이는 마치 위(魏)나라가 대량(大梁)으로 천도한 후에 양왕(梁王)이라고 부른 것과 같다.

6년에 한엄(韓嚴)이 자기 임금 애후를 시해하니[1], 아들 의후(懿侯)[2]가 세워졌다.

1) 【색은(索隱)】 『전국책(戰國策)』에 한중자(韓仲子)가 나오는데, 이름은 수(遂)다. 아마도 이 사람이 한엄인 듯하다.

2) 【색은(索隱)】 「연표(年表)」에는 의후가 장후(莊侯)로 되어 있다.

의후 2년에 위나라가 마릉(馬陵)에서 우리를 쳐부수었다.

5년에 위(魏) 혜왕(惠王)과 택양(宅陽)[1]에서 회동했다.

9년에 위나라가 괴수(澮水)에서 우리 한나라를 쳐부수었다[2].

12년에 의후가 졸하자 아들 소후(昭侯)가 세워졌다.

1) 【정의(正義)】 정주(鄭州)에 있다.

2) 【집해(集解)】 서광(徐廣)이 말했다. "석 달 동안 큰비가 내렸다." 【정의(正義)】 澮는 (발음이 회가 아니라) 고(古)와 외(外)의 반절음이다. 능주(陵州) 괴수(澮水) 변이다.

소후 원년에 진(秦)나라가 서산(西山)에서 우리를 쳐부수었다.

2년에 송나라가 우리 황지(黃池)[1]를 차지했다. 위나라가 (한나라) 주(朱)읍을 차지했다.

6년에 동주(東周)를 쳐서 능관(陵觀)과 형구(邢丘)를 차지했다.

1) 【집해(集解)】 서광(徐廣)이 말했다. "평구(平丘)에 있다."

8년에 신불해(申不害)가 한나라 재상이 되었다. 술수(術數)를 닦고 도리를 행하니, 나라 안이 그로 인해 다스려졌고 제후들은 쳐들어오지 않았다.

10년에 한희(韓姬)가 자기 임금 도공(悼公)을 시해했다[1].

11년에 소후가 진(秦)나라에 갔다.

22년에 신불해가 죽었다.

24년에 진나라가 쳐들어와서 우리 의양(宜陽)을 뽑아버렸다.

1) 【색은(索隱)】 한희는 한나라 대부일 텐데, 왕소(王邵)는 도공이 어떤 임금(의 시호)인지 알지 못하겠다고 말했다.

25년에 가뭄이 들었는데도 높은 성문[高門]을 지었다. 굴의구(屈宜臼)[1]가 말했다.

"소후는 이 문을 나갈 수 없다. 어째서인가? 때가 아니기[不時] 때문이다. 내가 말하는 때란 어떤 날[時日]이라는 뜻이 아니다. 사람에게는 본래 이로운 상황이 있고 이롭지 못한 상황이 있으니, 소후가 이로운 상황이 있다는 것을 알았다면 높은 성문을 짓지 않았을 것이다. 지난해에는 진나라가 의양을 뽑아버렸고 올해는 가뭄이 들었는데, 소후가 이런 때에 백성의 다급함은 돌보지 않고 도리어 더욱 사치를 부리고 있으니, 이것이 이른

바 '때가 좋지 않을수록 호사스러운 일이 더 일어나게 마련'이라는 것이다[時紲擧嬴]2)."

26년에 높은 성문이 완성되고 소후가 졸했는데, 과연 그 문을 나가지 못했다. 아들 선혜왕(宣惠王)이 세워졌다.

1) 【집해(集解)】 허신(許愼)이 말했다. "굴의구는 초나라 대부인데, 위(魏)나라에 있었다."

2) 【집해(集解)】 서광(徐廣)이 말했다. "상황은 점점 쇠퇴해가는데 사치는 넘쳐흐른다는 뜻이다."

선혜왕 5년에 장의(張儀)가 진나라 재상이 되었다.

8년에 위나라가 한나라 장수 한거(韓擧)를 패배시켰다.

11년에 군(君)이라는 호칭을 고쳐 왕(王)이라 했다. 조(趙)나라와 구서(區鼠)1)에서 회동했다.

14년에 진나라가 우리 언(鄢)읍을 쳐서 패배시켰다.

1) 우서로 읽기도 한다.

16년에 진나라가 수어(脩魚)에서 우리를 쳐부수고 탁택(濁澤)에서 한나라 장수 수(鰢)와 신차(申差)를 포로로 잡았다1). 한씨가 다급해지자, 공중(公仲)2)이 한나라 왕에게 일러 말했다.

"동맹국[與國]은 믿을 수 없습니다. 지금 진(秦)나라가 초나라를 치려고 한 지가 오래되었는데, 왕께서는 장의를 통해 진나라와 화친을 맺고 이름 있는 도시[名都] 하나를 진나라에 뇌물로 준 다음에 무장을 갖춰 함께 남쪽으로 초나라를 치는 것이 더 낫습니다. 이것이 바로 하나로 둘을 바꾸는 계책[以一易二之計]3)입니다."

한왕이 말했다.

"좋다."

마침내 공중치에게 조심할 것을 당부하고서[警=戒] 길을 떠나게 하여, 장차 서쪽으로 진나라와 거래하려고 했다[購]⁴⁾. 초나라 왕이 이를 듣고 크게 노해 (유세객) 진진(陳軫)을 불러 이를 알렸다. 진진이 말했다.

"진나라가 초나라를 치려고 한 것이 오래되었는데 지금 다시 한나라의 이름 있는 도시 하나를 얻어 무장을 갖추고 진나라와 한나라가 병력을 합쳐서 초나라를 친다면, 이는 진나라가 간절히 기도하며 바라던 바입니다. 지금 이미 그것을 얻었으니, 초나라는 반드시 정벌군을 맞게 될 것입니다. 왕께서는 신의 말을 들으시어, 사방 국경을 경계시키고 군사를 일으켜서 한나라를 구원한다고 선포하시고 명을 내려 전차로 도로를 가득 채운 뒤에, 믿을 만한 사신을 보내시되 많은 수레와 넉넉한 예물을 딸려 보내 왕으로 하여금 자기를 구원하려 한다는 것을 믿게 하십시오. 설사[縱] 한나라가 우리 말을 듣지 않는다 하더라도, 한나라는 반드시 왕께 덕을 입었다고 생각하기 때문에 반드시 진나라와 한마음이 되어[鴈行] 함께 오지는 않을 것입니다. 이는 진나라와 한나라가 화합하지 못하는 것이니, 비록 군대가 온다 해도 초나라는 크게 걱정할 것이 없습니다.

제 말씀을 들어 (한나라가) 진나라와의 우호 관계를 끊는다면 진나라는 반드시 크게 노해 한나라를 크게 원망할 것입니다. 한나라가 남쪽으로 초나라와 친교를 맺으면 반드시 진나라를 가벼이 여길 것이고, 진나라를 가벼이 여기면 진나라에 대한 응대도 반드시 불경스러워질 것이니, 이는 진나라와 한나라의 군대를 이용해 초나라의 근심을 면하는 방도입니다."

초나라 왕이 말했다.

"좋다."

마침내 사방 국경 안쪽을 경계시키고 군사를 일으켜서 한나라를 구원한다고 말했다. 전차를 도로에 가득 채우도록 명한 뒤에 믿을 만한 신하를 사신으로 보냈는데, 많은 수레와 넉넉한 예물을 딸려 보내면서 한나라 왕에게 일러 말했다.

"불곡(不穀)[5]의 나라가 비록 작지만 이미 전군을 일으켰으니, 바라건대 큰 나라(-한나라)가 끝내 진나라에 대해 뜻을 펼치신다면 불곡은 장차 한나라를 위해 목숨을 바치겠습니다[殉(순)=從死(종사)]."

한나라 왕이 이를 듣고 크게 기뻐하며 공중의 진나라 행차를 중지시키자 공중이 말했다.

"안 됩니다. 무릇 실제로 우리를 치는 자는 진나라이고, 헛된 명분으로 우리를 구원하겠다는 자는 초나라입니다. 왕께서 초나라의 헛된 명분만 믿어서 강한 진나라와의 관계를 가볍게 끊고 적으로 만든다면 왕께서는 틀림없이 천하의 큰 웃음거리가 될 것입니다. 또한 초나라와 한나라는 형제의 나라도 아니며, 평소 약속을 하거나 모의해 진나라를 치려는 것도 아닙니다. 이미 (진나라와 한나라가 초나라를) 치려는 형세가 있으니까 그 때문에 군사를 징발해 한나라를 구원하겠다는 것이니, 이는 분명 진진의 모책입니다. 또 왕께서 이미 사람을 보내기로 진나라에 알려놓고서는 지금 가시지 않는다면, 이는 진나라를 속이는 것입니다. 무릇 강한 진나라를 가벼이 속이고 초나라 모신(謀臣)의 말을 믿는다면, 왕께서 후회하시게 될까 두렵습니다."

한나라 왕이 듣지 않고 드디어 진나라와의 관계를 끊었다. 진나라가 이로 인해 크게 노해 군대를 증강해서 한나라를 치니, 큰 싸움이 벌어졌으나 초나라 구원병은 한나라에 오지 않았다.

19년에 (진나라가) 안문(岸門)[6]에서 우리를 대파했다. 태자 창(倉)이 진나라에 인질이 되어 강화를 맺었다.

1) 【색은(索隱)】 수(鯫)와 신차(申差)는 두 장수의 이름이다. 鯫의 발음은 수(瘦)인데, 판본에 따라 경(鯁)으로 되어 있다. 【정의(正義)】 살펴보건대, 탁택은 잘못인

듯하니 마땅히 관택(觀澤)이어야 한다.

2) 【색은(索隱)】 한나라 상국으로, 이름은 치(侈)다.

3) 【색은(索隱)】 하나란 이름 있는 도시를 말하고, 둘이란 한나라를 치지 않게 하는 것과 또 함께 초나라를 치는 것을 말한다.

4) 【색은(索隱)】 『전국책(戰國策)』에는 강(講)으로 되어 있다. 강(講)이란 모의(謀議)이니, 구구(購求-구매)와 뜻이 통한다.

5) 불곡은 과인(寡人)이나 고(孤)와 마찬가지로 제후가 스스로를 칭하는 말이다.

6) 【집해(集解)】 서광(徐廣)이 말했다. "영음(潁陰)에 안정(岸亭)이 있다."

21년에 진나라와 함께 초나라를 공격해서 초나라 장수 굴개(屈丏)를 쳐부수고 단양(丹陽)[1]에서 8만 명을 목 베었다. 이해에 선혜왕이 졸하자 태자 창(倉)이 세워지니, 이 사람이 양왕(襄王)이다.

1) 【색은(索隱)】 초나라의 옛 도읍이다.

양왕 4년에 진나라 무왕(武王)과 임진(臨晉)에서 회동했다. 그해 가을에 진나라가 감무(甘茂)로 하여금 우리 의양(宜陽)을 공격하게 했다.

5년에 진나라가 우리 의양을 뽑아버리고 6만 명을 목 베었다. 진(秦)나라 무왕(武王)이 졸했다.

6년에 진나라가 우리 땅 무수(武遂)를 돌려주었다.

9년에 진나라가 우리 땅 무수를 다시 차지했다.

10년에 태자 영(嬰)이 진나라에 조회하고 돌아왔다[1].

11년에 진나라가 우리를 쳐서 양읍(穰邑)[2]을 차지했다. 진나라와 함께 초나라를 쳐서 초나라 장수 당매(唐昧)를 쳐부수었다.

1) 【집해(集解)】 서광(徐廣)이 말했다. "진나라와 임진(臨晉)에서 회동한 뒤 그 참에

함양에 이르렀다가 돌아왔다."

2) **【정의(正義)】** 원래 초나라 별읍이었다. 진나라가 처음 초나라를 침공했을 때 공자 회(悝)를 봉해 양후(穰侯)로 삼았다. 뒤에 한나라에 속했는데 진(秦) 소왕(昭王)이 그곳을 차지했다.

12년에 태자 영(嬰)이 죽자, 공자 구(咎)와 공자 기슬(蟣蝨)이 서로 태자 자리를 놓고 다투었다. 이때 기슬이 초나라에 인질로 가 있었다. 소대(蘇代)가 한구(韓咎)에게 일러 말했다.

"기슬은 초나라에 도망가 있고, 초나라 왕은 몹시 그를 한나라로 돌려보내고 싶어 합니다. 지금 초나라 군대 10여만 명이 방성(方城) 밖에 있는데[1], 공은 어째서 초왕에게 옹지(雍氏) 옆에 만호의 도성을 지으라고 하지 않습니까? 그러면 한나라는 반드시 군사를 일으켜서 옹지를 구원하려 들 것이고, 공은 분명 장수가 될 것입니다. 공이 한나라와 초나라 군대를 이용해서 기슬을 받들어 그를 맞아들이면, 그는 반드시 공의 말을 들을 것이고 초나라와 한나라도 분명 공을 봉해줄 것입니다."

한구가 그 계책을 따랐다.

1) **【색은(索隱)】** 방성은 초나라 북쪽 변경이다. 밖이란 북쪽 경계 북쪽을 말한다.

초나라가 옹지를 에워싸자, 한나라는 진나라에 구원을 청했다. 진나라가 출병하지 않자, 공손매(公孫昧)로 하여금 한나라에 들어오게 했다. 공중이 말했다.

"그대가 생각건대 진나라가 장차 한나라를 구원할 것 같습니까?"

(공손매가) 대답해 말했다.

"진나라 왕께서 말씀하시기를 '남정(南鄭)과 남전(藍田) 길로 초나라를 향해 출병하여 그곳에서 그대를 기다리겠다'라고 하셨지만, 아마도 말과 행

동이 합치할 것 같지는 않습니다."

공중이 말했다.

"그대는 과연 그럴 것이라고 보시는군요?"

대답해 말했다.

"진나라 왕은 반드시 장의의 낡은 지략[故智]을 그대로 이어받을 것입니다[祖=述]1). 초나라 위왕(威王)이 양(梁)나라를 공격했을 때 장의가 진나라 왕에게 일러 말하기를 '초나라와 함께 위나라를 공격하면 위나라는 몸을 굽혀 초나라에 들어갈 것이고 한나라는 본래 위나라와 동맹이니, 이렇게 되면 진나라는 고립될 것입니다. 군대를 보내 기만하는 것[到=欺]만 못하니, (이렇게 되면) 위나라와 초나라가 크게 싸울 것이고 그 틈에 진나라는 서하(西河) 밖의 땅을 차지하고 돌아오게 됩니다'라고 했습니다.

지금 상황은 진나라가 겉으로는[陽] 한나라와 함께한다고 말하지만, 실상은 암암리에[陰] 초나라와 친하려는 것이니, 공은 진나라를 기다렸다가 그들이 오면 반드시 초나라와 가볍게 싸우십시오. 초나라는 진나라 군대가 그대에게 소용없다는 것을 암암리에 알고는 반드시 쉽게 공과 맞서게 될 것입니다[相支=相拒].

공이 싸워서 초나라를 이긴다 해도 결국은 (진나라가) 공과 함께 초나라를 부리면서 삼천(三川)에서 위세를 부리다가[弛] 돌아갈 것이요2), 공이 싸워서 초나라를 이기지 못한다면 초나라가 삼천에 요새를 구축하고 지키게 되어 공은 구원하지 못할 것입니다. 남몰래 공을 위해 이를 근심합니다. 사마경(司馬庚-진나라 사자)이 세 차례나 영(郢)을 드나들고 감무(甘茂)와 소어(昭魚)3)가 상(商)과 오(於)에서 만나 말로는 관직 인장[璽]을 거둔다고 했지만, 실제로는 어떤 밀약이 있었던 것 같습니다."

공중이 두려워하며 말했다.

"그렇다면 어찌해야 합니까?"

"공께서는 반드시 한나라를 먼저 생각하고 진나라는 뒤로해야 하며, 당신 몸을 먼저 생각하고 장의는 뒤로해야 할 것입니다. 공께서는 서둘러 나라를 제나라·초나라와 연합하는 것이 가장 나으니, 그렇게 되면 제나라와 초나라는 반드시 공에게 나라를 맡길 것입니다. 공께서 미워하는 것은 장의의 계책이지만, 그러나 실제적으로는 오히려 진나라를 무시할 수는 없을 것입니다."

이에 초나라는 옹지의 포위를 풀었다.

1) 【집해(集解)】 서광(徐廣)이 말했다. "조(祖)란 으뜸으로 삼아서 배워 익힌다는 뜻이다. 고지(故智)란 옛날의 모책이다."

2) 【정의(正義)】 삼천은 주나라 천자의 도읍이다. 천자의 도읍에까지 와서 한나라를 구원한 공로를 과시하고 패왕의 행적을 보인 다음에 함양으로 돌아갈 것이라는 말이다.

3) 【집해(集解)】 서광(徐廣)이 말했다. "초나라 상국이다."

소대(蘇代)가 또 진(秦)나라 태후(太后)의 동생 미융(羋戎)[1]에게 일러 말했다.

"공숙(公叔) 백영(伯嬰)[2]은 진나라와 초나라가 기슬을 귀국시키려는 것을 두려워하는데, 공께서는 어째서 한나라를 위해 초나라에 인질(-기슬)을 (한으로) 돌려보내라고 요구하지 않습니까?

초나라 왕이 인질을 한나라로 돌려보낸다고 하더라도, 공숙 백영은 진나라와 초나라가 기슬의 일에는 관심이 없다는 것을 알고 있기에 반드시 한나라를 진나라·초나라와 연합하려 할 것입니다. 진나라와 초나라가 한나라를 끼고서 위나라를 곤궁한 처지에 몰아넣게 되면 위나라는 감히 제나라와 연합하지 못할 것이며, 이렇게 되면 제나라는 고립될 것입니다.

공께서 또 진나라를 위해 초나라에 인질을 요구하신다면 초나라는 들어줄 수가 없어서 한나라와 원한을 맺게 되고, 한나라가 제나라와 위나라를 끼고서 초나라를 포위하면 초나라는 반드시 공을 중시하게 될 것입니다. 진나라와 초나라가 중시하는 공께서 이들을 끼고 한나라에 덕을 베푸신다면 공숙 백영은 틀림없이 나라를 들어 공을 대우할 것입니다."

이에 기슬은 끝내 한나라로 돌아올 수 없었고, 한나라는 구(咎)를 세워 태자로 삼았다. 제나라 왕과 위나라 왕이 (한나라를 방문하러) 왔다.

1) 【집해(集解)】 서광(徐廣)이 말했다. "칭호는 신성군(新城君)이다."

2) 【색은(索隱)】 곧 태자 영(嬰)이다. 그런데 태자 영은 그전에 죽었으므로 왕위쟁탈
   전은 구와 기슬 사이에 일어난 것이었다. 이하는 일이 뒤엉켜 있다.

14년에 제나라·위나라 왕과 함께 진나라를 공격해 함곡관에 이르러 군대를 주둔시켰다.

16년에 진나라가 우리 하외(河外)와 무수(武遂) 땅을 돌려주었다. 양왕이 졸하자 태자 구(咎)가 세워지니, 이 사람이 희왕(釐王)이다.

희왕 3년에 공손희(公孫喜)로 하여금 주나라와 위나라 군대를 거느리고 진나라를 공격하게 했다. 진나라가 우리 24만 군대를 패배시키고 이궐(伊闕 -산)에서 공손희를 포로로 잡았다.

5년에 진나라가 우리 원(宛) 땅을 뽑아버렸다.

6년에 진나라에 무수 땅 200리를 주었다.

10년에 진나라가 하산(夏山)에서 우리 군대를 패배시켰다.

12년에 진나라 소왕(昭王)과 서주(西周)에서 회맹한 뒤 진나라를 도와 제나라를 공격했다. 제나라가 패했고, 민왕(湣王)은 나라 밖으로 도망쳤다.

14년에 진나라와 동주, 서주 사이에서 회맹했다.

21년에 폭연(暴鳶)[1]으로 하여금 위나라를 구원하게 했으나 진나라에 패하고 연(鳶)은 개봉(開封)으로 도망쳤다.

1) **【정의(正義)】** 鳶은 발음이 연(捐)이다. 한나라 장군의 성명이다.

    23년에 조나라와 위나라가 우리 화양(華陽)[1]을 공격했다. 한나라가 진나라에 위급함을 알렸으나 진나라가 구원하지 않았다. 한나라 상국이 진서(陳筮)[2]에게 일러 말했다.

    "일이 급하니, 바라건대 공이 비록 병이 있기는 하지만 밤을 새워서라도 (진나라에) 한 번 다녀오셔야겠습니다."

    진서가 (진나라) 양후(穰侯-위염)를 만났다. 양후가 말했다.

    "일이 급한가 봅니다? 그러니 공께서 오게 된 것이겠지요."

    진서가 말했다.

    "급하지 않습니다."

    양후가 화를 내며 말했다.

    "이러고도 공이 주군의 사신이라 할 수 있겠소? 무릇 관과 수레 덮개가 서로 닿을 정도로 한나라 사신의 왕래가 빈번했던 것은 우리나라[敝邑]에 다급함을 알리려고 그런 것이었는데, 공이 와서는 다급하지 않다고 하니 무슨 말이오?"

    진서가 말했다.

    "저희 한나라가 정말로 다급하다면 장차 생각을 바꿔 다른 나라에 의지하면 됩니다. 다급하지 않기 때문에 이렇게 다시 온 것일 뿐입니다."

    이에 양후가 말했다.

    "공은 우리 왕을 만나지 마시오. 내가 지금 군대를 일으켜서 한나라를 구원해야 한다고 청하겠소."

    (진나라 군대가) 8일 만에 와서 조나라와 위나라를 화양산 아래에서 물리쳤다. 이해에 희왕이 졸하고 아들 환혜왕(桓惠王)이 세워졌다.

1) **【정의(正義)】** 사마표(司馬彪)가 말했다. "화양은 산 이름으로, 밀현(密縣)에 있다."

2) 【집해(集解)】 서광(徐廣)이 말했다. "판본에 따라 전(筌)으로 되어 있다." 【색은(索隱)】
『전국책(戰國策)』에는 전도(田荼)라고 되어 있다.

환혜왕 원년에 연(燕)나라를 쳤다.

9년에 진나라가 우리 형(陘) 땅을 뽑아버리고 분수(汾水) 가에 성을 쌓
았다.

10년에 진나라 태항산(太行山)에서 우리를 공격하니, 우리 상당군(上黨
郡)의 군수가 상당군을 들어 조나라에 항복했다.

14년에 진나라가 조나라 상당을 뽑아버리고 장평(長平)에서 마복자(馬服
子) 병졸 40만여 명을 죽였다.

17년에 진나라가 우리 양성(陽城)과 부서(負黍)를 뽑아버렸다.

22년에 진나라 소왕(昭王)이 졸했다.

24년에 진나라가 우리 성고(城皋)와 형양(滎陽)을 뽑아버렸다.

26년에 진나라가 우리 상당을 모두 뽑아버렸다.

29년에 진나라가 우리의 13개 성을 뽑아버렸다

34년에 환혜왕이 졸하자 아들 왕안(王安)이 세워졌다.

왕안 5년에 진나라가 한나라를 공격하자 한나라가 다급해서 한비(韓非)
를 진나라에 사신으로 보냈는데, 진나라가 한비를 억류했다가 그 참에 죽
였다.

9년에 진나라가 안왕을 사로잡고 그 땅을 전부 편입시켜 영천군(潁川郡)
으로 삼았다. 한나라는 드디어 망했다[1].

1) 【정의(正義)】 진시황제 17년의 일이다.

태사공(太史公)이 말한다.

"한궐(韓厥)이 진(晉)나라 경공(景公)을 감동시켜 조씨 고아 조무(趙武)로 하여금 조씨의 제사를 잇게 함으로써 정영(程嬰)과 공손저구(公孫杵臼)의 의로움이 이뤄졌으니, 이것이 천하에서 말하는 음덕(陰德)이다. 한씨의 공로가 진(晉)나라에서는 그다지 큰 것을 볼 수가 없었으나 조나라, 위나라와 더불어 끝내 10여 대에 걸쳐 제후가 될 수 있었던 것은 마땅하도다[宜乎哉]!"[1]

1) 【색은술찬(索隱述贊)】 한씨의 선조[韓氏之先]/실로 주나라 무왕으로부터 비롯되었다네[實宗周武]/처음에 일은 미미하고 나라는 작아[事微國小]/『춘추』에도 아무런 언급이 없었구나[春秋無語]/후예들은 진나라 섬겼으니[後裔事晉]/한원이 바로 그곳이었도다[韓原是處]/조씨 고아 능히 세워주었고[趙孤克立]/지백 땅도 차지했다네[智伯可取]/이미 평양으로 도읍 옮기고[旣徙平陽]/또 부서를 침략했도다[又侵負黍]/위나라, 조나라와 함께 제후 반열에 올랐고[景趙俱侯]/선혜왕은 왕을 참칭 했다네[惠文僭主]/진나라가 수어에서 우리를 꺾었고[秦敗脩魚]/위나라와 구서에서 회동했네[魏會區鼠]/한비자 사신으로 보내보았으나[韓非雖使]/이리 호랑이 같은 진나라를 막아낼 수 없었도다[不禁狼虎]!

권46

전경중완세가(田敬仲完世家) 제16

권46 전경중완세가(田敬仲完世家) 제16

진완(陳完)은 진(陳)나라 여공(厲公) 타(他)의 아들이다[1]. 완이 태어날 때 주(周)나라 태사(太史)가 진(陳)나라를 지나갔는데, 진나라 여공이 완에 대해 점을 치게 했더니 '관괘(觀卦, ䷓)'에서 '비괘(否卦, ䷋)'로 넘어가는[之] 점괘를 얻었다.

"이는 나라의 빛남[國之光]을 지켜보는 것이니, 왕에게 손님 대접을 받는 것이 이롭다는 괘입니다[2]. 그가 진씨를 대신해 나라를 소유하게 되든가, 이 곳이 아니면 다른 나라에 있게 되든가, 그 자신이 아니면 그 자손에게 이런 일이 있게 될 것입니다. 만일 다른 나라에 있게 된다면 반드시 강성(姜姓)일 터이니, 강성은 (요임금 때) 사악(四嶽)의 후손입니다. 일이란 동시에 두 가지가 커질 수는 없으니, 진나라가 쇠퇴한 다음이라야 이 사람이 창성할 수 있을 것입니다."

---

1) 【색은(索隱)】『좌전(左傳)』에 따르면 여공의 이름은 약(躍)이다. 대개 타는 여공의 형이니, 여기서 여공 타라고 한 것은 잘못이다.

2) 관괘 밑에서 네 번째 음효에 대한 풀이다.

여공(厲公)은 진(陳) 문공(文公)의 작은아들로, 그 어머니는 채(蔡)나라 여자다. 문공이 졸하고 여공의 형 포(鮑)가 세워졌으니, 이 사람이 환공(桓公)이다. 환공과 타는 어머니가 다르다.

환공이 병들자, 채나라 사람들은 타를 위해 환공 포와 태자 면(免)을 죽이고 타를 세웠으니, 이 사람이 여공이다. 여공은 자리에 오르고 나서 채나라 여자를 아내로 삼았다. 채나라 여자가 채나라 사람들과 음란한 짓을 저지르자 여러 차례 돌려보냈고 여공 또한 여러 차례 채나라에 갔다. 환공의 작은아들 림(林)은 여공이 자기 아버지와 형을 죽인 것에 대해 원한을 품고 있었기 때문에 마침내 채나라 사람을 시켜 여공을 유인해서 죽였다. 림이 스스로를 세우니, 이 사람이 장공(莊公)이다. 그래서 진완은 세워지지 못하고 진나라 대부가 되었다. 여공이 죽게 된 것은 부인의 음란한 일로 인해 나라를 나간 때문이었으니, 이 때문에 (공자는) 『춘추(春秋)』에서 "채나라 사람들이 진타(陳佗)를 죽였다"라고 기록해 여공에게 책임을 물었다[1].

1) 시호가 아니라 이름을 불렀다는 것이 바로 그에게 책임을 돌린 것이다.

장공이 졸하자 동생 저구(杵臼)를 세우니 이 사람이 선공(宣公)이다. 선공 21년에 태자 어구(禦寇)를 죽였다. 어구가 완(完)과 서로 좋아했기에 완은 화가 자기에게 미칠 것을 두려워해 제나라로 달아났고, 제나라 환공이 경(卿)으로 삼으려 하자 사양하며 말했다.

"떠도는 신하[羈旅之臣]가 요행히 큰 부담[負檐=負擔]을 덜 수 있었던 것도 임금의 은혜인데, 감히 고위직을 감당할 수는 없습니다."

환공이 그를 공정(工正-장인 관리 담당)[1]으로 삼았다. 제나라 (대부) 의중(懿仲)이 완을 사위로 삼고 싶어 점을 치니 이런 점괘가 나왔다.

"봉황이 나는 듯하고 조화로운 울음소리가 쟁쟁하다[鏘鏘]. 유규씨(有嬀氏) 후손으로 장차 강씨(姜氏) 나라에서 성장하게 되어, 5세가 지나면 창성하고 아울러 정경(正卿)에 오를 것이며, 8세 이후에는 그보다 큰 지위가 없을 것이다."

결국 완을 사위로 삼았다. 완이 제나라로 달아났을 때는 제나라 환공이 세워진 지 14년째였다.

1) 【정의(正義)】 공교(工巧)의 수장이니, 장작대장(將作大匠)과 같다.

완이 졸하자 시호를 경중(敬仲)이라고 했는데, 경중이 치맹이(穉孟夷)[1]를 낳았다. 경중은 제나라에 가서 진(陳)이라는 성을 전씨(田氏)로 바꾸었다[2].

1) 【색은(索隱)】 『계본(系本)』에는 이맹사(夷孟思)로 되어 있다. 대개 치는 이름이고 맹이는 자(字)다.

2) 【정의(正義)】 살펴보건대, 경중은 제나라로 달아난 뒤로는 더는 본국에서의 칭호로 불리고 싶지 않아 진씨를 전씨로 바꾼 것이다.

전치맹이(田穉孟夷)는 민맹장(湣孟莊)을 낳았고, 전민맹장은 문자수무(文子須無)를 낳았다.

전문자(田文子)는 제(齊) 장공(莊公)을 섬겼다.

진(晉)나라 대부 난영(欒逞)이 진나라에서 난을 일으키고 제나라로 도망쳐 오자 제나라 장공이 그를 두텁게 빈객으로 예우했다. 안영(晏嬰)과 전문자가 (그래서는 안 된다고) 간언했으나 장공은 들어주지 않았다[弗聽=不從].

문자가 졸했는데 환자무우(桓子無宇)가 아들이다. 전환자무우는 힘이 셌고 제나라 장공을 섬겨 큰 총애를 받았다.

무우가 졸했는데, 무자개(武子開)와 희자걸(釐子乞)이 아들이다. 전희자걸은 제나라 경공을 섬겨 대부가 되었는데 그는 백성에게 부세를 거둘 때는 작은 말로 받고 백성에게 곡식을 내줄 때는 큰 말로 줌으로써 백성에게 음덕을 베풀었건만, 경공은 그것을 금하지 않았다. 이로 말미암아 전씨는 제나라 백성의 마음을 얻게 되었으니, 종족은 더욱 강해졌고 백성은 전씨를 사모하게 되었다. 안자(晏子-안영)가 여러 차례 경공에게 간언했으나 경공은 들어주지 않았다. 얼마 후에 안자가 진(晉)나라에 사신으로 가게 되었는데, 그때 숙향(叔向)과 남몰래 이야기하며 이렇게 말했다.

"제나라 정사는 아마도 결국은 전씨에게 돌아갈 것이오."

안영이 졸한 후에 범씨(范氏)와 중항씨(中行氏)가 진나라에 반기를 들었다. 진나라가 급히 그들을 공격하자 범씨와 중항씨는 제나라에 곡식을 청했다. 전걸(田乞)이 난을 일으키고자 하여 제후 사이에 자기 당여를 심고서[樹黨] 마침내 경공에게 유세해 말했다.

"범씨와 중항씨는 제나라에 여러 차례 은혜를 베풀었으니, 제나라로서는 구원하지 않을 수 없습니다."

제나라는 전걸을 보내 그들을 구원하고 식량을 보내주었다.

경공의 태자가 죽었고, 뒤에 예자(芮子)[1]라는 후궁이 총애를 받아 아들 도(荼)를 낳았다. 경공은 병이 들자, 상국 국혜자(國惠子)[2]와 고소자(高昭子)[3]에게 명해 아들 도를 태자로 삼게 했다. 그래서 경공이 졸하자 두 상국 고와 국이 도를 세우니 이 사람이 안유자(晏孺子)다. 그런데 전걸은 경공의 다른 아들 양생(陽生)을 세우려 했기 때문에 이를 불쾌하게 여겼다. 양생은 평소 걸과 사이가 좋았다[歡=善]. 안유자가 세워지자, 양생은 노나라로 달아났다. 전걸은 거짓으로 고소자, 국혜자를 섬기면서 조회할 때마다 수레의 곁마[參乘=驂乘]를 타고서 이렇게 말했다.

"애초에 여러 대부는 유자(孺子)를 세우고 싶어 하지 않았습니다. 유자가 이미 세워지고 그대들이 상국이 되었으니, 대부들은 모두 스스로를 위태롭게 여겨 반란을 일으키려고 모의하고 있습니다."

또 대부들을 속여[紿=欺] 이렇게 말했다.

"고소자는 두려워할 만하니, 그가 아직 움직이기 전에 선수를 쳐야 하오."

여러 대부가 그를 따랐다. 전걸과 포목(鮑牧)이 대부들과 함께 군대를 거느리고 공실(公室)로 들어가서 고소자를 공격했다. 소자가 이를 듣고 국혜자와 함께 공을 구원했으나 공의 군대가 패배했다. 전걸의 무리가 국혜자를 추격하자 혜자는 거(莒)나라로 달아났고, 드디어 돌아와서 고소자를 죽였다. 안어(晏圉-안영의 아들)는 노나라로 달아났다.

1) 【집해(集解)】 서광(徐廣)이 말했다. "판본에 따라 죽자(粥子)로 되어 있다."
2) 【색은(索隱)】 이름은 하(夏)다.
3) 【색은(索隱)】 이름은 장(張)이다.

전걸이 사람을 노나라로 보내 양생(陽生)을 맞이해 왔다. 양생이 제나라에 와서 전걸의 집에 숨었다. (전걸이) 여러 대부를 청해 말했다.

"전상(田常)의 어미가 물고기와 나물로 제사 음식을 만들었으니, 오셔서 함께 드시면 좋겠습니다."

전씨의 집에 모여서 먹고 마시는데, 전걸은 양생을 자루[橐] 안에 넣어 자리 한가운데 두었다가 자루를 열어 양생을 꺼내면서 말했다.

"이분이 바로 제나라 임금이십니다!"

대부들이 모두 엎드려 조아렸다. 맹세하고 양생을 옹립하려는데, 전걸이 속임수를 쓰며 말했다.

"나는 포목과 함께 공동으로 양생을 세우기로 모의했소."

포목이 화를 내며 말했다.

"대부께서는 경공의 명을 잊었소?"

다른 대부들이 후회하는 듯하자, 양생이 마침내 머리를 조아리며 말했다.

"세울 만하면 세우고, 그렇지 못하면 그만두시오!"

포목은 화가 자신에게 미칠까 두려워서 마침내 다시 말했다.

"다 같은 경공의 아들인데 누군들 안 되겠습니까!"

드디어 전걸의 집에서 양생을 세우니, 이 사람이 도공(悼公)이다. 곧바로 사람을 시켜 안유자 도를 (제나라 땅) 태(駘)로 옮겼다가 죽였다. 도공이 세워지고 나자, 전걸은 재상이 되어 제나라 정권을 마음대로 휘둘렀다[專=擅].

4년에 전걸이 졸하자 아들 상(常)이 뒤를 이었으니, 이 사람이 전성자(田成子)다.

포목이 제나라 도공과 틈이 생겨[有郤=有隙] 도공을 시해했다. 제나라 사람들이 함께 아들 임(壬)을 세우니, 이 사람이 간공(簡公)이다. 전상성자(田常成子)와 감지(監止)[1]가 좌상과 우상이 되어 간공을 보좌했는데, 전상은 마음속으로 감지를 미워했지만 감지가 간공에게 총애를 받고 있어 권력을 빼앗을 수 없었다. 이에 전상이 다시 희자(釐子)의 정략을 써서 큰 말로 곡식을 빌려주고 작은 말로 거둬들이니, 제나라 사람들이 노래를 지어 불렀다.

"할머니가 뜯어온 나물들[芑]은 전성자에게 돌아가리라![2]"

제나라 대부들이 조회할 때 어앙(御鞅)[3]이 간공에게 간언해 말했다.

"전성자와 감지는 함께 두어서는 안 되니, 임금께서는 이에 한 사람을 골라야 할 것입니다."

임금은 들어주지 않았다.

---

1) 【집해(集解)】 판본에 따라 감(監)이 감(闞)으로 되어 있다.

2) 【색은(索隱)】 제나라 정권이 장차 진씨(陳氏)에게 돌아갈 것임을 풍자한 것이다.

3) 【색은(索隱)】 어(御)는 관직이고, 앙(鞅)은 이름이다. 그 또한 전씨(田氏) 일족
   이다.

　　자아(子我)라는 사람은 감지의 종족[宗人]으로[1], 늘 전씨와 틈이 있었
다. 전성자의 먼 친척[疏族] 전표(田豹)가 자아를 섬겨 총애를 받았다. 자아
가 말했다.

　　"내가 전씨의 직계 자손들을 모조리 없앨 것이니, 전표 그대가 전씨 종
가를 대신하라."

　　전표가 말했다.

　　"신은 전씨와 소원합니다."

　　(자아의 말을) 듣지 않았다. 얼마 후에 전표가 전씨에게 일러 말했다.

　　"자아가 장차 전씨를 주살하려 하니, 전씨가 먼저 손쓰지 않으면 화가
미칠 것입니다."

　　자아가 (간공의) 공궁(公宮)에 있을 때 전상의 형제 네 사람이 궁중으로
수레를 몰고 들어가서 자아를 죽이려 하니, 자아가 공궁의 문을 닫았다. 간
공이 부인과 단대(檀臺)에서 술을 마시고 있다가 장차 전상을 공격하려 하
자, 태사 자여(子餘)가 말했다.

　　"전상은 감히 난을 일으키지 못합니다. 장차 (나라를 위해) 해악을 제거
하려는 것입니다."

　　간공이 마침내 그만두었다. 전상은 궁문을 나왔다가 간공이 화가 났다
는 이야기를 듣고는 죽을까 두려워서 장차 도망치려 했는데, 전자행(田子
行)이 말했다.

　　"머뭇거림[需]은 일을 망치는 짓입니다."

　　전상이 이에 자아를 공격했다. 자아도 그 무리를 이끌고 전씨를 공격했
으나 이기지 못하자 도성을 나가 달아나니, 전씨의 무리가 쫓아가서 자아와
감지를 죽였다.

1) **【색은(索隱)】** 가규(賈逵)가 말하기를 "자아는 곧 감지"라고 했는데, 문장 뜻을 살펴볼 때 마땅히 자아는 감지가 되어야 한다. 지금 종인(宗人-촌수가 먼 일족)이라고 한 것은 아마도 사마천의 잘못인 듯하다.

간공이 달아나자, 전씨의 무리는 서주(徐州)[1]까지 쫓아가 간공을 붙잡았다.

간공이 말했다.

"일찍이 어앙의 말을 들었더라면 이런 재난에 이르지 않았을 것을!"

전씨의 무리는 간공이 다시 세워질 경우 자기들을 죽일까 두려워서 결국 간공을 죽였다. 간공은 세워진 지 4년 만에 살해되었다. 이어 전상은 간공의 동생 오(驁)를 세우니, 이 사람이 평공(平公)이다. 평공이 자리에 나아가자, 전상은 재상이 되었다.

1) **【색은(索隱)】** 서주는 제나라 읍으로, 설현(薛縣)이 이곳이다. 구주(九州)의 서주가 아니다.

간공을 이미 죽이고 나자, 전상은 제후들이 함께 모의해 자신을 죽일까 두려워서, 마침내 노나라와 위(衛)나라로부터 빼앗은 땅을 전부 돌려주었고 서쪽으로 진(晉)·한(韓)·위(魏)·조(趙) 나라와 맹약을 맺고 남쪽으로 오(吳)·월(越) 나라에 사신을 보내 통교했으며 공로에 따라 상을 내려주고 [脩功行賞=論功行賞] 백성을 가까이하니 이로 인해 제나라는 다시 안정되었다.

전상이 제나라 평공(平公)에게 말했다.

"덕을 베푸는 것은 사람이라면 누구나 하고 싶어 하는 일이니, 임금께서 그것을 행하십시오. 형벌을 시행하는 것은 사람이라면 누구나 싫어하는 것이니, 청컨대 신이 시행하겠습니다."

이렇게 5년을 행하자, 제나라 정권이 모두 전상에게 돌아갔다. 전상이 이에 포(鮑)·안(晏)·감지(監止), 공족들 가운데 강한 자들을 모두 주살한 뒤 제나라 안평(安平) 동쪽에서 낭야(郎邪)에 이르는 땅을 떼어내 자기 봉읍으로 삼았다. 그 봉읍이 평공의 식읍[所食=食邑]보다 컸다.

그러고 나서 전상은 제나라 안에서 키가 7자 이상 되는 여자들을 뽑아서 후궁으로 삼았다. 후궁 수가 100여 명에 이르렀는데, 빈객과 사인(舍人)들이 후궁 출입을 금하지 않았다. 전상이 졸했을 때 아들이 70여 명 있었다.[1]

1) 【색은(索隱)】 포욱(鮑昱)은 "진성자는 부인을 수십 명 두었고 아들 100여 명을 낳았다"라고 했으니, 이와는 차이가 있다. 그런데 초윤남(譙尹南-초주)은 『춘추(春秋)』를 살펴본 뒤 이렇게 말했다. "진항(陳恒-전상)의 사람됨은 뜻이 크고 비록 임금을 죽였다는 오명을 짊어졌지만 일을 행함에 있어서는 실로 주도면밀했기에[脩整] 능히 스스로를 지킬 수 있었으니, 진실로 이처럼 금수 같은 짓을 하지는 않았을 것이다. 무릇 일이 이뤄지는 것은 덕(德)에 달렸는데, 만일 간사한 짓으로 낳은 아들이 70명이나 되었다면 단지 어지러움을 더 길게 했을 뿐이다. 일이라는 것이 어찌 그럴 수 있겠는가? 이는 사실이 아니라 하겠다."

전상이 졸하자 아들 양자반(襄子盤)이 대신 세워져서 제나라 재상이 되었다. 전상은 시호를 성자(成子)라 했다.

전양자(田襄子)가 이미 제나라 선공(宣公)의 재상이 되었을 때 삼진(三晉)이 지백(知伯)을 죽이고[1] 그 땅을 나눠 가졌다. 양자는 그 형제 종족들을 모두 제나라 큰 읍의 대부로 삼은 뒤에 삼진과 사신을 통하게 하면서 장차 제나라를 차지하려 했다.

1) 【집해(集解)】 서광(徐廣)이 말했다. "선공 3년 때 일이다."

　　양자가 졸하자 아들 장자(莊子) 백(白)이 세워졌다. 전장자(田莊子)는 제나라 선공(宣公)의 재상이 되었다.

　　선공 43년에 진(晉)나라를 쳐서 황성(黃城)을 무너뜨리고 양호(陽狐)를 에워쌌다.

　　이듬해에 노나라·갈성(葛城)·안릉(安陵)을 쳤다.

　　그 이듬해에는 노나라 성 하나를 차지했다.

　　장자가 졸하고 아들 태공(太公) 화(和)가 세워졌다. 전태공(田太公)은 제나라 선공의 재상이 되었다.

　　선공 48년에 노나라 성(郕) 땅을 차지[1]했다.

　　이듬해에 선공이 정(鄭)나라 사람들과 서성(西城)에서 회맹했다. 위(衛)나라를 쳐서 관구(毌丘)[2]를 차지했다.

　　선공이 51년에 졸하고 전회(田會)가 늠구(廩丘)에서 반란을 일으켰다.

1) 【정의(正義)】『설문(說文)』에 이르기를 "성(郕)은 노나라 맹씨(孟氏)의 읍"이라고 했으니, 바로 이것이다.

2) 【색은(索隱)】 毌의 발음은 (무가 아니라) 관(貫)이다. 옛 나라 이름으로, 위(衛)나라 읍이다. 여기서 毌라고 한 것은 글자 아랫부분이 결락한 것일 뿐이다.

　　선공이 졸하자 아들 강공(康公) 대(貸)가 세워졌는데, 대는 세워지고서 14년 동안 술과 여자에 빠져 정사를 돌보지 않았다. 태공이 마침내 강공을 바닷가로 옮겨서 성 하나를 식읍으로 주고 선조의 제사를 받들게 했다.

이듬해 노나라가 평륙(平陸)에서 제나라를 꺾었다.

3년에 태공이 위(魏)나라 문후(文侯)와 탁택(濁澤)에서 회맹해 제후로 인정해줄 것을 요구했다. 위나라 문후가 마침내 사자를 보내 주나라 천자와 제후들에게 알리면서 제나라 재상 전화(田和)를 세워 제후로 삼을 것을 청했고, 주나라 천자가 허락했다.

강공 19년에 전화가 세워져서 제나라 후가 되어 주나라 왕실의 제후 반열에 올랐으니, 그해를 원년으로 삼았다.

제후(齊侯) 태공(太公) 화(和)가 세워진 지 2년 만에 졸하고 아들 환공(桓公) 오(午)가 세워졌다.

환공 오 5년에 진(秦)나라와 위(魏)나라가 한(韓)나라를 공격하자, 한나라는 제나라에 구원을 청했다. 제나라 환공이 대신들을 불러 모의해 말했다.

"일찍 구원할 것인가, 아니면[孰與=孰若] 늦게 구원할 것인가?"

추기(騶忌)가 말했다.

"구원하지 않는 것이 좋습니다."

단간붕(段干朋)[1]이 말했다.

"구원하지 않으면 한나라는 장차 곧바로 몸을 굽혀 위나라로 편입될 것이니, 구원하는 것이 낫습니다."

전신사(田臣思)[2]가 말했다.

"그대들 모책은 잘못이오. 진나라와 위나라가 한나라를 공격하면 초나라와 조나라가 분명 구원할 것이니, 이는 하늘이 제나라에 연나라를 주는 것입니다."

환공이 말했다.

"좋다!"

마침내 한나라 사자에게 (구원할 것을) 몰래 알려주고 그를 돌려보냈다.

한나라는 스스로 제나라로부터 구원을 받게 되리라 생각해서 그로 인해 진나라·위나라와 싸웠고, 초나라와 조나라가 이를 듣고는 과연 군대를 일으켜 한나라를 구원했다. 제나라는 그 틈에 군대를 일으켜 연나라를 기습해서 상구(桑丘)를 차지했다.

1) 【색은(索隱)】 단간(段干)은 성이고 붕(朋)은 이름이다. 『전국책(戰國策)』에는 단간륜(段干綸)으로 되어 있다.

2) 【색은(索隱)】 『전국책(戰國策)』에는 전기사(田期思)로 되어 있다. 『기년(紀年)』에서는 서주자기(徐州子期)라고 했는데, 아마도 전기(田忌)인 듯하다.

6년에 위(衛)나라를 구원했다. 환공이 졸하자 아들 위왕(威王) 인제(因齊)가 세워졌다. 이해에 옛 제나라 강공이 졸했는데, 후사가 끊어져 없었기에 그의 봉읍은 모두 전씨에게 편입되었다.

제나라 위왕 원년에 삼진(三晉)이 제나라 상사(喪事)를 틈타 우리 영구(靈丘)를 쳤다[1].

3년에 삼진이 진(晉)나라를 멸망시킨 뒤에 그 땅을 나눠 가졌다.

6년에 노나라가 제나라를 쳐서 양관(陽關)에 쳐들어왔다. 진(晉)나라가 우리를 쳐서 박릉(博陵)[2]에 이르렀다.

7년에 위(衛)나라가 우리를 쳐서 설릉(薛陵)을 차지했다.

9년에 조나라가 우리를 쳐서 견(甄)[3]을 차지했다.

1) 【정의(正義)】 영구(靈丘)는 하동(河東) 울주현(蔚州縣)이다. 살펴보건대, 영구는 이때 제나라 땅이었는데 삼진이 상사를 틈타 쳤다.

2) 【정의(正義)】 제주(濟州) 서쪽 변경에 있었다.

3) 【정의(正義)】 곧 복주(濮州) 견성현(甄城縣)이다.

위왕은 처음 자리에 나아간 이래 직접 나라를 다스리지 않고 경대부(卿大夫)에 정사를 맡겼는데, 9년 사이에 제후들이 서로 공격해 나라 사람들이 잘 다스려지지 않았다. 이에 위왕은 즉묵(卽墨-제나라 읍)의 대부를 불러 그에게 말했다.

"그대가 즉묵을 맡고 난 때로부터 헐뜯는 말이 날마다 날아들었다. 그러나 내가 사람을 시켜 즉묵을 살펴보았더니, 밭과 들이 잘 개간되어 백성은 넉넉하고[給] 관청에는 지체되는 일이 없어서 동쪽 지역이 평안해졌다. 이는 그대가 내 측근들을 섬김으로써 칭찬을 구하지 않았기 때문이다."

1만 호를 식읍으로 봉해주었다. (이번에는) 아(阿-제나라 읍)의 대부를 불러 말했다.

"그대가 아읍을 지키고서부터 칭찬하는 소리가 날마다 들려왔다. 그러나 사람을 시켜 아읍을 살펴보았더니 밭과 들이 개간되어 있지 않아서 백성이 가난으로 힘들어하고 있었고, 옛날에 조나라가 견(甄)읍을 공격했을 때는 그대가 구원하지 않았고 위나라가 설릉(薛陵)을 차지했을 때는 그대가 알지 못했다. 이는 그대가 내 측근들에게 뇌물을 두텁게 줌으로써 칭찬을 구했기 때문이다."

바로 그날로 아의 대부를 삶아 죽이고[烹=烹刑], 일찍이 그를 칭찬했던 측근들도 모두 함께 삶아 죽였다.

드디어 군사를 일으켜 서쪽으로 조나라와 위(衛)나라를 쳤으며 탁택(濁澤)에서 위(魏)나라를 쳐부수고 혜왕(惠王)을 에워싸니, 혜왕은 관(觀)읍을 바치면서 강화를 청했고 조나라 사람들은 우리 제나라 장성(長城)을 돌려주었다.

이에 제나라는 위엄을 떨쳐 사람마다 누구도 감히 잘못이 있으면 이를 감추려 하지 않았고 충성을 다하는 데 힘쓰니, 제나라가 크게 잘 다스려졌다[大治]. 제후들이 이를 듣고는 20년 넘게 제나라를 상대로 감히 군대를 일으키지 못했다.

추기자(騶忌子)가 거문고 연주에 뛰어나서 위왕을 알현하니, 위왕이 기뻐하며 그를 오른쪽 방에 두었다. 잠시 후[須臾]에 왕이 거문고를 연주하자, 추기자가 방문을 밀고 들어오면서 말했다.

"거문고 연주가 참으로 좋습니다!"

왕이 기분이 나빠 발끈하다가 거문고를 치우고 검을 쥐고는 말했다.

"선생[夫子]은 내 얼굴만 보았지, 거문고 소리는 제대로 살펴보지도 않았는데, 어떻게 내가 잘 타는지를 아는가?"

추기자가 말했다.

"무릇 대현(大弦)은 소리가 흐리면서도 봄처럼 따스하니[濁以春溫] 임금답고, 소현(小弦)은 소리가 깐깐하고 낭랑해 깨끗하니[廉折以淸] 재상답습니다[1]. 줄을 잡아 줄 때는 깊고 줄을 풀어줄 때는[醳=釋] 느긋한[愉=舒] 것이, 정령(政令)과도 같습니다. 조화를 이뤄 소리를 내니, 대현과 소현이 서로를 더해주고[相益] 소리가 돌고 돌면서도 서로 해치지 않는 것이 사계절과도 같습니다. 저는 이 때문에 왕께서 잘 타신다는 것을 알았습니다."

왕이 말했다.

"소리에 대해 말을 잘하는구나!"

추기자가 말했다.

"어찌 소리에 대해서만 말하겠습니까? 무릇 국가를 다스리고 백성을 편안하게 해주는 것[弭=安]도 다 그 속에 있습니다."

왕이 다시 발끈하며 기분이 나빠져서 말했다.

"무릇 오음(五音-궁상각치우)의 근본에 대해 말한다면 진실로 선생만 한 사람이 없을 것이다. (그러나) 국가를 다스리고 백성을 편안하게 해주는 일이 또 소리와 무슨 관계란 말인가?"

추기자가 말했다.

"무릇 대현(大弦)은 소리가 흐리면서도 봄처럼 따스하니[濁以春溫] 임금답고, 소현(小弦)은 소리가 깐깐하고 낭랑해 깨끗하니[廉折以淸] 재상답습니다. 줄을 잡아 쥘 때는 깊고 줄을 풀어줄 때는 느긋하니, 정령(政令)과도 같습니다. 조화를 이뤄 소리를 내니, 대현과 소현이 서로를 더해주고 소리가 돌고 돌면서도 서로 해치지 않는 것이 사계절과도 같습니다.

무릇 반복하면서도 어지럽지 않은 것은 잘 다스려지기 때문이고, 서로 이어져 있어 빨리 통하는 것은 망하려는 나라를 잘 보존하기 때문입니다. 그래서 거문고 소리가 조화를 이루면 천하가 잘 다스려지는 것입니다. 무릇 국가를 다스리고 백성을 편안하게 하는 것으로는 오음만 한 것이 없습니다."

왕이 말했다.

"좋다!"

1) 【집해(集解)】 금조(琴操)가 말했다. "대현이란 임금을 가리키니 너그럽고 화기가 넘쳐 따스하고[寬和而溫], 소현이란 신하를 가리키니 청렴하면서 어지럽지 않다[淸廉而不亂]." 【색은(索隱)】 채옹(蔡邕)이 말했다. "무릇 현(弦)은 완급을 통해 맑고 흐린 소리를 빚어낸다. 거문고는 그 현을 당기면 소리가 맑고 그 현을 늦추면 소리가 흐려진다."

추기자가 왕을 알현한 지 석 달 만에 재상 인장을 받았다. 순우곤(淳于髡, 기원전 385~305년)1)이 그를 만나서 말했다.

"유세를 잘하시는군요! 곤에게 어리석은 생각이 있는데, 선생 앞에서 한 번 늘어놓고자 합니다."

추기자가 말했다.

"삼가 가르침을 받겠습니다."

순우곤이 말했다.

"온전함을 얻으면 모든 것이 번창할 것이고[得全全昌]2), 온전함을 잃으면 모든 것이 망할 것입니다[失全全亡]."

추기자가 말했다.

"삼가 가르침을 받아, 늘 마음에서 그것이 떠나지 않도록 하겠습니다."

순우곤이 말했다.

"돼지기름을 가시나무로 만든 바퀴 축에 바르는 것[豨膏棘軸]은 축이 잘 돌아가게 하기 위함인데, 구멍을 네모나게 뚫으면 (아무리 기름칠해도) 굴러가게 할 수가 없습니다[3]."

추기자가 말했다.

"삼가 가르침을 받아, 좌우 사람들을 잘 섬기겠습니다."

순우곤이 말했다.

"활을 만들 때 오래된 잘 마른 나무에 아교를 바르는 것[弓膠昔幹][4]은 잘 맞히기 위함인데, 공간이 비고 틈이 생기면 딱 붙일 수가 없습니다."

추기자가 말했다.

"삼가 가르침을 받아, 스스로 만백성과 더 가까워지겠습니다[附=着]."

순우곤이 말했다.

"여우 갖옷이 비록 해졌다고 누런 개가죽으로 기워서는 안 됩니다."

추기자가 말했다.

"삼가 가르침을 받아, 군자다운 사람들을 잘 고르고 그 사이에 소인들이 섞이지 않도록 하겠습니다."

순우곤이 말했다.

"큰 수레도 균형을 잡지 못하면[不較] 평소 싣는 것만큼도 실을 수 없고, 거문고나 비파도 음을 바로잡지 않으면[不較] 오음을 이뤄낼 수 없습니다."

추기자가 말했다.

"삼가 가르침을 받아, 법률을 잘 가다듬고 간사한 관리들을 감독하겠습니다."

순우곤이 이야기를 마친 다음 빠른 걸음으로 나가더니, 문에 이르러 그 하인을 보면서 말했다.

"이 사람은 내가 다섯 가지 미묘한 말[微言]을 했는데도 나에게 대응하는 것이 마치 메아리가 그 소리에 호응하는 것과 같았으니, 머지않아 반드시 봉토를 받게 될 것이다."

1년 뒤에 하비(下邳)를 봉읍으로 받고 성후(成侯)라는 칭호를 받았다.

1) 제나라 직하(稷下) 출신의 변론가다. 학문이 깊었지만 익살과 다변(多辯)으로 더 유명했다. 천한 신분 출신에 몸도 작고 학문도 잡학(雜學)에 지나지 않았지만, 기지가 넘치는 변설로써 제후를 섬겨 사명을 다했고 군주를 풍간(諷諫) 하기도 했다. 대부(大夫)가 되었다. 초나라가 제나라로 쳐들어왔을 때 조나라 병사를 이끌고 이를 구했다. 그의 변론은 『전국책(戰國策)』과 『사기』「골계열전(滑稽列傳)」에 기록되어 있으며, 『맹자(孟子)』「이루장구(離婁章句)」에도 맹자와의 논전이 수록되어 있다.

2) 【색은(索隱)】 득전(得全)이란 신하의 임금 섬기는 예가 온전하게 갖춰져 있으면 예를 잃는 바가 없다는 말이니 그래서 득전(得全)이라고 했다. 전창(全昌)이란 만일 예를 잃는 바가 없으면 몸과 이름이 모두 번창한다는 말이니 그래서 전창(全昌)이라고 했다.

3) 【색은(索隱)】 희고(豨膏)는 돼지기름[豨脂]이다. 극축(棘軸)은 대추나무로 만든 차축인데, 지극히 미끄러우면서도 견고하다. 그런데 구멍을 네모나게 뚫으면 제대로 운행할 수가 없으므로 이는 이치를 어기고 원칙에 반한다는 말이다. 그래서 추기자는 "삼가 좌우 사람들을 잘 섬기겠습니다"라고 말한 것이다.

4) 【집해(集解)】 서광(徐廣)이 말했다. "판본에 따라 간(幹)은 건(乾)으로 되어 있다." 【색은(索隱)】 간(幹)은 활 몸통이다. 활을 만들 때 오래된 잘 마른 나무에 아교를 발라서 도지개[檠] 속에 집어넣는 것을 말한다. 이렇게 하면 잘 맞힐 수 있다.

위왕 23년에 조나라 왕과 평륙(平陸)에서 회동했다.

24년에 위왕(魏王)과 교외에서 사냥했다. 위왕(魏王)이 물었다.

"왕께서도 보기(寶器)를 갖고 계십니까?"

위왕(威王)이 말했다.

"갖고 있지 않습니다."

양왕(梁王-魏王)이 말했다.

"과인처럼 작은 나라에도 오히려 지름이 한 치 되는 진주가 수레 앞뒤에서 비추고 있고 12대 수레에 진주가 10개 있는데, 어찌 만승의 나라에 보기가 없겠습니까?"

위왕이 말했다.

"과인이 보기라고 여기는 것은 왕과는 다릅니다. 제 신하 중에 단자(檀子)[1]라는 사람이 있는데, 그에게 남성(南城)을 지키게 했더니 초나라 사람들이 감히 동쪽으로 쳐들어오지 못했고 사수(泗水) 변 열두 제후가 모두 조회하러 왔습니다. 제 신하 중에 분자(肦子)라는 사람이 있는데, 그에게 고당(高唐)을 지키게 했더니 조나라 사람들이 감히 동쪽으로 황하까지 고기를 잡으러 오지 못했습니다. 우리 관리 중에 검부(黔夫)라는 사람이 있는데, 그에게 서주(徐州)를 지키게 했더니 연나라 사람들은 북문에 제사를 올렸고 조나라 사람들은 서문에 제사를 올렸으며[2] 그를 따라 옮겨 다니는 무리가 7,000여 호가 넘었습니다. 제 신하 중에 종수(種首)라는 사람이 있는데, 그에게 도적을 막게 했더니 길에 물건이 떨어져도 주워 가지 않았습니다. 이들을 이끌어 사방 1,000리를 밝히는데, 어찌 달랑[特] 수레 12대와 비기겠습니까?"

양(梁)나라 혜왕(惠王)이 부끄럽고 불쾌해하면서[不懌=不說] 떠났다.

---

1) 【색은(索隱)】 단자는 제나라 신하다. 단(檀)은 성이고 자(子)는 미칭(美稱)이니, 대부는 모두 자(子)를 미칭으로 썼다. 분자(肦子)는 전분(田肦)이다. (뒤에 나오는) 검부(黔夫)와 종수(種首)도 신하 이름이다. 이 일은 『전국책(戰國策)』에 갖춰져 있다.

2) 【집해(集解)】 가규(賈逵)가 말했다. "제나라의 북문과 서문이다. 이는 곧 연나라와 조나라 사람들이 우리 제나라가 쳐들어올까 두려워서 제사를 지내, 복을 구했다는 말이다."

26년에 위나라 혜왕이 한단(邯鄲)을 에워싸자, 조나라가 제나라에 구원을 청했다. 제나라 위왕이 대신들을 불러서 모의해 말했다.

"구원하는 것이 나은가, 하지 않는 것이 나은가?"

추기자가 말했다.

"구원하지 않는 것이 낫습니다."

단간붕(段干朋)이 말했다.

"구원하지 않는 것은 마땅하지도 않고 이롭지도 않습니다."

위왕이 말했다.

"어째서인가?"

대답해 말했다.

"무릇 위씨(魏氏-위나라)가 한단을 삼킨다면 그것이 우리 제나라에 무슨 이로움이 있겠습니까? 게다가 조나라를 구원해 교외에 군대를 주둔시킨다면 조나라도 공격받지 않게 되겠지만 위나라도 그대로 보전될 것입니다. 따라서 남쪽으로 양릉(襄陵)[1]을 공격해서 위나라를 피폐하게 하는 것이 낫습니다. 이렇게 하면 설사 한단이 뽑히더라도 위나라가 피폐한 틈을 탈 수 있습니다."

위왕은 그 계책을 따랐다.

1) 【정의(正義)】 양릉고성은 연주(兗州) 추현(鄒縣)에 있다.

그리하여 얼마 뒤에 성후(成侯) 추기(騶忌)가 전기(田忌)와 사이가 틀어지자, 공손열(公孫閱)[1]이 성후 기에게 말했다.

"공께서는 왜 위나라를 칠 계획을 세우지 않으십니까? (위나라를 치게 되면) 전기가 반드시 장수가 될 것입니다. 그렇다면 싸워 이겨서 공을 세우더라도 공의 계획이 적중한 것이 되고, 싸워서 이기지 못할 경우에는 (전기가) 앞에서 죽지 않고 져서 물러나더라도 그의 운명은 공에게 달려 있게 됩니다."

이에 성후가 위왕에게 말하니, 왕이 전기에게 남쪽으로 양릉을 공격하게 했다. 10월에 (위나라에) 한단이 뽑히자, 제나라가 그 틈에 군사를 일으켜 위나라를 공격해서 계릉(桂陵)에서 크게 쳐부수었다[2]. 이에 제나라는 제후 중에 가장 강성해져서 스스로 왕이라 일컬으며 천하를 호령했다.

1) 【색은(索隱)】『전국책(戰國策)』에는 공손굉(公孫閎)으로 되어 있다.
2) 【색은(索隱)】 제나라 위왕 26년의 일이다. 【정의(正義)】 계릉은 조주(曹州) 승씨현(乘氏縣) 동북쪽 21리에 있다.

33년에 그의 대부 모신(牟辛)을 죽였다.

35년에 공손열이 또 성후 추기에게 일러 말했다.

"공께서는 왜 사람을 시켜 금 10냥을 가지고 저잣거리에 가서 점을 치게 하면서 '나는 전기의 사람이다. 우리가 세 번 싸워 세 번 승리해 명성과 위세가 천하를 울리고 있으니, 장차 큰일을 하려는데 실로 길하겠는가, 불길하겠는가'라고 말하게 하지 않으십니까?"

점치는 자가 나오자 (왕이) 사람을 시켜서 점쟁이를 잡아들여 왕이 있는 곳에서 점괘를 시험하게 했다. 전기가 이를 듣고는 드디어 무리를 이끌고 임치(臨淄)를 습격해서 성후를 찾았으나, 이기지 못하고 달아났다.

36년에 위왕이 졸하자 아들 선왕(宣王) 벽강(辟彊)이 세워졌다.

선왕 원년에 진(秦)나라는 상앙(商鞅)을 기용했다. 주나라가 진(秦)나라 효공(孝公)에게 패주(覇主) 칭호를 내려주었다.

2년에 위(魏)나라가 조나라를 쳤다. 조나라는 한나라와 친했기에 함께 위나라를 공격했다. 조나라가 불리했는데, 이는 남량(南梁)에서 전투가 있었기 때문이다. 선왕이 전기를 불러 옛 지위를 되찾게 해주었다. 한나라가 제나라에 구원을 청했다. 선왕이 대신들을 불러서 모의해 말했다.

"일찍 구원하는 것이 낫겠는가, 아니면 늦게 구원하는 것이 낫겠는가?"

추기자가 말했다.

"구원하지 않는 것이 낫습니다."

전기가 말했다.

"구원하지 않으면 한나라는 장차 몸을 굽혀 위나라에 편입될 것이니, 일찍 구원하는 것이 낫습니다."

손자(孫子)[1]가 말했다.

"무릇 한나라와 위나라 병사가 지치기도 전에 구원하는 것은 우리가 한나라를 대신해 위나라 병사와 상대하는 것이니, 도리어 그것은 우리가 한나라의 명을 듣는 꼴입니다. 또 위나라가 한나라를 깨뜨릴 의지가 있다면 한나라는 망하게 될까 봐 두려워서 반드시 동쪽을 바라보며 제나라에 하소연할 것이니, 우리는 그 틈에 한나라와 화친을 깊게 맺은 뒤에 위나라의 지칠 대로 지친 군대를 맞이해서 많은 이익과 존귀한 이름을 얻을 수 있습니다."

선왕이 말했다.

"좋다."

마침내 한나라 사자에게 은밀히 알린 다음에 그를 보내주었다. 그래서 한나라는 제나라를 믿고 다섯 번 싸웠으나 이기지 못해, 동쪽으로 제나라에 자기 나라를 맡겼다. 제나라는 그제야 군대를 일으켜 전기·전영(田嬰)[2]

에게 군대를 이끌게 하고 손자를 군사(軍師-작전 참모)로 삼아 한나라와 조나라를 구원해서 위나라를 공격했으니, 마릉(馬陵)에서 위나라를 크게 쳐 부수고 장수 방연(龐涓, ?~기원전 342년)[3]을 죽였으며 위나라 태자 신(申)을 사로잡았다. 그 후에 삼진의 왕이 모두 전영을 통해 박망성(博望城)에서 제나라 왕에게 조회하고는 맹약한 다음에 떠났다.

1) 【색은(索隱)】 손빈(孫臏)이다.

2) 【집해(集解)】 서광(徐廣)이 말했다. "판본에 따라 영(嬰)은 분(朌)으로 되어 있다."

3) 전국시대 위(魏)나라 사람이다. 제나라 사람 손빈(孫臏)과 함께 귀곡자(鬼谷子)에게 병법을 배웠다. 손빈에 미치지 못하자 나중에 위(魏) 혜왕(惠王)의 장수가 되어 손빈을 위나라에 오도록 해서 빈형(臏刑-무릎뼈를 없애는 형벌)으로 처벌했는데, 뒤에 손빈은 제나라 사신의 도움으로 귀국해 제(齊) 위왕(威王)의 군사(軍師)가 되었다. 위 혜왕 20년(기원전 354년) 조나라 한단(邯鄲)을 공격하다 제나라 군사에 패배했고, 28년(기원전 342년) 한(韓)나라를 공격했지만, 구원 나온 손빈이 제나라 군대로 하여금 곧바로 위나라 수도 대량(大梁)을 공격하게 하자 바로 철군해 돌아오던 중 마릉(馬陵)에서 유인책에 말려 패하고 목을 찔러 자살했다.

7년에 위나라 왕과 평아(平阿)[1] 남쪽에서 회동했다.

이듬해 견(甄)읍에서 다시 회동했다. 위나라 혜왕이 졸했다.

이듬해 위(魏) 양왕(襄王)과 서주(徐州)에서 회동해 제후들이 서로 왕이라고 칭했다.

10년에 초나라가 우리 서주를 에워쌌다.

11년에 위나라와 함께 조나라를 쳤는데, 조나라가 황하의 물을 터서[決] 제나라와 위나라 군대를 물에 잠기게 하니 두 나라는 철수했다.

18년에 진(秦)나라 혜왕(惠王)이 왕을 칭했다.

1) 【정의(正義)】 패군(沛郡) 평아현(平阿縣)이다.

선왕(宣王)이 문학(文學-유학)하고 유세하는 선비들을 좋아해 추연(騶衍), 순우곤(淳于髡)[1], 전병(田駢)[2], 접여(接予)[3], 신도(愼到)[4], 환연(環淵)[5] 같은 무리 76명 모두에게 저택을 내려주고 상대부로 삼았는데, 이들은 정치에는 참여하지 않고 의논(議論)만 주고받았다. 이로 인해 제나라 직하(稷下)에는 학자들이 다시 많아져서 수백에서 1,000명에 이르렀다.

1) **[정의(正義)]** 제나라의 직하선생이다.

2) **[정의(正義)]** 「예문지(藝文志)」에 따르면, 전병은 제나라 사람으로 직하에서 노닐었다고 한다. 『전자(田子)』 25편을 지었다.

3) **[정의(正義)]** 제나라 사람이다. 「예문지(藝文志)」에 따르면 『접여(接予)』 2편이 있다고 하는데, 도가류(道家流)다.

4) **[정의(正義)]** 조나라 사람으로, 전국시대의 처사(處士)다. 「예문지(藝文志)」에 따르면 『신자(愼子)』 42편을 지었다고 한다.

5) **[정의(正義)]** 초나라 사람이다. 『맹자전(孟子傳)』에 이르기를, 저서 상하 편을 지었다고 한다.

19년에 선왕이 졸하자 아들 민왕(湣王) 지(地)가 세워졌다.

민왕 원년에 진나라가 장의(張儀)를 보내 제후들의 집정 대신들과 설상(齧桑)에서 만나게 했다.

3년에 전영(田嬰)을 설(薛)읍에 봉했다.

4년에 진(秦)나라에서 부인을 맞아들였다.

7년에 송나라와 함께 위나라를 공격해 관택(觀澤)에서 쳐부수었다.

12년에 위나라를 공격했다. 초나라가 옹지(雍氏)[1]를 에워쌌고, 진나라가 (초나라 장수) 굴개(屈丐)를 쳐부수었다. 소대(蘇代)가 전진(田軫)에게 일러 말했다.

"신이 공을 뵙고자 한 것은 공을 위한 일을 매우 완벽하게 하고자 해서입니다. 초나라로 하여금 공께 이익이 되도록 할 것이니, 이 일은 이뤄져도 복이 되고 이뤄지지 않아도 복이 됩니다. 오늘 제가 문에 서 있는데, 어떤 객이 말하기를 '위왕(魏王)이 한풍(韓馮)과 장의(張儀)에게 "자조(煮棗)[2]가 장차 뽑히려 하면 제나라 군대가 또한 진군할 터인데, 그대들이 와서 과인을 구원하면 뽑을 수 있겠지만 구원하지 않으면 과인은 능히 뽑아낼 수 없다[弗能拔]^{불능 발}[3]"라고 했다' 했습니다. 그런데 이는 단지 뜻을 흐리는 말[轉辭]^{전사}일 뿐입니다. 진나라와 한나라 군대가 동쪽으로 위나라를 구원하러 가지 않으면 열흘쯤 지나서 위씨(=위나라)는 한나라를 따라 진나라를 좇게 되고 진나라는 장의의 계책을 따라[遂=隨]^{축 수} (한나라와 위나라와) 손을 잡고 제나라와 초나라를 섬길 것이니, 이것이 바로 공께서 일을 이루는 것입니다."

전진이 말했다.

"진나라가 동쪽으로 진출하지 않게 하려면 어떻게 해야 합니까?"

대답해 말했다.

"한풍이 위나라를 구원한다는 말은 반드시 한나라 왕에게 말하기를 '나 한풍이 위나라를 구원하기 위해서'라고 한 것이 아니라, 두말할 필요도 없이 '나 한풍이 장차 진나라와 한나라 군사를 갖고서 동쪽으로 제나라와 송나라를 물리치고, 나 한풍이 삼국의 병사를 통합해[搏=專]^{단 전} (초나라) 굴개가 지친 틈을 타서 남쪽으로 초나라 땅을 떼어 받으면 (잃어버린) 옛 땅들을 반드시 모두 얻을 수 있다'라고 했을 것입니다.

장의가 위나라를 구원한다는 말은 반드시 진나라 왕에게 말하기를 '나 장의가 위나라를 구원하기 위해서'라고 한 것이 아니라, 두말할 필요도 없이 '나 장의가 장차 진나라와 한나라 군사를 갖고서 동쪽으로 제나라와 송나라를 물리치고, 나 장의가 삼국의 병사들을 통합해 굴개가 지친 틈을 타서 남쪽으로 초나라 땅을 떼어 받으면 명분상 망해가는 나라를 존속시켜주고 실제로는 삼천(三川)을 쳐서 찾아오게 되니 이는 왕의 공업'이라고 했을 것입니다.

공께서는 초나라 왕으로 하여금 한씨(=한나라) 땅을 돌려주게 한 뒤 진나라에는 (초나라와 한나라가) 강화를 맺도록 주선하게 하면서, 진나라 왕에게 '한나라의 땅을 주겠으니, 왕께서는 삼천에 주둔하게 해주시오[施=張設]⁴⁾. 한씨는 군대를 쓰지 않고도 초나라로부터 땅을 얻는 것입니다'라고 말하게 하십시오.

한풍이 동쪽으로 진군한다는 말은 또 진왕에게 어떻게 말해야 할까요? 이렇게 말하면 됩니다. '진나라는 군대를 쓰지 않고서도 삼천을 얻고 초나라와 한나라를 쳐서 위나라를 군색하게 했으니, 위나라는 감히 동쪽으로 진격하지 못할 것입니다. 이는 제나라를 고립시키는 것입니다.'

장의가 동쪽으로 진군한다는 말은, 또 어떻게 말해야 할까요? 이렇게 말하면 됩니다. '진나라와 한나라가 땅을 얻기 위해 군대를 주둔시키고 위나라에 명성과 위엄을 떨쳤으니, 위나라는 제나라와 초나라의 지원을 잃지 않고 의지처로 삼으려 할 것입니다.'

위씨가 진나라와 한나라로 돌아서고 제나라와 초나라를 다퉈 섬기고 있으니 초나라 왕은 위나라가 와서 자기를 섬기기를 바라면서도 한나라 땅을 주지 않아도 될 것이며, 공께서는 진나라와 한나라에 군대를 쓰지 않고도 땅을 얻게 해주었으니, 하나의 큰 은덕을 베푼 것이 됩니다. 진나라와 한나라 왕이 한풍과 장의에게 겁박당해서 동쪽으로 군대를 보내 위나라를 위해 복무하게 되었던 것을 공께서 늘 주도권을 잡고서 진나라와 한나라에 대해 바른 도리로써 편법을 쓰는 것을 책망하셨으니, 이는 바로 왕께서 공을 좋아하게 하고 (한풍과) 장의는 많은 물자를 쓰므로 싫어하게 하는 것입니다."

---

1) **집해(集解)** 서광(徐廣)이 말했다. "양석(陽翟)에 있으며 한나라에 속한다."

2) **집해(集解)** 서광(徐廣)이 말했다. "제음(濟陰) 원구(寃朐)다."

3) **【색은(索隱)】** 능히 제나라가 성을 뽑아버리는 것을 막을 수 없다는 말이다.

4) **【정의(正義)】** 진나라 왕이 천자의 도읍에 군대를 주둔시켜서 압박을 가한다는
   말이다.

13년에 진(秦)나라 혜왕(惠王)이 졸했다.

23년에 진나라와 함께 중구(重丘)에서 초나라를 쳐서 물리쳤다.

24년에 진나라가 경양군(涇陽君)을 제나라에 인질로 보냈다.

25년에 경양군을 진나라에 돌려보냈다. 맹상군(孟嘗君) 설문(薛文)이 진나라에 들어가자마자 진나라 재상이 되었다. 설문은 도망쳐 달아났다.

26년에 제나라가 한나라·위나라와 함께 진나라를 공격해서 함곡관에 이르러 주둔했다.

28년에 진나라가 한나라에 황하 바깥 땅을 주어 화친을 맺고 군대를 철수했다.

29년에 조나라 사람이 주보(主父-무령왕(武靈王))를 죽였다. 제나라가 조나라를 도와 중산국(中山國)을 멸망시켰다.

36년에 제나라 왕이 동제(東帝), 진(秦) 소왕(昭王)이 서제(西帝)가 되었다. 소대가 연나라에서 제나라로 들어와 장화궁(章華宮) 동문에서 왕을 만났는데, 제나라 왕이 말했다.

"오, 좋도다! 그대가 왔구나. 진나라가 위염(魏冉)을 시켜 제(帝)라는 호칭을 보냈는데, 그대는 어떻게 생각하는가?"

소대가 말했다.

"왕께서 신에게 물어보시다니 갑작스럽습니다[卒=猝]. 근심거리란 미미한 것에서 비롯되니, 바라건대 왕께서는 그것을 받으시되 제라고 칭하지는 마십시오. 진나라가 그렇게 칭하고도 천하가 편안하다면 마침내 왕께서 제라고 칭하신다 해도 늦지 않습니다. 또 제(帝)라는 이름을 놓고 다투는 것을

사양한다 해도 손해될 것이 없습니다. 진나라가 제를 칭했을 때 천하가 미워한다면 왕께서는 칭하지 않음으로써 천하 사람들의 마음을 거두게 되니, 이는 큰 밑천이 됩니다. 또 천하에 제(帝)가 2명 세워진다면 왕께서는 천하가 제나라를 높일 것이라고 보십니까, 진나라를 높일 것이라고 보십니까?"

왕이 말했다.

"진나라를 높일 것이다."

소대가 말했다.

"제(帝)를 내려놓으면[釋=放] 천하가 제나라를 좋아하겠습니까, 진나라를 좋아하겠습니까?"

왕이 말했다.

"제나라를 좋아하고 진나라를 미워할 것이다."

소대가 말했다.

"두 제가 맹약을 맺고서 조나라를 치는 것과 걸송(桀宋)[1]을 치는 것 중에 어느 쪽이 더 유리하겠습니까?"

왕이 말했다.

"걸송을 치는 것이 유리할 것이다."

소대가 말했다.

"무릇 맹약이란 동등한 것[鈞=均]이지만, 그러나 진나라와 함께 제를 칭할 경우 천하는 오직 진나라만을 높이고 제나라를 가벼이 여길 것입니다. 제라는 호칭을 내려놓으면 천하는 제나라를 좋아하고 진나라를 미워할 것이며, 조나라를 치는 것이 걸송을 치는 것만 못합니다. 바라건대 왕께서는 제라는 호칭을 확실히 내려놓으시고 천하 사람들 마음을 거두십시오. 맹약을 어기고 진나라에 대항해[賓] 둘 중 어느 나라가 존중받을까를 놓고 다투지 마시고, 왕께서는 그 틈을 보아 송나라를 공격하십시오[擧].

무릇 송나라를 차지하게 되면 위(衛)나라의 양(陽) 땅[2]이 위험해지고, 제서(濟西)를 차지하면 조나라의 아(阿) 동쪽 나라들이 위험해지고, 회북

(淮北)을 차지하면 초나라의 동쪽 나라들이 위험해지고 도(陶)읍과 평륙(平陸)을 차지하면 위(魏)나라의 성문이 열리지 않게 될 것입니다. 제라는 호칭을 내려놓고 대신에[貸=代] 걸송을 치는 일은 나라를 중하게 하고 명성을 높여서 연나라와 초나라를 형세에 복종하는 모양으로 만들 것이니, 천하에서는 감히 (제나라) 말을 듣지 않는 나라가 없게 될 것입니다. 이는 상탕(商湯)과 주나라 무왕(武王)이 이룬 업적과도 같습니다. 진나라를 존경한다는 명분을 갖고서 천하로 하여금 진나라를 미워하게 한다면, 이것이 이른바 낮춤으로써 높아진다는 것입니다. 바라건대 왕께서는 이를 깊이[孰=熟] 생각하십시오.”

이에 제나라는 제라는 호칭을 버리고 다시 왕이라 했고, 진나라도 제라는 지위를 버렸다.

1) 【집해(集解)】「송세가(宋世家)」에서 말했다. “송왕 언(偃)이다. 제후들은 모두 그를 걸송(桀宋)이라고 불렀다.”

2) 【집해(集解)】 양 땅이란 복양(濮陽) 땅이다. 【정의(正義)】 위나라는 이때 하남에는 오직 복양만을 갖고 있었다.

38년에 송나라를 쳤다.

진 소왕(秦昭王)이 노해 말했다.

“내가 송나라를 아끼는 것은 신성(新城)과 양진(陽晉)을 아끼는 것과 같다. 한섭(韓聶)은 나의 친구인데, 제나라가 내가 아끼는 것을 공격한 것은 어째서인가?”

소대가 제나라를 위해 진왕에게 말했다.

“한섭이 송나라를 공격한 것은 왕을 위해서였습니다. 제나라는 강한데 송나라로 하여금 제나라에 힘을 보태게 하면 초나라와 위나라는 반드시 두려워할 것이고 두려워하게 되면 반드시 서쪽으로 진나라를 섬길 것이니 이렇게 되면 왕께서는 군대를 번거롭게 하지 않고 병사 1명 다치지 않고 아무 일 없이 안읍(安邑)¹⁾을 떼어 받게 될 것이니 이것이 바로 한섭이 왕께 바라는 바입니다."

진나라 왕이 말했다.

"나는 제나라가 알지 못할까 걱정이다. 때로는 합종 했다가 때로는 연횡 했다가 하니 뭐 하자는 것인가?"

"천하 각국의 명령을 제나라가 (어떻게 다) 알 수 있겠습니까? 제나라가 송나라를 공격함으로써 진나라를 섬기는 것은 만승의 나라로서 스스로를 무장해야만 하고 서쪽으로 진나라를 섬기지 않으면 송나라는 다스려진다 해도 안정되지 못할 것을 알기 때문입니다. 중원에서 백발로 유세하는 선비들은 모두 지혜를 모아 제나라와 진나라 사이를 갈라놓으려고 하고 수레를 타고 말을 몰아 서쪽으로 달려가는 사람 중에 어느 한 사람도 제나라에 대해 좋게 말하는 이가 없고, 빈번하게 동쪽으로 달려가는 사람 중에 어느 한 사람도 진나라에 대해 좋게 말하는 이가 없습니다. 어째서이겠습니까? 모두 제나라와 진나라가 연합하는 것을 바라지 않기 때문입니다. 어째서 진(晉)나라와 초나라는 지혜롭고 제나라와 진나라는 어리석겠습니까? 진나라와 초나라가 연합하면 반드시 제나라와 진나라에 대한 공격을 논의할 것이고, 제나라와 진나라가 연합하면 반드시 진나라와 초나라를 도모하려고 할 것이니 청컨대 이런 상황을 갖고서 일을 결정하십시오!"

진나라 왕이 말했다.

"알겠다."

이에 제나라는 드디어 송나라를 쳤고 송왕은 도성을 나가 도망치다가 온(溫)²⁾에서 죽었다. 제나라는 남쪽으로 초나라 회북(淮北)을 떼어 받았고 서쪽으로 삼진을 침공해 주나라 왕실을 합병함으로써 천자가 되려고 했다. 사수(泗水) 변 제후인 추(鄒)나라와 노나라 군주들은 모두 신하를 칭했고 다른 제후들도 두려움에 떨었다.

1) 【정의(正義)】「연표(年表)」에 따르면, 진(秦) 소왕(昭王) 21년에 위나라는 안읍과
     하내를 편입시켰다.
2) 【정의(正義)】 회주(懷州)에 온성(溫城)이 있다.

39년에 진나라가 와서 쳐 우리의 성 9개를 뽑아버렸다.

   40년에 연·진·초 나라 삼진이 함께 모의해 각각 정예병을 내어 제나라
를 쳐서 제수(濟水) 서쪽에서 우리를 물리쳤다. 제나라 왕 군대가 기왓장이
부스러지듯 퇴각했다. 연나라 장수 악의(樂毅)가 드디어 임치(臨淄)로 들어
가 제나라가 감춰둔 보물과 기물들을 모조리 차지했다. 민왕은 달아나 위
(衛)나라로 갔다. 위(衛)나라 임금은 자기 궁을 내주어 머물게 하면서 신하
로 칭하고 모든 것을 제공했다. 민왕이 불손하게 굴자, 위나라 사람들이 그
를 공격했다. 민왕이 떠나 추나라와 노나라로 갔지만 교만한 기색이 있자,
추나라와 노나라 임금들도 그를 받아들이지 않아 결국 거(莒)나라로 갔다.
초나라가 요치(淖齒)로 하여금 군대를 끌고 제나라를 구원하게 했고 요치
는 그 참에 제나라 민왕의 재상이 되었다. 요치가 드디어 민왕을 죽이고 빼
앗은 제나라 땅과 기물[鹵器]을 연나라와 나눠 가졌다.

   민왕이 죽임을 당하자[遇殺=見殺=被殺] 아들 법장(法章)은 성과 이름을
바꾸고 거나라 태사 교(敫) 집에서 가신으로 일했다. 태사 교의 딸이 법장
의 용모를 기이하게 여겨 보통 사람[恒人=凡人]이 아니라고 생각해 가엾게
여기고서 입을 것과 먹을 것을 몰래 갖다주면서 사사로이 정을 통했다. 요
치가 이미 거나라를 떠난 뒤에 거나라 사람과 제나라의 망명한 신하들이
서로 모여 민왕 아들을 찾아 그를 세우려고 했다. 법장은 그들이 자기를 죽
일까 두려워 한참 뒤에야 마침내 감히 스스로 말했다.
   "내가 민왕 아들이다."

이에 거나라 사람들이 함께 법장을 세우니 이 사람이 양왕(襄王)이다. 양왕은 거성(莒城)을 지키면서 제나라 도성 안 사람들에게 선포했다.

"왕은 이미 세워져 거나라에 있다."

양왕이 이미 세워지고 나서 태사씨(太史氏) 딸을 세워 왕후로 삼으니 이 사람이 군왕후(君王后)이고 아들 건(建)을 낳았다.

태사 교가 말했다.

"딸이 중매[媒]도 없이 스스로 시집을 갔으니 내 씨가 아니고 우리 세대를 더럽혔다."

죽을 때까지 군왕후를 보지 않았다. 군왕후는 뛰어나[賢] (아버지가 자신을) 보지 않는다 하여 자식으로서의 예를 잃는 법이 없었다.

양왕이 거 땅에 머문 지 5년째에 전단(田單)이 즉묵(卽墨)의 군대를 갖고서 연나라 군대를 공격해 깨뜨리고 거에서 양왕을 맞이해 임치로 들어갔다. 제나라 옛 땅은 모두 다시 제나라에 귀속되었다. 제나라는 전단을 봉해 안평군(安平君)으로 삼았다.

14년에 진나라가 우리 강수(剛壽)를 공격했다.

19년에 양왕이 졸하자 아들 건(建)이 세워졌다.

왕 건이 세워진 지 6년째 되던 해에 진나라가 조나라를 공격하자 제나라와 초나라가 조나라를 구원했다. 진나라에서 계책을 내어 말했다.

"제나라와 초나라가 조나라를 구원하러 나섰는데 그들 관계가 친하면 병사를 물러나게 하고 친하지 않으면 공격합시다."

조나라는 양식이 떨어져 제나라에 곡식을 청했으나 제나라는 들어주지 않았다.

주자(周子)[1]가 말했다.

"요청을 들어주어 진나라 군대를 물러나게 하는 것이 낫습니다. 들어주지 않으면 진나라 군대는 물러가지 않을 것이니 이는 진나라 계책이 들어맞는 것이고[中] 제나라와 초나라 계책이 잘못되는 것[過]입니다. 또한 조나라는 제나라와 초나라에 병풍과 같고 마치 이빨에 입술이 있는 것과 같으니, 입술이 없어지면 이빨이 시립니다[脣亡則齒寒]. 오늘 조나라를 망하게 두면 내일 우환이 제나라와 초나라에 미칠 것입니다.

또 조나라를 구원하는 일은 마치 물이 새는 항아리를 들고서 달궈진 솥단지 안에다 물을 부어야 하는 것처럼 다급한 일입니다. 무릇 조나라를 구하는 것은 고상한 의리이고 진나라 군대를 물러가게 하는 것은 명성을 떨치는 것입니다. 의리로 망할 나라를 구하고 명성으로 강력한 진나라 군대를 물러가게 하는 것인데 이 일에 힘을 쓰지 않고 양식을 아끼는 데 힘쓴다면 나라를 위하는 계책으로는 잘못된 것입니다."

제왕은 듣지 않았다.

진나라는 장평(長平)에서 조나라 군사 40만여 명을 깨뜨리고 드디어 한단을 에워쌌다.

1) [색은(索隱)] 아마도 제나라 모신(謀臣)인 듯하다. 『전국책(戰國策)』에서는 주자를 소진(蘇秦)이라고 했는데, 이때 소진은 죽은 지 이미 오래되었다.

16년에 진나라가 주나라를 멸망시켰다. 군왕후가 졸했다.

23년에 진나라가 동군(東軍)을 두었다.

28년에 왕이 진나라에 입조 하니 진왕 정(政)이 함양(咸陽)에 술자리를 베풀었다.

35년에 진나라가 한나라를 멸망시켰다.

37년에 진나라가 조나라를 멸망시켰다.

38년에 연나라가 형가(荊軻)로 하여금 진왕을 찌르게 했으나, 진왕이 이를 알아차리고 형가를 죽였다.

이듬해 진나라가 연나라를 깨뜨리니, 연왕은 요동(遼東)으로 도망쳤다.

이듬해 진나라가 위(魏)나라를 멸망시키고 진나라 군대가 역하(歷下)에 주둔했다.

42년에 진나라가 초나라를 멸망시켰다.

이듬해 (진나라가) 대왕(代王) 가(嘉)를 사로잡았고, 연왕 희(喜)를 죽였다.

44년에 진나라 군대가 제나라를 공격했다. 제나라 왕은 재상 후승(后勝)의 계책을 받아들여서 싸우지도 않고 군대를 이끌고 가서 진나라에 항복했다. 진나라가 왕 건을 사로잡아 공(共) 땅으로 보냈고, 드디어 제나라를 멸망시키고 군(郡)으로 삼았다. 천하는 진나라 하나로 합병되었으며, 진왕 정(政)이 세워져 칭호를 황제(皇帝)라고 했다.

애초에 군왕후가 뛰어나서, 진나라를 조심해 섬기고 제후들과 신뢰도 있었다. 또한 제나라가 동쪽 바닷가에 있는 데다 진나라가 낮밤으로 삼진과 연나라, 초나라를 공격해서 다섯 나라는 진나라로부터 자신들을 구하느라 바빴기에, 제나라 왕 건은 세워진 지 40년 넘도록 군사 공격을 받지 않았다. (그런데) 군왕후가 죽은 뒤 제나라 재상이 된 후승은 진나라 첩자들에게 돈을 많이 받고 빈객들을 진나라에 많이 보냈다. 진나라는 이들에게도 많은 돈을 줌으로써 객들을 모두 첩자로 만들어서, 왕에게 권해 진나라에 입조하게 하고 침략에 대비하지 말고 다섯 나라가 서로 도와 진나라를 공격하지 않게 했다. 이에 힘입어 진나라는 다섯 나라를 멸망시킬 수 있었고, 다섯 나라가 망한 뒤 진나라 병사가 임치에 들어왔으나 백성 중에 아무도 감히 맞서지 못했다. 제나라 왕 건은 드디어 항복하고 공(共) 땅으로 쫓겨나야 했다. 그러므로 제나라 사람들은 왕 건이 진즉에 제후들과 합종해 진나라를 공격하지 않고 간신과 빈객들의 말만 들어서 나라를 망하게 한 것을 원망해 다음과 같이 노래했다.

"소나무인가? 잣나무인가? 왕 건을 공 땅에 살게 한 자들은 빈객들인가?"

건이 빈객들을 쓸 때 사람됨을 제대로 살피지 못한 것[不詳=不察]1)을 미워한 것이다.

1) 【색은(索隱)】 빈객을 쓰면서 자세히 살피지 않아 그들이 선한지 그렇지 않은지 알지 못했다는 말이다.

태사공(太史公)이 말한다.

"아마도 공자는 만년에야 『주역(周易)』을 좋아한 듯하다. 『주역(周易)』이라는 학술은 그윽하게 밝으면서도 멀기 때문에 사람에 달통하고 재주가 극에 이른 사람이 아니고서는 누가 능히 뜻을 다 쏟을 수[注意] 있겠는가! 그래서 주나라 태사가 전경중완의 괘를 짚어서 그 10대 이후까지 점을 쳤던 것이다. 중완이 제나라로 달아났을 때 의중(懿仲)이 점을 친 결과도 그와 같았다. 전걸(田乞)과 전상(田常)이 나란히 두 임금을 범하고[犯]1) 제나라 정사를 제 마음대로 휘둘렀던 것은 반드시 일의 형세가 점점[漸] 그러해서가 아니라 아마도 점괘의 예측을 따라[厭=從] 그 조짐[兆祥]이 드러났기 때문이라고 할 수 있을 것이다."2)

1) 【색은(索隱)】 두 임금이란 도공과 간공이다. 희자(僖子)가 안유자(晏孺子)를 폐하자, 포목(鮑牧)이 전걸 때문에 도공을 죽였고 성자(成子) 또한 간공을 죽였으니, 그래서 전씨가 두 임금을 범했다고 한 것이다.

2) 【색은술찬(索隱述贊)】 전완이 난을 피해[田完避難]/대강으로 달아났지[奔于大姜]/처음에는 나그네 신세를 사양했지만[始辭羈旅]/끝내는 봉황이 되었다네[終然鳳凰]/일이란 양쪽이 다 성대할 수 없으니[物莫兩盛]/다섯 대를 대신해서 번창했다네[代五其昌]/두 임금 나란히 범하고[二君比犯]/삼진은 강대함을 다투

었지[三晉爭彊]/전화가 처음으로 명을 자기 뜻대로 했고[和始擅命]/위왕은 드디어 칭왕 했다네[威遂稱王]/제나라·연나라·조나라 압박하고[濟急燕趙]/강공과 장공은 서열이 제후 반열에 올랐도다[弟列康莊]/진나라 칭탁 해 동제가 되고[秦假東帝]/거 땅에서 법장 세워졌다지[莒立法章]/왕 건이 나라 잃었다만[王建失國]/소나무 잣나무는 푸르디푸르도다[松栢蒼蒼]!

권47

공자세가(孔子世家) 제17

권47 공자세가(孔子世家) 제17 1)

공자(孔子)는 노(魯)나라 창평향(昌平鄕) 추읍(陬邑)에서 태어났다2). 그의 선조(-증조부)는 송(宋)나라 사람으로 공방숙(孔防叔)이라고 불렸다3). 방숙(防叔)이 백하(伯夏)를 낳았고, 백하가 숙량흘(叔梁紇)을 낳았다4). 흘(紇)이 안씨(顔氏)의 딸과 야합(野合)해 공자를 낳았는데5), 이구(尼丘)에서 기도해 공자를 얻었다.

노나라 양공(襄公) 22년에 공자가 태어났다6). 나면서부터 머리 정수리 가운데가 움푹 들어가 있었기[圩頂]7) 때문에, 이름을 구(丘)라고 했다고 한다[云]. 자(字)는 중니(仲尼)이고, 성은 공씨(孔氏)다.

1) **[색은(索隱)]** 교화(敎化)의 주창자 혹은 주인[主]이자 우리의 스승이며 제왕(帝王)들의 본받아야 할 의표(儀表-모범)로서 인류의 표준[準的]을 보여주었으며 (손자인) 자사(子思) 이하로 대대로 철인(哲人)들이 나와서 대를 이어간 것은 (공자의 후손들인) 뛰어난 이들이 우러러볼 만해서 마치 여러 나라를 이어간 것과 비슷하다고 할 수 있으니, 그러므로 이전의 역사서에서 이미 그렇게 인정한 것이다. 이에 대해 나는 조금도 이의를 제기할 생각이 없다[無間然][이는 『논어(論語)』「태백(泰伯)」편에 나오는 공자의 표현이다. 공자는 요순에 비해 우(禹)를 아주 높게 평가하지는 않았지만, 그가 부지런히 백성을 위해 일했던 바는 인정할 수 있다는 점에서 무간연(無間然)이라는 말을 썼다. 극찬은 할 수 없어도 어느 정도 인정할 수 있다고 할 때 이 표현을 쓴다.]. 공자는 제후(諸侯)의 지위를 갖지 않았는데도 역시 (제후들에게만 쓰는) 계가(系家)[세가(世家)와 같은 뜻이다.]라고 부른 것은, 이 성인(聖人-공자)이 교

화의 주인이 되고 또 (그 집안에) 대대로 뛰어난 철인[賢哲]들이 나왔기에, 그래서 또한 계가(系家)라고 칭하는 것이다. 【정의(正義)】 공자에게는 후(侯)나 백(伯)의 지위가 없었지만 세가(世家)라고 칭한 것은, 태사공(太史公)이 볼 때 공자는 벼슬 없는 선비인 포의(布衣)로 10여 세대를 전해 내려왔지만 배우는 자들이 그를 종주(宗主)로 삼았고 천자나 왕후(王侯)로부터 중국(中國-중원)에서 육예(六藝)를 말하는 자들까지 모두 부자(夫子-공자)를 종주로 삼아 지극히 빼어난 이[至聖]라고 이를 만하므로 그래서 세가(世家)라고 칭한 것이다.

2) 【집해(集解)】 서광(徐廣)이 말했다. "陬의 발음은 추(騶-말 먹이는 사람)이다. 공안국(孔安國)이 말하기를 '추(陬)는 공자의 아버지 숙량흘이 다스리던 읍(邑)'이라고 했다." 【색은(索隱)】 추(陬)는 읍 이름이고, 창평은 향(鄕) 이름이다. 공자는 노(魯)나라의 추읍(鄒邑) 창평향의 궐리(闕里)에 살았다. 【정의(正義)】 『괄지지(括地志)』에서 말했다. "옛 추성(鄒城)은 연주(兗州) 사수현(泗水縣) 동남쪽으로 60리에 있으며, 창평산(昌平山)은 사수현 남쪽으로 60리 떨어진 곳에 있다. 공자는 창평향에서 태어났는데, 대개 향의 이름을 산 이름에서 가져온 것으로 보인다. 옛 궐리(闕里)는 사수현 남쪽으로 50리에 있다. 『여지지(輿地志)』에 이르기를 추성(鄒城) 서쪽 경계의 궐리에 이구산(尼丘山)이 있다고 했다." 살펴보건대 지금 이구산은 연주 추성(鄒城)에 있으니, 궐리가 바로 이곳이다. 『괄지지』에서 말했다. "연주 곡부현(曲阜縣) 노성(魯城) 서남쪽으로 3리에 궐리가 있는데, 그 가운데 공자의 집이 있고 집 안에 사당[廟]이 있다. 오집(伍緝)의 『종정기(從征記)』에 이르기를, 궐리는 주(邾)를 등지고 사수(泗水)를 마주하고 있으니 곧 여기라고 했다." 살펴보건대 부자(夫子)는 추(鄒)에서 나고 자라서 곡부로 이사를 갔으니, 이로 인해[仍=因] 궐리(闕里)라고 한 것이다.

3) 【색은(索隱)】 『가어(家語-공자가어)』에서 이렇게 말했다. "공자는 송(宋)나라 미자(微子)의 후손이다. 송나라 양공(襄公)이 불보하(弗父何)를 낳았는데, (불보하는) 동생 여공(厲公)에게 임금 자리를 양보했다. 불보하가 송보주(宋父周)를

낳고, 주(周-송보주)가 세자승(世子勝)을 낳고, 승(勝)이 정고보(正考父)를 낳고, 고보(考父)가 공보가(孔父嘉)를 낳으니, 5세가 지나 왕실과의 친족관계가 다하자[親盡=代盡] 별도로 공족(公族)이 되어 성(姓)을 공씨(孔氏)라고 했다. 공보가 아들 목금보(木金父)를 낳고, 금보가 역이(睪夷)를 낳았다. 역이는 방숙을 낳았는데 외화씨(畏華氏)의 핍박이 있어 (송나라를 도망쳐) 노(魯)나라로 달아났으니, 그래서 공씨는 노나라 사람이 되었다."

4) 【정의(正義)】『괄지지(括地志)』에서 말했다. "숙량흘의 사당은 또한 이름이 이구산사(尼丘山祠)인데, 연주(兗州) 사수현에서 50리 떨어진 이구산 동쪽 자락[趾]에 있다. 「지리지(地理志)」에 이르기를, 노현(魯縣)에 이구산이 있고 또 숙량흘의 사당이 있다고 했다."

5) 【색은(索隱)】『가어(家語)』에서 이렇게 말했다. "양흘(梁紇)은 노나라 시씨(施氏)를 아내로 맞아 딸 9명을 낳았고 첩으로부터 맹피(孟皮)를 낳았는데, 맹피는 발에 병이 있었다. 그래서 마침내 안씨(顔氏)인 징재(徵在)에게 구혼해 혼인했으니, 아버지의 명을 따라 결혼한 것이다." 그 글은 매우 명확하다. 지금 이 글에서 야합(野合)이라고 했는데, 이는 아마도 양흘이 늙고 징재가 어렸기 때문에 장성한 남자[壯室]와 성년례를 마친 여인[初笄之禮]의 마땅한 결혼 예절에 맞지 않은 이유로 야합(野合)이라고 한 것 같다. 예의(禮儀)에 맞지 않음을 말한 것이다. 그러므로 『논어(論語)』에서 "거칠구나[野] 자로야!"라고 하고 또 "선진(先進)은 예약(禮樂)에 있어서 야인(野人-거칠고 세련되지 못함)이로다!"라고 할 때의 야(野)는 모두 예에 합치하지[合禮] 않음을 말하는 것일 뿐이다. 【정의(正義)】 남아는 8개월에 이가 나서 8세가 되면 배냇니를 갈고 16세가 되면 양의 도리가 통하며 64세가 되면 양의 도리가 끊긴다. 여아는 7개월에 이가 나서 7세에 배냇니를 갈고 14세에 음의 도리가 통하며 49세에 음의 도리가 끊긴다. 이 나이를 넘겨 혼인함을 일러 야합(野合)이라 한다. 그러므로 『가어(家語)』에서 "양흘(梁紇)은 노나라 시씨(施氏)를 아내로 맞아 딸 9명을 낳고 다시 안씨(顔氏) 집안에 혼인을 청했다. 이때 안씨에게는 딸이 셋 있

었는데, 셋째가 징재”라고 한 것을 근거로 할 때 숙량흘이 혼인할 때는 64세
가 넘었다.

6) **【색은(索隱)】** 『공양전(公羊傳)』에서 말했다. “양공 21년 11월 경자일에 공자가 태
어났다.” 지금 볼 때는 22년인데, 아마도 주나라 정월[周正]을 기준으로 하면
11월이 이듬해에 속하므로 착오가 일어난 것으로 보인다. (그 때문에) 뒤에 공
자가 졸(卒)한 것을 서술할 때는 72세라고 해서 매번 1년을 적게 쓴다.

7) **【색은(索隱)】** 圩의 발음은 (우가 아니라) 오(烏)이고, 頂의 발음은 정(鼎)이다. 오정
(圩頂)이란 정수리 부분이 비뚤어지거나 낮은 것[窊]을 말한다. 그래서 공자
의 정수리는 반우(反宇) 같다고 했는데, 반우(反宇)란 지붕이 뒤집어진 것처
럼 가운데는 낮고 사방은 높은 것을 말한다. **【정의(正義)】** 『괄지지(括地志)』에서
말했다. “여릉산(女陵山)은 곡부현(曲阜縣) 남쪽으로 28리에 있다. 『간보삼일
기(干寶三日紀)』에 이르기를 ‘징재(徵在-공자의 어머니)는 공상(空桑) 땅에서
공자를 낳았는데 지금 이름은 공두(空竇)이니, 노(魯)의 남산(南山) 공두 안
에 있다. 물이 없어 제사 때가 되면 술과 청소를 아뢰어야 했는데 그때마다
맑은 샘이 석문(石門)에서 나와 두루 쓸 수 있을 정도였고, 샘이 마를 때쯤이
면 제사가 끝났다. 지금의 속명은 여릉산’이라고 했다.”

구(丘)가 태어나고서 숙량흘이 죽어[1] 방산(防山)[2]에 묻혔는데, 방산은
노나라 동쪽에 있었다. 이때 공자는 아버지의 무덤이 어딘지 몰라 궁금해
했지만, 어머니는 그것을 말해주지 않았다[諱之][3]. 공자는 어려서 놀이할
때면 늘 조두(俎豆-나무 제기)[4]를 늘어놓고 제사를 드리는 것처럼 했다. 공
자는 어머니가 돌아가시자 마침내 오보(五父)의 구(衢-길거리)에 임시로 매
장해놓았는데[殯] 이는 대개 신중을 기하기 위함이었다[5]. 추(郰)읍[6] 사람
만보(輓父)의 어머니가 공자에게 아버지의 무덤을 가르쳐준 다음에야 가서
방산에 합장할 수 있었다.

1) 【색은(索隱)】 『가어(家語)』에 이르기를, 태어난 지 3년이 되었을 때 양흘이 죽었다
고 한다.

2) 【정의(正義)】 『괄지지(括地志)』에서 말했다. "방산은 연주(兗州) 곡부현 동쪽으로
25리에 있다. 『예기(禮記)』에 이르기를, 공자는 어머니가 돌아가시자 방(防)
에 합장했다고 했다."

3) 【색은(索隱)】 공자가 어려서 고아가 되었다는 것을 아버지 봉분이 있는 곳을 몰
랐다고 표현한 것이지, 그가 선영이 어디인지도 몰랐다는 뜻은 아니다. 징재
는 비녀를 꽂을 어린 나이에 양흘에게 시집을 왔고 얼마 안 가서 남편이 늙
어 죽었으니, 자신은 어린 과부였기에 대개 이를 꺼려서 송장(送葬)에는 따
라가지 않았을 것이다. 그래서 봉분이 어딘지 몰라 결국 공자에게 말해주지
못했을 뿐이지 일부러 말해주지 않은 것은 아니다.

4) 【정의(正義)】 조두는 나무로 만들었는데, 4승(升-되)을 담을 수 있고 높이는 1척
2촌이었다. 대부는 붉은 구름의 기운을 새겨 넣었고, 제후는 코끼리 모양으
로 다리를 꾸몄으며, 천자는 옥으로 꾸몄다.

5) 【집해(集解)】 서광(徐廣)이 말했다. "노현(魯縣)에 궐리(闕里)가 있는데, 공자가 살
던 곳이다. 또 오보의 구도 있다." 【색은(索隱)】 공자가 아버지의 묘를 몰라서 마
침내 일단 어머니를 오보의 구에 임시로 매장해두었던 것은 조심하고 삼간
때문이라는 말이다. 【정의(正義)】 신중을 기했다[愼]는 것은 관을 동아줄[紼]로
끌어 빈소에 모셔두었다는 말이다.

6) 【정의(正義)】 발음은 추(鄒)다.

공자가 (상중이라) 허리에 굵은 새끼줄을 두르고 있을 때[要経=腰経] (노
나라 실력자인) 계씨(季氏)가 선비들에게 식사를 대접했는데 공자도 참여하
러[與] 갔다[1]. (계씨 집안의 가신인) 양호(陽虎)가 내쫓으며[絀] 말했다.

"계씨께서는 선비들을 내접하려는 것이니, 감히 네가 낄 자리가 아니다[2]."
공자가 이로 말미암아 물러 나왔다.

1) 【정의(正義)】 與의 발음은 예(預)다. 계씨가 노나라의 유학하는 선비들에게 술과
   안주를 베풀자, 공자도 초청을 받고 갔는데, 공자가 어리다는 이유로 양호가
   뜻을 꺾어버린 것이다[折之].

2) 【색은(索隱)】 『가어(家語)』에서 말하기를 "공자의 모친상이 있어 이미 상복을 입
   고서 갔기 때문"이라고 했는데, 그 점을 비판한 것이 아니다. 지금 이는 공자
   가 상복을 입은 채[要絰] 향연에 갔다가 양호에게 쫓겨난 것은 또한 거의 깔
   보는 것임을 말하고 있다. 판본에 따라 (요질이) 요경(要經)으로 되어 있는
   데, 요경이란 대경(帶經)과 같다. 그래서 유씨(劉氏)는 이를 배움을 좋아한다
   [嗜學]는 뜻으로 보았다.

공자 나이 17세에 노나라 대부 맹희자(孟釐子)가 병이 났는데, 장차 죽음
을 앞두고[1] 후사(後嗣) 의자(懿子)[2]에게 경계시켜 말했다.

"공구(孔丘)는 빼어난 이[聖人]의 후손인데[3], (선조가) 송(宋)나라에서
멸망했다[滅][4]. 조부(祖父-祖上) 불보하(弗父何)가 애초에 송나라를 소유
할 수 있었으나[有][5] 여공(厲公)에게 사양(辭讓)했고[6], 정고보(正考父)[7]에
이르러 (송나라의 임금인) 대공(戴公)·무공(武公)·선공(宣公)을 섬기면서 세
번이나 명을 받았지만 이에 더욱 공경스러웠다. 그래서 세 발 쇠솥의 명문
[鼎銘]에 이르기를[8] '첫 번째 명에 머리를 숙이고[俯] 두 번째 명에 허리를
굽히고[傴] 세 번째 명에 몸을 숙인 채[俯][9] 담장을 따라 걸으니[10], 정말로
어느 누구도 나를 업신여기지 않았다[11]. 여기다 죽[饘]을 만들고 저기다 죽
[粥]을 쑤어 겨우 내 입에 풀칠을 했다[糊][12]'라고 했다. 그는 공손하기가 이
와 같았다.

내가 듣건대, 빼어난 이의 후손은 설사 당대에는 아니더라도 반드시 통
달한 인물[達者]이 나오게 된다[13]라고 했다. 지금 공구는 나이는 어리지만,
예를 좋아하니[好禮][14], 아마도 그가 통달한 사람이리라! 내가 곧 죽거든
꼭 그를 스승으로 모시도록 해라."

1) **【색은(索隱)】** 소공(昭公) 7년 『좌전(左傳)』에 이르기를 "맹희자(孟僖子)가 제대로 예법을 보좌하지[相禮] 못한 것을 수치로 여겨[病] 마침내 예를 강습했는데, 그가 장차 죽음을 앞두고서 대부를 불러" 운운했다. 살펴보건대 병(病)이라고 한 것은 제대로 예를 행하지 못하는 것을 병통으로 여겼다는 말이지, 실제 병이 들었다는 뜻은 아니다. 24년에 희자(僖子)가 졸(卒)했는데, 가규(賈逵)는 말하기를 "공자의 나이 35세 때"라고 했으니 이는 본문이 잘못된 것이다.

2) 釐는 옛날에는 (발음이 리가 아니라) 희(僖)와 같이 쓰였다. 『논어(論語)』 「위정(爲政)」편에 맹의자의 이야기가 나온다.

맹의자가 효에 관해 묻자, 공자는 말했다. "어기지 않는 것이다[無違]." 번지가 공자가 타는 수레를 몰고 있을 때였다. 이때 공자는 문득 맹의자와의 문답이 떠올랐다. 그래서 공자가 일러 말하기를, 맹의자가 자신에게 효를 묻길래 답하기를 "어기지 않는 것"이라고 했노라고 했다. 이에 번지가 다시 "어기지 않는다는 것은 무슨 뜻입니까?"라고 묻자, 공자가 말했다. "아버지 살아 계실 적에는 예로써 섬기고, 돌아가시면 예로써 장사 지내고, 예로써 제사를 지내는 것을 말한다."

3) **【집해(集解)】** 빼어난 이란 상나라 탕(湯)이다.

4) **【집해(集解)】** 두예(杜預)가 말했다. "공자의 6세조 공보가(孔父嘉)가 송나라 화독(華督)에게 살해되었고, 아들은 노나라로 달아났다."

5) 천하를 소유한다는 것은 천자가 된다는 말이니, 여기서 소유한다고 한 것은 봉국의 임금이 된다는 말이다.

6) **【집해(集解)】** 두예(杜預)가 말했다. "불보하는 공보가의 고조부로, 송나라 민공(愍公)의 장남이자 여공의 형이었다. 하(何-불보하)는 적사(嫡嗣)라 마땅히 세워져야 했음에도 여공에게 자리를 넘겨주었다."

7) **【집해(集解)】** 복건(服虔)이 말했다. "정고보는 불보하의 증손이다."

8) **【집해(集解)】** 두예(杜預)가 말했다. "세 번 명을 받았다는 것은 상경(上卿)이 되었다는 말이다. (세 발 솥이란) 정고보의 사당에 있는 세 발 솥을 가리킨다."

9) 【집해(集解)】 복건(服虔)이 말했다. "누(僂)·구(傴)·부(俯)는 모두 공경을 드러내는 모습이다."

10) 【집해(集解)】 두예(杜預)가 말했다. "감히 편안하게 길을 가지 않았다는 말이다."

11) 【집해(集解)】 두예(杜預)가 말했다. "그가 공손하기가 이와 같으니 사람들 또한 감히 그를 깔보거나 업신여기지[侮慢] 않았다는 말이다."

12) 【집해(集解)】 두예(杜預)가 말했다. "이 솥에 죽을 끓이고 밥을 했다는 말이다. 전(饘)이나 죽(粥)은 모두 죽[餬]의 종류이다. 지극히 검소했음을 말한다."

13) 【집해(集解)】 왕숙(王肅)이 말했다. "불보하의 경우 은탕의 후손이었지만 대를 이어 송나라 임금이 되지 않았음을 말한다." 두예(杜預)가 말했다. "빼어난 이의 후손은 밝은 다움이 있으면서도 대위(大位)에 이르지 못하는 경우가 있으니, 정고보를 말한다."

14) '예를 잘 행한다'로 옮겨도 무방하다.

희자가 졸하자 의자는 노나라 사람 남궁경숙(南宮敬叔)[1]과 함께 (공자에게) 가서 예를 배웠다[學禮][2].

이해에 (노나라 대부) 계무자(季武子)가 졸(卒)하자 평자(平子-계평자)가 뒤를 이어 세워졌다[代立].

1) 【색은(索隱)】 『좌전』과 『계본』에 따르면 경숙과 의자는 둘 다 희자의 아들이므로 다시 '노나라 사람'이라고 할 필요가 없는데, 태사공은 또한 그 점을 소홀히 한 것일 뿐이다.

2) 예를 배운다는 것의 의미를 이해하려면 『논어(論語)』 「계씨」편에 나오는 다음 일화를 음미해야 한다.
진강이 공자의 아들 백어에게 물었다. "그대는 역시 특이한 것을 들은 적이 있는가?" 이에 백어가 답했다. "(그런 특별한 것은) 들은 적이 없다. 일찍이(嘗) 홀로 서 계실 때 내가 종종걸음으로 뜰을 지나가는데 '시를 배웠느냐[學詩]?'라고 물으셨다. '아직 배우지 못했습니다'라고 했더니 '시를 배우지 않으면 말을 할 수 없다'라고 하시므로, 나는 물러 나와 시를 배웠다. 다른 날에 또 홀로 서 계실 때 종종걸음으로 뜰을 지나가는데 '예를 배웠느냐?[學禮]'고 물으셨다. '아직 배우지 못했습니다'라고 하자 '예를 배우지 않으면 설 수 없다'라고 하시니, 나는 물러 나와 예를 배웠다."

공자는 가난하고 미천했다[貧且賤]. 성장해서는 일찍이 계씨의 (창고를 관리하는) 사(史-하급 관리)를 지냈는데 물건이 들고나는 것이 공평했고 또 일찍이 (가축을 관장하는) 사직리(司職吏)를 지냈는데 가축들을 잘 번식시켰으니, 이로 말미암아 사공(司空)이 되었다. 얼마 뒤에 노나라를 떠났으나 제나라에서는 배척을 당하고 송(宋)과 위(衛)나라에서 쫓겨났으며 진(陳)과 채(蔡)나라 사이에서는 곤경에 처했으니, 이에 노나라로 돌아왔다.

공자는 키가 9척 6촌이어서 사람들은 모두 그를 일러 '꺽다리[長人]'라 부르며 이상하게 여겼다. 노나라가 다시 잘 대우하자 이로 말미암아 노나라로 돌아온 것이다.

노나라 남궁경숙(南宮敬叔)이 노나라 임금에게 말했다.

"공자와 함께 주(周)나라에 갈 것을 청합니다[1]."

노나라 임금이 그에게 수레 1대와 말 2마리를 주고 시종 하나를 동행케 하니 주나라에 가서 예를 물었는데[問禮=訪禮], 대개 노자(老子)를 만났다고 말한다. 작별 인사를 하고 떠나려 하자 노자가 그를 전송하며 말했다.

"내가 듣건대, 부유하고 귀한 자는 재물[財][2]로써 사람을 떠나보내고 어진 자[仁人]는 말로써 떠나보낸다고 했네. 나야 부유하지도 귀하지도 못하니 어진 사람이라는 이름을 훔쳐서[3], 이런 말로 그대를 떠나보낼까 하네. '총명하고 깊이 살피는데도 죽음에 가까이 가 있는 사람은 남에 대해 말하기를 좋아하기 때문이고, 아는 것이 많고 분별력이 뛰어난데도 자기 몸을 위험에 빠뜨리는 사람은 남의 나쁜 점을 들추어내기 때문이다. 남의 자식 된 자는 (부모 앞에서) 자기를 내세우는 사심[己]이 있어서는 안 되고, 남의 신하 된 자는 (군주 앞에서) 자기를 앞세우는 사심[己]이 있어서는 안 된다.'"

공자가 주나라에서 노나라로 돌아오자, 제자들이 갈수록 늘었다.

1) 【색은(索隱)】『장자(莊子)』에 이르기를 "공자는 51세 때 남쪽으로 가서 노담(老聃-노자)을 만나보았다"라고 했고 대개 『계가(系家)』에서도 또한 여기에 의거해 말을 하면서도 그 연유에 대해서는 궁구하지 않았는데, 결국 둘 다 틀렸다. 어째서인가? 공자는 (벼슬하다가) 주나라에 갔다는데, 어찌 (노자에게) 예를 물은 때[訪禮]가 곧 17세였겠는가? 또 공자가 노담을 만나 "심하도다! 도리가 행해지지 않음이여"라고 했다는데, 이것이 어찌 17살짜리의 말이겠는가? 그것은 이미 벼슬한 후의 발언일 뿐이다.

2) 【색은(索隱)】『장주(莊周)』에서는 재(財)를 헌(軒)이라고 했다.

3) 【집해(集解)】 왕숙(王肅)이 말했다. "어진 사람이라는 이름을 훔쳤다는 것은 겸손하게 말한 것이다."

이때 진(晉)나라 평공(平公)은 음란했고, 육경(六卿)이 권력을 제 마음대로 하면서 동쪽으로 제후들을 정벌했다. 초나라 영왕(靈王)은 군대가 강해 중원을 깔아뭉개고 있었고[陵轢], 제나라는 큰 나라로 노나라와 가까웠다. 노나라는 영토가 작고 힘이 약해, 초나라에 붙으면 진(晉)나라가 분노했고 진나라에 붙으면 초나라가 쳐들어왔으며 또 제나라에 방비를 하지 않으면 제나라 군대가 노나라를 침략했다.

노나라 소공(昭公) 20년에 공자 나이는 30세 정도였을 것이다. 제나라 경공(景公)이 안영(晏嬰)과 함께 노나라에 왔는데, 경공이 공자에게 물었다. "옛날에 진(秦) 목공(穆公)은 나라가 작고 궁벽한 곳에 있었는데도 어떻게 패주가 되었는가?"

대답해 말했다.

"진은 나라는 비록 작았지만, 그 뜻은 컸고 비록 궁벽한 곳에 있었지만, 그 정치가 정도에 맞았습니다. (목공은) 몸소 오고(五羖)[1]를 발탁해 대부의 작위를 주었으니, 오랏줄을 풀어 감옥에서 나오게 하고는 그와 더불어 사흘 동안 이야기한 다음 그에게 정사를 맡겼습니다. 이렇게 하신다면 얼마든지 왕자(王者)도 될 수 있건만, 패자(霸者)가 되는 것은 쉬운 일입니다."

경공이 기뻐했다.

1) 【정의(正義)】 백리해(百里奚)를 가리킨다.

공자 나이 35세 때, 계평자(季平子)가 후소백(郈昭伯)과의 닭싸움 때문에[1] 노나라 소공(昭公)에게 죄를 지으니 소공이 군대를 이끌고 평자(平子)를 쳤다. 평자와 맹씨(孟氏), 숙손씨(叔孫氏)가 함께 세 집안[三家]을 합쳐서 소공을 공격하니 소공의 군대가 패했다. 소공은 제나라로 달아났고, 제나라는 소공을 간후(乾侯)에 두었다[處=置][2]. 그 후에 얼마 안 가서 노나라에 난이 일어났다.

공자가 제나라로 가서 (제나라 대부) 고소자(高昭子)의 가신이 되어 그를 통해 경공(景公)과 소통하려고 했다. 제나라 태사(太師-음악 책임자)와 음악을 이야기하고 소(韶) 음악을 듣고는 그것을 배웠는데, 석 달 동안 고기 맛을 모르니[3] 제나라 사람들이 그를 칭송했다.

1) 【정의(正義)】『좌전(左傳)』소공(昭公) 25년에 따르면, 계씨와 후소백이 닭싸움을 했는데 계씨는 닭에 갑옷을 입혔고[芥=介] 후씨는 쇠로 발톱을 만들어서 닭 발에 끼웠다고 한다.

2) 두었다는 것은 제후의 예로 대하지 않았다는 말이다.

3) 【색은(索隱)】살펴보건대, 『논어(論語)』에서는 노나라 태사와 음악을 이야기했다고 했으니 제나라 태사가 아니다. 또 「술이(述而)」편에서는 "공자께서 제(齊)나라에 계실 때 소무(韶舞-순임금의 음악)를 듣고서 석 달 동안 고기 맛을 몰랐다"라고 했을 뿐 "배웠다[學之]"라는 말은 없다. 이 둘을 종합해볼 때 이 글은 실상을 잃은 듯하다.

경공이 공자에게 정치에 관해 묻자, 공자는 이렇게 답했다.

"임금은 임금다워야 하고, 신하는 신하다워야 하며, 아버지는 아버지다워야 하고, 자식은 자식다워야 합니다[君君臣臣父父子子]."[1]

공이 말했다.

"좋도다! 진실로 임금이 임금답지 못하고 신하가 신하답지 못하며 아버지가 아버지답지 못하고 자식이 자식답지 못하다면, 설사 곡식이 (많이) 있다 한들 내가 그것을 먹을 수 있겠는가?"[2]

다른 날에 또다시 (경공이) 공자에게 정치에 관해 물었는데, 공자가 말했다.

"(좋은) 정치란 재물을 절약하는 데 달려 있습니다."

경공이 기뻐하며 장차 이계(尼谿)라는 밭을 갖고서 공자를 봉해주려 했다.[3] 안영(晏嬰)이 간언해 말했다.

"무릇 유자(儒者)들은 말재간을 잘 부리지만[滑稽] 법으로 제어할 수가 없습니다. 거만하고 자기 멋대로라서[自順] 아랫사람으로 삼을 수 없습니다. 장례를 숭상해 슬픔을 절제할 줄 모르고 가산을 탕진해가며 두터운 장례를 치르니, 그것을 풍속으로 삼을 수 없습니다. 유세를 다니며 관직과 녹봉을 구하니, 그들에게 나라를 맡길 수 없습니다. 크게 뛰어난 이들[大賢]이 나온[息=生] 이후로 주나라 왕실은 이미 쇠퇴했고 예악이 무너져 엉성하게 되었습니다[4].

지금 공자는 용모를 거창하게 꾸미고서 등급을 오르내리는 예절[登降之

禮]이나 걸음을 크고 작게 하는 절도[趨詳之節]를 번잡하게 하니, 이는 몇 대를 배워도 다 배울 수 없고 평생을 다 바쳐도 그런 예법을 다 행할 수 없습니다. 임금께서 그를 기용해 제나라 풍속을 바꾸려고 하시는데, 이는 백성을 앞에서 인도하는 방도가 아닙니다."

그 뒤로 경공은 공자를 공손하게 만나보면서도 예(禮)에 관해서는 (더는) 묻지 않았다.

다른 날에 경공이 공자를 머물게 하고서는 말했다.

"그대를 계씨처럼 예우하는 것은 나로서는 불가능하다."

이에 계씨와 맹씨(孟氏) 중간쯤으로는 공자를 대우해주었다[5].

제나라 대부들이 공자를 해치려 했는데, 공자도 그 이야기를 들었다. 경공이 말했다.

"내가 늙어서 그대를 쓸 수가 없다."

공자는 드디어 제나라를 떠나서 노나라로 돌아갔다[6].

1) 【집해(集解)】 공안국(孔安國)이 말했다. "당시 진항(陳恒)이 제나라를 좌지우지하고 있어서 임금은 임금답지 못하고 신하는 신하답지 못했다. 그래서 이렇게 대답한 것이다."

2) 이 대화는 『논어(論語)』 「안연(顏淵)」편에서 가져온 것이다.

공안국(孔安國)이 말했다. "장차 위태로워질 수 있음을 말한 것인데, 과연 진씨가 제나라를 멸망시켰다."

3) 【색은(索隱)】 이 이야기는 『안자(晏子)』와 『묵자(墨子)』에 실려 있는데, 글이 근거가 약하고 이상하다.

4) 【색은(索隱)】 상고시대에 크게 뛰어난 이들이 나오자 비로소 예악이 있게 되었고, 주나라 왕실이 쇠미해지자 예악이 무너져 엉성하게 되어버렸다.

5) 【집해(集解)】 공안국(孔安國)이 말했다. "노나라에는 삼경(三卿)이 있었는데 계씨가 상경으로 가장 존귀했고 맹씨는 하경이라 정사를 좌우하지 못했으니, 이

둘의 중간으로 대우했다는 말이다."

6) 이 대화는 『논어(論語)』 「미자(微子)」편에 이렇게 기록되어 있다.

제(齊)나라 경공(景公)이 공자를 예우해 말했다. "계씨(季氏)만큼이라면 내가 해줄 수 없지만, 계씨와 맹씨(孟氏)의 중간쯤으로는 그대를 예우해주겠다." (경공이 또) 말했다. "내가 늙어서 그대를 쓸 수가 없다." 공자는 (즉각) 떠났다[行=去].

공자 나이 42세에 노나라 소공(昭公)이 간후에서 졸하고 정공(定公)이 세워졌다. 정공이 세워진 지 5년째 여름에 계평자가 졸하자 환자(桓子)가 이어서 세워졌다. 계환자(季桓子)가 우물을 파다가 흙 그릇[土缶]을 얻었는데, 그 안에 양(羊) 같은 것이 있어 중니(仲尼)에게 물어 말했다.

"개를 얻었다."[1]

중니가 말했다.

"구(丘)가 들은 바로는 양입니다. 구가 듣건대, 산[木石]의 요물은 기(夔)와 망량(罔閬)[2], 물의 요물은 용(龍)과 망상(罔象)[3], 흙의 요물은 분양(墳羊)[4]이라고 했습니다."

1) **[집해(集解)]** 위소(韋昭)가 말했다. "양을 얻고서 개라고 말한 것은 공자가 박학하다고 하니 그것을 검증해보려는 것이다."

2) 망량(魍魎)으로 쓰기도 한다.

3) 사람을 잡아먹으니, 일명 목종(沐腫)이라고 한다.

4) 전설상의 요괴로 암수 구분이 없다고 한다.

오(吳)나라가 월(越)나라를 쳐서 (월나라 도읍인) 회계(會稽-산 이름)를 허물어뜨렸는데[墮=毀], 수레 길이만 한 큰 인골을 얻었다. 오나라에서 사신을 보내 중니에게 물었다.

"인골 중에 어떤 것이 가장 큽니까?"

중니가 말했다.

"우왕(禹王)이 회계산(會稽山)에 신들을 불렀을 때 방풍씨(防風氏)가 늦게 오니 우왕이 그를 죽이고 그 시신을 백성에게 보여주었는데[戮=陳尸], 뼈가 수레에 가득 찼다고 하니 그것이 가장 큽니다."

오나라 객(客)이 물었다.

"무엇을 신이라 합니까?"

중니가 말했다.

"산천의 신은 족히 천하를 주재하니[紀綱=主宰][1], 그 제사를 주관하는 자[守]를 신이라 부릅니다[2]. 사직(社稷-토지신과 곡식신)을 지키는 것이 공후(公侯)인데, 모두 임금다운 임금[王者]에 속하게 되지요."

객이 물었다.

"방풍씨는 무엇을 지켰습니까?"

중니가 말했다.

"왕망씨(汪罔氏)의 군장[君]으로 봉산(封山)과 우산(禺山)을 지켰는데, 희성(釐姓)이었습니다. 우(虞)·하(夏)·상(商) 나라는 왕망(汪罔)이라 했고, 주(周)나라는 장적(長翟)이라 했으며, 지금은 대인(大人)이라고 합니다[3]."

객이 말했다.

"그 사람들 키는 얼마였습니까?"

중니가 말했다.

"초요씨(僬僥氏)가 석 자[三尺]로 가장 작았습니다. 가장 큰 사람도 이보다 10배를 넘지 않았는데, 숫자상으로는 가장 큰 키입니다."

이에 오나라 객이 말했다.

"훌륭하십니다, 빼어난 이[聖人]시여!"

---

1) 【집해(集解)】위소(韋昭)가 말했다. "족히 천하를 주재한다는 것은 곧 명산대천이 능히 구름을 만들고 바람을 불러와서 천하를 이롭게 할 수 있다는 말이다."

2) 【집해(集解)】 왕숙(王肅)이 말했다. "산천의 제사를 주관하는 자를 신이라고 부른다고 했는데, 이때의 신이란 제후를 가리킨다."

3) 【집해(集解)】 왕숙(王肅)이 말했다. "주나라 초기와 공자가 살던 때도 그 이름에 차이가 있었다."

환자가 총애하는 신하인 중량회(仲梁懷)가 양호(陽虎)와 틈[隙=間]이 있었다. 양호가 회를 내쫓으려고 했으나 공산불우(公山不狃)[1]가 말렸는데, 그해 가을에 회가 더욱 교만하게 굴자, 양호는 회를 체포했다. 환자가 노여워하자, 양호는 그 참에 환자를 가두었다가 서로 맹약을 하고서야 풀어주었다[釋=釋]. 양호는 이때부터 계씨를 더욱 무시했고, 계씨 역시 공실(公室)에 대해 참람되게 행세하면서 배신(陪臣-천자와 배후의 이중 신하)으로서 국정을 움켜쥐었다. 이로써 노나라는 대부 이하가 모두 바른 도리를 벗어나 참람되었다[2]. 그리하여 공자는 벼슬에 나아가지 않고 물러나 『시(詩)』·『서(書)』·『예(禮)』·『악(樂)』을 편찬했고, 이에 제자들이 점점 더[彌=益] 많아졌으니 먼 곳에서도 찾아와 수업을 받지 않는 이가 없었다.

1) 【집해(集解)】 공안국(孔安國)이 말했다. "불우는 계씨의 가신[宰]이었다." 【색은(索隱)】 狃의 발음은 (뉴가 아니라) 여(女)와 구(久)의 반절음이다. 추씨(鄒氏)는 말하기를, 유(蹂)로 되어 있는 판본도 있다고 했다. 『논어(論語)』에는 불요(弗擾)로 되어 있다.

2) 이런 상황에 대해 공자는 『논어(論語)』「계씨(季氏)」편에서 이렇게 말했다. "복록(福祿-천명)이 공실(公室-왕실)에서 떠난 것이 5대이고, 정사가 대부에게로 넘어간 지 4대다. 그러므로 저 삼환(三桓)의 자손이 미미한 것이다."

정공 8년에 공산불우가 계씨에게 뜻을 얻을 수 없자 양호에 기대, 난을 일으켜서 삼환(三桓)의 적자들을 폐하고 서자 중에서 평소 양호와 사이가 좋은 사람을 세우고자 하여, 드디어 계환자를 붙잡았다. 환자는 그를 속이고서 탈출할 수 있었다.

정공 9년에 양호가 이기지 못하자 제나라로 달아났다. 이때 공자 나이 50세였다.

공산불우는 비읍(費邑)를 기반으로 계씨에 반기를 들고 사람을 보내 공자를 불렀다. 공자는 선왕의 도리를 따른 지[循道] 아주 오래되었으나 이를 시험해볼 수 없어 답답해하던[溫溫] 참이었다. 아무도 자기를 써주지 않으니 (공자가) 말했다.

"대개 주나라 문왕과 무왕은 풍(豐)과 호(鎬)에서 일어나 천자가 되었다[1]. 지금 비읍이 비록 작기는 하지만 혹시라도[儻] 그와 비슷할 수 있으리라?"

이에 가려고 하니, (제자) 자로(子路)가 언짢아하면서 공자를 말렸다. 공자가 말했다.

"무릇 나를 부르는 자가 어찌 하릴없이 그랬겠는가? 만일 나를 (제대로) 써주는 이가 있다면 나는 이에 동주(東周)를 만들어보리라!"

그러나 역시 끝내는 가지 않았다[2].

1) [색은(索隱)] 『공자가어(孔子家語)』와 공자의 책들을 검토해보건대 이 말은 어디에도 없다. 그래서 환담(桓譚)도 이를 허무맹랑한 이야기[誣]라고 보았다.

2) 『논어(論語)』 「양화(陽貨)」편에 양호와 공산불요(=공산불우)가 불렀을 때 가려고 했던 공자의 모습이 생생하게 그려져 있다.

그 후에 정공(定公)이 공자를 중도(中都)의 읍재(邑宰)로 삼았는데, 1년이 지나자, 사방(四方)이 모두 공자를 본받았다[1]. 중도 읍재에서 사공(司空-건축 토건 담당)이 되었고, (다시) 사공에서 대사구(大司寇-치안 총책임자)가 되었다.

1) **【색은(索隱)】** 『공자가어(孔子家語)』에는 서방(西方)으로 되어 있다. 왕숙(王肅)이
   말했다. "노나라는 동쪽에 가까웠으니, 그러므로 서쪽 제후들 모두가 공자를
   본받은 것이다."

정공 10년 봄에 제나라와 화친을 맺었다[平=成]. 여름에 제나라 대부 여
서(黎鉏)가 경공(景公)에게 말했다.

"노나라가 공구(孔丘)를 썼으니 그 형세상 제나라를 위태롭게 할 것입
니다."

마침내 노나라에 사신을 보내 우호 회담[好會]을 갖자고 해서 협곡(夾
谷)[1]에서 만나기로 했다. 노나라 정공이 장차 수레만 타고서 (호위병도 없
이) 그냥 가려고 했다. 공자가 재상 일을 대행하고 있었는데[攝], 이렇게 말
했다.

"신이 듣건대, 문(文)과 관련된 일에는 반드시 무비(武備)가 있어야 한다
고 했습니다. (그래서) 옛날에는 제후가 국경[疆]을 나서면 반드시 문무 관
원들을 갖춰 따르게 했으니, 청컨대 좌우 사마(司馬-군사 책임자)를 갖추십
시오."

정공이 말했다.

"그렇게 하라."

좌우 사마를 갖추었다.

협곡에서 제후(齊侯)를 만나게 되었는데, 단위(壇位)를 만들고 3단계 흙
계단을 만든 뒤 회동하는 예법에 따라 서로 만나서 읍양(揖讓)하고는 단 위
로 올랐다. 서로 술을 주고받는 예가 끝나자, 제나라 유사(有司-담당 관리)가
빠른 걸음으로 나아와 말했다.

"사방의 음악을 연주할 것을 청합니다."

경공이 말했다.

"그렇게 하라."

이에 각종 깃발, 우발(羽被-깃털로 장식한 오랑캐 옷), 창검을 들고 북을 치며 떠들썩하게 악대가 이르렀다. 공자가 종종걸음으로 나아가 계단을 한 단계씩 오르다가 마지막 한 계단은 오르지 않은 채 긴 소매를 쳐들고 말했다.

"우리 두 임금께서 우호를 위해 만나셨는데 어찌 이적(夷狄-오랑캐)의 음악을 여기서 연주하게 합니까? 청컨대 유사(有司)에 명을 내리소서!"

유사가 물러가게 했으나 그들은 물러가지 않았다. (공자가) 안자(晏子)와 경공을 좌우로 훑어보니, 경공이 내심 부끄러워하며 손짓으로[麾] 물러가게 했다. 얼마 후에 제나라 유사가 종종걸음으로 나아와 말했다.

"청컨대 궁중 음악을 연주하소서."

경공이 말했다.

"그렇게 하라."

광대와 난쟁이[侏儒]들이 재주를 부리며 앞으로 나오니, 공자가 종종걸음으로 나아가 계단을 한 단계씩 오르다가 마지막 한 계단은 오르지 않은 채 말했다.

"필부로서 제후를 현혹하는[熒惑] 자는 그 죄가 주살에 해당합니다! 청컨대 유사(有司)에 명을 내리소서!"

유사가 법을 집행해 손발을 잘랐다[手足異處].

경공은 두려우면서도 감동해[動=動心], 마땅함이 상대보다 못하다는 것을 알고서는 돌아와 크게 두려워하며 여러 신하에게 말했다.

"노나라는 군자의 도리로써 임금을 보좌하는데, 그대들은 단지 오랑캐의 도리로써 과인을 가르쳐 과인으로 하여금 노나라 임금에게 죄를 짓게 했다. 이를 어찌하면 좋은가?"

유사가 나아와 대답해 말했다.

"군자는 잘못을 하면 실질적으로[質] 사죄하고, 소인은 잘못을 하면 말로만[文] 사죄합니다. 임금께서 만약에 신경이 쓰이신다면 실질적으로[實=質] 사죄하면 됩니다."

이에 제후(齊侯)가 마침내 침략했던 노나라 운(鄆), 문양(汶陽), 구음(龜陰)[2]의 땅을 되돌려줌으로써 자기 잘못을 사과했다.

1) 【집해(集解)】 서광(徐廣)이 말했다. "사마표(司馬彪)가 말하기를, 지금의 축기현(祝其縣)에 있다고 했다."

2) 【정의(正義)】 제나라는 자기들이 침략했던 구음 땅을 되돌려줌으로써 노나라에 사죄했고, 노나라는 이곳에 성을 쌓아 공자의 공로를 기리고 그 성 이름을 사성(謝城)이라고 했다.

정공 13년 여름에 공자가 정공에게 말했다.

"신하는 무기를 쌓아두어서는 안 되고, 대부는 100치(雉)[1]를 넘는 성을 가져서는 안 됩니다."

(공자가) 중유(仲由-제자 자로)를 계씨의 가신[宰]이 되게 해서 장차 삼도(三都)[2]를 무너뜨리려 했다. 이에 가장 먼저 숙손씨(叔孫氏)가 지닌 후읍(郈邑)(의 성)을 무너뜨렸다. 계씨가 장차 비읍(費邑)을 무너뜨리려 하자 공산불우와 숙손첩(叔孫輒)이 비읍 사람들을 이끌고 노나라를 습격했다. 정공이 삼자(三子)[3]와 함께 계씨의 궁으로 들어가서 계무자(季武子)의 누대로 올라가자, 비읍 사람들이 그곳을 공격했는데, 이기지는 못한 채 정공 옆까지 쳐들어왔다[4]. 공자가 (노나라 대부) 신구수(申句須), 악기(樂頎)에게 명을 내려 그들을 치게 하니 비읍 사람들이 패배했다[北=敗北]. 나라 사람들이 뒤쫓아 고멸(姑蔑)에서 그들을 꺾었다. 공산불우와 숙손첩 두 사람은 제나라로 달아났고, 드디어 비읍(의 성)을 무너뜨렸다.[5] 성읍(成邑)을 무너뜨리려 하는데, (성읍 읍재) 공렴처보(公斂處父)가 맹손(孟孫)에게 말했다.

"성읍의 성이 무너지면 제나라 사람들이 분명히 북문에까지 쳐들어올 것입니다. 또 성읍은 맹씨의 보루[保障=堡障]이니, 성읍이 없으면 곧 맹씨도 없습니다. 우리는 장차 무너뜨릴 수 없습니다."

12월에 공이 성읍을 에워쌌으나 이기지 못했다.

1) 성벽의 넓이를 재는 단위다.

2) 【집해(集解)】복건(服虔)이 말했다. "삼도는 삼가(三家)의 읍이다."

3) 【집해(集解)】복건(服虔)이 말했다. "계손·맹손·숙손을 말한다."

4) 【집해(集解)】복건(服虔)이 말했다. "사람들이 쳐들어와서 공의 누대 옆에 이른 것이다."

5) 『좌씨전(左氏傳)』에는 이 일이 정공 12년에 일어난 것으로 기록했다.

정공 14년에 공자 나이 56세였는데, 대사구(大司寇)로서 재상의 일을 대행하게 되자 기뻐하는 기색이 있었다.

어떤 제자가 말했다.

"들건대, 군자는 화가 닥쳐도 두려워하지 않고 복이 찾아와도 기뻐하지 않는다고 했습니다."

공자가 말했다.

"'귀한 신분이면서도 남들에게 몸을 낮추는 것[下人]을 즐긴다'라는 말도 있지 않더냐?"

이에 노나라 대부로서 정치를 어지럽힌 소정묘(少正卯, ?~?)[1]를 주살했다. 국정에 참여해 국정을 들은 지 석 달이 되자, 양과 돼지를 파는 사람들은 값을 속이지 않았고 남녀가 길을 갈 때는 서로 다른 길을 따라 걸었으며 길에 물건이 떨어져 있어도 줍는 이가 없었다. 사방의 손님 중에서 읍을 방문하는 자는 따로 유사(有司)를 찾아가지 않아도 되었으니, 그들이 원하는 것을 모두 주어 돌아가게 했다.

1) 노(魯)나라 사람으로 묘(卯)가 이름이다. 소정(少正)은 복성(複姓)인데, 관직명이라고도 한다. 노(魯) 정공(定公) 때 대부를 지냈다. 전하는 말로는 공자(孔子)와 같은 시기에 강학(講學)했는데 여러 차례 공자의 제자들을 자기 문하로 흡입했기 때문에, 공자의 문하가 세 번 찼다가 세 번 비었다고 한다. 천하의 다섯 가지 대악(大惡), 즉 마음을 거슬러서 위험하고, 간사함을 행해 고체(固滯)하고, 거짓말을 하면서 변명하고, 추악한 것을 기억하면서 박식하다 하고, 그른 것을 쫓아서 번지르르하게 꾸며 나라 정치가 어지러워지자, 공자가 섭정(攝政)할 당시 주살(誅殺)했다고 한다. 이 사건은 『사기』「공자세가(孔子世家)」와 『공자가어(孔子家語)』「시주(始誅)」편, 『순자(荀子)』「유좌(宥坐)」편 등에 기록되어 있다. 정공 12년(기원전 498년) 대사구(大司寇)가 된 지 7일째 되는 날, 공자는 정치를 문란하게 한 소정묘를 죽여서 시체를 사흘 동안 궁정에 내걸었다고 한다. 그러나 사실 여부를 둘러싼 논란이 계속 이어졌다.

제나라 사람(경공)이 이를 듣고 두려워하며 말했다.

"공자가 정치를 맡으면 (노나라는) 반드시 패주(霸主)가 될 것이고, 패주가 되면 노나라와 가까운 우리가 가장 먼저 합병될 것이다. 어찌 노나라에 땅을 떼어주지 않는가?"

여서(黎鉏)가 말했다.

"청컨대, 먼저 시험 삼아 저들의 선정을 막아보아야 합니다. 막다가 안 되면 그때 가서 땅을 떼어 준다 하더라도 어찌[庸=安] 늦겠습니까?"

이에 제나라 도성에 있는 여자 가운데 미인 80명을 선발해서 모두 화려한 옷을 입히고 강락무(康樂舞)를 추게 하고는 장식한 말[文馬] 120필과 함께 노나라 임금에게 보냈다. 여악(女樂)과 장식한 말들이 노나라 도성 남쪽의 고문(高門) 밖에 진열되자 계환자(季桓子)는 평상복 차림으로 가서 몇 차례 살펴보고는 장차 받으려 했고, 마침내 노나라 임금에게 각 지역을 순시하겠다고 말하고는 그곳으로 가서 하루 종일 구경하면서 정사를 게을리했다. 자로(子路)가 말했다.

"선생님께서 노나라를 떠날 때가 되었습니다."

공자가 말했다.

"노나라에 이제 곧 교(郊) 제사가 있을 터인데, 만약에 대부들에게 제사 지낸 고기[膰=祭肉]를 나눠준다면 나는 그냥 머물러 있을 것이다."

환자는 결국 제나라 여악을 받아들이고는 사흘 동안 국정을 듣지 않더니, 또 교제사를 지낸 뒤에는 대부들에게 제사 지낸 고기를 나눠주지 않았다. 공자가 드디어 떠나서[行=去] (노나라 남쪽) 둔읍(屯邑)에서 묵었는데, 악사 기(己)가 전송하며 말했다.

"선생님께는 죄가 없습니다."

공자가 말했다.

"내가 노래를 불러도 되겠는가?"

공자가 이렇게 노래했다.

"저 여인네의 입은 (뛰어난 신하를) 떠나가게 할 수 있고[彼婦之口 可以出走]

저 여인네의 청탁은 사람을 죽일 수도, 나라를 망하게 할 수도 있네[彼婦之謁 可以死敗]!

그저 한가로이 떠돌다가 한세상 잘 마치리라[蓋優哉游哉 維以卒歲]!"

악사 기가 돌아오자, 환자가 물었다.

"공자가 실로 뭐라고 하던가?"

악사 기가 사실대로 고했다.

환자가 크게 탄식하고서 말했다.

"공자는 내가 여러 비첩을 받아들인 것을 갖고서 나를 나무라는구나!"

공자가 드디어 위(衛)나라에 이르러 자로의 처형 안탁추(顔濁鄒) 집에 머물면서 그를 주인으로 삼았다[1].

위나라 영공(靈公)이 공자에게 물었다.

"노나라에 있을 때는 녹봉이 얼마였는가?"

대답해 말했다.

"곡식 6만[2]을 받았습니다."

위나라 사람도 곡식 6만을 주었다. 머문 지 얼마 안 되어 누군가가 공자를 위 영공에게 참소하니, 영공은 공손여가(公孫余假)를 시켜 (공자가 있는 곳을) 드나들게 했다[3]. 공자는 죄를 얻게 될까 두려워서 머문 지 열 달 만에 위나라를 떠났다.

1) 『맹자(孟子)』에는 이와 다른 맹자 말이 실려 있다. "위나라에 머무를 때는 안수유(顔讐由) 집에 거처하면서 그를 주인으로 모셨다. (당시 위나라 영공의 총애를 받던) 미자하(彌子瑕=彌子)의 아내와 (공자 제자인) 자로(子路)의 아내는 자매간이었다. (그때) 미자하가 자로에게 말하기를 '공자께서 만일 내 집에 거처하시면서 나를 주인으로 모신다면 위나라의 경(卿) 자리는 얻을 수 있을 것'이라고 했다. 자로가 이 말을 전하자, 공자는 말했다. '(모든 일에는) 천명이 있다.' 공자께서는 (항상) 예(禮)로써 (벼슬길에) 나아가고 의리로써 (벼슬길에서) 물러났으니, 벼슬자리를 얻고 못 얻고는 (미자하의 뜻에 달린 것이 아니라) '천명에 달렸다'라고 말씀한 것이다."

2) 【색은(索隱)】 만약에 6만 석이었으면 너무 크다. 이는 6만 두였을 것이다.

3) 【색은(索隱)】 군사를 두어 출입하게 함으로써 공자를 겁박한 것이다.

공자가 장차 진(陳)나라로 가려 하면서 광(匡) 땅을 지나갔는데, 안각(顔刻)이 말을 몰다가 말채찍으로 한곳을 가리키며 말했다.

"예전에 제가 이곳에 들어올 때는 저 무너진 틈을 통해 들어왔습니다."[1]

광(匡) 땅 사람들이 이를 듣고는 공자를 노나라 양호(陽虎)라고 여겼고, 양호가 일찍이 광 땅 사람들에게 사납게 군 적이 있었기에 광 땅 사람들은 이에 드디어 공자를 저지했다. 공자의 모습이 양호와 비슷했기 때문이다. 닷새 동안 억류당해 있다가, 안연(顔淵)이 뒤늦게 오자 공자가 말했다.

"나는 네가 죽은 줄 알았다."

말했다.

"스승님께서 아직 살아 계신데 회(回)가 어찌 감히 (먼저) 죽을 수 있겠습니까?"[2]

광 땅 사람들이 공자를 붙잡고서 더욱 심하게 압박하자 제자들이 두려워했는데, 공자가 말했다.

"문왕(文王)이 이미 돌아가셨지만 문(文)이 이 몸에 있지 않은가? 하늘이 장차 이 문을 없애려 했다면 뒤에 죽는 내가 이 문에 참여할 수 없었을 것이다. 하늘이 아직 이 문을 없애려 하지 않으니, 광 땅 사람들이 나를 어떻게 하겠는가?"[3]

공자가 자기를 따르던 사람을 보내 위(衛)나라 영무자(寧武子)[4]의 가신이 되게 한 다음에야 벗어나 떠날 수 있었다.

1) **[정의(正義)]** 금조(琴操)가 말했다. "공자가 광의 성곽 밖에 이르렀을 때 안연(顏淵)이 말채찍을 들어 광 땅 성의 구멍 뚫린 담을 가리키면서 말했다. '예전에 양화(陽貨)와 함께 바로 이 틈을 통해 들어왔습니다.' 광 땅 사람들이 이를 듣고서 자기 주군에게 말했다. '예전의 양화가 지금 다시 왔습니다.' 마침내 무리를 이끌고 여러 날 동안 공자를 에워쌌다. 이에 화답해 거문고를 연주하며 노래를 불렀는데, 음과 곡이 매우 슬펐다. 이에 폭풍이 불어와 군사를 때리니 (군사들이) 바람에 쓰러졌다. 그러자 광 땅 사람들은 공자가 성인이라는 것을 알아차리고서 포위를 스스로 풀었다."

2) 『논어(論語)』 「선진(先進)」편에 나온다.

3) 『논어(論語)』 「자한(子罕)」편에 나온다.

4) 춘추시대 위(衛)나라 사람으로, 위나라 문공(文公)과 성공(成公) 때 대부를 지냈다. 성공이 무도해 진(晉)나라가 공격해 오자 나라를 잃고 초(楚)나라와 진(陳)나라로 달아났다가 결국 진후(晉侯)에게 사로잡혔는데, 이때 그가 어려움을 무릅쓰고 여러 가지로 주선해 목숨을 보전할 수 있었다. 나라에 도(道)가 행해질 때는 지혜(智慧)를 발휘했고 어지러울 때는 어리석은 척해 몸을 잘 보전했다고 공자가 평했다.

(광을) 떠나서 바로 포향(蒲鄕)으로 갔다. 한 달 남짓 있다가 다시 위나라로 돌아와 거백옥(蘧伯玉) 집에 머물면서 그를 주인으로 모셨다. 영공의 부인 중에 남자(南子)가 있었는데, 사람을 시켜 공자에게 말했다.

"사방의 군자 중에 과군(寡君-자기 임금)과 형제처럼 지내고 싶어 하는 사람은 반드시 과소군(寡小君-남자)을 만나봅니다. 우리 과소군께서 만나고 싶어 하십니다[1]."

공자가 사양하다가 어쩔 수 없이 그녀를 만나보았다. 부인(夫人)은 고운 갈포 휘장[絺帷] 안에 있었다. 공자가 문으로 들어가서 북쪽을 향해[北面] 머리를 숙였다. 부인도 휘장 안에서 두 번 절했는데, 허리에 찬 패물과 옥구슬이 맑은 소리를 냈다.

(남자를 만나고 나온) 공자가 말했다.

"내가 처음에는 만나보고 싶지 않았는데, 일단 만난 이상 예로써 대답했을 뿐이다."

자로가 기뻐하지 않았다. 공자가 맹세하며 말했다.

"내가 잘못된 짓을 했다면 하늘이 나를 싫어할 것이다. 하늘이 나를 싫어할 것이다."[2]

위나라에 한 달 남짓 머물렀을 때 영공이 부인과 함께 수레를 타고 환관 옹거(雍渠)를 참승(參乘)으로 하여 옆에 태우고 외출했는데, 공자로 하여금 뒤 수레를 타고 오게 하면서 거드름을 피우며 저잣거리를 지나갔다. 공자가 말했다.

"나는 덕이 있는 사람(-공자 자신)을 좋아하기를 여색을 좋아하는 것처럼 하는 자를 본 적이 없다."[3]

이에 그 일을 추하게 여겨서 위나라를 떠나 조(曹)나라로 갔다. 이해에 노(魯)나라 정공(定公)이 졸했다.

1) 『논어(論語)』 「계씨(季氏)」편에 나오는 칭호와 관련된 언급이다. "나라 임금의 아내를 임금이

부를 때는 부인(夫人)이라 하고, 부인이 스스로를 칭할 때는 소동(小童)이라고 한다. 그 나라 사람들이 임금 아내를 칭할 때는 군부인(君夫人)이라 하고, 다른 나라에 말할 때는 과소군(寡小君)이라 하고, 다른 나라 사람이 칭할 때는 역시 군부인이라고 한다."

2) 『논어(論語)』 「옹야(雍也)」편에 나온다.

3) 『논어(論語)』 「자한(子罕)」편에 나온다.

공자가 조나라를 떠나 송(宋)나라로 가서[1] 제자들과 함께 큰 나무 아래에서 예(禮)를 강습했다. 송나라 사마(司馬) 환퇴(桓魋)가 공자를 죽이고자 하여 그 나무를 뽑아버렸다. 공자가 떠났다. 제자들이 말했다.

"빨리 가는 것이 좋겠습니다."

공자가 말했다.

"하늘이 나에게 다움[德]을 내려주었으니, 환퇴(桓魋)라 한들 나를 어찌하겠는가?"[2]

1) 【집해(集解)】 서광(徐廣)이 말했다. "「연표」에 따르면, 정공 13년에 공자는 위나라에 이르렀고 14년에 진(陳)나라로 갔으며, 애공 3년에 공자는 송나라에 갔다."

2) 『논어(論語)』 「술이(述而)」편에 나온다.

공자가 정(鄭)나라에 갔다가 제자들과 서로를 놓쳐서[相失] 공자 홀로 성곽 동문에 서 있었다. 정나라 사람 중에 누군가가 자공(子貢)에게 말했다.

"동문에 어떤 사람이 있었는데, 이마는 요(堯)임금과 비슷하고 목은 고요(皐陶)와 닮았으며 어깨는 자산(子産)과 같았습니다. 그런데 허리 아래는 우왕(禹王)보다 세 치 정도 짧았습니다. 풀 죽은 모습[纍纍]이 마치 상갓집 개[1]와 같았습니다!"

자공이 공자에게 있는 그대로 일러주었다. 공자가 흔연하게 웃으면서 말했다.

"그가 말한 모습은 그렇지 않지만, 상갓집 개와 비슷하다고 한 말은 맞도다! 맞도다!"

1) 【집해(集解)】 왕숙(王肅)이 말했다. "상갓집 개는 주인이 너무 슬퍼하느라 먹을 것을 챙겨주지 못하므로 풀이 죽어[纍然] 뜻을 잃게 되니, 공자는 난세에 태어나 도리를 실행하지 못했으므로 풀이 죽어 뜻을 얻지 못한 모습이었다."

공자가 드디어 진(陳)나라에 이르러 사성정자(司城貞子) 집에 머물며 그를 주인으로 삼았다. 1년쯤 지났을 때, 오왕(吳王) 부차(夫差)가 진(陳)나라를 쳐서 세 읍을 차지하고 떠났다. (진(晉)나라) 조앙(趙鞅)이 (조나라) 조가(朝歌)를 쳤다. 초나라가 채(蔡)나라를 에워싸자 채나라(임금)는 오나라로 옮겨갔다. 오나라는 월왕(越王) 구천(句踐)을 회계(會稽-산)에서 꺾었다.

어느 날 새매[隼] 1마리가 진(陳)나라 궁정에 떨어져 죽은 일이 있었다. 싸리나무 화살이 몸을 꽂혀 있었는데, 화살촉은 돌이었고 화살 길이는 1척 8촌이었다. 진나라 민공(湣公)이 사자를 보내 중니(仲尼)에게 물었다. 중니가 답했다.

"매는 멀리서 왔으니, 이것은 숙신(肅慎)[1]의 화살입니다. 옛날에 무왕(武王)이 상나라를 이기고 구이백만(九夷百蠻)들과 통하는 길을 열어, 그들로 하여금 지방 특산물로 조공을 바치게 함으로써 각자 해야 할 직책과 의무[職業=職貢]을 잊지 않게 했습니다. 이에 숙신이 싸리나무 화살과 돌화살촉을 공물로 바쳤는데, 길이가 1척 8촌이었습니다. 선왕(-무왕)께서는 자신의 아름다운 다움[令德]을 밝히고자 숙신의 화살을 대희(大姬)[2]에게 나눠주고 우(虞)의 호공(胡公)에게 시집보냈으며 호공을 진(陳)나라에 봉해주었습니다. 동성 제후들에게는 진귀한 옥을 나눠줌으로써 친근함을 중시하면서[展=重][3] 이성 제후들에게는 먼 곳의 공물을 나눠줌으로써 복종해야 함을 잊지 않게 한 것입니다. 이 때문에 당시 진나라에는 숙신의 화살을 나눠 주었습니다."

옛날 창고[故府=舊府]를 찾아보게 했더니 과연 그 화살을 얻을 수 있었다.

1) 【정의(正義)】 『숙신국기(肅愼國記)』에서 이렇게 말했다. "그 땅은 부여국 동북쪽으로 강을 따라 60일 거리에 있다. 활은 4척이고 강해서 쇠뇌를 쏘면 400보를 간다. 지금의 말갈(靺鞨) 주변이 이곳이다."

2) 【집해(集解)】 위소(韋昭)가 말했다. "대희는 무왕의 큰딸[元女]이다."

3) 【집해(集解)】 위소(韋昭)가 말했다. "옥이란 하후씨의 옥을 말한다."

공자가 진(陳)나라에 머문 지 3년이 되었을 때, 마침 진(晉)나라와 초(楚)나라가 강함을 다투면서 번갈아 가며 진나라를 쳤고 오나라 또한 진나라를 침략했으니, 진나라는 늘 침략을 당하고 있었다. 공자가 말했다.

"돌아가자! 돌아가자! 내 당의 제자들은 뜻은 크지만 일에는 거칠구나[狂簡]! 나아가려는 기상만 있어 그 초심을 잊지 않을 뿐이구나!"[1]

이에 공자는 진나라를 떠났다.

1) 『논어(論語)』 「공야장(公冶長)」편에는 조금 다른 내용으로 실려 있다. "돌아가자! 돌아가자! 내 당의 제자들은 뜻은 크지만 일에는 거칠어서[狂簡], 꾸며내는 것은 찬란하지만 그것을 제대로 마름질할 줄을 모른다." 이 말은 뒤에 다시 나온다.

포(蒲) 땅을 지날 때, 마침 공숙씨(公叔氏)가 포 땅을 끼고 반란을 일으켰기 때문에 포 땅 사람들이 공자를 막았다. 제자 중에 공량유(公良孺)라는 자가 개인 수레 5대로 공자를 따르고 있었다. 그 사람됨이 건장하고 뛰어났으며 용기와 힘이 있었다.

그가 말했다.

"제가 예전에 선생님을 따르다가 광(匡) 땅에서 어려움을 만났는데, 지금 또 여기서 어려움을 만났으니 명(命)일 뿐입니다. 제가 선생님과 다시 난을 겪느니[罹難=遇難] 차라리[寧] 싸우다가 죽겠습니다."

싸움이 상당히 격렬했다. 포 땅 사람들이 두려워하며 공자에게 말했다.

"만일 위(衛)나라로만 가지 않는다면 그대를 보내주겠소."

약속을 하자 공자를 동문으로 내보내 주었다. 공자는 결국 위나라로 갔다. 자공이 말했다.

"약속을 저버려도 됩니까?"

공자가 말했다.

"강요된 약속[要盟]은 귀신도 따르지 않는다."

위(衛) 영공(靈公)은 공자가 온다는 말을 듣고는 기뻐서 교외까지 나와 맞이했다. 공자에게 물었다.

"포 땅을 칠 수 있겠는가?"

대답해 말했다.

"칠 수 있습니다."

영공이 말했다.

"우리 대부들은 쳐서는 안 된다고 한다. 지금 포 땅은 위나라로 하여금 진(晉)나라와 초나라를 상대할 수 있게 하는 울타리와 같은 곳인데[1], 위나라가 그런 곳을 치는 것은 안 되지 않겠는가?"

공자가 말했다.

"그곳 남자들은 죽을 각오가 되어 있고[2], 부인들은 서하(西河)를 지킬 의지가 있습니다[3]. 우리가 토벌하려는 자는 네다섯 명에 지나지 않습니다[4]."

영공이 말했다.

"좋도다."

그러나 포 땅을 치지는 않았다.

1) 【정의(正義)】 위나라는 복주(濮州)이고 포 땅은 활주(滑州)에 있으니, 위나라 서쪽이다. 한(韓)·위(魏)·초(楚) 나라가 서쪽에서 동쪽을 향해 치게 될 경우, 앞에는 포 땅이 있게 되고 뒤에는 위(衛)나라가 있게 된다.

2) 【집해(集解)】 왕숙(王肅)이 말했다. "공숙씨는 포 땅을 갖고서 다른 나라로 가려고 하지만, 남자들은 죽더라도 다른 나라로 가려는 생각이 없었다."

3) 【집해(集解)】 왕숙(王肅)이 말했다. "부인들은 두려워했으니, 서하를 지키려 하지만 싸우려는 뜻은 없었다."

4) 【집해(集解)】 왕숙(王肅)이 말했다. "공숙과 함께 반란을 일으킨 자들뿐이라는 말이다."

영공이 늙어서 정사에 게을러 공자를 쓰지 않았다. 공자가 크게 한숨을 쉬며 탄식해 말했다.

"만약에 나를 써주는 자가 있다면 한 달만 되어도 (얼마든지) 가능성을 확인할 것이고, 3년이면 (어느 정도) 이뤄짐이 있을 것이다."[1]

공자는 (위나라를) 떠났다.

1) 『논어(論語)』「자로(子路)」편에 나오는 말이다.

필힐(佛肸)이 중모(中牟) 읍재[宰][1]가 되었다. 조간자(趙簡子)가 범씨(范氏)와 중항씨(中行氏)를 공격하고 중모를 쳤다. 필힐이 반란을 일으키고는 사람을 시켜 공자를 불렀다. 공자가 가리고 했다. 자로(子路)가 말했다.

"예전에 유(由-자로)가 스승님께 듣건대, '자기 몸에 좋지 못한 짓을 하는

자들에게는 군자가 들어가서는 안 된다'라고 하셨습니다. 지금 필힐은 중모
(中牟)를 근거지로 삼아 반란을 일으켰는데, 스승님께서 가신다니 어째서
입니까?"

공자가 말했다.

"그렇다. (그러나) 이런 말도 있다. '단단하다고 하지 않겠는가? 갈아도 얇
아지지[磷=薄] 않는구나. 희다고 하지 않겠는가? 물들여도[涅=染] 검어지
지 않는구나.' 내 어찌 조롱박 같아서 매달려 있기만 하고 먹지도 못하는 자
이겠는가?"

1) 【집해(集解)】 공안국(孔安國)이 말했다. "진(晉)나라 대부 조간자(趙簡子)의 읍재
　 가 된 것이다."

공자가 (위(衛)나라에서) 경쇠[磬]를 두드리고 있는데, 삼태기를 지고서
[荷簣] 공자의 문 앞을 지나가는 이가 말했다.

"(세상에 대한) 마음이 있구나, 경쇠를 두드림이여! 저 경쇠의 단단한 울림
이여! 자기를 알아주지 않으면 이에 그만둘 뿐이로다."

공자가 악사 양자(襄子)[1]로부터 거문고 타는 법을 배웠는데, 열흘이 넘
도록 나아지지 않았다. 악사 양자가 말했다.

"진도를 나가도 되겠습니다."

공자가 말했다.

"내가 이미 이 곡은 익혔지만, 아직 연주 기술[數]은 터득하지 못했소."

얼마 뒤에 (양자가) 말했다.

"이미 그 기술은 익혔으니, 진도를 나가도 되겠습니다."

공자가 말했다.

"내가 아직 그 뜻[志]을 터득하지 못했소."

얼마 뒤에 (양자가) 말했다.

"이미 그 뜻을 익혔으니, 진도를 나가도 되겠습니다."

공자가 말했다.

"내가 아직 그 사람됨을 깨닫지 못했소."

얼마 뒤에 (공자가) 말했다.

"가만히 깊은 생각에 빠져 있으면서 즐거운 마음으로, 높은 곳을 바라보고 원대한 뜻을 갖게 되었소."

그리고 공자가 말했다.

"내가 그 곡 속의 사람됨을 알게 되었소. 검은 얼굴에 큰 키, 멀리 바라보는 빛나는 눈이 사방을 다스리는 왕과 같으니, 문왕(文王)이 아니고서야 누가 능히 이럴 수 있겠소!"

악사 양자가 자리에서 일어나[辟席=避座] 두 번 절하고 말했다.

"제 스승께서 아마도 '문왕조(文王操)'일 것이라고 말씀하셨습니다."

1) 【색은(索隱)】『가어(家語)』에서 악사 양자가 말하기를 "나는 비록 경쇠를 담당하고 있지만 거문고에도 능하다"라고 했으니, 아마도 악사 양자는 노나라 사람인 듯하다. 『논어(論語)』에서 "경쇠 치던 양"이라고 한 것이 바로 이 사람을 말한 것 같다.[『논어(論語)』「미자(微子)」편이다. "큰북을 치던 방숙(方叔)은 하내(河內)로 들어갔고, 작은북을 흔들던 무(武)는 한중(漢中)으로 들어갔고, 소사(少師) 양(陽)과 경쇠 치던 양(襄)은 바다로 들어갔다."]

공자는 이미 위(衛)나라에서 등용될 수 없게 되자 장차 서쪽으로 가서 조간자(趙簡子)를 만나려 했다. 황하에 이르러 두명독(竇鳴犢)과 순화(舜華)가 죽었다는 이야기를 듣고[1]는 황하를 바라보며 탄식해 말했다.

"아름답도다, 저 강이여! 넓디넓구나! 내가 이 강을 건너지 못하는 것은 명(命)이로구나!"

자공(子貢)이 종종걸음으로 나아와 말했다.

"감히 여쭙니다. 무슨 말씀이십니까?"

공자가 말했다.

"두명독과 순화는 진(晉)나라의 뛰어난 대부였다. 조간자가 아직 뜻을 얻지 못하다가 모름지기 이 두 사람을 얻고서야 정치에 참여할 수 있었다. 그런데 이미 뜻을 이루자 두 사람을 죽이고 마침내 정권을 장악했다. 내가 듣건대 배를 갈라 태아를 꺼내 어린것을 죽이면 기린(麒麟)이 교외에 이르지 않고, 연못을 마르게 하여 물고기를 잡으면 교룡(蛟龍)이 음양의 조화를 부리지 않으며, 둥지를 뒤엎어 알을 깨면 봉황(鳳凰)이 날아오지 않는다고 했다. 왜 그렇겠느냐? 군자는 자기와 같은 부류를 상하게 하는 일을 꺼린다. 무릇 새나 짐승조차도 마땅하지 못한 일[不義]을 오히려 피할 줄 아는데, 하물며 나야 말할 필요가 있겠느냐?"

마침내 추향(陬鄕)으로 돌아가 쉬면서 '추조(陬操)'를 지어 (두명독과 순화를) 애도[2]했다. 얼마 뒤에 위(衛)나라로 돌아가 거백옥(蘧伯玉) 집에 머물면서 그를 주인으로 섬겼다.

1) 【집해(集解)】 서광(徐廣)이 말했다. "판본에 따라 (두명독이) 명탁두주(鳴鐸竇犨)로 되어 있고, 다른 판본에는 두주명독(竇犨鳴犢)으로 되어 있다." 【색은(索隱)】 『가어(家語)』에서는 "조간자가 두주명독과 순화를 죽였다는 말을 들었다"라고 했다.

2) 【집해(集解)】 왕숙(王肅)이 말했다. "추조는 거문고 곡 이름이다." 【색은(索隱)】 이 추조는 노나라 추읍(陬邑)이 아니다. 『가어(家語)』에서는 반조(槃操)라고 했다.

어느 날 영공(靈公)이 공자에게 진법[兵陳=軍陳行列之法]에 관해 묻자, 공자가 말했다.

"조두(俎豆-제기)의 일이라면 일찍이 들어본 적이 있지만, 군대의 일은 아직 배운 바 없습니다[1]."

다음 날 (영공은) 공자와 함께 이야기하던 중에 날아가는 기러기를 보고서는 한참을 올려다보며 공자에게 얼굴을 돌리지 않았다. 공자가 드디어 떠나서 다시 진(陳)나라로 갔다.

1) 【집해(集解)】 정현(鄭玄)이 말했다. "1만 2,000인이 군(軍), 500인이 여(旅)다. 군려는 말단의 일이니, 근본이 세워지지 않으면 말단으로 가르칠 수 없다."

여름에 위(衛)나라 영공(靈公)이 졸하고[1] 손자 첩(輒)을 세우니 이 사람이 위(衛) 출공(出公)이다. 6월에 조앙(趙鞅)이 척(戚-위나라와 가까운 진나라 땅)에 태자 괴외(蒯聵)를 받아들였다[入=納]. 양호(陽虎)가 태자에게 상복[絰]을 입게 한 뒤 8명에게 상복을 입혀 위(衛)나라에서 (태자를) 맞이하러 온 사람들인 것처럼 위장시켜서 곡하며 척에 들어와서는 드디어 머물렀다. 겨울에 채(蔡)나라가 주래(州來)로 도읍을 옮겼다. 이해는 노나라 애공(哀公) 3년으로 공자의 나이 60세였다. 제나라가 위나라를 도와 척 땅을 에워쌌는데, 위나라 태자 괴외가 그곳에 있었기 때문이다.

1) 【색은(索隱)】 이는 노나라 애공 2년의 일이다.

여름에 노나라 환공(桓公)과 희공(釐公)의 사당에 불이 났고, 남궁경숙(南宮敬叔)이 불을 껐다[救火]. 공자가 진(陳)나라에 있다가 이 소식을 듣고 말했다.

"화재는 분명 환공과 희공의 사당일 것이다."

얼마 후 알아보니 과연 그러했다.

가을에 계환자(季桓子)가 큰 병이 나자, 가마를 타고 노나라 도성을 바라보면서 크게 한숨을 쉬고 탄식하며 말했다.

"옛날에 이 나라가 거의 흥할 수 있었는데, 내가 공자에게 죄를 지었기 때문에 흥하지 못한 것이다."

후계자 강자(康子)를 돌아보며 말했다.

"내가 죽으면 네가 분명 노나라 재상이 될 것이다. 재상이 되거든 반드시 중니(仲尼)를 불러라."

며칠 뒤에 환자가 졸하고 강자가 대신 그 자리에 세워졌다. 이미 장례를 마치고 중니를 부르려 했다.

(노나라 대부) 공지어(公之魚)가 말했다.

"예전에 우리 선군께서 그를 기용했으나 끝이 좋지 않아서 결국 제후들의 웃음거리가 되었습니다. 지금 다시 그를 기용하셔도 끝이 좋을 수 없으니, 이는 다시 제후의 웃음거리가 되는 것입니다."

강자가 말했다.

"그러면 누구를 부르는 것이 좋겠소?"

"반드시 염구(冉求)를 부르십시오."

이에 사자를 보내 염구를 불렀다. 염구가 장차 가려고 하자, 공자가 말했다.

"노나라 사람이 너를 부르는 것을 보니 작게 쓰려는 것이 아니라 크게 쓸 모양이다."

같은 날 공자가 말했다.

"돌아가자, 돌아가자! 내 당의 제자들은 뜻은 크지만 일에는 거치니[狂簡], 꾸며내는 것은 찬란하지만 나는 그들을 제대로 마름질해줄 방법을 알지 못하겠다[1]."

자공(子贛, 子貢)은 공자가 노나라로 돌아갈 생각이 있다는 것을 알고는 염구를 보내면서 그 참에 일깨워 말했다.

"기용되는 대로 공자를 모셔가도록 하오."

1) 『논어(論語)』「공야장(公冶長)」편에 거의 같은 말이 나온다. 다만 거기서는 제자들이 제대로 마름질하지 못함을 지적했다.

염구가 이미 떠나고 난 이듬해에 공자는 진나라에서 채(蔡)나라로 옮겨 갔다. 채(蔡)나라 소공(昭公)이 장차 오나라에 가려고 했으니, 오나라에서 그를 불렀기 때문이다. 그에 앞서 소공이 신하들을 속이고 주래(州來)로 천도한 일이 있었기에 뒤에 장차 가려고 하자 대부들은 다시 천도할 것을 두려워했고, 공손편(公孫翩)이 소공을 쏘아 죽였다[1]. (이에) 초나라가 채나라를 침략했다. 가을에 제(齊)나라 경공(景公)이 졸했다[2].

1) 【집해(集解)】 서광(徐廣)이 말했다. "(노나라) 애공 4년의 일이다."
2) 【집해(集解)】 서광(徐廣)이 말했다. "(노나라) 애공 5년의 일이다."

이듬해 공자는 채나라에서 (초나라) 섭(葉) 땅에 갔다. 섭공(葉公)이 정치를 묻자, 공자가 말했다.

"정치란 먼 곳 사람을 오게 하고 가까이 있는 사람은 와서 기대게 하는 데 달려 있소."[1]

다른 날 섭공(葉公)이 공자가 어떤 사람인지를 자로(子路)에게 묻자 자로가 대답하지 않았다[2]. 공자가 이를 듣고서 말했다.

"너는 어찌해서 '그 사람됨이, 분발해 먹는 것도 잊고 즐거움으로 근심도 잊어서 늙음이 장차 다가오는 줄도 모를 정도'라고 말하지 않았느냐?"[3]

1) 『논어(論語)』「자로(子路)」편에는 조금 다르게 실려 있다. "가까이 있는 자들을 기쁘게 해주고 멀리 있는 자들을 오게 하는 것이다."
2) 【집해(集解)】 공안국(孔安國)이 말했다. "섭공의 이름은 제량(諸梁)으로, 초나라 대부다. 섭 땅이 식읍인데 공(公)을 참칭 했다. 대답하지 않은 것은 대답해야

할 바를 알지 못했기 때문이다."

3) 『논어(論語)』 「술이(述而)」편에 같은 내용이 실려 있다.

　섭 땅을 떠나 채나라로 돌아갔다. 장저(長沮)와 걸닉(桀溺)이 나란히 밭을 갈고 있었는데, 공자는 두 사람을 은자(隱者)로 여기고서 자로(子路)를 시켜 나루터를 묻게 했다. 장저가 말했다.

　"저 수레의 고삐를 잡고 있는 사람은 누구인가?"

　자로가 말했다.

　"공구(孔丘-공자)입니다."

　말했다.

　"이 사람이 혹시 노나라 공구인가?"

　말했다.

　"네, 맞습니다."

　말했다.

　"이 사람은 나루터를 알고 있다."¹⁾

　걸닉에게 물으니, 걸닉이 말했다.

　"그대는 누구인가?"

　(자로가) 말했다.

　"중유(仲由)입니다."

　"이 사람이 노나라 공구의 무리인가?"

　(자로가) 말했다.

　"그렇습니다."

　말했다.

　"도도한 흐름은 천하가 모두 이와 같은데, 누가 그것을 바꿀 수 있겠는가? 그대는 사람을 피하는 선비(-공자)를 따르기보다는 세상을 피하는 선비를 따르는 것이 어떻겠는가?"

곰방메질을 하며 흙덩이 부수는 일을 그치지 않았다. 자로가 돌아와서 내용을 그대로 고하니, 공자가 멍한 표정으로[憮然]²⁾ 말했다.

"조수(鳥獸)와는 더불어서 함께 무리 지어 살 수가 없다. (내가 이 사람들 무리와 함께하지 않는다면 누구와 함께하겠느냐?)³⁾ 천하에 도리가 있었다면 구(丘-공자)도 바꾸려 하지 않았을 것이다."⁴⁾

1) 【집해(集解)】 마융(馬融)이 말했다. "공자는 여러 차례 주유천하를 했으므로 나루터 있는 곳을 알고 있을 것이라는 말이다."

2) 【집해(集解)】 하안(何晏)이 말했다. "자기 뜻을 알지 못하고 자기를 비난했기 때문이다."

3) 『논어(論語)』「미자(微子)」편에는 괄호 부분이 있다.

4) 『논어(論語)』「미자(微子)」편에 이 이야기가 실려 있다.

다른 날에 자로(子路)가 길을 가다가 지팡이로 삼태기를 꽂아 맨 노인을 마주쳤다.

자로가 물었다.

"어르신께서는 우리 스승님을 보셨습니까?"

노인이 말했다.

"사지를 부지런히 하지 않고 오곡도 제대로 분별 못 하는데, 누구를 스승이라 하는가?"

지팡이를 땅에 꽂고는 (아무 일 없었다는 듯이) 김을 맸다. (자로가 두 손을 모으고 공손하게 서 있자, 자로를 머물게 하고는 자고 가도록 했다. 닭을 잡고 기장밥을 만들어 먹인 뒤 두 아들을 불러 자로에게 인사를 시켰다. 다음 날)¹⁾ 자로가 가서 있었던 일을 고하자, 공자가 말했다.

"은자(隱者)다."

다시 가보았을 때는 떠나고 없었다²⁾.

1) 『논어(論語)』「미자(微子)」편에는 괄호 부분이 있다.

2) 【집해(集解)】 공안국(孔安國)이 말했다. "자로가 다시 그 집을 찾아갔을 때 노인
   은 떠나고 없었다는 말이다."[『논어(論語)』「미자(微子)」편에 이 이야기가 실려 있다.]

공자가 채나라로 옮긴 지 3년째 되던 해에 오나라가 진(陳)나라를 쳤다.
초나라가 진나라를 구원하려고 성보(城父)에 군대를 주둔시켰다. 초나라
는 공자가 진나라와 채나라 사이에 있다는 이야기를 듣고는 사람을 보내 공
자를 초빙했다. 공자가 장차 가서 배례(拜禮)하려고 하자, 진나라와 채나라
대부들이 모의해 말했다.

"공자는 뛰어난 자로, 그가 풍자하고 비평하는 바는 모두 제후들의 병통
에 적중하고 있다. 지금 진과 채 사이에 오래 머물렀지만, 여러 대부가 보여
준 행동은 모두 중니의 뜻과 맞지 않았다. (그런데) 지금 대국 초나라가 공자
를 초빙했다. 공자가 초나라에 쓰이게 되면 진과 채의 권세를 쥔[用事] 대부
들이 위태로워질 것이다."

이에 마침내 서로 제각각 노역자들을 징발해 가서 들판에서 공자를 에
워쌌다. 초나라로 갈 수도 없었고, 식량은 떨어졌으며, 따르던 자들은 병이
나서 일어날[興=起] 수도 없었다. (그러나) 공자는 강론하고 시를 읊으며 거
문고를 타면서 노래 부르기를 그치지 않았다. 자로(子路)가 서운함을 드러
내며 말했다.

"군자에게도 궁함이 있습니까?"

공자가 말했다.

"군자는 본래 궁하지만, 소인은 궁하면 이에 분수에 넘치는[濫=溢] 짓을
한다1).

1) 【집해(集解)】 하안(何晏)이 말했다. "군자라도 본래 궁한 때가 있지만, 소인이 궁
   하면 분수에 넘쳐 잘못된 짓을 하는 것과는 다르다."[『논어(論語)』「위령공(衛靈

公)」편에 이 이야기가 실려 있다.]

자공(子貢)의 안색이 달라졌다. (이에) 공자가 말했다.

"사(賜-자공)야, 너는 혹시 내가 많이 배워서 그것을 다 기억하는 자라고 생각하느냐?"

대답해 말했다.

"그렇습니다. 혹시 아닙니까?"

말했다.

"아니다. 나는 (충서(忠恕)) 하나로 (만사를) 꿰뚫고 있다[一以貫之].”[1]

1) 『논어(論語)』「위령공(衛靈公)」편에 이 이야기가 실려 있다.

공자는 제자들 사이에 서운해하는 마음[慍心]이 있다는 것을 알고는 마침내 자로를 불러 물었다.

"『시경(詩經)』에 이르기를 '코뿔소도 아니고 호랑이도 아닌 것이 저 들판을 헤매는구나[率=循][1]'라고 했다. 나의 도리가 잘못인가? 내가 어쩌다가 이 지경에 이르렀느냐?"

자로가 말했다.

"생각건대[意者] 우리가 어질지 못해서일 터이니, (그래서) 사람들이 우리를 믿지 않는 것입니다. 생각건대 우리가 지혜롭지 못해서일 터이니, (그래서) 사람들이 우리를 가게 내버려두지 않는 것입니다."

공자가 말했다.

"이런! 유(由)야, 만약에 어진 자로 하여금 반드시 남의 믿음을 얻어내게 한다면 어찌 백이(伯夷)·숙제(叔齊) 같은 사람이 있었겠느냐?[2] 만약에 지혜로운 사람으로 하여금 반드시 가게 내버리든다면 어찌 왕자 비간(比干) 같은 사람이 있었겠느냐?[3]"

1) 『시경(詩經)』「소아(小雅)」에 나오는 시로, 뛰어난 이가 횡액을 만나서 그 불행을 탄식하는 내용이다.

2) 【집해(集解)】 어진 사람이라고 해서 반드시 사방의 사람들이 다 그를 신임한다면 어찌 백이숙제가 굶어 죽는 일이 있었겠느냐는 말이다.

3) 【집해(集解)】 지혜로운 사람이라고 해서 반드시 일을 행함에 막힘이 없다고 한다면 어찌 왕자 비간이 심장을 도려내는 형벌을 받았겠느냐는 말이다.

자로가 나가고 자공(子貢)이 들어와 뵈었다. 공자가 말했다.

"사(賜)야, 『시경(詩經)』에 이르기를 '코뿔소도 아니고 호랑이도 아닌 것이 저 들판을 헤매는구나'라고 했다. 나의 도리가 잘못인가? 내가 어쩌다가 이 지경에 이르렀느냐?"

자공이 말했다.

"선생님의 도리가 지극히 크기 때문에, 그래서 천하가 선생님을 받아들이지 못하는 것입니다. 선생님께서는 어째서 도리를 조금 낮추시지 않는 것입니까?"

공자는 "사야, 훌륭한 농부가 씨뿌리기[稼]에 능하다고 해서 (반드시) 좋은 수확[穡]을 거두는 것은 아니고, 훌륭한 장인이 뛰어난 솜씨[巧]를 가졌다고 해서 (매번) 다른 사람 마음에 꼭 들게[順] 만들 수는 없다. (이와 마찬가지로) 군자가 그 도리를 잘 닦고 기강을 세워서 그것을 다루고 계통을 세워서 그것을 다스린다 하더라도 (남들에게) 제대로 용납받지 못할 수가 있으니, 일목요연하고 조리 있게 잘 갖춰놓았다고 해서 받아들여지는 것은 아니다. (그런데) 지금 너는 너의 도리는 닦지도 않은 채 받아들여지기만 바라는구나. 사야, 네 뜻이 원대하지 못하구나!"

자공이 나가고 안회(顔回)가 들어와 뵈었다. 공자가 말했다.

"회(回)야, 『시경(詩經)』에 이르기를 '코뿔소도 아니고 호랑이도 아닌 것이 저 들판을 헤매는구나'라고 했다. 나의 도리가 잘못인가? 내가 어쩌다가 이 지경에 이르렀느냐?"

안회가 말했다.

"선생님의 도리가 지극히 크기 때문에, 그래서 천하가 선생님을 받아들이지 못하는 것입니다. 그럼에도 불구하고 선생님께서 추진해 행하시면 되지, 받아들여지지 않는다 하여 어찌 근심하십니까? 받아들여지지 않은 다음이라야 군자임을 알 수 있을 것입니다. 무릇 도리를 닦지 못한 것은 나의 부끄러움이요, 무릇 도리가 이미 크게 닦였는데도 쓰이지 않는 것은 나라를 소유한 자의 부끄러움입니다. 받아들여지지 않는다 하여 어찌 근심하십니까? 받아들여지지 않은 다음이라야 군자임을 알 수 있을 것입니다."

공자는 흔쾌해하면서 웃으며 말했다.

"이럴 수가! 안씨(顏氏)의 자제 중에 이런 사람이 있었구나! 만약에 네가 큰돈을 번다면 나는 너의 재(宰)[1]가 되리라."

1) **【집해(集解)】** 왕숙(王肅)이 말했다. "재(宰)란 재물을 주관하는 자다. 너의 재물을 주관하겠다는 것은 뜻이 서로 같음을 말한 것이다."

이에 자공(子貢)으로 하여금 초나라에 가게 했다. 초나라 소왕(昭王)이 군사를 일으켜 공자를 맞이하고서야 공자는 어려움에서 벗어날 수 있었다.

소왕이 장차 서사(書社)[1]의 땅 700리로 공자를 봉하려 했는데, 초나라 영윤(令尹-재상) 자서(子西)가 말했다.

"왕께서는 제후들에게 보낼 사자로 자공만 한 사람이 있습니까?"

왕이 말했다.

"없다."

"왕을 보필할 재상으로 안회만 한 사람이 있습니까?"

“없다.”

“왕의 군대를 이끌만 한 장수로 자로만 한 사람이 있습니까?”

“없다.”

“왕의 관리 중에 재여(宰予)만 한 사람이 있습니까?”

“없다.”

자서가 말했다.

“그리고 초나라 선조께서 주나라로부터 봉해졌을 때, 봉호는 자남(子男)이었고 봉지는 50리였습니다. 지금 공구(孔丘)가 삼왕(三王)의 법도를 말하고 주공과 소공의 대업을 밝힌다 하여 왕께서 그를 쓰신다면 초나라가 어찌 대대손손 사방 수천 리 땅을 소유할 수 있겠습니까? 무릇 문왕은 풍(豊)에서, 무왕은 호(鎬)에서 일어났는데, 불과 100리의 군주로 시작해 끝내 천하에 왕 노릇을 하게 되었습니다. 지금 공구가 근거로 삼을 땅을 얻고 뛰어난 제자들이 보좌하게 된다면 초나라의 복이 아닙니다.”

소왕이 마침내 그만두었다. 그해 가을에 초나라 소왕이 성보(城父)에서 졸했다.

1) 【집해(集解)】 복건(服虔)이 말했다. “서(書)란 호적이다.” 【색은(索隱)】 옛날에는 25가구를 1리(里)로 삼아 리에는 각각 사(社)를 세웠다. 따라서 서사(書社)란 그 사(社) 사람들의 이름을 호적에 적은 것이다. 대개 700리 서사의 사람들로 공자를 봉해주려 한 것이다.

초(楚)나라 광자(狂者) 접여(接輿)가 노래를 부르며 공자 곁을 지나가면서 말했다.

“봉황이여, 봉황이여!¹⁾ 어찌 다움이 쇠했는가?

지난 일은 간언할 수 있지만

앞으로 올 일에 대해서는 오히려 좇을 수 있으니

그만둘 일이다, 그만둘 일이다![2)

지금 정치에 종사하는 것은 위태로울 뿐이로다!"

공자가 수레에서 내려[下＝下車] 그와 더불어 말을 하려고[與言] 했으나, 빠른 걸음으로 피해버리는 바람에 그와 더불어 말을 할 수가 없었다.

1) 【집해(集解)】 공안국(孔安國)이 말했다. "봉황은 공자를 비유한 것이다."

2) 【집해(集解)】 공안국(孔安國)이 말했다. "이는 세상의 어지러움이 너무 심함을 지적하면서 더는 다스려질 수 없음을 말한 것이다. 두 번 반복한 것은 그 상황이 그만큼 심각함을 말한 것이다."

이에 공자는 초나라에서 위(衛)나라로 돌아갔다. 이해에 공자 나이 63살이었고 노나라 애공 6년이었다.

그 이듬해에 오나라는 노나라와 증(繒) 땅에서 회동하고서 100뢰(牢)[1) 의 향연을 요구했다[徵＝要]. (오나라) 태재(太宰) 비(嚭)가 계강자(季康子)를 부르니, 강자는 자공을 사자로 보낸 다음에야 그치게 할 수 있었다.

1) 【색은(索隱)】 이는 애공 7년의 일이다. 주례(周禮)에 따르면 상공(上公)은 9뢰, 후백(侯伯)은 7뢰, 자남(子男)은 5뢰인데, 지금 오나라가 100뢰를 요구한 것은 오랑캐라서 예를 알지 못한 때문이다. 자공이 주례로 답하자 오나라는 이런 요구를 철회했다.

공자가 말했다.

"노(魯)나라와 위(衛)나라의 정치는 형제로다."[1)

이때 위나라 임금 첩(輒)의 아버지(-괴외)가 임금 자리에 세워지지 못하고 나라 밖에 있었으니, 제후들이 이를 갖고서 여러 차례 (위나라 임금을) 꾸짖었다[讁=責]. 그런데 공자의 제자 중에서 많은 사람이 위나라에서 벼슬을 하고 있었고, 위나라 임금도 공자를 얻어 정사를 맡기고자 했다. 자로(子路)가 말했다.

"위(衛)나라 군주가 스승님을 기다려 정치를 맡기려 하니, 스승님께서는 장차 무엇을 먼저 하시겠습니까?"

공자가 말했다.

"반드시 이름부터 바로잡겠다."

자로가 말했다.

"이러하시다니! 스승님의 우활하심이여! (그렇게 해서야) 어떻게 (정치를) 바로잡으시겠습니까?"

공자는 말했다.

"한심하구나[野=不達], 유(由-자로)야! 군자는 자기가 알지 못하는 것은 비워두고서 말을 하지 않는 법이다. 이름이 바르지 못하면 말이 순하지 못하고, 말이 순하지 못하면 일이 이뤄지지 못하고, 일이 이뤄지지 못하면 예악이 흥하지 않고, 예악이 흥하지 못하면 형벌이 알맞지 못하고, 형벌이 알맞지 못하면 백성이 손발을 둘 곳이 없게 된다. 그래서 군자가 이름을 붙이면 반드시 말할 수 있고 말할 수 있으면 반드시 행할 수 있는 것이니, 군자는 그 말에 있어 구차함[苟]이 없을 뿐이다."[2]

1) 『논어(論語)』「자로(子路)」편에 나오는 말이다.

포씨(包氏)가 말했다. "주공과 강숙(康叔)은 형제이고, 강숙은 주공과 화목했다. 그래서 두 나라의 정치 또한 형제와 같았던 것이다."

2) 『논어(論語)』「자로(子路)」편에 나오는 대화다.

그 이듬해에 염유가 계씨를 위해 군대를 이끌고 낭(郎) 땅에서 제나라와 전투를 벌여 이겼다. 계강자가 말했다.

"그대는 군사에 대해 배운 것인가[學之], 타고난 것인가[性之]?"

염유가 말했다.

"공자에게서 배웠습니다."

계강자가 말했다.

"공자는 어떤 사람인가?"

대답해 말했다.

"그를 쓸 경우 명분이 서게 되니, 백성에게 전파하고 귀신에게 물어보더라도 아무런 유감이 없을 것입니다. 그분께 이 도리에 이르도록 할 경우 설사 2만 5,000호를 주어 모셔 오더라도 스승님께서는 이롭다고 여기지 않으실 것입니다."

강자가 말했다.

"내가 그를 부르고 싶은데, 가능하겠는가?"

대답해 말했다.

"부르고자 하신다면, 소인들이 그분을 막지만[固=防] 않으면 가능합니다."

한편 위(衛)나라 공문자(孔文子)가 장차 태숙(太叔)[1]을 공격하려 하면서 중니에게 계책을 물었다. 중니는 모른다며 사양하고는 물러나 수레를 준비시켜 떠나면서 말했다.

"새는 나무를 고를 수 있지만 나무가 어찌 새를 고를 수 있겠는가?"[2]

문자가 한사코 공자를 붙잡았으나, 마침 계강자가 공화(公華)·공빈(公賓)·공림(公林)을 시켜 예물을 갖춰 공자를 맞이하니 공자는 노나라로 돌아왔다.

---

1) **집해(集解)** 『좌전(左傳)』에 따르면, 태숙의 이름은 질(疾)이다.

2) **집해(集解)** 복건(服虔)이 말했다. "새는 자기를 비유한 것이고, 나무는 자기가 가는 나라들을 비유한 것이다."

공자는 노나라를 떠난 지 모두 해서 14년 만에 노나라로 돌아온 것이다.

노나라 애공이 정치를 묻자, 대답해 말했다.

"정치란 신하를 (잘) 고르는 데[選臣] 달려 있습니다."

계강자가 정치를 묻자, 말했다.

"곧은 자를 들어 쓰고 여러 굽은 자는 그대로 둔다면 굽은 자들도 곧게 될 것입니다."

계강자가 도적이 많은 것을 걱정해서 공자에게 묻자, 공자가 대답해 말했다.

"진실로 대부께서 욕심을 부리지 않으신다면, 비록 상을 주면서 도적질 하라고 해도 도적질을 하지 않을 것입니다."[1]

그러나 노나라는 끝내 공자를 쓸 수가 없었고, 공자 또한 벼슬을 구하지 않았다.

1) 『논어(論語)』 「안연(顏淵)」편에 나오는 말이다.

공자의 시대에 주나라 왕실이 쇠미해져서 예악(禮樂)이 폐기되고 시서(詩書)가 결손되자 (공자는) 하·은·주 삼대의 예(禮)를 거슬러 올라가서 『서전(書傳)』의 차례를 바로잡았으니, 위로는 당우(唐虞-요순) 시대에서 시작해 아래로는 진 목공(秦繆公)까지 그 일들을 순서에 따라 엮었다[編次]. 공자가 말했다.

"하나라 예를 내가 능히 말할 수 있지만 (하나라를 이어받은 은나라 제후국) 기(杞)나라가 충분히 징험해줄 수 없고, 은나라 예를 내가 능히 말할 수 있지만 (은나라를 이어받은 주나라 제후국) 송(宋)나라가 충분히 징험해줄 수 없다. 문헌이 부족하기 때문이다. 만일 문헌이 충분하다면 나는 능히 그것을 징험해줄 수 있을 것이다."[1]

은나라와 하나라 예 중에서 덜어낸 것과 더해진 것을 살펴본 다음에 말했다.

"100왕조 이후라도 알 수 있으니, 한 번은 문(文)이 성대하고 한 번은 질(質)이 성대하다. 주나라는 하·은 이대(二代)를 거울로 삼았다. 찬란하도다, 그 문(文)이여! 나는 주나라를 따르리라."[2]

그러므로 『서전(書傳-서경)』과 『예기(禮記)』는 공씨(孔氏)로부터 비롯되었다.

1) 『논어(論語)』 「안연(顔淵)」편에 나오는 말이다.

2) 『논어(論語)』 「위정(爲政)」편과 「팔일(八佾)」편에 나오는 말을 섞어놓았다. 「위정」편에 나오는
   말이다.
   자장이 물었다. "10왕조 이후의 일도 알 수가 있습니까?" 공자가 말했다. "은(殷)나라는 하(夏)
   나라의 예(禮)를 이어받았으니, 거기에서 덜어내고 더한 것을 알 수가 있고, 주(周)나라는 은나
   라의 예를 이어받았으니, 거기에서 덜어내고 더한 것을 알 수가 있다. 그러니 혹시라도 주나라
   를 이어받는 나라가 있다면 설사 100왕조 뒤에라도 (그 예의 모습을) 알 수가 있다."

공자가 노나라 태사(大師)에게 음악에 관해 말했다.

"음악은 아마도 알 수 있을 것이다. 처음 일으킬 때는 합하고, 이어서 잡스러움이 없도록 하며, 이어서 각 음이 자기 색을 내게 하고, 끝으로 다시 모아들임으로써 음악이 이뤄진다[成]."[1]

공자가 말했다.

"내가 위(衛)나라에서 노(魯)나라로 돌아온 뒤에 악(樂)을 바로잡았더니 아(雅)와 송(頌)이 각각 제 자리를 얻었다[各得其所]."[2]

1) 『논어(論語)』 「팔일(八佾)」편에 나오는 말이다.

2) 『논어(論語)』 「자한(子罕)」편에 나오는 말이다.

옛날에는 시(詩)가 3,000여 편이었으나 공자에 이르러 중복된 것을 추려내고 예의(禮義)에 맞는 것을 골라서, 위로는 설(契)과 후직(后稷)에 관한 시를 채록하고 중간으로는 은나라와 주나라의 성대함을 서술한 시로부터 (주나라) 유왕(幽王)과 여왕(厲王)의 쇠퇴기까지 부부 사이의 일[衽席]을 맨 앞에 두었다. 그래서 말하기를 "「관저(關雎)」편의 체제[亂=理]는 「풍(風)」으로 시작하고, 「녹명(鹿鳴)」편은 「소아(小雅)」의 시작이 되며, 「문왕(文王)」편은 「대아(大雅)」의 시작이 되고, 「청묘(淸廟)」는 「송(頌)」의 시작이 된다"라고 했다.

(이렇게 해서) 305편에 공자가 모두 곡조를 붙여 노래 불러서 「소(韶)」·「무(武)」·「아(雅)」·「송(頌)」의 음악에 합치시키려 했다. 예와 악이 이로부터 서술되자 왕도(王道)가 갖춰지고 육예(六藝)가 완성되었다.

공자가 만년에 『역(易)』을 좋아해 「서(序)」[1]·「단(彖)」·「계(繫)」·「상(象)」·「설괘(說卦)」·「문언(文言)」을 지었다. 『역』을 읽는데, (죽간을 묶은) 가죽 끈이 세 번이나 끊어졌다[韋編三絶].

그리고 말했다.

"나에게 몇 년이 더 주어진다면 이런 식으로 해서 나는 역에 통달할 터인데[彬彬]."[2]

1) **[정의(正義)]** 「서괘전(序卦傳)」이다. 공자는 십익(十翼-풀이 10개)을 지었는데, 「상단(上彖)」·「하단(下彖)」·「상상(上象)」·「하상(下象)」·「상계(上繫)」·「하계(下繫)」·「문언(文言)」·「서괘(序卦)」·「설괘(說卦)」·「잡괘(雜卦)」다.

2) 『논어(論語)』「술이(述而)」편에는 약간 다른 표현이 나온다. "나에게 몇 년이 더 주어져 50세까지 『주역』을 배운다면 큰 허물은 짓지 않을 수 있을 것이다."

공자는 시(詩)·서(書)·예(禮)·악(樂)으로써 가르쳤는데, 제자는 대략

3,000명이었고 그중에 몸으로 육예에 달통한 자는 72명이었다. 안탁추(顏濁鄹)의 무리처럼 72명에는 들지 못하고 어느 정도 수업만 받은 사람은 훨씬 많았다.

공자는 문(文)·행(行)·충(忠)·신(信) 네 가지를 가르쳤다. 네 가지를 끊었으니, 억측하지 않았고[毋意] 반드시 이래야 한다고(혹은 이래서는 안 된다고) 하지 않았고[毋必] 고집을 세우지 않았고[毋固] 아집에 사로잡히지 않았다[毋我]. 늘 조심했던 것은 재계와 전쟁, 질병이었다. 공자는 이익과 명(命), 어짊에 대해서는 드물게 말했다. (스스로) 발분하지 않으면 (실마리를) 열어 밝혀주지 않았고, 한 귀퉁이를 갖고서 말했을 때 나머지 세 귀퉁이를 미뤄 알아차리지 못하면 더는 반복해서 가르쳐주지 않았다.[1]

1) 『논어(論語)』 곳곳에 나오는 표현을 섞어서 정리한 것이다.

공자는 향당(鄕黨)에서는 공손한 모습을 하느라 마치 말을 잘할 줄 모르는 사람 같았다. 종묘나 조정에 있을 때는 막힘없이 말하되 다만 조심스럽게 할 뿐이었다. 조정에서 하대부(下大夫)와 말을 할 때는 은은하게 했고, 상대부(上大夫)와는 온화하게 했다. 공문(公門)에 들어갈 때는 몸을 최대한 굽혔다. (궁 안에서는) 빠른 걸음으로 걸었는데, 마치 새가 날개를 편 듯했다. 임금이 불러서 국빈을 접대하라[擯]고 하면 낯빛을 바로 바꾸었고, 임금이 (공식적으로) 명을 내려 부르면 수레에 멍에 메우기를 기다리지 않고[卽時] (임금께) 달려갔다.

생선이 상하거나 고기가 부패했거나 자른 것이 바르지 않으면 먹지 않았고, 자리가 바르지 않으면 앉지 않았다. 상을 당한 사람 곁에서 식사하게 되면 일찍이 배부르게 먹지 않았다.[1]

1) 여기까지는 『논어(論語)』 「향당(鄕黨)」편에 나오는 구절들을 골라서 편집한 것이다. 주로 공자의 외면을 보여준다. 이하에서는 공자의 내면을 보여주는 구절들을 『논어』에서 골랐다.

곡을 한 날에는 노래를 부르지 않았다. 상복을 입은 사람, 관복을 입은 사람, 맹인을 만나볼 경우, 그들을 직접 만나보았을 때는 비록 그들의 나이가 (자기보다) 어려도 반드시 낯빛을 바꾸었다.

또 말했다.

"세 사람이 길을 갈 경우 반드시 그중에 내 스승이 있다."

"다움을 제대로 닦지 못하는 것, 배움을 제대로 강구하지 못하는 것, 마땅함을 듣고서 능히 그쪽으로 옮겨가지 못하는 것, 안 좋은 점을 능히 고치지 못하는 것, 이것이 나의 근심이다."

다른 사람들과 더불어 노래할 때, 어떤 사람이 잘하면 반드시 그 노래를 다시 하도록 한 다음에 좋은 점을 취해서 따라 불렀다.

공자는 괴이한 일과, 용력(勇力)과, 도리를 어지럽히는 일[亂=亂道]과, 귀신에 관한 일[怪力亂神]은 말하지 않았다.[1]

1) 『논어(論語)』 「술이(述而)」편에 나오는 말이다.

자공이 말했다.

"스승님의 애씀과 잘 드러냄[文章]은 알아들을 수 있었지만, 스승님께서 성명(性命)과 하늘 같은 도리[天道]에 대해 말씀하신 것은 알아들을 수 없었다."[1]

안연(顔淵)이 아! 하며 감탄해서 말했다.

"(스승님 가르침은) 우러러볼수록 더욱 높고 뚫을수록 더욱 견고하다. 가

만히 바라보면 앞에 있는 듯하다가도 홀연히 뒤에 있다. 스승님께서는 차근 차근 사람을 잘 이끄셨으니, (옛날의 빼어나거나 뛰어난 사람들이) 애쓴 사례들[文]로 나를 넓혀주셨고 일의 이치[禮]로써 나를 다잡아주시어 배움을 그 만두려 해도 그만둘 수가 없다. 이미 내 재주를 다하고 보니 마치 (스승님의 가르침이) 우뚝 서 있는 듯하건만, 정작 내가 가르침을 따르고자 하면 어디 서부터 시작해야 할지를 모르겠다.”2)

달항(達巷)이라는 당(黨) 사람이 말했다.

“크도다, 공자여! 널리 배우고서도 (어느 한 분야에) 이름을 이룬 바가 없다.”

공자가 그것을 듣고서 문하 제자들에게 일러 말했다.

“내가 (어느 한 분야를 파고든다면) 무엇을 붙잡아야 할까? 말 모는 일을 붙 잡아야 할까? 활 쏘는 일을 붙잡아야 할까? (둘 중 하나를 골라야 한다면) 말 모는 일을 붙잡으리라.”3)

(제자) 뢰(牢)가 말했다.

“스승님께서는 ‘나는 등용되지 못했기에 여러 가지 재주를 익혀 다능했 다’라고 하셨다.”4)

1) 『논어(論語)』 「공야장(公冶長)」편에 나오는 말이다.

2) 『논어(論語)』 「자한(子罕)」편에 나오는 말이다.

3) 『논어(論語)』 「자한(子罕)」편에 나오는 말이다.

4) 『논어(論語)』 「자한(子罕)」편에 나오는 말이다.

노나라 애공 14년 봄에 대야(大野)에서 사냥했는데, 숙손씨(叔孫氏)의 수레꾼 서상(鉏商)이 짐승을 잡았다. 사람들은 상서롭지 못하다고 여겼는 데, 중니가 그것을 보고 말했다.

“기린이다.”

노나라 사람이 그것을 가져갔다. 공자가 말했다.

"황하에서 그림이 나오지 않고 낙수에서 글이 나오지 않으니, 나는 끝났도다!"[1]

안연(顔淵)이 죽자 공자가 말했다.

"아! 하늘이 나를 망치는구나!"[2]

(곡부) 서쪽에서 잡힌 기린을 보고서 말했다.

"나의 도리는 다했구나!"

그리고 탄식해 말했다.

"아무도 나를 알아주지 않는구나!"

자공(子貢)이 말했다.

"어째서 스승님을 알아주지 않는다고 말씀하십니까?"

공자가 말했다.

"하늘을 원망하지 않았고 남을 탓하지 않았으며 아래부터 배워 위에 이르렀으니, 나를 알아줄 자는 아마도 하늘일 것이다."[3]

1) 『논어(論語)』 「자한(子罕)」편에 나오는 말이다.

2) 『논어(論語)』 「선진(先進)」편에 나오는 말이다. 공자는 이 말을 두 번 반복했다.

3) 『논어(論語)』 「헌문(憲問)」편에 나오는 말이다.

공자가 말했다.

"그 뜻을 굽히지 않고 그 몸을 욕되게 하지 않은 사람은 아마도 백이와 숙제일 것이다."

유하혜와 소련에 대해서는 이렇게 평했다.

"뜻을 굽히고 몸을 욕되게 했지만, 말은 도리에 맞았고 일을 행함은 사리에 맞았으니, 그저 이 사람뿐이다."

우중과 이일에 대해 평했다.

"숨어 살면서 말을 함부로 했지만, 몸은 깨끗함에 맞았고 벼슬하지 않음은 권도(權道)에 맞았다. 나는 이들과 달라서 가한 것도 없고 불가한 것도 없다."[1]

1) 『논어(論語)』 「미자(微子)」편에 나오는 말이다.

공자가 말했다.

"아니야, 아니야! 군자는 죽을 때까지 군자라는 명칭에 걸맞지 못함을 싫어한다[1]. 내 도리를 행하지 못했으니, 나는 무엇으로써 후세에 나를 드러낼 것인가?"

마침내 역사 기록을 바탕으로 『춘추(春秋)』를 지었으니, 위로는 은공(隱公)에 이르고 아래로는 애공(哀公) 14년에 이르도록 12공(公)을 다루었다. 노나라를 근거로 삼아 주나라를 가까이했으며 하·은·주 삼대를 주축으로 삼았다. 문사(文辭)는 간략하지만 가리키는 뜻은 넓었다[微言大義]. 그래서 오나라와 초나라 임금은 스스로 왕(王)이라 칭했지만 『춘추』에서는 깎아내려[貶之] 자(子-자작)라고 불렀고, 또 천토(踐土)의 회맹 때 실은 제후가 주나라 천자를 부른 것이지만 『춘추』에서는 그 사실을 피휘해 그냥 "천왕이 하양에 사냥을 갔다"라고 적었다. 이런 식으로 미뤄 헤아리며 당대를 바로잡았으니, 이렇게 깎아내리고 덜어낸[貶損] 뜻은 후세에 임금다운 임금[王者]이 나올 경우 이를 들음으로써 실상을 알도록 하기 위함이었으며, 이같은 춘추대의가 행해짐으로써 천하의 난신적자(亂臣賊子-신하답지 못한 신하와 자식답지 못한 자식)들로 하여금 두려워하게 하기 위함이었다.

1) 『논어(論語)』 「위령공(衛靈公)」편에 나오는 말이다.

공자가 사구(司寇) 자리에 있으면서 송사를 판단할 때는 판결문을 쓰면서 다른 사람들과 함께 논의해야 할 경우 혼자서는 하지 않았지만, 『춘추』 를 쓰면서 기록할 것을 기록하고 덜어낼 것을 덜어낼 때는 (글에 능한) 자하 (子夏) 같은 제자라 하더라도 능히 한 글자도 거들 수가 없었다. 제자들이 『춘추』를 전수 받을 때, 공자가 말했다.

"후세 사람들이 이 구(丘)를 알아준다면 『춘추』 때문일 것이고, 이 구를 비난한다면 그 또한 『춘추』 때문일 것이다."

이듬해 자로가 위(衛)나라에서 죽었다. 공자가 큰 병이 들자, 자공이 뵙기를 청했다. 공자가 마침 지팡이에 기대어 문 앞을 거닐고 있다가 말했다.

"사(賜)야! 너는 왜 이리 늦게 왔느냐?"

그런 뒤 공자는 한탄하며 노래를 불렀다.

"태산이 무너지는가![1]

들보와 기둥이 꺾이는가!

철인(哲人)이 시드는가!"

그러고는 눈물을 떨구었다.

자공에게 일러 말했다.

"천하에 도리가 없어진 지 오래되어 아무도 나를 따르지 않는다. 하나라 사람들은 유해를 동쪽 계단에 모셨고 주나라 사람들은 서쪽 계단에 모셨으며 은나라 사람들은 두 기둥 사이에 모셨는데, 어젯밤에 나는 양 기둥 사이에 놓인 채 사람들로부터 제사를 받는 꿈을 꾸었다. 나는 아마도 은나라 사람일 것이다."

7일 후에 졸했다.

1) 【집해(集解)】 정현(鄭玄)이 말했다. "태산은 모든 사람이 숭앙하는 바다."

공자의 나이 73세로[1], 노나라 애공 16년 4월 기축일에 졸했다.

1) 【색은(索隱)】 만약에 공자가 노나라 양공(襄公) 21년생이라면 애공 16년에는 나이가 73세이고, 만약에 양공 22년생이라면 공자의 나이는 72세다. 경전에는 생년이 확정되어 있지 않으므로 공자의 나이를 분명하게 알 수 없다.

애공이 애도문[誄]을 지어 말했다.

"저 하늘도 무심해[不弔=不善] 한 노인(=공자)을 남겨두지 않으니, 나 한 사람만 남아 자리에 있으면서 나 한 사람만[余一人] 근심 속에서 외롭구나! 아, 슬프도다! 이보(尼父)[1]여! 더는 모범이 되고자 하지 말지어다!"

자공이 말했다.

"우리 임금은 아마도 노나라에서 몰(沒)하지 못할 것이다. 스승님께서 말씀하시기를 '예를 잃으면 혼란해지고, 명분을 잃으면 잘못을 범한다. 뜻을 잃었기에 혼란해지고, 본분을 잃었기에 잘못을 범하게 되는 것이다'라고 하셨다. 살아 계실 때 능히 쓰지 않다가 죽고 나서야 애도하다니 예가 아니며, '나 한 사람만'[2]이라고 했으니, 명분에 맞지 않다."

1) 【집해(集解)】 왕숙(王肅)이 말했다. "보(父)란 덕망 있는 원로를 높여 부르는 말이다."

2) 【집해(集解)】 복건(服虔)이 말했다. "천자는 자기를 칭해 '한 사람'이라고 할 수 있지만, 제후는 자기를 '한 사람'이라고 할 수 없다."

공자는 노나라 도성 북쪽 사수(泗水) 부근에 묻혔다. 제자들은 모두 3년 동안 상복을 입었는데, 3년 동안 마음에서 우러나는 상례를 마친 뒤 서로 헤어져 떠날 때는 곡을 하면서 각자 다시 자기의 슬픔을 다했다. 어떤 제자는 계속 머물렀는데, 오직 자공만이 무덤 옆에 여막을 짓고 6년을 지킨 다음에야 떠났다. 제자들과 노나라 사람 중에 무덤 근처로 와서 집을 짓고 산 사람이 100집이 넘었으니, 그래서 공리(孔里-공자 마을)라고 불렀다.

노나라는 대대로 서로 전해 세시(歲時)에 맞춰 공자 무덤에 제사를 드렸고, 유자들도 와서 공자의 무덤에서 예를 강론하고 향음(鄕飮)과 대사(大射)를 행했다. 공자의 무덤은 크기가 1경(頃)이나 되었다. 살던 집과 제자들이 거처하던 곳은 후세에 공자의 사당이 되어 공자의 의관·악기·수레·책을 소장했는데, 한나라까지 200년 넘게 끊이질 않았다. 고황제(高皇帝-유방)가 노나라를 지날 때는 태뢰(太牢)로써 제사를 지냈고 제후나 경대부, 재상이 이곳을 찾을 때면 항상 먼저 공자의 사당에 참배한 다음에 정사를 처리했다.

공자는 리(鯉)를 낳았는데, 자(字)는 백어(伯魚)다[1]. 백어는 50세에 공자보다 먼저 사망했다[2].

1) 【색은(索隱)】『가어(家語)』에 따르면, 공자는 19세 때 송나라 병관씨(幷官氏)의 딸을 아내로 맞아 1년 후에 백어를 낳았다. 백어를 낳을 때 노나라 소공(昭公)이 사람을 시켜 잉어[鯉]를 보내주었으니, 공자는 임금이 내려준 것을 영광으로 생각해서 아들의 이름을 지었다.
2) 【집해(集解)】『황람(皇覽)』에서 말했다. "백어의 무덤은 공자의 무덤 동쪽에 나란히 있으니, 크고 작은 무덤이 서로를 바라보고 있다."

백어는 급(伋)을 낳았는데, 자는 자사(子思)이고 향년 62세다. 자사는 『중용(中庸)』을 지었다.

자사는 백(白)을 낳았는데, 자는 자상(子上)이고 향년 47세다.
자상은 구(求)를 낳았는데, 자는 자가(子家)이고 향년 45세다.
자가는 기(箕)를 낳았는데, 자는 자경(子京)이고 향년 46세다.
자경은 천(穿)을 낳았는데, 자는 자고(子高)이고 향년 51세다.

자고는 자신(子愼)을 낳았는데, 향년 57세로 일찍이 위(魏)나라 상국이
되었다.

자신은 부(鮒)를 낳았는데, 향년 57세로 진왕(陳王) 섭(涉)의 박사가 되었
고 진나라 땅에서 죽었다.

부의 동생 자양(子襄)은 향년 57세로, 일찍이 (한나라) 효혜황제의 박사가
되었다가 승진해서 장사(長沙) 태수가 되었다. 키가 9척 6촌이었다.

자양은 충(忠)을 낳았는데, 향년 57세다.

충은 무(武)를 낳았고, 무는 연년(延年)과 안국(安國)을 낳았다. 안국은
지금 황제의 박사가 되었다가 임회(臨淮) 태수에 이르렀으나 일찍 죽었다.

안국은 앙(卬)을 낳았고, 앙은 환(驩)을 낳았다.

태사공(太史公)이 말한다.

"『시경(詩經)』에 이르기를 '높은 산은 (사람들이) 우러러보고, 큰길은 (사
람들이) 따라간다[高山仰止 景行行止][1]'라고 했다. 비록 그 경지에 이르지는
못하지만, 마음은 그곳을 향하고 있다는 말이니, 나는 공자의 글을 읽을 때
마다 그 사람됨을 생각했다. 노나라에 갔을 때 중니의 사당에서 수레·의복
·예기를 보았고 유생들이 때마다 그 집에서 예를 익히는 것도 보았는데, 나
는 공경심에서 그곳을 배회하며 떠날 수가 없었다.

천하에는 군왕에서 뛰어난 이들까지 많은 사람이 있었지만 모두 당시에
영화를 누리다가도 죽으면 그만이었다. (그러나) 공자는 포의(布衣)였지만
약 10대가 지나도록 배우는 자들이 떠받들고 있고 천자·왕후는 물론 중국
에서 육례(六禮)를 말하는 자들이 모두 공자에게서 척도를 찾고 있으니, 공
자는 지극히 빼어난 이[至聖]라고 할 만하도다!"[2]

1) 『시경(詩經)』「소아(小雅)」 거할(車轄) 편에 나오는 구절이다.

2) 【색은술찬(索隱述贊)】 공자의 선조는[孔子之先]/상나라 맏아들이었다네[冑于商國]/불보하(弗父何)는 능히 사양할 줄 알았고[弗父]/정고보(正考父)는 삼가고 다 잡았도다[正考銘勒]/방숙은 노나라로 도망쳐와서[防叔來奔]/추나라 사람들 사이에 우뚝 섰구나[郰人倚立]/성인 중니가 탄생했으니[尼丘誕聖]/궐리는 덕을 낳았도다[闕里生德]/70세에 도리의 당에 오르니[七十升堂]/사방에서 표준으로 삼는구나[四方取則]/양관에서 소정묘 주살했고[行誅兩觀]/협곡에서 재상 일 섭행했다네[攝相夾谷]/봉황이 오지 않음을 탄식했고[歎鳳遽衰]/기린이 오지 않음에 눈물지었도다[泣麟何促]/온갖 학파가 우러러 귀감으로 삼으니[九流仰鏡]/만고에 드리울 자취 남기셨도다[萬古欽躅]!

권48 진섭세가(陳涉世家) 제18

권48 진섭세가(陳涉世家)[1] 제18

진승(陳勝, ?~기원전 208)은 양성(陽城-현)[2] 사람으로 자(字)가 섭(涉)이다. 오광(吳廣)은 양가(陽夏)[3] 사람으로 자가 숙(叔)이다.

진섭(陳涉)은 어릴 때부터 일찍이 사람들과 함께 품팔이[傭=雇=役] 농사를 하며 지냈는데 일을 마치면[輟=止] 밭 가운데 언덕[壟]에 올라가서는 아주 길게 한탄을 하며 (주변 사람들에게) 말했다.

"만일 우리가 부귀해지더라도 서로 잊지 맙시다!"

같은 품팔이꾼들은 웃으면서 답했다.

"우리야 품팔이 농사꾼일 뿐인데, 어찌 부귀해진단 말인가?"

진섭이 크게 탄식하며 말했다.

"아! 제비나 참새[燕雀] 따위가 어찌 큰 기러기나 고니[鴻鵠][4]의 뜻을 알겠는가!"

---

1) 【색은(索隱)】 진승은 세워진 지 여러 달 만에 죽었고 후손이 없었는데도 계가(系家-세가)라고 칭한 것은 그가 남겨둔 왕후장상들이 진나라를 멸망시켰기 때문이다.

2) 안사고(顏師古)가 말했다. "「지리지(地理志)」에 따르면 여남(汝南)에 속한다."

3) 【색은(索隱)】 夏의 발음은 (하가 아니라) 가(賈)다.[안사고(顏師古)가 말했다. "「지리지(地理志)」에 따르면 회양(淮陽)에 속한다."]

4) 안사고(顏師古)가 말했다. "기러기[鴻]는 큰 새로 물에 살며, 고니[鵠]는 한 번 날면 1,000리를 간다."

（진(秦)나라）2세 황제 원년(元年) 7월에 마을 문[閻=里門]의 좌측에 사는 사람들이 징발되어 900명이 (변경인) 어양(漁陽)에 수자리를 나가게 되었다[戍]^[1]. 진승과 오광 둘 다 이 행렬에 편제되어 둔장(屯長)^[2]이 되었다. 때마침 하늘에서 큰비가 내려 길이 통하지 않게 되는 바람에, 아무리 계산을 해도 이미 (어양에) 정해진 기한에 이를 수가 없었다[失期]. 정해진 기한을 지키지 못하면 (군)법상으로 모두 참형(斬刑)에 해당했다. 진승과 오광은 마침내 모의해 말했다.

"이제는 도망쳐도 죽고 큰 계책[大計-모반]을 도모해도 마찬가지로[等] 죽게 되었으니, 같이 죽을 것이라면 나라를 위해 죽는 것이 낫지 않은가."

진승이 말했다.

"천하가 진(秦)나라 때문에, 고통받은 지가 오래되었다. 내가 듣건대 2세는 막내아들[少子=末子]로 마땅히 자리에 나아갈 사람이 아니고, 마땅히 자리에 나아가야 할 사람은 곧 공자(公子) 부소(扶蘇)라고 했다. 또 부소는 (진시황에게) 수차례 간언을 올린 까닭에 상(上-진시황)께서 그를 (장군으로 삼아) 외곽으로 내보내 병사들을 이끌게 했다. (그런데) 지금은 혹 아무런 죄도 없는데 2세가 그를 죽였다고 들었다. 백성은 대부분 그가 뛰어나다[賢]고만 들었지, 그의 죽음을 알지 못하고 있다^[3]. (한편) 항연(項燕, ?~기원전 233년)^[4]이 초(楚)나라 장수가 되어 여러 차례 공을 세우고 병졸들을 아껴주었기 때문에 초나라 사람들은 (그의 죽음에 대해) 가엾게 여겼다. 그래서 어떤 사람들은 항연이 이미 죽었다고 하고, 어떤 사람들은 아니라고 한다. (그러니) 지금 진실로 우리들이 스스로를 공자 부소와 항연이라고 거짓으로 일컬으면서 천하의 수창자가 된다면[倡=唱]^[5] 마땅히 호응하는 사람들이 많을 것이다."

오광도 그러리라고 여겼다. 이에 점을 치러 갔다[行卜]. 점쟁이[卜者=易者]가 그들의 속내를 알아차리고서 이렇게 말했다.

"족하(足下)의 일은 모두 이뤄져 공업을 이루게 될 것이오. 그러나 족하는 이 점괘를 귀신에게 맡겨야 할 것입니다[卜之鬼乎]6)."

진승과 오광이 기뻐하며, 귀신에게 맡기리라 생각하고서 말했다.

"이 점괘는 우리에게 우선 대중을 위엄으로 제압할 것을 가르치고 있을 뿐이다."

마침내 비단에 붉은 글씨[丹書=朱書]로 '진승이 왕(王)'이라고 쓰고서 사람들이 그물로 잡은[罾] 물고기의 뱃속에 넣어두었다. 병졸들이 그 물고기를 사서 익혀 먹으려다가 글이 나오자 모두 기이하게 여겼다. 또 몰래[間=竊] 오광으로 하여금 숙위지 근처에 있는 숲속[叢林] 사당에 숨어들어 가게 한 다음 밤에 불을 피우고 여우 소리[狐鳴]를 내며 소리치게 했다.

"위대한 초나라가 흥해 진승이 왕이 되리라."

병졸들이 모두 밤에 놀라 두려움에 떨었다. 다음 날 아침에 병졸들은 그들끼리 수시로 이에 대해 이야기하면서 모두 진승을 가리켜 보았다[指目].

1) 안사고(顔師古)가 말했다. "마을 문의 좌측[閭左]에 사는 사람들을 징발해서 모두 수자리에 내보냈는데, 이와 관련된 풀이가 『한서(漢書)』「식화지(食貨志)」에 실려 있다."

2) 변경(邊境) 지역에서는 오랑캐의 습격에 대비해 둔성(屯城)을 쌓은 뒤 그 수비를 위해 대개 지모(智謀)와 용력(勇力)이 있어 변란에 대처할 수 있는 자를 뽑아 둔장(屯長)으로 삼았다.

3) 안사고(顔師古)가 말했다. "그랬기 때문에 승과 광은 거사를 할 때 (사람들을) 기만해 스스로 부소라 칭했던 것이다."

4) 전국시대 말기 초(楚)나라 하상(下相) 사람으로, 항량(項梁)의 아버지이고 항우(項羽)의 할아버지다. 초왕(楚王) 부추(負芻) 4년에 진(秦)나라 장수 왕전(王翦)이 초나라 군대를 대파하자 항연은 창평군(昌平君)을 세워 초왕으로 삼고서 회남(淮南)에서 진나라에 반기를 들었다. 다음 해에 왕전과 몽무(蒙武)가 초나라를 공격하자 패해 전사했다. 혹 자살했다고도 한다.

5) 【색은(索隱)】 창(倡)은 '가장 먼저 하다[先]'라는 뜻이니, 『설문해자(說文解字)』에서 창(倡)은 수(首)라고 했다.

6) 안사고(顔師古)가 말했다. "점쟁이는 일은 성공하겠지만 반드시 귀신에게 의탁해야만 가능하

다고 말한 것이다."

오광은 평소[素] 부하들을 아꼈기에[愛人] 사졸 중에는 이 사람에게 쓰이고자 하는 자들이 많았다. 위장(尉長)[1]이 술에 취했을 때, 오광은 고의로[故] 여러 차례나 도망치고 싶다고 말함으로써 위장이 모욕감을 느끼고 그의 무리가 격노하기를 기대했다. 위장이 과연 오광에게 매질을 한 뒤 검을 뽑으려 하자[挺=奪][2] 오광이 일어나 그 칼을 빼앗아서 그를 죽였다. 진승이 그를 도와서 위(尉) 두 사람을 아울러 죽였다. 이어 따르던 무리를 불러 영을 내려 말했다.

"그대들은 비를 만나서 모두 이미 정해진 기한에 이를 수 없게 되었으니 마땅히 참형을 당할 것이다. 설사 참형을 당하지 않게 된다 하더라도 수자리 병사로 있다 보면 분명 10명 중에 예닐곱은 죽게 될 것이다. 어쨌거나 (우리를 따를 경우) 사나이[壯士]로서 죽지 않으면 그것으로 그만이고, 죽더라도 큰 이름을 남기게 될 것이다. 왕후와 장상(將相)의 씨가 어찌 따로 있단 말인가[侯王將相 寧有種乎]?"

무리가 입을 모아 말했다.

"삼가 영을 받들겠습니다."

이에 두 사람은 거짓으로 각각 부소와 항연을 사칭해 백성의 기대에 따르게 되었다. 상의의 오른쪽 어깨 부분을 걷고서[袒右] 나라를 대초(大楚)라 칭하고, 단(壇)을 쌓아 맹세한 다음에 (앞서 죽인) 위(尉-위장)의 머리를 희생으로 삼아 제사를 올렸다. 승은 스스로를 세워 장군이 되었고, 광은 도위(都尉)가 되었다. 대택향(大澤鄕)을 공격해 그곳 병사들을 거둬들인 다음 기(蘄)[3]를 공격했다. 기를 떨어뜨리고[下][4] 나서는 부리(符離)[5] 사람 갈영(葛嬰)으로 하여금 병사들을 이끌고 기현(蘄縣) 동쪽을 공략하게[徇=略] 해서 질(銍)·찬(酇)·고(苦)·자(柘)·초(譙)[6]를 쳐서 모두 떨어뜨렸다.

(이런 식으로) 행군하며 (각지의) 병사들을 거둬들이니, 진(陳-현)[7]에 다

다랐을 때는 병거가 600에서 700승(乘), 기병이 1,000여 기, 보졸이 수만 명이었다. 진현(陳縣)을 공격하니 그곳의 수(守)나 현령8)들은 모두 그곳에 없었고, 오직 수승(守丞)만이 초문(譙門)9) 안에서 맞서 싸웠으나 이기지 못하고 죽었다. 마침내 (승과 광은) 진에 들어가 점거했다. 여러 날에 걸쳐 그곳의 삼로(三老)와 호걸 등을 불러 모아 앞으로의 일을 모의하니, 삼로와 호걸들이 모두 말했다.

"장군이 몸소 갑옷[堅=堅甲]을 입고 무기[銳=利兵]를 들어 무도한 자들을 물리치고 사나운 진나라 관리들[暴秦]을 주살했으며 다시 초나라의 사직을 세우셨으니, 그 공로로 볼 때 왕이 되시기에 마땅합니다."

진섭이 마침내 세워져 왕이 되었으니, 나라 이름을 장초(張楚)10)라고 했다.

1) 【색은(索隱)】 관직이다. 『한구의(漢舊儀)』에서 말했다. "큰 현에는 두 사람을 두었다."

2) 【색은(索隱)】 『설문해자(說文解字)』에서 정(挺)은 '뽑다[拔]'라고 했다.

3) 【색은(索隱)】 현 이름으로, 패군(沛郡)에 속한다.

4) 【색은(索隱)】 하(下)는 군대를 이끌고 공격해 즉각 항복시켰다는 말이다.

5) 【색은(索隱)】 패군(沛郡)에 속한다.

6) 【집해(集解)】 서광(徐廣)이 말했다. "고와 자는 진(陳)에, 나머지는 패(沛)에 속한다."

7) 【색은(索隱)】 「지리지(地理志)」에 따르면 진현(陳縣)은 패군(沛郡)에 속한다.

8) 【색은(索隱)】 장운(張雲)은 "군수와 영(令)이 모두 없었다"라고 했는데, 잘못이다. 살펴보건대 「지리지(地理志)」에 따르면 진나라 36개 군에 진군(陳郡)은 없다. 그렇다면 진은 그저 현일 뿐이니, 수(守)는 수령 정도의 의미다.

9) 【색은(索隱)】 이는 진현(陳縣)의 성문인데, 일명 여초(麗譙)라고 하기에 초문이라고 한 것일 뿐이다. 위에서 보듯이 초현은 이미 전에 함락되었다.

10) 【색은(索隱)】 살펴보건대, 이기(李奇)가 말했다. "초나라를 장대(張大)하게 하고

자 해서 장초라고 한 것이다."

    이런 때를 맞아, 진나라 관리의 사나움[暴]에 시달리던 여러 군현은 장리(長吏)[1]들을 죽이고서[刑=誅殺] 곧장 진섭에게 호응했다. 마침내 오숙(吳叔-오광)을 임시 왕[假王]으로 삼아 여러 장수를 감독하게 하고는 서쪽으로 형양(滎陽)을 치게 했다[擊]. 진(陳) 사람인 무신(武臣, ?~기원전 208년)[2], 장이(張耳, ?~기원전 202년)[3], 진여(陳餘, ?~기원전 205년)[4]에게는 영을 내려 조(趙) 땅을 공략하게 했으며[徇=略], 여음(汝陰) 사람 등종(鄧宗)에게는 구강군(九江郡)을 공략하게 했다. 이런 때를 맞아[當] 초나라 병사들이 수천 명씩 모여들어 무리를 이룬 것이 이루 다 셀 수가 없을 정도였다.

1) 진나라의 군현제에 따라 임명된 군수와 현령들을 가리킨다.

2) 무신은 진승이 왕을 칭한 뒤 장군에 임명되었다. 그는 장이(張耳)와 진여(陳餘)를 좌우교위(左右校尉)를 삼아 병사 3,000을 이끌고 북쪽으로 조(趙) 땅을 공략한 뒤, 한단(邯鄲)으로 진격해 스스로 조왕(趙王)이 되었다. 그는 주문(周文)을 도와 서쪽으로 가서 진(秦)나라를 공격하라는 명령을 거역하고 북쪽으로 연(燕)과 대(代)를 공격하고 남쪽으로 하내(河內)를 차지했는데, 나중에 부장(部將) 이량(李良)에게 살해되었다.

3) 진여와 함께 병사를 일으켜 문경지교(刎頸之交)를 맺었다. 진나라 말에 진섭(陳涉)이 반란을 일으킬 때 진여와 함께 교위(校尉)가 되어 무신(武臣)을 따라서 조(趙) 땅을 정벌했다. 무신이 조왕(趙王)이 되자 우승상(右丞相)에 올랐고, 진여는 대장군(大將軍)이 되었다. 항우(項羽)를 따라 입관(入關)해서 항우가 분봉할 때 상산왕(常山王)에 봉해졌다. 나중에 진여와 사이가 벌어져서, 진여가 공격하자 고조 유방(劉邦)에게 투항했다. 한신(韓信)과 함께 조(趙)나라 군대를 격파했고, 지수(泜水)에서 진여를 죽이고 조왕(趙王)에 봉해졌다.

4) 장이와 함께 조나라를 재건하고 조왕 헐을 옹립했다. 그러나 항우의 18제후왕 분봉에서 조왕 헐이 대왕으로 밀려나고 장이가 상산왕에 봉해지자, 이에 반발해 장이를 쫓아내고 조왕 헐을 도로 조나라 왕으로 세웠다. 한나라 장수 한신의 공격을 받고 패사했다.

갈영(葛嬰)이 동성(東城)[1]에 이르러서는 양강(襄彊)을 세워 초왕(楚王)으로 삼았다. 영(嬰)은 그 후에 진왕(陳王-진승)이 이미 (왕으로) 세워졌다는 말을 듣고서는 곧장 양강을 죽이고 돌아와 보고했다. 진(陳)에 이르렀을 때 진왕은 갈영을 죽인 뒤 위(魏) 사람 주불(周市)에게 명해 북쪽으로 위(魏) 땅을 공략하게 했다. 오광이 형양(滎陽)을 에워쌌는데, 이유(李由)가 삼천(三川) 군수가 되어[2] 형양을 지키니 오숙은 그곳을 떨어뜨릴 수가 없었다. 진왕이 나라의 호걸들을 불러[徵=召] 함께 계책을 짰고, 상채(上蔡) 사람 방군(房君) 채사(蔡賜)를 상주국(上柱國)으로 삼았다[3].

1) 【색은(索隱)】 「지리지(地理志)」에 따르면 구강군(九江郡)에 속한다.

2) 【색은(索隱)】 삼천은 지금의 낙양(洛陽)으로, 그곳에 이수(伊水)·낙수(洛水)·하수(河水)가 있다. 진나라 때는 삼천, 한(漢)나라 때는 하남군(河南郡)이라고 했다. 이유는 이사(李斯)의 아들이다.

3) 【색은(索隱)】 방은 읍이니, 방읍에 작위를 받은 것이다. 진섭은 초나라를 칭했으므로 초나라의 관직인 상주국을 썼다. 아직 상국(相國)을 두지 않았기 때문이다.

주문(周文)[1]은 진(陳)의 뛰어난 사람[賢人]이다. 일찍이 항연(項燕) 군대의 시일(視日)[2]이 되어 춘신군(春申君)[3]을 섬겼고 스스로 병법을 익혔노라고 말했는데, 진왕이 그에게 장군 인장을 주고서 서쪽으로 진(秦)나라를 치게 했다. 행군 도중에 병사들을 거둬들이면서 관(關-함곡관)에 이르렀고, 병거 1,000승과 병사 수십만 명을 거느리고 희(戱) 땅에 이르러 주둔했다[軍]. 진나라 조정은 소부(少府)[4] 장한(章邯, ?~기원전 205년)[5]에게 영을 내려 역산(酈山)의 죄수와 집집마다의 노비들을 풀어주어[免] 모두 징발하게 한 뒤에 초나라 대군을 치게 해서 그들을 크게 무찔렀다. 주문은 패하자, 관을 탈출해 달아나서 조양(曹陽)[6]에 머물러 주둔했다가, 이삼 개월 후에 장한이 그들을 뒤쫓아서 무찌르자 다시 민지(澠池)로 달아나 주둔했다. 10여 일 후에 장한이 쳐서 주문의 군대를 크게 깨뜨리자 주문은 스스로 목을 찔렀고 초군은 드디어 싸움을 포기했다[不戰].

1) 【집해(集解)】 문영(文穎)이 말했다. "주문은 곧 주장(周章)이다."

2) 【집해(集解)】 여순(如淳)이 말했다. "시일이란 일시(日時)의 길흉을 통해 거동 여부를 점치는 관리다."

3) 응소(應劭)가 말했다. "초나라 재상 황헐(黃歇)이다."

4) 관직명으로 산과 바다, 연못과 늪지의 세금을 관장했다.

5) 진나라 2세 3년(기원전 207년) 거록(鉅鹿) 전투에서 항우에게 패한 뒤 투항했고, 항우를 따라 입관(入關)해 옹왕(雍王)에 봉해졌다. 초한(楚漢) 전쟁 때 유방(劉邦)을 공격하다가 패하자 자살했다. '장감'으로 읽기도 한다.

6) 【색은(索隱)】 진작(晉灼)이 말했다. "정(亭) 이름이다. 홍농(弘農)에서 동쪽으로 12리에 있다." 안사고(顔師古)가 말했다. "조수(曹水) 북쪽[陽]이다."

(한편) 무신은 한단(邯鄲)에 이르러 스스로를 세워 조왕(趙王)이 되었으며, 진여를 대장군으로 삼고 장이와 소소(邵騷)를 좌우 승상으로 삼았다. 진왕이 화가 나서 무신 등의 가족을 붙잡은 뒤 그들을 주살하려고 했다. 상주국(上柱國-채사)이 말했다.

"진(秦)나라가 아직 망하지 않았는데, 조왕과 장상들의 가족을 주살한다면 이는 또 하나의 진나라[一秦]를 낳는 셈입니다1). 오히려 이번 기회에 그를 (왕으로) 세워주는 것만 못합니다."

진왕은 마침내 사자를 보내 조(趙)(왕의 즉위)를 축하하고 무신 등의 가족들을 옮겨 궁중에 묶어두면서[繫]2) 장이의 아들 오(敖)를 봉해 성도군(成都君)3)으로 삼은 다음 조(趙)나라 병사들로 하여금 신속하게[亟=急] 관(關-함곡관)으로 들어가라고 재촉했다[趣=促]. 조왕과 장수, 재상들이 서로 함게 모의해 말했다.

　"왕께서 조나라의 왕 노릇 하시는 것이 초나라의 본뜻은 아닐 것입니다. 초나라는 일단 진(秦)나라를 주멸하게 되면 반드시 조나라에 군사적 공격을 가할 것입니다. 이에 대한 계책으로는 서쪽으로 군대를 보내지 않는 것이 최상이니, 사자를 북쪽으로 보내 연(燕) 땅을 공략함으로써 우리 땅을 넓혀야 합니다. 조나라가 남쪽으로 대하(大河-황하)에 의지하고 북쪽으로 연(燕)과 대(代) 땅을 소유한다면 초나라가 비록 진나라에 승리한다고 해도 감히 조나라를 제압할 수 없습니다. (게다가) 만약에 초나라가 진나라에 승리하지 못한다면 반드시 조나라를 중히 여길 것입니다. 조나라가 진나라의 피폐함을 올라탄다면[乘] 천하에서 뜻을 얻을 수 있을 것입니다."

　조왕이 그렇다고 여겨 서쪽으로 군대를 보내지 않고 옛 상곡(上谷-군)의 졸사(卒士)[4] 한광(韓廣, ?~기원전 206년)[5]으로 하여금 병사들을 이끌고 북쪽으로 연 땅을 공략하게 했다.

1) 폭정으로 새로운 적국을 하나 더 만드는 셈이라는 뜻이다.

2) 안사고(顔師古)가 말했다. "궁중으로 옮겨 살게 한 것은 예우함을 보여준 것이다. 그러나 붙잡아두고서 보내지 않았으니, 그 때문에 묶어두었다고 한 것이다."

3) 【정의(正義)】 촉군(蜀郡)의 현이다.

4) 조사(曹士)라고도 하는데, 하급 관리다.

5) 초한 전쟁기의 인물로서 항우가 세운 18제후왕 중 하나다. 원래는 상곡군의 하급 관리였다. 무신이 옛 조나라의 영역을 평정하고 장초에서 독립해 조나라 왕이 되었을 때 그를 장수로 삼아 옛 연나라 땅을 거두게 했는데, 한광은 옛 연나라의 귀족들과 유력 인사들에게 추대되어 연나라 왕으로 자립했다.

　연 땅의 옛 귀족과 호걸들이 한광에게 일러 말했다.

　"초나라가 이미 왕을 세웠고 조나라도 이미 왕을 세웠습니다. 연이 비록 작지만, 또한 만승(萬乘)의 나라이니, 장군이 세워져서 왕이 되시기를 바랍니다."

한광이 말했다.

"광(廣-자기 자신)의 어머니가 조나라에 계시므로 그럴 수가 없다."

연 땅 사람들이 말했다.

"조는 바야흐로 지금 서쪽으로 진(秦)을 걱정하고 남쪽으로 초(楚)를 걱정하고 있기 때문에 그 힘으로는 우리를 제어할 수 없습니다. 또한 초나라의 강대함으로도 감히 조왕과 장상들의 가족을 해칠 수가 없는데, 지금 조가 홀로 어찌 감히 장군의 가족을 해칠 수 있겠습니까?"

한광이 그렇다고 여기고서 마침내 스스로를 세워[自立] 연왕(燕王)이 되었다. 여러 달이 지나자 조나라는 연왕의 어머니와 가족들을 받들어 연나라로 돌려보냈다.

이런 때를 맞아 여러 장수가 땅을 공략한 것은 이루 헤아릴 수가 없다. 주불(周市)은 북쪽으로 적(狄)에 이르렀는데, 적 사람 전담(田儋, ?~기원전 208년)[1]이 적의 현령을 죽이고 스스로를 세워서 제왕(齊王)이 되어 도리어 주불을 쳤다. 불의 군대는 뿔뿔이 흩어져 위(魏) 땅으로 돌아가서는 위의 후예인 옛 영릉군(甯陵君) 구(咎)를 세워 위왕(魏王)으로 삼으려 했다[2]. 이때 구는 진승이 있는 곳에 있었으므로 위(魏)로 갈 수가 없었다. 위 땅이 이미 평정되었기에 (사람들은) 주불을 세워 왕으로 삼으려 했으나 불(市)은 받아들이지 않았다. 사자가 다섯 차례나 오간[反=回還] 끝에 승은 마침내 영릉군을 세워 위왕으로 삼고 그를 자기 나라로 보내주었다. 주불은 결국 (위나라의) 재상이 되었다.

1) 진(秦)나라 말기의 인물로, 혼란기를 틈타 진나라에 반기를 들고 제나라를 재건한 뒤 왕이 되었으나 진나라 장군 장한(章邯)에게 패해 죽었다.

2) 응소(應劭)가 말했다. "6국의 후예를 세워 당(黨)을 심고자 한 것이다."

장군 전장(田臧) 등이 서로 함께 모의해 말했다.

"주장(周章)의 군대가 이미 깨졌고 진나라 군대는 하루면 도착하게 된다. 우리가 형양성을 에워쌌지만 함락시키지 못했으니, 진나라 군대가 오게 되면 반드시 크게 패할 것이다. 이곳에는 적은 병력만 남겨둬도[遺=留] 형양을 충분히 지킬 수 있으니, 정예병들은 모두[悉=盡] 진나라 군대와 맞서 싸우도록 하자. 지금 임시왕[假王-오광]은 교만한 데다가 군사의 일을 알지 못하므로 더불어 계책을 함께할 수 없으니, 그를 주살하지 않으면 일이 실패로 돌아갈까 두렵다."

이리하여 서로 진왕(陳王)의 영이라고 속여서[矯=詐] 오광을 주살한 뒤에 그 목을 진왕에게 바쳤다. 진왕은 사자를 보내 전장에게 초나라 영윤의 인장을 내려주고 상장(上將)으로 삼았다. 전장은 마침내 이귀(李歸) 등 여러 장수에게 형양성을 지키게 한 뒤 자신은 정예병을 이끌고 서쪽으로 가 오창(敖倉)에서 진나라 군대를 맞아 싸웠다. 이 싸움에서 전장은 죽고 군대는 깨졌다. 장한이 진격해 이귀 등을 형양성 아래에서 쳐서 깨뜨렸고 이귀 등은 죽었다.

양성(陽城) 사람 등열(鄧說)이 병사를 이끌고 담(郯)에 주둔하고 있었는데[1], 장한의 별장이 쳐서 깨뜨리니 등열은 진(陳)으로 달아났다. 질(銍) 사람 오서(伍徐)가 병사를 이끌고[2] 허(許)에 주둔하고 있었는데, 장한이 쳐서 깨뜨리니 오서 역시 진(陳)으로 달아났다. 진왕이 등열을 주살했다.

1) **[색은(索隱)]** 「지리지(地理志)」에 따르면, 양성은 영천군(潁川郡)에 속한다. 說은 사람 이름이라면 모두 열(悅)이다.

2) **[색은(索隱)]** 질은 현 이름이고, 패군(沛郡)에 속한다. 오서가 『한서(漢書)』에는 오

봉(伍逢)으로 되어 있다.

진왕(陳王)이 처음 (왕으로) 세워졌을 때 능(凌) 사람 진가(秦嘉)[1], 질(銍) 사람 동설(董緤), 부리(符離) 사람 주계석(朱雞石), 취려(取慮) 사람 정포(鄭布)[2], 서(徐) 사람 정질(丁疾) 등이 각기[特=各] 일어나 병사를 이끌고 동해(東海)[3] 군수 경(慶)을 담(郯)에서 에워쌌다. 진왕이 이를 듣고 마침내 무평군(武平君) 반(畔)[4]을 장군으로 삼아 담성(郯城) 아래에 있는 군대를 감독하게 했다. 진가(秦嘉)는 스스로를 세워 대사마가 되었는데, 남에게 소속되는 것을 싫어해 군의 장교[軍吏]들에게 말했다.

"무평군은 나이도 어리고 군사의 일도 알지 못하니, 그의 명령을 들어서는 안 된다."

그러고는 왕명이라고 속이고[矯] 무평군 반을 죽였다.

1) 【집해(集解)】「지리지(地理志)」에 따르면, 사수군(泗水郡)에 능현이 있다.

2) 【색은(索隱)】「지리지(地理志)」에 따르면, 취려는 현 이름으로 임회군(臨淮郡)에 속한다.

3) 【정의(正義)】 지금의 해주(海州)다.

4) 【집해(集解)】 장안(張晏)이 말했다. "반은 이름이다."

장한이 이미 오서를 깨뜨리고 진(陳)을 치니, 주국(柱國) 방군(房君-채사)이 죽었다. 장한은 계속 진군해서 진의 서쪽에 있던 장하(張賀)의 군대를 쳤다. 진왕도 나아와 싸움을 독려했지만[監戰=督戰] 그의 군대는 깨졌고 장하(張賀)는 전사했다.

납월(臘月)[1]에 진왕이 여음(汝陰)에 갔다가 돌아오던 중 하성보(下城父)[2]에 이르렀을 때 그의 마부 장가(莊賈)가 진왕을 죽이고 진(秦)나라에 항

복했다. 탕(碭)³⁾에 장사 지내고 시호를 은왕(隱王)이라 했다.

1) 【집해(集解)】 장안(張晏)이 말했다. "진나라의 납월은 여름 9월이다."

2) 안사고(顔師古)가 말했다. "지명으로, 성보현 동쪽에 있었다."

3) 【정의(正義)】 지금의 송주(宋州) 탕산현(碭山縣)이다.

　　진왕의 옛 연인(涓人)¹⁾이었던 장군 여신(呂臣)이 창두군(蒼頭軍)을 만들어 신양(新陽)²⁾에서 일어나 진(陳-현)을 공격해 떨어뜨린 뒤 장가를 죽이고서 다시 진(陳)을 초나라에 편입했다³⁾.

1) 초나라 관직명으로, 빈객을 접대하는 일을 맡았다. 알자(謁者)와 같다.

2) 【집해(集解)】 서광(徐廣)이 말했다. "여남군(汝南郡)에 있다."

3) 【색은(索隱)】 진현 땅을 초나라로 삼았다는 말이다.

　　애초에 진왕이 진(陳)에 도착했을 때 질(銍) 사람 송류(宋留)로 하여금 병사들을 이끌고서 남양(南陽)을 평정하고 무관(武關)¹⁾으로 들어가도록 영을 내렸다. 류(留)는 이미 남양을 공략했으나[徇] 진왕이 죽었다는 소식을 듣고는 남양을 다시 진(秦)나라 영토로 삼았다. 송류는 무관에 들어갈 수 없게 되자 마침내 동쪽으로 신채(新蔡)에 이르렀다가 진(秦)나라 군대와 마주쳤고, 이에 군대를 갖고서 진나라에 항복했다. 진나라 군대가 송류를 역전(驛傳)을 통해 함양으로 보내니 류는 거열형에 처해져서 군중에게 조리 돌려졌다[徇=行示].

1) 진나라의 남쪽 관문이다.

　　진가(秦嘉) 등은 진왕의 군대가 패해 무너지고 도망쳤다는 소식을 듣고

는 마침내 경구(景駒)를 세워 초왕으로 삼은[1] 뒤, 병사를 이끌고 방예(方
與)[2]로 가[之=往] 진나라 군대를 정도(定陶)성[3] 아래에서 치려고 했다. 공
손경(公孫慶)을 제왕(齊王)에게 사신으로 보내 힘을 합쳐 함께 전진하고자
했는데, 제왕이 말했다.

"진왕(陳王)이 싸움에 져서 죽었는지 살았는지 알 수 없다고 들었는데,
초나라는 어찌 우리에게 청하지도 않고 왕을 세울 수 있는가?"

공손경이 말했다.

"제나라가 초나라에 청하지도 않고 왕을 세웠는데, 초나라가 무슨 까닭
으로 제나라에 청해 왕을 세우겠습니까? 또 초나라가 앞장서서 일을 주창
했으니[首事][4] 천하에 영을 내리는 것은 마땅합니다."

전담(田儋)이 공손경을 주살해버렸다.

1) 【집해(集解)】 서광(徐廣)이 말했다. "정월에 진가는 상장군이 되었다."

2) 【정의(正義)】 연주(兗州)의 현이다.

3) 【정의(正義)】 지금의 조주(曹州)다.

4) 안사고(顔師古)가 말했다. "가장 먼저 병사를 일으켰다[起兵]는 말이다."

진(秦)나라 좌우 교위[校]가 다시 진(陳)을 공격해 떨어뜨렸다. 여(呂)장
군(-여신(呂臣))의 군대는 달아났다가 흩어진 병사들을 다시 거둬들여 파의
도적 떼[鄱盜][1] 당양군(當陽君) 경포(黥布-영포)의 병사들과 만났으니, (이
들은) 진나라 좌우 교위를 공격해 청파(靑波)에서 깨뜨리고 다시 진(陳)을
초나라에 편입시켰다. 마침 항량이 회왕(懷王)의 손자 심(心-웅심)을 세워
초나라 왕으로 삼았다.

1) 【집해(集解)】 鄱는 발음이 파(婆)다. 영포(英布)가 강중(江中)에 있으면서 떼 도적
   질을 했고 진승이 일어난 곳이며 영포가 파군(番君) 오예(吳芮)를 돌려보낸

곳이므로 파의 도적 떼라고 했다.

진승이 왕 노릇한 것은 모두 6개월이다. 애초에 왕이 되었을 때 진(陳)에서 왕 노릇을 했는데, 그와 함께 품팔이[傭=雇] 농사를 지었던 한 친구가 그 소식을 듣고는 진(陳)에 가서 궁문을 두드리며 말했다.

"나는 섭(涉)[1]을 만나보고 싶소!"

궁문 수비대장[令]이 그를 포박하려 했으나 스스로 여러 차례 변명하니, (수비대장은 그를) 마침내 내버려두었지만[2] 끝내 통과시켜주지는 않았다. 진왕이 궁 밖으로 나오자, 그는 길을 막고서 "섭아!"라고 소리쳤다. 진왕이 이를 듣고는 마침내 그를 만나보고 수레에 태워[載] 함께 돌아갔다. 궁에 들어가 어전과 휘장[帷帳]을 보면서 손님이 말했다.

"워매, 엄청나네이[夥][3], 섭이 왕이 되더니, 이 깊디깊은[沈沈] 궁궐이여!"

초나라 사람들은 많은 것[多]을 과(夥)라고 했다. 이 때문에 천하 사람들은 이 이야기를 전하며 "워매 엄청나부러, 섭이 왕이 된 일이여[夥涉爲王]!"라고 했으니, 이는 진섭으로 말미암아 시작된 것이다. 그 손님은 (궁궐을) 들고나면서 더욱더 의기양양해져[發舒] 진왕의 옛날이야기[故情]를 떠들어댔다. 어떤 사람이 (진왕에게) 유세해 말했다.

"저 손님은 어리석고 무지한 데다가 헛소리[妄言]를 마구 떠들어대니, 왕의 위신이 가벼워집니다."

이에 진왕이 손님의 목을 베었다. 옛날부터 알았던 이런저런 사람들은 모두 진왕과의 인연을 끌어대고 있었는데, 이 일이 있고부터는 진왕과 가깝다는 사람들이 없어졌다.[4]

진왕은 주방(朱防)을 중정(中正-인사 담당)으로, 호무(胡武)를 사과(司過-사찰 담당)로 삼아서 여러 신하를 감찰하는 일을 주관하게 했다. 두 사람은 여러 장수가 각 지역을 공략하고 돌아오면 결과를 감찰해서 영(令)을 제대로 시행하지 않았을 경우 잡아넣어 벌을 주었는데, (이들은) 가혹한 감찰을 충성이라 여겼고 그들이 보기에 잘못이라고 생각되면 담당 관리에게 내리지 않고 문득 자신들이 직접 처리했다. 진왕이 이들을 믿고 쓰자[信用] 여러 장수는 진왕을 제 몸처럼 아끼고 의탁하려[親附] 들지 않았으니, 이것이 그가 패망하게 된 까닭이다.

1) 진승의 자(字)다.

2) 안사고(顏師古)가 말했다. "여러 차례 변명했다[辯數]는 것은 자신의 성명을 말하고 아울러 섭과 자신이 옛날에 함께 지냈던 일들을 말했다는 것으로, 그러자 수비대장이 그를 내버려두고 포박하지 않았던 것이다.

3) 夥는 '화'로도 읽는다. 초나라 사투리 느낌을 살펴 옮겨보았다.

4) 【색은(索隱)】 고씨(顧氏)는 『공총자(孔叢子)』의 다음과 같은 이야기를 인용했다. "진승이 왕이 되고 나자, 아내의 부형들이 찾아갔는데, 진승이 그들을 수많은 빈객 중 하나로 대우하니 처의 아버지가 화를 내며 말했다. '강함을 믿고 어른을 무시하는 것을 보니 오래갈 수가 없겠구나!' 인사도 없이 떠나버렸다." 이는 이런 유의 이야기 중 하나다.

진승(陳勝)이 비록 이미 죽었어도 그가 임명해 남겨둔 왕후와 장상들이 결국 진나라를 멸망시킬 수 있었던 것은, 섭이 맨 처음으로 일을 일으킨 탓이다. 고조(高祖) 때 진섭을 위해 탕(碭)에 30가구를 두어 지금까지도 제사를 지내고 있다[血食=祭祀].

저선생(褚先生)[1]**은 말한다.**[2]

1) 저소손(褚少孫, ?~?)은 전한 영천(潁川) 사람이다. 장장안(張長安), 당장빈(唐長賓)과 함께 신배공(申培公)의 재전제자(再傳弟子)인 왕식(王式)에게서 노시(魯詩)를 배워 노시저씨학(魯詩

저씨학(褚氏學)을 창도했고, 한나라 원제(元帝)와 성제(成帝) 때 박사(博士)가 되었다. 저서에 명나라 장부(張溥)가 편집한 『저선생집(褚先生集)』이 있다. 사마천(司馬遷)이 죽고 난 뒤에 『사기(史記)』에 누락된 부분이 있었는데, 일찍이 이를 수집·보충하는 작업을 했다.

2) 【집해(集解)】 서광(徐廣)이 말했다. "판본에 따라 (이하는) 태사공이 지은 것으로 보기도 한다."

지형이 험하고 막혀 있으면 방비를 공고히 할 수 있고, 군대와 형법이 있으면 나라를 제대로 다스릴 수 있다. 하지만 이것만으로는 아직 믿을 만하지 않다. 무릇 선왕(先王)은 어짊과 마땅함[仁義]을 근본으로 삼고 요새를 공고히 하는 것과 법조문을 지엽말단으로 삼았으니, 어찌 그렇게 하지 않겠는가! 내가 듣건대, 가생(賈生-가의)은 이렇게 말했다.

"진(秦)나라 효공(孝公)[1]은 효산(殽山)과 함곡관(函谷關)의 견고함에 의지해 옹주(雍州)[2]를 틀어쥐고서 임금과 신하가 서로를 굳게 지키며 주(周)나라 왕실을 엿보았으니, 이는 자리를 말아 올리듯 차근차근[席捲] 천하를 차지해 온 세상[宇內]을 감싸서 들어 올림[包擧]으로써 사해(四海)를 주머니 속에 넣어 주둥이를 잡아매듯 몽땅 가지겠다[囊括]는 뜻과 온 천하[八荒=八紘=八方]를 집어삼킬 마음이 있었다는 것이다. 이런 때를 맞아 상군(商君)[3]이 효공을 도와서 안으로는 법률과 제도를 세우고 (백성으로 하여금) 농사일과 베 짜기[耕織]에 힘쓰게 하면서 전쟁 준비를 가다듬었고, 밖으로는 연횡책(連橫策-連衡策)[4]을 써서 제후들끼리 서로 다투게 함으로써 진나라 사람들로 하여금 팔짱을 낀 채 서하(西河) 바깥을 거저 차지하게 했다.

효공이 이미 죽고 나자, 혜문왕(惠文王)과 무왕(武王)과 소왕(昭王-소양공)이 유업(遺業)을 이어받았다. (그들은) 효공이 남긴 계책[遺策]에 입각해서 남쪽으로는 한중(漢中)을 차지했고, 서쪽으로는 파(巴)와 촉(蜀)을 빼앗았으며, 동쪽으로는 기름진 땅을 도려내고 요충지가 되는 여러 군(郡)을 거둬들였다. (그래서) 제후들이 크게 두려워하며 동맹을 맺고[會盟=結盟] 진나라를 약화할 방안을 모의한 끝에 온갖 진기한 기물과 귀중한 보물, 산물이 풍부한 기름진 땅을 아끼지 않고 내놓음으로써 천하의 선비들을 초빙했으며 합종책(合縱策)을 써서 똘똘 뭉쳐 서로 하나가 되었다. 이런 때를 맞아 제(齊)나라에는 맹상군(孟嘗君)이, 조(趙)나라에는 평원군(平原君)이, 초(楚)나라에는 춘신군(春申君)이, 위(魏)나라에는 신릉군(信陵君)이 있었는데, 이들 네 군(君)은 모두 밝고 사리를 알면서도 충성스럽고 믿음직했으며[明知而忠信] 너그럽고 두터워 다른 사람을 사랑했으며[寬厚而愛人] 뛰어난 이를 높이고 선비를 중하게 여겼다[尊賢重士]. 이들은 합종책을 (따르기로) 약속해 연횡책을 버리고 한(韓)·위(魏)·연(燕)·초(楚)·제(齊)·조(趙)·송(宋)·위(衛)·중산(中山)의 군사들을 하나로 합쳤다. 이에 여섯 나라[六國]의 인재[士]로는 영월(甯越-조나라 사람), 서상(徐尙-송나라 사람), 소진(蘇秦)[5], 두혁(杜赫-주나라 사람) 등이 있어 전략[謀]을 세웠고, 제명(齊明-동주의 신하로 뒤에 진·초·한에 출사), 주최(周最-동주의 공자), 진진(陳軫-하나라 혹은 초나라 사람), 소활(召滑-초나라 신하), 누완(樓緩-위나라 대신), 적경(翟景-위나라 사람), 소려(蘇厲-소진의 아우), 악의(樂毅-연나라 소왕의 장수) 등은 각국의 의견을 서로 통하게 했으며, 오기(吳起-위나라 사람), 손빈(孫臏-제나라 사람으로 손무의 후예), 대타(帶佗-초나라 장수), 아량(兒良), 왕료(王廖), 전기(田忌-제나라 장수), 염파(廉頗-조나라 장수), 조사(趙奢) 등의 장수들이 군사를 이끌었다. 이들은 일찍이 (진나라의) 10배나 되는 땅과 100만 대군을 갖고서 함곡관을 올려다보며[仰] 진나라를 공격했다. 진나라 사람들이 관문을 활짝 열어 적군을 끌어들이니, (한·위·연·초·제·조·송·위·중산의) 아홉 나라 병사들은 우왕좌왕하며 도망을 칠 뿐 감히 앞으로 나아가지 못했다. 진나라에서는 화살 1대, 화살촉 1개도 쓰지 않았는데 이미 천하의 제후들은 곤경에 빠졌다. 이에 합종책은 흩어지고 약속은 깨졌으니, 그들은 앞다퉈 땅을 도려내[割地] 진나라에 바쳤다. 진나라가 여력을 갖게 되자 쇠약해진 아홉 나라를 제압하고 도망치는 패잔병들을 추격해서 죽이니, 나뒹구는 시체가 100만에 이르렀고 흐르는 피에 큰 방패[櫓=大楯]가 둥둥 떠다닐 정도였다. 진나라는 자신들의 이익에 입각해 편리한 대로 천하를 마음대로 요리하면서 (제후들의) 산과 강을 갈가리 나눠서 찢어놓았으니, 그나마 강한 제후국은 항복을 청했고 약한 제후국은 입조(入朝)했다.[6]

(뒤이은) 효문왕(孝文王)과 장양왕(莊襄王)에 이르러서는 재위 기간[享有]이 굉장히 짧았고[日淺] 나라에 아무런 일도 없었다.[7]

진나라 시황제[秦王] 때에 이르자 그는 여섯 임금[六世]의 유업[餘烈=遺業]을 이어받아 뛰어난 계책[長策]을 발휘하며 세상을 장악해 나갔다. 동주와 서주[二周]를 집어삼키고[8] 제후들을 멸망시킨 뒤에 스스로 황제의 자리[至尊]에 올라 천하[六合]를 제압하고서는 회초리와 몽둥이[箠朴]를 쥐고[9] 천하에 채찍질과 매질을 가하니, 황제의 위엄이 온 세상을 벌벌 떨게 했다. 남쪽으로 백월(百越)[10]의 땅을 취해 계림군(桂林郡)과 상군(象郡) 2개 군을 만드니, 백월의 임금은 머리를 숙이고 목에 줄을 걸고 와서 진나라 옥리[下吏]에게 자신의 목숨을 내맡겼다. 또한 마침내 몽염(蒙恬)으로 하여금 북쪽으로 만리장성을 쌓아 변경을 지키게 하면서 흉노를 700여 리 밖으로 몰아내니, 오랑캐들은 감히 남쪽으로 내려와 말을 기르지 못했고 흉노의 병사들은 감히 활을 당겨 진나라에 원한을 갚을 생각을 하지 못했다.

이에 (진시황은) 선왕들의 도리를 폐기하고 백가의 학설들을 불태움으로써 백성[黔首]을 어리석게 했다. 또 이름난 성들을 무너뜨리고 호걸과 준재들을 죽였으며 천하의 병기들을 함양(咸陽)으로 거둬들여서 녹인 다음 종을 만들거나 동상[金人] 12개를 만듦으로써 백성을 약화했다. 그런 다음에는 화산(華山)을 깎아서 성곽을 만들고 황하의 물줄기를 끌어들여 해자(垓字)를 판 뒤 길이가 1억 장(丈)이나 되는 높은 성에 거처하면서 깊이를 알 수 없는 골짜기를 굽어보며 방비를 굳게 했다. 훌륭한 장수와 강한 쇠뇌가 요충지를 지키고 믿을 만한 신하와 정예부대가 날카로운 창칼을 들고서 오가는 사람들을 엄중하게 검문했다. 천하가 이미 평정되고 나자, 진시황은 마음속으로 관중(關中)의 굳건함은 철벽 성곽[金城] 1,000리와 같으니, 자손 들이 만세토록 제왕이 될 수 있는 업적이라고 여겼다.

1) 전국시대 진나라의 임금으로, 진시황의 6대조이며 재위 기간은 기원전 361~338년이다. 진나라는 효공 때 비로소 강대해져서 훗날 진시황이 천하를 통일하는 밑거름이 되었다.

2) 당시 관중(關中)의 요충지였다.

3) 공손앙(公孫鞅)이다. 위나라 사람으로 법가(法家)를 숭상했으며, 효공 때 출사해서 상(商)에 봉해져 상군(商君) 혹은 상앙(商鞅)이라고 불렸다.

4) 진나라 동쪽에 있는 한·위·연·조·제·초가 각각 진나라와 동맹을 맺음으로써 진나라의 보호를 통해 안전을 도모하라는 외교 술책이다. 진나라의 장의(張儀)가 주창한 것인데, 실은 이들 여섯 나라의 불화를 조장해서 서로 싸우게 하려는 술책이었다.

5) 낙양 사람으로, 여섯 나라의 합종책을 주창한 장본인이다.

6) 신하의 예를 갖추고서 진나라 조정에 들어와 조현했다는 말이다.

7) 진나라 소양왕(昭襄王)이 죽자 아들 효문왕이 왕위를 물려받았지만, 탈상한 지 사흘 만에 죽었고, 그의 아들 장양왕(재위 기원전 249~247년)이 즉위했으나 그 또한 3년 만에 죽었다. 그 뒤에 진시황이 즉위했다.

8) 진시황은 두 주나라를 멸망시키고서 3개 주군(州郡)으로 개편했다.

9) 법가의 사상을 써서 형벌 제도를 강화했다는 말이다.

10) 절강(浙江)·복건(福建)·광동(廣東)·광서(廣西)·월남(越南) 등지를 포괄하며, 고대에 월족이 살던 지역이다. 월족이 많아 백월(百越)이라고 했다.

진시황이 이미 죽고서도[沒]¹⁾ 진나라는 남은 위력[餘威=餘烈]을 풍속이 다른 먼 곳까지 떨쳤다. 진승(陳勝)은 깨진 항아리의 주둥이를 창문으로 삼고 새끼줄을 늘어뜨려 문을 대신하는[甕牖繩樞] (가난한) 집의 자식이었으며, 미천한 백성으로서 수자리에 징발된 무리였다. 재주와 능력은 보통 사람[中人]에도 미치지 못했고, 공자나 묵적(墨翟) 같은 뛰어남[賢]도 없었으며, 도주(陶朱)[2]나 의돈(猗頓)[3] 같은 부를 지니지도 못했다.

그런 그가 사졸들의 행렬에 끼어서 행군 중에 반란을 일으켰으니, 지칠 대로 지쳐서 흩어졌던 병사들을 거느리고 수백 명을 통솔해 가던 길을 바꿔서 진나라를 공격했다. 나무를 베어서 무기로 삼고 장대를 높이 세워 깃발로 삼았는데도 천하 사람들이 구름처럼 모여들어 호응했으며 양식을 짊어진 채로[영량][4] 그림자처럼 따랐다. 그리하여 마침내 산동(山東)의 호걸들이 한꺼번에 들고일어나서 진나라의 왕족[秦族]을 멸망시켰다.

저 (진나라의) 천하는 작지도 약하지도 않았고 옹주의 땅, 효산과 함곡관의 견고함도 예전과 조금도 다르지 않았다. 반면 진승의 지위는 제·초·연·조·한·위·송·위·중산의 임금들보다 존귀하지[尊=貴] 않았고, 그가 거사에 썼던 호미와 고무래, 창과 창 자루는 굽은 창과 긴 창보다 날카롭지[銛=銳] 않았으며, 또 변방 수비로 유배된 무리는 이들 아홉 나라의 병사들에 비할 바가[儔=敵] 아닌 데다 계책과 사려, 행군과 용병의 계략에서도 예전의 모사(謀士)[5]들에 미치지[及=致] 못했다. 그런데도 성공과 실패는 크게 달랐으며 이룩한 공업(功業)은 완전히 상반되었다.

만약 일찍이 산동의 나라들과 진승의 영토 크기를 비교해보고 여섯 나라와 진승의 권세·병력을 비교해본다면 같은 해에 놓고서 이야기할 바가 아니다.

그러나 진나라는 보잘것없는 땅[區區之地]에서 시작했지만, 만승 제후의 권력에 이르러 팔주(八州=천하)를 불러들여서 동렬인 제후들로부터 조회(朝會)를 받은 것이 100여 년이나 되었고, 그런 후에 온 천하를 한 집으로 삼고 효산과 함곡관을 궁전으로 삼았다. 그런데도 일개 필부가 난을 일으키자, 칠묘(七廟)[6]가 무너지고 그 몸은 남의 손에 죽임을 당해[7] 천하의 웃음거리가 되었으니, 이것은 무엇 때문인가? 그것은 어짊과 마땅함[仁義]을 베풀지 않았고[8] 천하를 차지할 때와 천하를 지킬 때의 형세[攻守之勢]가 달랐기 때문이다.[9]"[10]

1) 가의는 줄곧 진시황을 진왕(秦王)이라고 칭했고, 그의 죽음에 대해서도 붕(崩)이라고 하지 않고 그냥 몰(沒)이라고 했다.

2) 월(越)나라의 재상 범여(范蠡)를 가리킨다. 월나라 임금 구천(勾踐)을 도와서 오(吳)나라를 멸망시켰으며, 뒤에 벼슬을 버리고 도(陶) 땅에 은거하면서 거부가 되자 세상 사람들이 그를 도주공(陶朱公)이라고 불렀다.

3) 춘추시대 노나라 사람으로, 소금과 목축으로 큰돈을 모았다고 한다.

4) 영(贏)은 '이익을 남기다'라는 뜻 외에 '짊어지다[負]'나 '짐을 꾸리다[齎]'라는 뜻이 있다.

5) 여섯 나라가 진나라에 대항할 때의 맹산군·소진·손빈·염파 등을 가리킨다.

6) 효공부터 진시황까지의 종묘를 말한다.

7) 2세 황제가 조고에게 죽임을 당한 것으로 볼 수도 있고, 자영이 항우에게 죽임을 당한 것으로 볼 수도 있다.

8) 사리(事理) 측면에서 선왕의 도리를 쓰지 않았다는 말이다.

9) 송나라 학자 진덕수(眞德秀)는 『문장정종(文章正宗)』에서 이 글에 대해 다음과 같이 평론했다. "의(誼)가 진나라를 논한 것을 가만히 살펴보니, 본말(本末)이 잘 갖춰져 있고 두 가지 사항으로 결론을 잘 내렸으니 지극하다고 할 수 있다. 그러나 의의 뜻은 공수(攻守)라는 말을 통해 두 가지 길을 제시하는 데 있다. 즉 하나는 권모술수를 써서 차지하는 것[攻]이고, 다른 하나는 그 뒤에 어짊과 마땅함을 써서 지키는 것[守]이다. 한나라의 초창기에 뛰어난 인물이 사태를 보는 바가 대체로 이러했다. 그래서 육가(陸賈)는 역취순수(逆取順守)를 말했던 것이고 가의 또한 차지하고 지키는 것에서의 정세 차이에 관한 설을 제시한 것이니, 어찌 삼대(三代)가 천하를 얻은 것이, 이런 두 가지 도리만 썼기 때문이겠는가? 이는 가의의 배움이 신한(申韓—신불해와 한비자의 법가)에 많은 영향을 받은 때문이다." 이 점에서는 진덕수 역시 사세(事勢)의 중요성을 경시하고 있다. 공자는 사리의 정(正)도 중시했지만, 무엇보다 사세의 중(中)을 강조했던 인물이다. 여기서 성리학의 한계를 보게 된다. 오히려 사마천이나 육가나 가의가 시야가 훨씬 넓은 것이다.

10) 【색은술찬(索隱述贊)】 천하가 흉흉해[天下匈匈]/천하에 인주가 없었다네[海內之主]/서로 임금 자리 차지하려 다투니[掎鹿爭捷]/머물 곳 찾던 까마귀 이

에 머물렀도다[瞻烏爰處]/진승이 처음 거사해[陳勝首事]/나라 이름 장초라고 했지[厥號張楚]/귀신도 이에 호응하는 듯했고[鬼怪是憑]/여러 호걸 스스로 따랐도다[鴻鵠自許]/갈영은 동쪽을 떨어뜨렸고[葛嬰東下]/주문은 서쪽을 지켜냈다네[周文西拒]/비로소 주방(朱房) 가까이하고[始親朱房]/호무에게 중책 맡겼도다[文任胡武]/'워매, 엄청나부러' 외치던 옛 친구 죽임당했듯이[夥頤見殺]/복심은 누구도 인정하지 않았다네[腹心不與]/(진왕 죽인) 장가는 어떤 사람인가[莊賈何人]/반기 들어 하성보에서 물어 죽였도다[反噬城父]!

권49 ― 외척세가(外戚世家) 제19

권49 외척세가(外戚世家)[1] 제19

예로부터 천명을 받은 제왕이나 제위(帝位)를 계체수문(繼體守文)[2]하는 임금은 단지 자기 혼자 안에 (임금)다움을 갖추었을 뿐만 아니라 대개는 또한 외척(外戚)의 도움이 있었다. 하(夏)나라가 일어난 데는 도산씨(塗山氏)[3]가 있었고, (말기에) 걸왕(桀王)이 쫓겨나게 된 것은 말희(末喜)[4]가 있었기 때문이다. 은(殷)나라가 일어난 데는 유융씨(有娀氏)[5]가 있었고, 주왕(紂王)이 죽게 된 것은 달기(妲己)를 총애한 때문이다. 주(周)나라가 일어난 데는 강원(姜嫄)과 태임(太妊)이 있었고, 유왕(幽王)이 붙잡히게 된 것은 포사(褒姒)에 빠졌기 때문이다.

그래서 『주역(周易)』은 건(乾)과 곤(坤)에서 시작하고[基], 『시경(詩經)』은 「관저(關雎)」편을 첫머리에 두었으며, 『서경(書經)』은 순(舜)임금이 요(堯)임금의 두 딸을 잘 데리고 산 것[釐降]을 칭송했고, 『춘추(春秋)』는 친영(親迎)하지 않은 것을 비판했다[譏][6].

부부 사이는 사람의 도리 중에서도 가장 큰 이치[倫=理]이니, 예(禮)의 쓰임은 오직 혼인에 있어서 조심 또 조심하게 된다[兢兢=戒愼]. 저 음악이 조화를 이루고 사계절이 화합하며 음양의 변화가 만물을 제어하니, 삼가지 않을 수 있으랴! 사람이 능히 도리를 크게 할 수 있다지만 그러나 명(命)은 어찌할 수 없다[7]. 심하도다, 배필 간의 사랑은! 그러므로 임금이라도 신하에게 어찌할 수가 없고 아버지라도 아들에게 어찌할 수가 없는데[8] 하물며 지위가 낮은 사람에 있어서랴! 이미 기뻐해 하나가 되었다 해도 혹 자식을 낳지[姓=生] 못할 수도 있고, 자식을 낳았다 해도 그것을 끝까지 이어가지 못할 수도 있으니, 어찌[惡=何] 명(命)이 아니겠는가? 공자(孔子)는 명(命)에 대해 아주 드물게만 이야기했으니[9], 이는 대개 그것을 말로 하는 것이 어려웠기 때문이리라. 만일 그윽한 변화의 원리에 통달하지 못했다면 어찌 능히 성(性-본성)과 명(命)의 관계를 알 수 있었으랴![10]

1) 【색은(索隱)】 외척이란 후비(后妃)를 말하니, 후족(后族) 또한 대대로 봉작을 받았기 때문이다. 『한서(漢書)』는 그것을 열전 중에 편입시켰다.

2) 【색은(索隱)】 살펴보건대, 계체(繼體)는 창업 군주가 아니니 이는 적자(嫡子)가 선제(先帝)의 정체(正體)를 이어받아 세워진 자다. 수문(守文)이란 '법도를 지킨다[守法]'는 뜻으로, 명을 받아 제도를 창설한 임금이 아니므로 다만 선제의 법도를 지키는 것을 위주로 할 뿐이다.

3) 【색은(索隱)】 위소(韋昭)가 말했다. "도산은 봉국의 이름으로, 우왕이 장가든 곳이다. 지금의 구강(九江)이 있는 곳이다."

4) 【색은(索隱)】 위소(韋昭)가 말했다. "유시씨(有施氏)의 딸로, 성은 희(喜)다."

5) 【색은(索隱)】 위소(韋昭)가 말했다. "설(契)의 어머니 간적(簡狄)은 유융씨(有娀氏) 딸이다."

6) 【색은(索隱)】 살펴보건대 『춘추공양전(春秋公羊傳)』은공(隱公) 2년에 "기(紀)나라 이수(履須)가 와서 (노나라) 딸을 맞이했다"라고 했고 또 "외국에서 여자를 맞이하는 것은 (원래 역사서에) 기록하지 않는데 여기에서는 어째서 기록했는가? 비판한 것이다. 무엇을 비판한 것인가? 처음부터 몸소 맞이하지 않은 것을 비판한 것"이라고 했다.

7) 『논어(論語)』「위령공(衛靈公)」편에서 공자가 말했다. "사람이 능히 도리를 크게 하는 것이지 도리가 사람을 크게 하는 것은 아니다." 또 「헌문(憲問)」편에는 이런 내용이 나온다. "공백료가 계손에게 자로를 참소하자 자복경백이 공자를 찾아와 이렇게 말했다. '대감께서 진실로 공백료에 대해서는 의심하는 뜻이 있으시니, 제힘으로도 능히 그를 (죽여) 길거리에 늘어놓을 수 있습니다.' 공자는 말했다. '도리가 장차 행해지는 것도 명이요, 도가 장차 없어지는 것도 명이니,

공백료가 그 명을 어찌하겠는가?'" 사마천은 이 두 사례를 끌어와서 하나의 문장으로 만든 것이다.

8) **【색은(索隱)】** 부부간의 사랑을 말하자면, 비록 군부(君父)라 하더라도 신자(臣子)가 좋아하는 것을 빼앗을 수 없다.

9) 『논어(論語)』「자한(子罕)」편에 나오는 말이다. "공자는 이(利)와 명(命)과 인(仁)에 관해서는 드물게 말씀하셨다." 이에 관한 정약용의 풀이다. "이(利)는 백성을 이롭게 한다거나 나라를 이롭게 한다고 할 때의 이(利)의 뜻이다. 명(命)은 천명(天命)이며, 인(仁)이란 인륜의 성덕(成德)이다. 이(利)를 자주 말하면 의(義)를 상하게 되고 명(命)을 자주 말하면 하늘을 모욕하게 되며 인(仁)을 자주 말하면 몸소 실행하는 것이 미치지 못하게 되니, 이것이 드물게 말한 까닭이다."

10) 안사고(顏師古)가 말했다. "『논어(論語)』(「공야장(公冶長)」편)에서 자공이 다른 사람에게 말하기를 '스승의 문(文)과 장(章)은 알아들을 수 있지만 성(性)과 천도(天道)에 대해 말씀하신 것은 알아들을 수 없다'라고 했는데 배우는 자들은 이를 '공자의 말은 자연스럽게 천도와 합치한다'로 잘못 읽었으니, 이는 단지 문구에서만 잘못 읽은 것이 아니라 그 실제에서도 마침내 본뜻과 크게 어긋난다."

태사공(太史公)이 말한다.

진(秦)나라 이전은 (기록이나 자료가) 너무 소략해 상세한 상황을 알기 어렵다.

한(漢)나라가 일어나고서 여아후(呂娥姁)[1]가 고조(高祖)의 정후(正后)가 되고 아들은 태자가 되었으나 만년에 미모가 시들자, 사랑이 식어서 척부인(戚夫人)이 총애를 받고 아들 여의(如意)가 거의 태자 자리를 대신할 뻔한 일이 몇 차례 있었다. 이에 고조가 붕하자 여후(呂后)는 척씨를 족멸하고 [夷] 조왕(趙王)을 주살했으니, 고조의 후궁 중에서 총애를 받지 못하거나 소원했던 자들만 무탈했다[無恙=無恙].[2]

1) **[색은(索隱)]** 여후의 자(字)다. 살펴보건대, 『한서(漢書)』에서는 여후의 이름이 치(雉)라고 했다.

2) 『한서(漢書)』 「외척전(外戚傳)」에는 황후와 후궁에 대한 칭호·등급에 대해 자세한 서술이 실려 있다.

   한(漢)나라는 일어난 뒤 진(秦)나라의 칭호를 이어받아서 제(帝)의 어머니를 황태후(皇太后), 할머니를 태황태후(太皇太后), 본부인[適=嫡]을 황후(皇后), 첩들은 모두 부인(夫人)이라고 불렀다. 또한 미인(美人)·양인(良人)·팔자(八子)·칠자(七子)·장사(長使)·소사(少使) 칭호가 있었다. 무제(武帝) 때 이르러 첩여(婕妤)·형아(娙娥)·용화(傛華)·충의(充依)라는 제도를 두어 각각 작위를 부여했고, 원제(元帝) 때 소의(昭儀)라는 칭호를 추가해서 (소의 이하) 모두 14등급이었다고 한다. 소의는 지위를 승상과 나란히 했고 작위는 제후왕과 대등했다. 첩여는 상경(上卿)과 나란히 했고 열후와 대등했다. 형아는 중(中) 2,000석 관리와 나란히 했고 관내후와 대등했다. 용화는 진(眞) 2,000석과 나란히 했고 (제16작) 대상조(大上造)와 대등했다. 미인은 2,000석과 나란히 했고 (제15작) 소상조(少上造)와 대등했다. 팔자는 1,000석과 나란히 했고 (제13작) 중경(中更)과 대등했다. 충의는 1,000석과 나란히 했고 (제11작) 좌경(左更)과 대등했다. 칠자는 800석과 나란히 했고 (제11작) 우서장(右庶長)과 대등했다. 양인은 800석과 나란히 했고 (제10작) 좌서장(左庶長)과 대등했다. 장사는 600석과 나란히 했고 (제9작) 오대부(五大夫)와 대등했다. 소사(少使)는 400석과 나란히 했고 (제8작) 공승(公乘)과 대등했다. 오관(五官)은 300석과 나란히 했고, 순상(順常)은 200석과 나란히 했으며, 무연(無涓)·공화(共和)·오령(娛靈)·보림(保林)·양사(良使)·야자(夜者)는 100석과 나란히 했다. 상(上) 가인자(家人子─말단 여관)와 중(中) 가인자는 작질이 있고 두식(斗食─녹봉 소량)을 받았으며, 오관 이하는 (죽으면) 사마문(司馬門) 밖에서 장례를 치렀다.

여후의 장녀(노원공주)는 선평후(宣平侯) 장오(張敖)의 아내이고, 오(敖)의 딸은 효혜황후(孝惠皇后)[1]가 되었다. 여태후는 (황후와) 겹사돈[重親]이므로 그로 하여금 아들을 낳게 하려고 온갖 비방을 썼으나 결국 아들을 낳지 못했고, 후궁 자식 중 하나를 거짓으로[詐] 가져다가 아들로 삼았다. 효

혜제가 붕했을 때 천하가 막 안정된 지 얼마 안 되었기에 계사(繼嗣-후사)가 분명치 않았다. 이에 외가(外家-여씨 친정)를 귀하게 만들어 여러 여씨를 왕으로 삼아서 보필하게 하고 여록(呂祿)의 딸을 소제(少帝)의 후(后)로 삼음으로써 근본을 더욱 견고하게 하고자 심히 노력했으나 결국은 아무런 도움이 되지 못했다.

1) 【색은(索隱)】 황보밀(皇甫謐)에 따르면 이름은 언(嫣-아리땁다)이다.

고후(高后)가 붕하자 장릉(長陵)에 합장(合葬)[1]했다. 여록(呂祿)과 여산(呂産) 등은 주살될까 두려워 난을 일으킬 것을 모의했으나 대신들이 그들을 정벌했으니, 하늘이 유씨(劉氏)의 법통을 이어주려고 결국 여씨들을 멸망시킨 것이다.

오직 효혜황후만 북궁(北宮)[2]에서 살게 하고 대왕(代王)을 맞아들여 세우니, 이 사람이 효문제(孝文帝)로 그가 한나라 종묘를 받들었다. 이것이 어찌 하늘이 없이 될 일인가? 천명이 아니고서 누가 능히 그것을 감당할 수 있겠는가?

1) 【집해(集解)】 『관중기(關中記)』에서 이렇게 말했다. "고조의 능은 서쪽에 있고 여후의 능은 동쪽에 있으니, 한나라는 제와 후를 같은 선산[塋]에 묻었기에 합장(合葬)이라고 했다. 합릉(合陵)한 것은 아니다. 다른 능도 모두 이와 같다."
2) 【색은(索隱)】 살펴보건대, 미앙궁 북쪽에 있어 북궁이라고 했다.

박태후(薄太后)의 아버지는 오(吳)나라 사람으로 성(姓)이 박씨(薄氏)이며, 진(秦)나라 때 옛 위(魏)나라 왕실의 여인 위온(魏媼)과 사사로이 정을 통해 박희를 낳았다. 박희의 아버지는 (회계의 현인) 산음(山陰)에서 죽어 그곳에 묻혔다.

제후들이 진나라에 반란을 일으키자, 위표(魏豹)가 세워져 위나라 왕이 되었고, 위온은 자기 딸을 위나라 궁에 들였다[內]. 위온이 (관상 잘 보는 노파) 허부(許負)에게 박희의 관상을 보게 했는데, 마땅히[當] 천자를 낳을 것이라고 말했다. 이때는 항우가 바야흐로 한왕(漢王-유방)과 형양(滎陽)에서 서로 쟁패를 벌이고 있어[相距] 천하는 아직 정해진 바가 없었다. 표(豹)는 처음에는 한나라와 한편이 되어 초나라를 쳤다가 허부의 말을 듣고는 내심 홀로 기뻐하며, 그로 인해 한나라를 배신하고 중립을 표방하면서 다시 초나라와 연결을 맺고 잘 지냈다. 한나라는 조참(曹參) 등으로 하여금 위왕 표를 붙잡게 한 다음 그의 나라를 군(郡)으로 삼고 박희를 직실(織室)로 보냈다. 표는 이미 죽었고, 한왕(漢王-유방)이 직실에 들어왔다가 박희가 미색이 있음을 보고는 조서를 내려 후궁으로 들이도록 했다. 그러나 (박희는) 1년여가 넘도록 성은을 입지 못했다[不得幸]. 애초에 희(姬)가 어렸을 때 관부인(管夫人), 조자아(趙子兒)와 서로 친하게 지냈는데, 이렇게 약속해 말했다.

"먼저 귀하게 되더라도 서로 잊지 말아야 해!"

얼마 후에 관부인과 조자아가 먼저 한왕의 성은을 입었다. 한왕이 하남궁(河南宮) 성고대(成皐臺)에 앉아 있는데, 두 미인이 왕을 모시면서 서로 박희와 맺은 애초의 약속에 대해 웃으면서 말했다. 한왕이 이유를 묻자 두 사람은 있는 그대로 아뢰었다. 한왕은 마음이 처연해지고 박희를 불쌍히 여겨서 이날 불러 동침했다[幸之]. 박희가 말했다.

"어젯밤 꿈에 창룡(蒼龍)이 신첩의 비 위에 올라앉는 것을 보았습니다."

상이 말했다.

"이는 귀하게 된다는 징조이니, 내가 너를 마침내 귀하게 만들어주겠노라."

한 번 총애를 입어[幸] 아들을 낳았으니, 이 사람이 대왕(代王)이다. 그 후로 박희는 고조를 거의 보지 못했다.

고조가 붕하자 고조의 시중을 들고 총애를 입었던 척부인 등의 후궁들은 여태후의 노여움을 사서 모두 유폐되고 궁 밖으로 나갈 수가 없었다. 그런데 박희는 거의 총애를 받지 않았으므로 나갈 수 있었고, 아들을 따라 대(代)나라로 가서 대왕의 태후가 되었다. 태후의 동생 박소(薄昭)도 (태후를) 따라서 대나라로 갔다.

대왕이 세워진 지 17년에 고후가 붕하했다. 대신들이 뒤를 이어 세울 사람에 대해 토의했는데, 외척인 여씨가 강성해진 것을 싫어해 모두 박씨가 어질고 선하다[仁善]고 칭송했다. 이 때문에 대왕을 맞아들여 세워 효문황제로 삼고, 태후를 고쳐 황태후로 삼았으며 (황태후의) 동생 소(昭)를 봉해 지후(軹侯)[1]로 삼았다.

1) [색은(索隱)] 「지리지(地理志)」를 보면 지현(軹縣)은 하내(河內)에 있는데, 거리가 멀어 그곳에 봉한 것은 아닌 듯하다. 살펴보건대, 장안(長安) 동쪽에 지도정(軹道亭)이 있으니, 어쩌면 이곳에 봉해주었는지도 모르겠다.

태후의 어머니 또한 그전에 죽어 역양(櫟陽) 북쪽에 안장했다. 이에 마침내 태후 아버지를 추존해서 영문후(靈文侯)로 삼고 회계군(會稽郡)에 원읍(園邑) 300가구를 두어 장승(長丞) 이하 관리들로 하여금 무덤을 지키게 했으며 침묘(寢廟-무덤과 사당)에는 법도에 따라 음식과 제사를 올렸다. 역양 북쪽에는 또 영문후(靈文侯) 부인의 능원을 두었는데, 모든 의례를 영문후의 능원과 같이했다. 박태후는 어머니 쪽이 위(魏) 왕가의 후손으로 일찍 부모를 여읜 태후를 받들어서 위씨(魏氏)가 큰 힘이 되어주었기 때문에 이에 위씨를 불러 작위를 높여주고 상을 내려주었는데, (친척 관계가) 가깝고 먼 것에 따라 각각 다르게 내려주었다. 박씨 중에서 후가 된 사람[侯者]은 모두 1명이다.

박태후는 문제보다 2년 뒤에, 즉 효경제(孝景帝) 전(前) 2년에 붕해 (패릉 남쪽에 있는) 남릉(南陵)에 안장되었다[1]. 여후가 장릉(長陵)에 합장되어 [會葬] 별도로 능을 만들었는데[起陵], 효문황제 패릉(霸陵)에서 가까웠다.

1) 【색은(索隱)】『묘기(廟記)』를 살펴보건대, 패릉(霸陵)에서 남쪽으로 10리에 있어 남릉이라고 했다고 한다.

(효문제의 부인) 두태후(竇太后)[1]는 조(趙)나라 청하(清河) 관진(觀津) 사람이다. 여(呂)태후 때 양가(良家)의 딸로서 궁에 들어가 태후를 모셨다. 태후가 궁인(宮人)들을 내보내면서 여러 왕에게 각각 5명씩 내려주었는데, 두희(竇姬)도 그들 중에 속해 있었다.

두희는 집이 청하(清河)였기에 조(趙)나라 집 근처에 가고 싶어서 그 일을 주관하는 환관에게 청해 말했다.

"제 명단은 반드시 조나라로 가는 대열 안[伍中]에 넣어주세요."

환관이 이를 잊어먹고서 두희를 대나라로 가는 대열에 두었고 명단이 올라가자, 조서를 내려 결재했다. 막 떠나려는 순간 두희가 펑펑 울면서 그 환관을 원망하고 가지 않으려 했으나, 강제로 보내니 마침내 어쩔 수 없이 갔다. 대나라에 이르자 대왕이 오직 두희만 총애하니, 딸 표(嫖)를 낳고 뒤에 아들 둘을 낳았다.

대왕의 왕후는 이미 아들 4명을 낳았는데, 대왕이 아직 들어가 세워져서 제(帝)가 되기 전에 왕후가 졸(卒)했고, 왕후가 낳은 아들 4명도 대왕이 제가 된 후에 차례로[更=互] 병사(病死)했다. 효문제가 세워지고 몇 달이 지나 공경(公卿)들이 태자를 세울 것을 청하니, 두희가 낳은 아들 중에서 최연장자를 세워 태자로 삼았다. 두희를 세워 황후로 삼고 딸 표(嫖)를 세워 장공주(長公主-관도공주(館陶公主))로 삼았으며, 이듬해에 작은 아들 무(武)를 세워 대왕(代王)으로 삼았다가 얼마 뒤에 양(梁)나라로 옮겼는데 이 사람이 양(梁) 효왕(孝王)이다.

1) 【색은(索隱)】 살펴보건대, 황보밀(皇甫謐)은 이름이 의방(猗房)이라고 했다.

두황후의 부모는 일찍 죽어 (청하에 속한 현인) 관진(觀津)에 안장되었다. 이에 박(薄)태후는 마침내 유사에 조서를 내려 두후의 아버지를 안성후(安成侯)로 추존하고 어머니를 안성(安成)부인이라 불렀다. 영을 내려 청하에 원읍(園邑) 200가구를 두고 장승(長丞)으로 하여금 침묘(寢廟)를 받들어 지키게 했는데, 영문원(靈文園) 법도에 준했다.

두황후의 오빠는 두장군(竇長君)[1]이고, 동생 두광국(竇廣國)은 자(字)가 소군(少君)이다. 소군은 나이 4~5세 때 집안이 가난해서 어떤 사람에게 붙잡혀 팔려 갔는데[略賣], 집에서는 그가 간 곳을 알지 못했다. 10여 집을 옮겨 다니다가 의양(宜陽)에 이르렀고, 그곳 주인을 위해 산에 들어가서 숯을 구웠다[作炭]. 날씨가 추워 절벽 아래에서 100여 명이 누워 자고 있었는데, 절벽이 무너져서 누워 자던 사람들이 모두 바위에 깔려 죽었으나 소군만이 홀로 벗어나 죽지 않았다. 스스로 점을 쳐보니 며칠 후에 후(侯)가 된다는 괘가 나왔고, 이에 그 집에서 나와 장안으로 갔다. 두황후가 새롭게 세워졌다는 소식을 들었는데, 그 집안이 관진현이며 성은 두씨라고 했다. 광국이 집안을 떠날 때 비록 어리기는 했어도 현 이름과 자기 성은 알고 있었고 또 누나와 함께 뽕을 따다가 (나무에서) 떨어졌던 일을 기억해내고는, 그 것을 징표로 삼아 글을 올려 자신에 관해 진술했다. 두황후가 문제에게 이 말을 했기에 불러서 그를 만나 물어보았는데, 옛날의 일들을 갖춰 말하는 것이 과연 사실이었다. 다시 그가 기억하는 바에 관해 물어보니, 이렇게 대답했다.

"누님은 제가 서쪽으로 떠날 때 저와 역참 숙소 안에서 이별[決=別]했는데, 쌀뜨물[沐=米潘]을 빌려다가 제 머리를 감겨주었고 제게 밥을 구해서 먹여주었습니다. 그러고는 마침내 떠났습니다."

이에 두황후가 그를 붙잡고 우는데 눈물이 걷잡을 수 없이 흘러내렸고, 옆에서 모시던 사람들도 땅에 엎드려 펑펑 울며 황후의 슬픔을 거들었다. 마침내 그에게 두텁게 전택과 금전을 내려주고 형제들을 봉해주었으며, 장안에 집을 주어 살게 했다.

1) 【색은(索隱)】 자(字)가 장군이다.

강후(絳侯-주발)와 관(灌)장군(-관영) 등이 말했다.

"우리가 앞으로 죽지 않는다면 우리의 명은 곧 장차 이 두 사람에게 달렸다. 이 두 사람은 출신[所出]이 한미하니, 사부를 잘 골라 가르치지 않을 수 없다. 그렇지 않으면 다시 여씨가 저지른 큰일을 본받게 될 것이다."

이에 마침내 덕망이 있는 사람[長者] 중에서도 절의와 행실이 뛰어난 사람을 골라 함께 기거하게 했다. 두장군과 소군은 이로 인해 물러나 양보할 줄 아는 군자[退讓君子]가 되었으니, 감히 자신들이 부귀하다 해서 다른 사람에게 교만하게 하지 않았다.

두황후는 병으로 시력을 잃었다. 문제가 총애한 한단(邯鄲) 신(愼)부인과 윤희(尹姬)는 모두 아들이 없었고, 효문제가 붕(崩)하자 경제(景帝)가 세워졌다. 마침내 광국을 봉해 장무후(章武侯)로 삼았으며, 장군이 먼저 죽었기에 아들 팽조(彭祖)를 봉해 남피후(南皮侯)로 삼았다. 오초의 반란이 일어났을 때 두태후의 사촌 동생 아들 두영(竇嬰)이 의협심이 있다고 자부해서 군대를 거느렸는데, 군공을 세워 위기후(魏其侯)가 되었다. 두씨 중에서 후(侯)가 된 사람은 모두 3명이다.

두태후가 황제(黃帝)와 노자(老子)의 말1)을 좋아했기에 경제(景帝)와 태자, 여러 두씨는 모두 노자를 읽고 그 학술을 받아들이지 않을 수 없었다.

1) 이를 흔히 황로학(黃老學)이라고 한다.

　　두태후는 효경제보다 6년 늦은 건원(建元) 6년에 붕했는데, 패릉에 합장했다[1]. 유조(遺詔)를 남겨 동궁(東宮-태후궁)에 있는 금전과 재물을 모두 장공주 표(嫖)에게 주라고 했다.

1) 【색은(索隱)】 이는 무제 건원 6년에 해당하며, 이 글이 옳다. 『한서(漢書)』에서 원광(元光)이라고 한 것은 잘못이다.

　　(효경제의) 왕(王)태후[1]는 괴리(槐里) 사람으로 어머니는 장아(臧兒)다. 장아는 옛 연왕(燕王) 장도(臧荼)의 손녀로 괴리 사람 왕중(王仲)의 아내가 되어 아들 신(信)과 딸 둘[2]을 낳았는데, 중이 죽자 장아는 장릉(長陵) 전씨(田氏)에게 다시 시집가서 아들 분(蚡)과 승(勝)을 낳았다. 장아의 맏딸은 시집가서 김왕손(金王孫)의 아내가 되어 딸 하나를 낳았는데, 장아가 점을 쳐보니 두 딸 모두 귀하게 될 것이라고 했다. 두 딸을 특별하게 키우고자 김씨 집안에서 딸을 빼앗아 왔는데, 김씨는 화가 났으나 이혼하려고 하지는 않았다. 마침내 (장아의 딸을) 태자궁에 들여보내니, 태자가 총애하고 아껴 딸 셋과 아들 하나를 낳았다. 사내아이가 마침 엄마 뱃속에 있을 때 왕부인은 해가 그녀의 품속으로 들어오는 꿈을 꾸었다. 이를 태자에게 고하자, 태자가 말했다.

　　"이는 귀한 징조다."

　　아이가 아직 태어나지도 않았을 때 효문제가 붕했고, (태자였던) 경제가 자리에 나아가고 나서 왕부인은 아들을 낳았다[3].

1) 【색은(索隱)】 살펴보건대, 황보밀(皇甫謐)은 이름이 지(姪)라고 했다.

2) 【색은(索隱)】 즉 후(后)와 아후(兒姁)다.

3) 【색은(索隱)】 곧 무제(武帝)이다.

이에 앞서 장아는 또 작은 딸 아후(兒姁)를 궁에 들여보냈는데, 아후는 아들 넷[1]을 낳았다.

1) 【색은(索隱)】 광천왕 월(越), 교동왕 기(寄), 청하왕 승(乘), 상산왕 순(舜)이다.

경제가 태자로 있을 때 박(薄)태후가 박씨 집안의 여자를 태자비로 삼았으니, 경제가 세워지게 되자 태자비를 세워 박(薄)황후로 삼았다. 박황후는 아들도 낳지 못했고 총애도 받지 못했기에 박태후가 붕하자 박황후는 폐위되었다.

경제의 장남은 영(榮)이고 어머니는 율희(栗姬)다. 율희는 제나라 사람이다. 영을 세워 태자로 삼았다. 장공주 표(嫖)에게는 딸이 있었는데, 태자에게 주어[與] 비(妃)로 삼고 싶어 했다. 율희가 질투를 했다. 경제의 여러 미인(美人-후궁)이 모두 장공주를 통해 귀함과 총애를 얻을 수 있었기에 율희는 날마다 원망하고 분노하며 장공주를 멀리하고 (장공주 딸이 태자비가 되는 것을) 허락하지 않았다. 이에 장공주가 왕부인과 함께하려 하자 왕부인이 허락했다. 마침 박태후가 폐위되자 장공주는 날마다 경제에게 율희의 단점을 말하며 헐뜯었다.

"율희가 여러 귀부인이나 총애받는 희(姬)들을 만날 때마다 늘 모시는 자들로 하여금 그들 위에서 저주하며 욕하게 함으로써 그릇된 도리를 갖고서 왜곡시키고 있습니다."

경제가 이 때문에 율희를 책망했다[망=責望=恨].

경제는 늘 몸이 좋지 않고 마음이 즐겁지 않아서 율희에게 여러 희가 낳은아들들을 부탁하며 말했다.

"내가 죽거든[百歲後=晏駕] 저 아이들을 잘 부탁하오."

율희는 화가 나서 흔쾌히 대답하지 않았고 어쩔 수 없어서 하는 말조차 불손했다. 경제는 그것을 마음속에만 담아두고[嗛]1) 겉으로는 드러내지 않았다.

1) 【색은(索隱)】 嗛의 발음은 (겸이 아니라) 함(銜)이다. 함(銜)이란 '한스러움을 품다[恨]'라는 뜻이다.

장공주는 날마다 왕부인이 낳은 아들의 뛰어난 점을 말했고 제(帝) 또한 그가 뛰어나다고 여겼으며 예전에 (왕부인의) 꿈속에서 해가 품속으로 들어오는 상서로운 조짐이 있었으나, (태자를 바꾸려는) 계책은 아직 정해진 바가 없었다. 왕부인은 경제가 율희를 원망하고 있고 아직 화가 풀리지 않았다는 것을 알고서는, 몰래 사람을 시켜 대신들을 재촉해서 율희를 세워 황후로 삼으려는 시늉을 했다. 어느 날 대행(大行-예의를 주관하는 관리)이 일을 아뢰었는데, 그 글에서 이렇게 말했다.

"'아들은 어머니로 인해 귀하게 되고 어머니는 아들로 인해 귀하게 된다'라고 했으니, 지금 태자 어머니의 칭호를 마땅히 황후로 해야 할 것입니다.'

제가 노해 말했다.

"이것이 네[而=乃=汝]가 마땅히 말해야 할 일인가!"

드디어 대행을 조사해 주살했고, 태자를 폐해 임강왕(臨江王)으로 삼았다. 율희는 더욱 원망을 품었으나[恚] 경제를 만나지도 못한 채 울분으로 죽었다. 결국[卒=終] 왕부인을 세워 황후로 삼았고, 아들이 태자가 되었으며, 황후의 오빠 신(信)을 봉해 개후(蓋侯-혹은 갑후)1)로 삼았다.

1) 【색은(索隱)】 「지리지(地理志)」에 따르면, 개현(蓋縣)은 태산(太山)에 속한다.

경제가 붕하자 태자가 칭호를 이어받아[襲號] 황제가 되었다. 황태후의 어머니 장아를 높여 평원군(平原君)으로 삼았다. 전분(田蚡)을 봉해 무안후(武安侯)[1]로 삼았으며 승(勝)을 주양후(周陽侯)[2]로 삼았다.

1) **【색은(索隱)】** 「지리지(地理志)」에 따르면, 무안은 현 이름이며 위군(魏郡)에 속한다.

2) **【색은(索隱)】** 「지리지(地理志)」에 따르면, 주양은 현 이름이며 상군(上郡)에 속한다.

경제에게는 아들이 13명 있었는데, 1명은 제(帝)가 되고 12명은 왕이 되었다. 아후는 일찍 졸했지만, 아들 넷은 모두 왕이 되었다. 왕태후의 장녀는 봉호를 평양공주(平陽公主), 차녀는 남궁공주(南宮公主), 막내는 임려공주(林慮公主)[1]라고 했다.

1) **【색은(索隱)】** 본래 이름은 융려(隆慮)인데, 후한 상제(殤帝)의 이름을 피한 것이다.

개후 신(信)은 술을 좋아했다. 전분과 전승은 탐욕스럽고 문사(文辭)를 교묘하게 꾸미는 데 능했다.

왕중(王仲)은 일찍 죽어 괴리(槐里)에 묻혔는데, 추존해 공후(共侯)로 삼고 원읍(園邑) 200호를 두었다. 평원군이 졸하자 전씨를 따라 장릉(長陵)에 안장했고, 역시 원읍을 두었는데 법도를 공후(共侯)에 준하게 했다. 왕태후는 효경제보다 16년 뒤인 원삭(元朔) 4년에 붕했는데, (경제의) 양릉(陽陵)에 합장했다. 왕태후 집안에서는 모두 3명이 후(侯)가 되었다.

(효무제의) 위(衛)황후는 자(字)가 자부(子夫)로 출생이 미천해 막연히

[蓋] 집안을 위씨(衛氏)라고 불렀으며[1], 평양후(平陽侯)[2]의 읍 출신이다. 자부(子夫)는 평양공주의 가녀(歌女)였다. 무제가 즉위한 초기에 몇 해 동안 아들이 없었다. 평양공주는 양갓집 여자 10여 명을 구해 잘 꾸며서 집에다 두었는데, 무제가 패상(覇上)에서 제사를 마치고 돌아오다가 평양공주 집에 들렀다. 공주가 준비해둔 미인들을 보였으나 상은 마음에 들어 하지 않았는데, 이미 술자리가 시작되고 가녀들이 들어오자, 상이 바라보다가 유독 자부만 마음에 들어 했다. 이날, 무제가 자리에서 일어나 측간을 가려 했는데, 자부가 탈의실에서 옷을 갈아입는[更衣] 시중을 들다가 옆방에서 총애를 입었다. 상이 자리로 돌아와서는 기분이 너무 좋아 평양공주에게 금 1,000근을 내리니, 공주가 이 틈에 자부를 궁에 들이겠다고 아뢰었다. 자부가 수레에 오르자, 공주는 자부의 등을 어루만지며 말했다.

"잘 가거라. 그리고 잘 먹고 잘 지내거라! 귀하신 몸이 되더라도 서로 잊지 말자."

입궁한 지 1년이 지나도록 더는 총애를 입지 못했다. 무제는 선택받지 못한 궁인들을 골라내 궁에서 집으로 돌려보냈는데, 이때 자부는 무제를 만나자 울면서 궁에서 나가길 청했다. 상이 가엾게 여겨 다시 총애를 베푸니 드디어 임신했다.

총애가 날이 갈수록 더해지니, 오빠 위장군(衛長君)과 동생 위청(靑)을 불러들여 시중(侍中)으로 삼았다. 자부는 그 후로도 총애를 계속해서 입어 모두 딸 셋과 아들 하나를 낳았다. 아들의 이름은 거(據)[3]다.

---

1) 【정의(正義)】 「위청전(衛靑傳)」에서 이렇게 말했다. "아버지 정계(鄭季)는 관리로 평양후(平陽侯)의 집안일을 돌보았는데, 후의 첩 위온(衛媼)과 사통해 청(靑)을 낳았다. 그래서 위씨(衛氏)라고 했다."

2) 【집해(集解)】 평양후 조수(曹壽)는 평양공주에게 장가들었다.

3) 【색은(索隱)】 즉 여태자(戾太子)다.

애초에 상이 태자였을 때 장공주의 딸을 취해 비(妃)로 삼았다. 세워져 제(帝)가 되자 비도 세워져 황후가 되었으니, 성(姓)은 진씨(陳氏)였고 아들이 없었다. 그러나 상이 후사가 될 수 있었던 것은 모두 대장공주가 힘을 써준 덕분이므로 진황후는 교만하고 거드름을 피웠다[驕貴]. 위자부가 큰 총애를 받는다는 것을 듣고서는 분노해[恚] 위자부가 거의 죽을 뻔한 것이 여러 번이었다. 상은 더욱 분노했는데, 진황후가 몰래 여자들을 끼고서 미도(媚道-저주술)를 행하다가 그 일이 발각되었다. 이에 진황후를 폐하고[1] 위자부를 세워 황후로 삼았다.

1) [색은(索隱)] 살펴보건대, 『한서(漢書)』에서 이렇게 말했다. "여자 초복(楚服) 등이 황후의 저주[呪詛=詛呪]와 대역무도에 연좌되었는데, 이때 연루되어 주살된 자가 300명이다."

진황후의 어머니 대장공주는 경제의 누이인데, 무제의 누이 평양공주를 여러 차례 꾸짖어 말했다.

"제(帝)는 내가 아니었으면 세워질 수가 없었는데도 얼마 안 가서 내 딸을 내쳤으니[棄捐], 어찌 하나도 고마워하지 않고 근본을 저버리는가?"

평양공주가 말했다.

"아들을 낳지 못해 폐위된 것일 뿐입니다."

진황후는 아들을 낳기 위해 의료비로 모두 9,000만 전을 썼지만 결국 아들을 낳지 못했다.

위자부가 이미 세워져 황후가 되었는데, 이에 앞서 위장군(衛長君)이 죽자 마침내 청(青)을 장군으로 삼아 흉노를 치게 하여 공로가 있어 그를 봉해 장평후(長平侯)로 삼았다. 청의 세 아들은 포대기 안에 있었는데 모두 봉해져 열후(列侯)가 되었다. 황후의 언니는 위소아(衛少兒)인데, 위소아의 아들

곽거병(霍去病)이 군공으로 관군후(冠軍侯)에 봉해졌다. 칭호는 표기장군(驃騎將軍)이었으며, 청은 대장군으로 불렀다. 위황후의 아들 거(據)를 세워 태자로 삼았으니, 위씨(衛氏) 일가는 군공(軍功)으로 집안을 일으켜 5명이 후(侯)가 되었다.

위황후의 미색이 쇠하자, 조(趙)나라 왕(王)부인이 총애를 얻어 아들을 낳았는데, 제왕(齊王)[1]이 되었다.

1) 【색은(索隱)】 이름은 굉(閎)이다.

왕부인이 일찍 졸하고 나서 중산국 이(李)부인이 총애를 얻어 아들 하나를 두었는데, 창읍왕(昌邑王)[1]이 되었다.

1) 【색은(索隱)】 이름은 박(髆)이다. 【정의(正義)】 이름은 하(賀)다.

이부인은 일찍 졸했는데, 오빠 이연년(李延年)이 음악으로 총애를 얻어 칭호를 협률(恊律)이라 했다. 협률은 옛날의 광대[倡]다. 남매가 모두 간사한 일[1]에 연루되어 족멸되었다[族=夷]. 이때 이부인의 큰오빠 광리(廣利)는 이사(貳師)장군이 되어 대원(大宛)을 정벌하러 가는 바람에 주살형이 미치지 않았고 그가 돌아오자, 상은 이미 이씨 집안을 멸족한 데다가 뒤에 그 집안을 불쌍하게 여겼기에 마침내 광리를 봉해 해서후(海西侯)[2]로 삼았다.

1) 이연년의 아우인 계(季)가 후궁과 간통한 죄에 연루된 데다 광리가 흉노에 항복했으므로 이부인의 일족은 멸족을 당했다.

2) 【정의(正義)】 한 무제는 이광리로 하여금 대원을 정벌하게 했는데, 그 나라가 서해와 가까워 봉호를 해서후라고 했다.

다른 희의 아들 2명은 연왕(燕王)과 광릉왕(廣陵王)이 되었는데[1], 그들의 어머니는 총애를 받지 못해 근심하다가 죽었다.

1) 【색은(索隱)】『한서(漢書)』에 따르면, 이희(李姬)는 광릉왕 서(胥)와 연왕 단(旦)을 낳았다.

이부인이 졸하자 윤(尹)첩여 등이 교대로 총애를 받았다. 모두 광대로서 무제를 만나본 것이라 봉토를 소유한 왕후(王侯) 집안 딸이 아니었으므로 임금의 배필이 될 수는 없었다.

저선생(褚先生)은 말한다.

신이 낭(郎)으로 있을 때 한나라 황실[漢家] 고사를 잘 알고 있는 종리생(鍾離生)에게 들었으니, 그는 이렇게 말했다.

왕(王)태후가 민간에 있을 때 낳은 딸[1]은 아버지가 김왕손(金王孫)이었다. 왕손은 이미 죽었고, 경제가 붕하고 무제가 세워졌을 때 왕태후는 혼자였다. 한왕손(韓王孫)은 이름이 언(嫣)으로 평소 무제의 총애를 받았는데, 기회를 틈타 왕태후께서 밖에서 낳은 딸이 장릉에 살고 있다고 아뢰었다. 무제가 말했다.

"어째서 일찍 말하지 않았느냐?"

마침내 사자를 보내 먼저 알아보게 하니 그 집에 살고 있었기에 무제가 직접 그녀를 맞이하러 갔다. 길을 막고[蹕道] 깃발이 달린 기병들이 앞장서서 광성문(橫城門)[2]을 나섰고, 무제가 탄 승여(乘輿)가 내달려 장릉에 이르렀다. 작은 시장 서쪽에서 마을로 들어서는데 마을 문이 닫혀 있어, 순식간에 문을 연 다음 승여가 곧장 마을로 들어섰다. 내달려 김씨 집 문밖에 멈춰서니, 무제는 기병들에게 그 집을 에워싸게 했다. 그녀가 달아나기라도 하면 직접 왔어도 만날 수가 없기 때문이다. 이어 좌우 신하들에게 소리치며 그녀를 찾게 하니, 집안사람들은 겁에 질렸고 그녀는 안방 침상 아래에 숨었다. 부축해 문을 나와 인사를 올리게 했는데, 무제가 마차에서 내려 울면서 말했다.

"아, 큰누님! 어째서 이렇게 깊은 곳에 숨어 계셨습니까?"

명을 내려 부거(副車-황제의 행차 때 따르는 여벌의 수레)에 그녀를 태우고 수레를 돌려 돌아가되 곧장 장락궁(長樂宮)으로 달려가게 했고, 한편으로 궁문 관리에게 명을 내려 궁문 통행증을 다 써놓으라고 했다. 통보가 도착하자 태후를 뵐 수 있었는데, 태후가 말했다.

"황제께서 피곤해 보이십니다. 어디서 오시는 길입니까?"

제가 말했다.

"지금 장릉에 가서 신의 누님을 찾아 함께 데리고 왔습니다."

무제가 고개를 돌려 말했다.

"태후께 인사드리세요."

태후가 말했다.

"네가 아무개냐?"

말했다.

"맞습니다."

태후가 눈물을 떨어뜨리자, 딸도 바닥에 엎드려 울었다. 무제는 술을 받들고 앞으로 나가 (태후의) 무병장수를 비는 한편, 돈 1,000만 전과 노비 300명, 공전 100경, 저택을 큰누님에게 내렸다.

태후가 감사해하며 말했다.

"황제께서 비용을 너무 많이 쓰시는구려!"

이에 평양(平陽)공주, 남궁(南宮)공주, 임려(林慮)공주 세 사람을 모두 불러 언니에게 인사를 시키고는 봉호를 수성군(修成君)이라고 했다. (수성군에게는) 아들 하나, 딸 하나가 있었는데, 아들은 수성자중(修成子仲)이라고 불렸고 딸을 제후왕의 왕후로 삼았다. 이 두 사람은 유씨(劉氏)가 아니어서 태후는 이들을 가엾게 여겼다. 수성자중은 교만방자해 관리와 인민들을 괴롭혔으므로 모두 근심으로 여기며 고통스러워했다.

1) 【집해(集解)】 서광(徐廣)이 말했다. "이름은 속(俗)이다." 【정의(正義)】 살펴보건대, 훗날 수성군(修成君)에 봉해진 자다.

2) 【집해(集解)】 여순(如淳)이 말했다. "橫은 발음이 (횡이 아니고) 광(光)이다." 【정의(正義)】 『괄지지(括地志)』에서 말했다. "위교(渭橋)의 본래 이름은 광교(橫橋)다."

위자부가 세워져 황후가 되니, 황후 동생 위청은 자가 중경(仲卿)인데 대장군으로서 장평후에 봉해졌다. (위청에게는) 아들 넷이 있었는데, 큰아들 항(亢)이 후세자(侯世子)가 되었으니, 후세자는 늘 시중(侍中)이 되었으므로 존귀하게 된 것이다. 세 동생도 모두 후에 봉해져서 각각 1,300호를 받았는데, 첫째는 음안후(陰安侯), 둘째는 발간후(發干侯), 셋째는 의춘후(宜春侯)라 불렀다. 그들의 존귀함이 천하를 진동시키니 천하 사람들은 이렇게 노래했다.

"아들을 낳아도 기뻐하지 말고,

딸을 낳아도 화내지 말라.

그대 홀로 위자부가 천하를 제패한 것을 보지 못했는가!"

이때 평양공주가 혼자였으므로 마땅히 열후 한 사람을 찾아 공주의 남편으로 삼으려 했다. 공주가 측근들과 장안 열후 중에서 누가 남편이 될 만한 사람인지를 상의했는데, 모두 대장군이 좋겠다고 하자 공주가 웃으면서 말했다.

"그 사람은 우리 집 출신으로 내가 출입할 때 늘 말을 타고 나를 호위했을 뿐인데, 어찌 지아비로 삼는단 말인가?"

좌우에서 모시는 사람들이 말했다.

"지금 대장군의 누이는 황후이시고 세 아들은 제후로서 부귀가 천하를 진동시키고 있는데, 공주께서는 어째서 그를 경시하십니까[易=輕]?"

이에 공주가 마침내 허락했다. 황후에게 말해서 무제에게 보고하게 했고, 마침내 조서를 내려 위장군을 평양공주의 배필로 삼으라고 했다.

저선생은 말한다.

장부는 용(龍)처럼 변한다. 전(傳)에 이르기를 "뱀이 달라져 용이 되어도 무늬는 바뀌지 않으며, (마찬가지로) 가(家)가 달라져 국(國)이 되어도 성(姓)은 바뀌지 않는다"라고 했다. 장부가 부귀할 때는 온갖 죄악이 없어지고 영화(榮華)만 빛나지만, 가난하고 천할 때는 어찌 그리 쉽게 죄악에 연루되는 것일까?

무제 때 부인 윤첩여(尹婕妤)가 총애를 얻었다. 형부인(邢夫人)은 형아(娙娥)라고 불렸는데, 사람들은 형하(娙何)라고 불렀다. 형하의 작질(爵秩)은 중(中) 2,000석(石)에 해당하고, 용화(容華)의 작질은 2,000석이며, 첩여의 작질은 열후에 준한다. 첩여 중에서 늘 높여져 황후가 되었다.

윤부인과 형부인이 동시에 나란히 총애를 받았기에 조서를 내려 서로 만날 수 없게 했다. 윤부인이 몸소 무제에게 청해 형부인을 만나고 싶다고 하자 제(帝)가 이를 허락했다. 그러고는 곧바로 다른 사람으로 하여금 부인으로 꾸미게 한 뒤 시종 수십 명을 딸려 형부인이라 하면서 데려가게 했다. 윤부인이 앞으로 나와 그녀를 보고는 말했다.

"이 사람은 형부인 몸이 아닙니다."

제가 말했다.

“어째서 그렇게 말하는가?”

대답해 말했다.

“그 얼굴과 자태를 보건대 임금의 짝이 되기에 부족합니다.”

이에 제가 마침내 조서를 내려 형부인에게 원래 옷을 입고서 혼자서 오게 했더니, 윤부인이 멀리서 바라보며 말했다.

“저 사람이 진짜입니다!”

이에 고개를 푹 숙이고 울면서 자신이 형부인만 못하다는 것을 애통해했다.

(그래서) 속담에 이르기를 “미녀가 궁실에 들어가면 추녀들[惡女]의 원수가 된다”라고 했다.

저선생은 말한다.

목욕할 때 반드시 강과 바다에 갈 필요는 없고 중요한 것은 때를 씻어내는 것이듯이, 말을 달릴 때는 꼭 천리마[騏驥]일 필요는 없고 중요한 것은 잘 달려야 한다는 것이다. 장부가 반드시 세상에서 뛰어나야 할 필요는 없고 중요한 것은 도리를 아는 것[知道]이며, 여자가 반드시 귀한 집안 출신이어야 할 필요는 없고 중요한 것은 절개가 있고 아름다워야 한다. 전(傳)에 이르기를 “여자는 미인이든 아니든 궁실에 들어가면 질투를 받게 되고, 장부는 뛰어나든 불초하든 조정에 들어가면 질시를 받게 된다”라고 했으니, 미녀가 추녀들의 원수가 된다는 것이 어찌 이런 이치가 아니겠는가!

구익부인(鉤弋夫人)은 성이 조씨(趙氏)이고 하간(河間) 사람이다. 무제에게 총애를 얻어 아들 하나를 낳았는데, 소제(昭帝)가 이 사람이다. 무제 나이 일흔에 마침내 소제가 태어났으니, 소제가 세워졌을 때 나이는 겨우 5살일 뿐이었다.

　위태자(衛太子)가 폐위된 후에 (한동안) 아직 태자를 세우지 않았다. 그런데 연왕(燕王) 단(旦)이 글을 올려 국도(國都)로 돌아가서 조정에 들어가 황제를 숙위(宿衛)하고 싶다고 했다. 무제가 노여워하며 곧바로[立＝卽] 그 사자를 북궐(北闕)에서 목 베었다.

　(말년에) 상이 감천궁(甘泉宮)에 거처하고 있을 때 화공을 불러 주공(周公)이 성왕(成王)을 업고 있는 모습을 그리게 했다. 이에 좌우 신하들은 무제가 마음속으로[意] 어린 아들을 세우고 싶어 한다는 것을 알아차렸다. 며칠 뒤에 무제가 구익부인을 질책했다. 부인이 비녀와 장식을 내던지고 머리를 조아렸는데, 제가 말했다.

　"끌어내 액정옥(掖庭獄)으로 보내라!"

　부인이 고개를 돌려 바라보자, 무제가 말했다.

　"빨리 가거라. 너는 살 수가 없다!"

　부인이 운양궁(雲陽宮)에서 죽으니, 이때 사나운 바람이 먼지를 일으켰고 백성은 마음 아파했다. 사자가 밤에 관을 가지고 가서 장례를 지내고 봉분을 만들어 표지로 삼았다.

　그 뒤에, 제가 한가할 때 좌우 신하들에게 물었다.

　"사람들이 무엇이라고 하더냐?"

　좌우에서 대답해 말했다.

　"사람들은 '장차 아들을 세우려 하면서 어째서 어머니는 죽이는가'라고 말합니다."

　제가 말했다.

　"그렇겠지. 이는 어린아이[兒曹]나 어리석은 자들이 알 수 있는 바가 아니다. 예로부터 나라에 난이 생겨났던 까닭은 군주가 어리고 어미가 한창이었기 때문이다. 여주(女主)가 혼자 살면서 교만하고 거리낌이 없으면 음란하고 방자해져서 아무도 막을 수 없다. 그대들은 여후(呂后)의 일을 듣지 못했는가?"

그런즉 무제를 위해 자식을 낳은 비빈들은 아들을 낳았든 딸을 낳았든 견책을 받아 죽지 않은 경우가 없었건만, 어찌 무제를 뛰어나거나 빼어난 군주[賢聖]가 아니라고 말할 수 있겠는가? 밝게 멀리 내다본 식견은 후대를 위한 계책과 사려이니, 진실로 천박하고 어리석은 선비[淺聞愚儒]가 도달할 수 있는 경지가 아니다. 시호를 무(武)라고 한 것이 어찌 헛되이 그런 것이겠는가![1]

---

1) 【색은술찬(索隱述贊)】『예기』는 부부를 귀하게 여겼고[禮貴夫婦]/『주역』은 건괘와 곤괘에서 시작되었도다[易敍乾坤]/양에 짝해 교화를 이뤄내고[配陽成化]/달과 나란히 하며 존엄함을 지키노라[比月居尊]/(『시경』은) 강 모래톱에서 얌전함 드러내고[河洲降淑]/하늘의 광채는 추녀에 드리우도다[天曜垂軒]/여인의 덕은 태임과 태사에게 드러났고[德著任姒]/경사로움은 유융과 강원에게 흘렀다네[慶流娀嫄]/나에게 불의 덕[火德]이 미치어[逮我炎曆]/바른 도리 능히 보존할 수 있었도다[斯道克存]/여씨는 대권을 잡아 쥐었고[呂權大寶]/두씨는 황로학 좋아했다네[竇善玄言]/이때부터 이미 도리가 쇠하더니[自玆已降]/총애하는 이 세워 사사로운 은혜 베풀 뿐이었구나[立嬖以恩]/안에서 일정한 도리로 주관하는 이 없으니[內無常主]/후사가 번성하질 못했도다[後嗣不繁]!

권50

초원왕세가(楚元王世家) 제20

권50 초원왕세가(楚元王世家) 제20

초나라 원왕(元王)[1] 교(交)는 고제의 같은 어머니[同母][2]에게서 막냇동생[少弟]으로, 자(字)는 유(游)다.

1) 【정의(正義)】「연표(年表)」에 이르기를, 팽성(彭城)에 도읍했다고 했다.

2) 【집해(集解)】 서광(徐廣)이 말했다. "판본에 따라 '같은 아버지'로 되어 있다."

고조의 형제는 4명으로, 맏형[長兄]은 백(伯)인데 일찍 죽었다. 애초에 고조가 한미하던 시절 어떤 사건으로 늘 피해 다녀야 했는데, 종종 빈객들과 함께 큰 형수 집에 들러 밥을 먹었다. 형수는 시동생과 빈객이 오는 것을 싫어해서 거짓으로 국을 다 먹었다면서 솥을 주걱으로 박박 긁어대니[櫟], 빈객들이 그 때문에 떠나버렸다. 잠시 뒤에[已而] 고조는 솥 안에 국이 남은 것을 보게 되었고, 이 때문에 형수를 원망했다. 고조가 황제가 되어 형제들을 봉했으나 형의 아들만은 후(侯)가 될 수 없었는데, 태상왕이 그것에 대해 말하자 고조는 이렇게 대답했다.

"제[某]가 그를 봉하는 일을 감히 잊은 것이 아니라 어미가 못되기[不長] 때문입니다."

이에 큰형수의 아들 신(信)을 봉해 갱알후(羹頡侯)[1]로 삼았다.

둘째 형 중(仲)을 대(代)에 봉했다[2].

1) 안사고(顏師古)가 말했다. "頡은 발음이 (힐이 아니라) 알(戛)이다. 어미가 국[羹]솥을 박박 긁

었다[薨]는 뜻이다."

2) 【집해(集解)】 서광(徐廣)이 말했다. "둘째 형은 이름이 희(喜)이고 자가 중(仲)이다. 6년에 세워져 대왕(代王)이 되었으나 그해에 (나라가 흉노에) 깨졌다. 졸하자 시호를 경왕(頃王)이라 했는데, 아들로는 비(濞)가 있었다."

고조 6년에 초왕 한신을 진현(陳縣)에서 이미 생포하고 나자 마침내 동생 교(交)를 초왕으로 삼고 팽성(彭城)에 도읍하게 했다. 자리에 나아간 지 23년에 졸하자 아들 이왕(夷王) 영(郢)[1]이 세워졌다. 이왕이 4년에 졸하자 아들 왕 무(戊)가 세워졌다.

1) 【집해(集解)】 『한서(漢書)』에는 영객(郢客)으로 되어 있다.

왕 무가 세워진 지 20년 되던 해 겨울, (무가) 박태후(薄太后)[1]의 상중에 몰래 (궁녀와) 간통한 죄에 연루되어 동해군이 삭감되었다. 이듬해 봄에 무는 오왕과 뜻이 통해서 반란을 모의했는데 상국 장상(張尙)과 태부 조이오(趙夷吾)가 간언했으나 듣지 않았다. 무는 장상과 조이오 두 사람을 죽인 뒤 오나라와 함께 군사를 일으켜, 서쪽으로 가서 양(梁)나라를 치고 극벽(棘壁)을 깨뜨렸다. 창읍(昌邑) 남쪽에 이르러 한나라 장수 주아부(周亞夫)와 전투를 벌였는데, 한나라가 오나라와 초나라 군대의 군량로를 끊자, 군사들이 굶주리게 되었다. 오왕이 달아나자 무(戊)는 자살했으며, 군사들은 드디어 한나라에 항복했다.

1) 고제의 후궁으로, 문제의 어머니다.

한나라가 이미 오초(吳楚)를 평정하고 나자, 효경제(孝景帝)는 덕후(德侯)의 아들[1]에게 오나라를 잇게 하고 원왕의 아들 유례(劉禮)에게 초나라를 잇게 하려고 했다.

두태후가 말했다.

"오왕 그 늙은이는 마땅히 종실을 위해 앞장서서 잘해야만 했는데도 이번에 앞장서서 7국을 이끌며 천하를 어지럽혔다. 어찌 그 뒤를 이어주는가!"

이렇게 오는 허락하지 않고 초의 후사를 세우는 것만 허락했다. 이때 유례는 한나라 종정(宗正)이었다. 이에 유례를 제배해 초왕으로 삼아 원왕의 종묘를 받들게 하니, 이 사람이 초나라 문왕(文王)이다.

1) 【집해(集解)】 서광(徐廣)이 말했다. "덕후의 이름은 광(廣)이다. 오왕 비(濞)의 동생이니, 아버지가 중(仲)이다."

문왕이 세워진 지 3년에 졸하자 아들 안왕(安王) 도(道)가 세워졌다. 안왕이 22년에 졸하자 아들 양왕(襄王) 경(經)이 세워졌다. 양왕이 세워진 지 14년에 졸하자 아들 순(純)이 뒤를 이어 세워졌다.

왕 순이 세워지고 나서 지절(地節-선제 연호) 2년에 중인(中人-환관)이 글을 올려 초왕이 반역을 꾀하고 있다고 고발했다. 초왕은 자살했고, 나라를 없애고 한나라에 편입시켜 팽성군(彭城郡)으로 삼았다[1].

1) 【집해(集解)】 서광(徐廣)이 말했다. "순이 세워진 지 17년에 졸하자 시호를 절왕(節王)이라고 했다. 아들 연수(延壽)가 세워졌고, 19년에 죽었다." 【색은(索隱)】 살펴보건대 태사공은 단지 왕 순이 국인에게 고발당해 나라가 없어졌다고 했으나, 대개 뒤에 연수가 다시 봉해져 19년에 모반했다가 주살 당했으니 서로 사실이 같지 않다.

조왕(趙王) 수(遂)의 경우에 아버지가 고조의 가운데 아들로 이름은 우

(友)이고 시호를 유(幽)라고 했다. 유왕이란 근심하다[憂] 죽어서 유왕이라한 것이다. 고후(高后)가 여록(呂祿)을 조왕으로 봉했다가 1년 뒤에 붕하자대신들이 여러 여씨와 여록 등을 주살한 뒤에 마침내 유왕의 아들 수를 세워 조왕으로 삼았다.

효문제(孝文帝)가 자리에 나아간 지 2년에 수의 동생 벽강(辟疆)을 세우고 조나라의 하간군(河間郡)1)을 떼어내 그를 하간왕으로 삼았으니, 이 사람이 문왕(文王)이다. 세워진 지 13년에 졸하자 아들 애왕(哀王) 복(福)이 세워졌다. 1년 만에 졸했는데, 아들이 없어 뒤가 끊어지니 나라를 없애고 한나라에 편입시켰다.

1) 【정의(正義)】 하간은 지금의 영주(瀛州)다.

수가 이미 조왕이 된 지 26년이 지난 효경제(孝景帝) 때, 조조(晁錯-鼂錯)에 연루되어 죄를 받고 조왕의 상산군(常山郡)이 깎였다. 오초가 반란을 일으키자, 조왕 수가 함께 군대를 일으키려고 모의했다. 상국 건덕(建德)과 내사(內史) 왕한(王悍)이 간언했으나 듣지 않았다. 수는 건덕과 왕한을 태워죽인 뒤 군대를 발동해 서쪽 경계에 주둔시키고는 오나라를 기다렸다가 함께 서쪽으로 가려고 했다. 북쪽으로 흉노에 사신을 보내 연합해서 함께 한나라를 공격하고자 했다. 한나라는 곡주후(曲周侯) 역기(酈寄)를 시켜 수를공격하게 했다. 조왕 수는 군대를 돌려 한단성(邯鄲城)을 지키면서 7개월 동안 대치했다. 오초가 양나라에서 패해 서쪽으로 오지 못했다. 흉노가 이를듣고는 행군을 멈추고 기꺼이 한나라 변경으로 들어오려고 하지 않았다. 난포(欒布)가 제(齊)를 격파하고 돌아오던 중에 마침내 한나라 병사들과 함께 물을 끌어다가 조나라 도성으로 흘러보냈다. 조나라 도성은 무너졌고 조왕은 자살했으며 한단은 결국 항복했다. 조나라 유왕은 후손이 끊어졌다.

태사공(太史公)이 말한다.

"나라가 흥하려 하면 반드시 상서로운 징조가 나타나게 마련이니, 군자는 쓰이고 소인은 물러난다. 나라가 장차 망하려 하면 뛰어난 사람[賢人]은 숨고 어지럽히는 신하들[亂臣]이 귀하게 된다. 만일 초왕 무(戊)가 신공(申公)을 벌하지 않고 그의 말을 따랐더라면, 또 조나라가 방여(防與) 선생을 임용했더라면[1] 어찌 찬탈의 음모를 꾸며서 천하의 죄인이 되었겠는가? 뛰어난 사람이여! 뛰어난 사람이여! 자기 안에 그런 바탕이 없다면 어찌 능히 뛰어난 사람을 쓸 수 있겠는가? 정말로 그렇다! '나라의 안정과 위험은 명령을 내는 데 달렸고, 나라의 존속과 멸망은 신하를 쓰는 데 달렸다'라는 이 말은 참으로 믿을 만하다!"[2]

1) 【색은(索隱)】 대개 당시에는 이 두 사람의 사적이 잘 알려져 있었기에 태사공이 이 두 사람을 끌어들여 이 글을 지은 것이다.

2) 【색은술찬(索隱述贊)】 한나라가 동성을 봉해주었는데[漢封同姓]/초나라는 특히 아름다운 명성이 있었도다[楚有令名]/이미 한신을 주멸하니[旣滅韓信]/초왕 한신은 팽성을 잃었다네[王失彭城]/목생 위해 단술을 내어주었고[穆生置醴][초원왕 유교(劉交)가 목생과 함께 부구백(浮丘伯)한테 시를 배웠는데, 원왕은 그를 초청할 때마다 그가 술을 하지 못해 늘 단술을 내놓았다. 뒤에 아들 유무가 단술을 내놓지 않자, 자리를 그만두었다.]/위맹은 법도를 보여주었다네[韋孟作程]/왕 무는 다움을 버리고[王戊棄德]/오나라와 함께 반란을 일으켰도다[與吳連兵]/태후가 예로써 명하시니[太后命禮]/초나라의 죄는 오나라보다 가벼웠네[爲楚罪輕]/문왕 (안왕) 양왕으로 이어져 세워지며[文襄]/대대로 뛰어난 재주꾼들 드러냈도다[世挺才英]/조나라 수왕은 어찌 된 일인가[如何趙遂]/그의 대에 이르러 명성이 땅에 떨어졌구나[代殞厥聲]/흥망의 조짐이란[興亡之兆]/이미 맡은 바에서 마땅히 드러날 뿐이로다[所任宜明]!

세가(世家)

권51 — 형연세가(荊燕世家) 제21

권51 형연세가(荊燕世家) 제21

형왕(荊王) 유가(劉賈-유고로도 읽음)[1]는 여러 유씨 중 하나로, 집안이 어느 친족에 속하는지 알지 못한다[2]. 애초에 막 일어났을 때는 한(漢)나라 원년에 (동쪽으로 돌아와) 삼진(三秦)을 평정할 때로, 가(賈)는 장군으로서 새(塞) 땅을 평정하고서[3] 한왕을 따라 동쪽으로 가서 항적(項籍)을 쳤다.

1) 【정의(正義)】「연표(年表)」에 이르기를, 오(吳)에 도읍했다고 했다.

2) 【집해(集解)】『한서(漢書)』에서는 유가가 (고조의) 사촌 형이라고 했다.

3) 【색은(索隱)】 새는 도림(桃林)의 새 땅이다.

한나라 4년에 한왕은 성고(成皐)에서 패해 북쪽으로 황하를 건넜다가, 장이(張耳)와 한신(韓信)의 군대를 얻어 수무(脩武)에 군진을 친 다음 도랑을 깊이 파고 요새를 높이 쌓았다. 그런 뒤 유가를 시켜 2만 군사를 거느리고 기병 수백 명을 이끌고 백마진(白馬津)을 건너서 초나라 땅을 치게 했으니, (유가는) 초나라에 들어가 그들이 쌓아놓은 곡식과 말꼴 등을 모두 태우고 초나라 백성의 생업을 파괴함으로써 항왕(項王)의 군대에 식량을 제공할 수 없게 했다. 초나라 군사들이 유가를 치자, 유가는 곧바로 성벽을 굳게 걸어 잠그고 싸움에 응하지 않으면서 팽월의 군대와 서로를 지켜주었다.

한나라 5년에 한왕이 항적을 뒤쫓다가 고릉(固陵)[1]에 이르자 유가로 하여금 남쪽으로 회수(淮水)를 건너 수춘(壽春)을 에워싸게 했다. 유가가 돌아서 수춘에 이르자 사람을 시켜 몰래 초나라 대사마 주은(周殷)을 불러오게 했다. 주은은 초나라에 반기를 들고 유가를 도와서 구강(九江)을 점령했고, 무왕(武王) 경포(鯨布)의 병사를 맞이해 모두 해하(垓下)에서 만나 함께 항적(項籍)을 공격했다. 한왕이 그 참에 유가로 하여금 구강군 병사들을 이끌고 태위 노관(盧綰)과 함께 서남쪽으로 가서 임강왕(臨江王) 공위(共尉)[2]를 치게 했고, 공위가 이미 죽고 나자 임강국을 남군(南郡)[3]으로 삼았다.

1) 【집해(集解)】 서광(徐廣)이 말했다. "양가(陽夏)에 있다."

2) 【색은(索隱)】 공오(共敖)의 아들이다.

3) 【정의(正義)】 지금의 형주(荊州)다.

한나라 6년 봄에 고조는 진현(陳縣)[1]에 제후들을 모이게 한 다음 초왕 한신을 폐위시키고 가두었으며 그의 땅을 나눠 2개 나라로 만들었다. 이런 때 고조는 아들이 어리고 형제들이 많지 않은 데다가 뛰어나지도 못해[不賢], 동성(同姓)을 왕으로 삼아서 천하를 진무하고자 마침내 조서를 내려 말했다.

'장군 유가는 공로가 있으니, 그의 자제 중에서 골라 왕으로 삼을 수 있을 것이다.'

여러 신하가 다 말했다.

"유가를 형왕(荊王)으로 삼아 회동(淮東)[2] 지역 52개 성에서 왕 노릇하게 하소서. 또한 고조의 동생 교(交)를 초왕으로 삼아 회서(淮西) 지역 36개 성에서 왕 노릇하게 하소서."

그 참에 아들 비(肥)를 세워 제왕(齊王)으로 삼으니, 비로소 유씨 형제들이 왕이 된 것이다.

1) 【정의(正義)】 지금의 진주(陳州)다.

2) 【색은(索隱)】 「표(表)」를 살펴보면 유가는 오(吳)를 도읍으로 삼았다고 했고, 또
『한서(漢書)』에서는 동양군(東陽郡)을 갖고서 유가를 봉해주었다고 한다. 동
양군은 곧 임회(臨淮)이니, 그래서 회동(淮東)이라고 한 것이다.

고조 11년 가을에 회남왕 경포가 반란을 일으켜 동쪽으로 형(荊)나라를
쳤다. 형왕 유가가 맞서 싸웠으나 이기지 못하고 부릉(富陵)[1]으로 달아났다
가 경포의 군대에 살해되었으니, 고조가 직접 포를 쳐서 깨뜨렸다.
　12년에 패후(沛侯) 유비(劉濞)를 세워 오왕(吳王)으로 삼고 옛 형(荊) 땅
에서 왕 노릇하게 했다.

1) 【색은(索隱)】 현 이름으로, 「지리지(地理志)」에 따르면 임회군(臨淮郡)에 속한다.

연왕(燕王) 유택(劉澤)은 여러 유씨 중에서도 먼 친척[遠屬]이다. 고제
3년에 택(澤)은 낭중(郎中)이 되었고, 11년에 장군으로서 진희(陳豨)를 쳐서
왕황(王黃)을 사로잡고 (그 공로로) 영릉후(營陵侯)[2]가 되었다.

1) 【집해(集解)】 『한서(漢書)』에서는 종조곤제(從祖昆弟-증조부가 같은 6촌 형제)라고
했다. 【색은(索隱)】 살펴보건대 『초한춘추(楚漢春秋)』 풀이에서는 "유택은 종가
(宗家)"라고 했는데, 이는 그만큼 사이가 멀다는 말이다.
2) 【색은(索隱)】 영릉은 현 이름으로, 「지리지(地理志)」에 따르면 북해(北海)에 있다.

고후(高后) 때 제나라 사람 전생(田生)[1]이 세상을 떠돌다가 밑천이 떨어
지자[之資] 영릉후 택에게 계책이 있다면서 자신을 (빈객으로) 받아줄 것을
청했다. 택이 크게 기뻐하며 황금 200근을 주면서 그의 장수를 기원하는
잔치를 열어주었는데, 전생은 일단 황금을 손에 넣게 되자 곧장 제나라로
돌아갔다.

2년 후에 택은 사람을 시켜 전생에게 일러 말했다.

"나와 앞으로 함께하지 맙시다."

전생은 장안에 와서도 택은 만나보지 않고 큰 저택을 빌려 그 아들로 하여금 여후(呂后)가 총애하는 대알자(大謁者) 장자경(張子卿)[2]을 만나보게 했다. 몇 달이 지나 전생의 아들이 장자경에게 초대에 응해줄 것을 청하니, 전생이 몸소 장막이나 접대에 필요한 것들을 준비했다. 가서 보니 전생이 장막이나 접대에 필요한 것을 갖추기를 마치 열후(列侯)를 접대하듯이 해놓았기에 장자경이 놀랐다. 술자리가 무르익자 마침내 사람들을 물리고[屛人] 장자경에게 유세해 말했다.

"신(臣)이 살펴보건대, 제후들의 저택[邸第] 100여 채는 모두 다 고제의 공신들입니다. 지금 여씨(呂氏)들은 예전부터 고제를 추대해[推轂=推戴] 천하를 차지하게 했으니, 공로가 지극히 크고, 또한 태후의 친척들로서 존귀함을 누리고 있습니다. (그러나) 태후께서는 춘추가 많으시고 여러 여씨는 힘이 약합니다. 태후께서는 여산(呂産-태후의 동생)을 세워 여왕(呂王)으로 삼아서 대(代)나라의 왕이 되게 하려고 하십니다만, 태후께서 거듭해 그것을 다시 말씀하실 경우 대신들이 듣지 않을까 두렵습니다. 지금 경께서는 최고의 총애를 받고 계시고 대신들이 존경하고 있으니, 어떻게 해서든 대신들에게 말을 흘려서[風=諷] 태후 귀에 들어가게 한다면 태후께서는 반드시 기뻐하실 것입니다. 여러 여씨가 왕이 되면 만호후(萬戶侯-제후)도 경의 소유가 될 것입니다. 태후께서 마음속으로 그것을 바라시는데, 경께서 내신(內臣)이면서도 서둘러 실행하지 않을 경우 그 화가 경에게 미치게 될까 두렵습니다."

장자경은 그의 말이 참으로 옳다고 여겨서 마침내 대신들에게 말을 흘려 태후에게 이야기하게 했다. 태후가 조회하면서 그 문제에 관해 대신들에게 물으니, 대신들은 여산을 세워 여왕으로 삼을 것을 청했다. 태후가 장자경에게 황금 1,000근을 내려주자, 장경(張卿)은 절반을 전생에게 주었는데, 전생은 받지 않으면서 기회를 틈타 이렇게 유세했다.

"여산이 왕이 되었으나 여러 대신은 아직 기꺼이 복종하지 않고 있습니다. 지금 영릉후 택은 여러 유씨 중에서 장로인데도 대장군이 되었으나 홀로 왕이 되지 못한다면 원망을 품을 것입니다. 지금 경께서 태후께 말씀드려 현을 10여 개 떼어내[裂=割] 택을 그곳의 왕으로 삼는다면 그는 왕위를 얻어 기뻐할 것이고 여러 여왕(呂王)도 (위세가) 더욱 튼튼해질 것입니다."

장자경이 들어가서 그것을 말하니 태후도 그렇다고 여겼다. 마침내 드디어 영릉후 택을 세워 낭야왕(琅邪王)으로 삼았다. 낭야왕은 전생과 함께 봉국으로 갔는데, 이때 (전생은) 서둘러 가야 한다며 잠시도 머물지 말 것을 권유했다. 함곡관을 나설 때 태후가 과연 사람을 보내 그들을 추격했으나 이미 관문을 나온 후라 즉시 봉국으로 돌아올 수 있었다.

1) **[집해(集解)]** 진작(晉灼)이 말했다. "『초한춘추(楚漢春秋)』에 따르면 전자춘(田子春)이다."

2) **[집해(集解)]** 여순(如淳)이 말했다. "엄인(奄人-환관)이다."

태후가 붕(崩)하자 낭야왕 택이 마침내 이렇게 말했다.

"제(帝)는 어린데 여러 여씨가 권력을 좌우하고 있고[用事=擅斷], 여러 유씨는 고립되어 힘이 없다."

마침내 군사를 이끌고 제왕(齊王)과 연합해 서쪽으로 쳐들어가서 여러 여씨를 주살할 것을 모의했다. 양(梁) 땅에 이르렀을 때 한나라의 관(灌-관영)장군이 형양(滎陽)에 주둔하고 있다는 소식을 듣고서 택은 군사를 돌려 서쪽 국경에 진을 치게 하고는, 드디어 멀리 말을 달려 장안에 이르렀다. 대왕(代王-劉恒) 또한, 대를 떠나 장안에 들어왔다. 여러 장군과 대신이 낭야왕과 함께 대왕을 세워 천자로 모시니, 천자는 마침내 택을 옮겨 연왕(燕王)으로 삼고 다시 낭야를 제나라에 돌려주어 옛 땅을 회복하게 했다[1].

1) 【집해(集解)】 이기(李奇)가 말했다. "(낭야는) 본래 제나라 땅이었는데, 앞서 그것을 나눠 택을 그곳의 왕으로 삼았다가 이제 다시 제나라에 돌려준 것이다."

택이 연나라 왕이 된 지 2년 만에 훙하자, 시호를 경왕(敬王)이라 했다. 아들 가(嘉)가 뒤를 이었으니, 강왕(康王)이다.

손자 정국(定國)에 이르러, 그는 아버지 강왕의 희첩(姬妾)과 간통해 아들 하나를 낳았고 또 동생의 아내를 빼앗아 희첩으로 삼았으며 딸 3명과도 간음했다. 정국은 (천자의) 신하 중에 비여(肥如)의 현령인 영인(郢人)을 주살하고자 했는데, 영인 등이 정국을 조정에 고하려고 했기 때문이다. 정국은 알자를 시켜 다른 법률을 써서 영인을 붙잡아 몽둥이로 쳐서 죽여[格殺=擊殺] 입을 틀어막았다[滅口=杜口]. 원삭(元朔) 원년에 이르러 영인의 형제가 다시 글을 올려서 정국의 일을 갖춰 말했다[具言]. (상이) 이를 공경들에게 내려보내자, 모두 의견을 내어 말했다.

"정국의 짐승 같은 행위는 인륜을 어지럽히고 하늘 같은 도리[天道]를 거슬렀으니, 마땅히 주살해야 합니다."

상이 이를 허락했다. 정국은 자살했고, 봉국은 없어져 군(郡)이 되었다.

태사공(太史公)이 말한다.

"형왕(荊王)이 왕이 될 수 있었던 것은 한나라가 막 세워진 때라 천하가 안정되지 않았기[未集] 때문이다. 그래서 유가로 하여금 비록 먼 친족이었지만 책명으로 왕이 되게 해서 양자강과 회수 사이를 진정시키게 했다. 유택이 왕이 된 것은 권모술수로 여씨를 자극했기 때문이지만[權激]1), 유택은 끝내 남면(南面)해 왕이 될 수 있었고 3대까지 왕위를 전했다. 일이 생겨나는 것을 보면 서로 중첩되어 있으니[事發相重]2), 어찌 위대하다고 하지 않으리오!"3)

1) **【색은(索隱)】** 살펴보건대 전자춘은 유택을 왕으로 만들기 위해, 먼저 장자경으로 하여금 여산을 봉하라고 유세하게 한 뒤 마침내 대신들이 원망을 품을까 걱정하게 만듦으로써 끝내 택이 왕이 될 수 있게 했다. 그래서 권모술수로 여러 여씨를 자극했다고 한 것이다.

2) **【집해(集解)】** 진작(晉灼)이 말했다. "택이 전생에게 돈을 주어 장경을 섬기게 하고 장경이 그를 여후에게 천거하니, 마침내 유택이 왕이 될 수 있었다. 그래서 일이 생겨나는 것을 보면 서로 중첩되어 있다고 한 것이다. 혹자는 말하기를, 일이란 서로가 중하게 여기는 바로부터 생겨난다고 했다."

3) **【색은술찬(索隱述贊)】** 유가는 처음 고조를 따라서[劉賈初從]/앞장서서 삼진을 평정했노라[首定三秦]/이미 백마진을 건너[旣渡白馬]/드디어 수춘을 에워쌌도다[遂圍壽春]/비로소 경포를 맞이했고[始迎黥布]/몰래 주은과 통했다네[絶閒周殷]/공로로 봉토 받으니[賞功胙土]/초나라와 나란히 이웃했도다[與楚爲隣]/처음으로 영릉후 작위 받은 것은[營陵始爵]/진희를 공격한 공훈 때문이라네[勳由擊陳]/전생이 유세하니[田生遊說]/태후에게 천금을 받았도다[賜受千斤]/권모술수로 여씨들 격동시키니[權激諸呂]/일이 터지자, 일신의 영예가 찾아왔도다[事發榮身]/옮겨서 봉해지고 후사에게 전했으나[徙封傳嗣]/영인의 일로 끝나고 말았구나[亡於郢人]!

권52

제도혜왕세가(齊悼惠王世家) 제22

권52 제도혜왕세가(齊悼惠王世家) 제22

제(齊)나라 도혜왕(悼惠王) 비(肥)[1]는 고조 유방의 맏아들로 서자다. 어머니는 고조와 사통한 여자[外婦]로 조씨(曹氏)라고 한다. 고조 6년에 비를 세워 제왕(齊王)으로 삼아 성 70여 개를 식읍으로 내려주고[食] 여러 백성 가운데 제(齊)나라 말을 잘하는 사람들을 모두 모아서 제왕에게 주었다[2].

1) 【정의(正義)】 연표(年表)에 이르기를, 임치(臨淄)에 도읍했다고 했다.

2) 맹강(孟康)이 말했다. "이때는 떠돌아다니는 사람이 많아 제나라 방언을 하는 사람들로 하여금, 제나라로 돌아가게 한 것이다." 안사고(顏師古)가 말했다. "그 나라를 크게 해주고 싶어 큰 규모를 봉해준 것이다."

제나라 왕은 효혜제(孝惠帝) 형이다. 효혜제 2년에 제나라 왕이 들어와 조회했다. 혜제는 제나라 왕과 함께 연회를 했는데, 형인 제왕을 윗자리에 앉게 함으로써 (군신의 예가 아니라) 가족의 대등한 예[亢禮]로 거행했다[1]. 여태후가 화가 나서 장차 제왕을 주살하려 했다. 제왕은 벗어나지 못할까 봐 걱정하다가, 마침내 내사(內史)[2] 훈(勳)의 계책을 써서 성양군(城陽郡)을 바쳐 노원(魯元)공주의 탕목읍으로 삼도록 했다. 여태후가 기뻐했고, 마침내 제왕은 하직 인사를 하고 제나라로 돌아올 수 있었다.

1) 【색은(索隱)】 제왕이 형이므로 군신의 예를 따르지 않고 집안 형제의 예로 대했고, 그래서 태후가 화가 났던 것이다.

2) 왕국의 관직으로, 수도권을 다스리는 관원이다.

　도혜왕은 자리에 나아간 지 13년 후인 혜제 6년에 졸했다. 아들 양(襄)이 세워지니, 이 사람이 애왕(哀王)이다.

　애왕(哀王) 원년에 효혜제가 붕하자 여태후가 제(制)를 칭했으니[1], 천하의 일은 모두 고후(高后-여태후)에 의해 결정되었다.
　2년에 고후는 오빠의 아들 역후(酈侯)[2] 여태(呂台)를 세워서 여왕(呂王)으로 삼았고, 제(齊)나라 제남군(濟南郡)을 떼어내 여왕의 봉읍으로 삼았다.

1) 천자를 대신해서 정령을 시행했다는 말이다. 제(制)는 조(詔)의 바로 아래 단계로, 천자의 영(令)이다.
2) 【집해(集解)】 서광(徐廣)이 말했다. "판본에 따라 부후(鄜侯)로 되어 있다."

　애왕 3년에 애왕의 동생 장(章-유장)이 한나라 궁궐에 들어가 숙위하자 고후(高后)는 그를 봉해 주허후(朱虛侯)로 삼고 여록(呂祿)의 딸을 아내로 삼게 했다. 4년 후에 장(章)의 동생 흥거(興居)를 봉해 동모후(東牟侯)로 삼아서 두 사람 모두 장안(長安) 대궐에서 숙위하게 했다.

　애왕 8년에 제나라 낭야군(琅邪郡)[1]을 떼어내 영릉후(營陵侯) 유택(劉澤)을 세워 낭야왕으로 삼았다.

1) 【정의(正義)】 지금의 기주(沂州)다.

　그 이듬해에 조왕(趙王) 우(友)가 조회하러 들어왔다가 제후의 저택에 유폐되어 죽었다[幽死]. 조왕 3명이 모두 폐위된 뒤 고후가 여러 여씨를 세우면서 그중 3명을 왕으로 삼았으니1), 그들은 권력을 독점하고[擅權] 정사를 제 마음대로 했다[用事].

1) 【집해(集解)】 서광(徐廣)이 말했다. "연왕(燕王)·조왕(趙王)·양왕(梁王)이다."

(그때) 주허후는 20세로 기력이 왕성했는데, 유씨(劉氏)가 관직을 얻지 못하는 것에 대해 분노하고 있었다. 일찍이 연회 자리에 들어가 고후를 모신[入侍] 적이 있었는데, 이때 고후가 장에게 술자리를 감독하는 역할[酒吏]을 맡겼다. 장이 스스로 청해 말했다.

"신은 장군의 피가 있으니[將種], 군법에 따라 술자리에서 술 마시는 규칙을 거행할 수 있게 해줄 것을 청합니다."

고후가 말했다.

"그리하라."

술자리가 무르익자[酣] 장이 나아가 노래를 부르고 춤을 추다가, 이윽고[已而] 말했다.

"청컨대 태후께 밭갈이에 대해 말할 수 있게 해주십시오1)."

고후는 그가 어릴 때 그를 기른 적이 있으므로 웃으면서 말했다.

"생각해보면[顧=念] 네[乃=汝] 아버지만 농사일을 알았을 뿐 너[若=汝]는 나면서부터 왕자였는데 어찌 농사일을 안단 말인가?"

장이 말했다.

"신은 알고 있습니다."

태후가 말했다.

"그렇다면 나에게 농사짓는 이의 심정을 이야기해보라."

장이 말했다.

"밭을 깊이 갈고, 빽빽하게 심어[概種] 싹이 듬성듬성하게 하고, 같은 종자가 아니면 김을 매어 솎아버려야 합니다.”

태후가 아무 말이 없었다. 얼마 후에 여러 여씨 중 한 사람이 술에 취해 그 자리를 피해서 도망치자, 장이 쫓아가서 칼을 뽑아 그의 목을 베고는 돌아와 보고해 말했다.

“술자리에서 도망치는 한 사람이 있어, 신이 삼가 군법을 시행해 그의 목을 베었습니다.”

태후와 좌우에 있던 사람들이 크게 놀랐다. (그러나) 이미[業已] 그가 군법을 시행하는 것을 허락했기 때문에 아무도 죄를 물을 수 없었다. 그로 인해 술자리는 끝났다. 이때 이후로 여러 여씨는 주허후를 꺼렸고, 비록 대신이라도 모두 주허후에 기대니 유씨는 점점 더 막강해졌다.

1) 안사고(顔師古)가 말했다. “풍자와 비유를 하겠다는 뜻이다.”

그 이듬해에 고후가 붕했다. 조왕 여록(呂祿)이 상장군이 되고 여왕(呂王) 산(産)이 상국(相國-재상)이 되어 모두 장안 안에 머물러 있으면서, 병사들을 모아서 대신들을 위협해 난을 일으키려고 했다. 주허후 장은 여록의 딸을 부인으로 삼았기 때문에, 모의를 알아차릴 수 있었고, 마침내 사람을 시켜 몰래 가서 그의 형 제왕(齊王)에게 모의를 알려 형으로 하여금 군대를 발동해서 서쪽으로 향하게 했다1). 이때 주허후와 동모후가 장안의 대신들과 함께 안에서 호응함으로써[內應] 여러 주씨를 주살하고, 이를 계기로 제왕을 세워 제(帝)로 삼으려 했다.

1) 안사고(顔師古)가 말했다. “서쪽으로 경사(京師)에 이르게 한 것이다.”

제나라 왕은 이미 이런 계책을 듣고서 외삼촌 사균(駟鈞), 낭중령(郎中令) 축오(祝午), 중위(中尉) 위발(魏勃)과 함께 몰래 모의해 군대를 일으키기로 했다. 제나라 재상 소평(召平)이 이를 듣고는 마침내 군대를 동원해 왕궁으로 들어가서 그곳을 지켰는데[衛], 위발이 평(平)을 속여[紿=誑] 이렇게 말했다.

"왕은 군대를 발동하려 하지만 한나라 호부(虎符)가 없으면 아무 소용이 없소. 그리고 그대가 왕을 포위한 것은 정말로 잘한 일이오. 내가 그대를 위해 군대를 거느리고 왕궁을 지키는 임무를 맡도록 해주시오."

소평은 이를 믿고서 즉시 위발로 하여금 군대를 거느리게 했다. 위발이 이미 군대를 거느리게 되자 그들을 데리고 가서 상국 관청[相府]을 포위하니, 소평이 말했다.

"아! 도가(道家)의 말에 '마땅히 끊어야 하는데 끊지 않으면 도리어 그 재난을 당하게 된다[當斷不斷 反受其亂]'라고 했는데, 바로 이것이구나!"

결국 자살했다. 이에 제왕은 사균을 재상으로, 위발을 장군으로, 축오를 내사(內史)로 삼아서 나라 안의 군사들을 남김없이 발동한 뒤 축오에게 낭야왕을 속여 이렇게 말하게 했다.

"여씨가 난을 일으켰기에 제왕이 군대를 발동해 서쪽으로 가서 그들을 주살하려고 합니다. 제왕이 스스로 생각하기를, 어린아이로 나이가 어려서 군사의 일을 제대로 익히지 못했으니 바라건대 나라를 들어 대왕께 모든 것을 맡기려 합니다. 대왕께서는 고제 때부터 장군이셨으니 전쟁의 일에 익숙하십니다. 제왕이 감히 군대를 떠나지 못해, 신으로 하여금 대왕께 청해 임치(臨菑)로 가셔서 제왕과 만나 계책을 상의하신 후에 대왕께서 제나라 군사를 이끌고 서쪽으로 가서 관중(關中)의 난을 평정하라고 하셨습니다."

낭야왕이 그를 믿고 그의 말이 옳다고 여겨서 즉시 말을 달려 제왕을 만났다. 제왕과 위발 등은 그로 인해 낭야왕을 억류하고서, 축오로 하여금 낭야국의 병력을 모두 징발해 그 군대를 거느리게 했다.

낭야왕 유택은 이미 속았다는 것을 알면서도 자기 나라로 돌아갈 수 없게 되자, 마침내 제왕을 설득해 말했다.

"제나라 도혜왕은 고황제의 맏아들이니, 근본을 헤아려 말한다면 대왕은 고황제의 적장자 손자이므로 마땅히 세워져야 합니다. (그런데) 지금 여러 대신은 머뭇거리며 즉위할 사람을 분명하게 정하지 못하고 있는데, 저택(澤)이 유씨(劉氏) 가운데 나이가 가장 많기에 대신들은 진실로 내 결단을 기다리고 있을 것이오. 지금 대왕께서 나를 이곳에 붙들어놓는 것은 소용없는 일이니, 나로 하여금 관중으로 들여보내 일을 꾸미게 하는 것만 못합니다."

제왕이 그렇다고 여겨서 곧바로 거마를 더 갖춰 낭야왕을 보냈다.

낭야왕이 이미 출발하고 나자, 제나라는 드디어 병사를 일으켜 서쪽으로 가서 여국(呂國)의 제남(濟南)을 공격했다. 이에 제왕(齊王)은 제후왕들에게 글을 보내 말했다.

'고제(高帝)께서는 천하를 평정하신 뒤 여러 아들과 동생을 왕으로 삼으셨고, 도혜왕께서 훙하고 나자, 혜제(惠帝)께서는 유후(留侯-張良)를 보내 신(臣)을 세워서 제왕으로 삼아주셨습니다. 혜제께서 붕하시고 고후(高后)께서 일을 주도하셨는데[用事], 춘추가 높으시어 여러 여씨가 제 마음대로 제(帝)를 폐하고 다시 세우는 것을 듣고만 계셨고, 또 조왕 3명(趙王-은왕 여의, 유왕 우, 양왕 회)을 죽이고 양(梁)·조(趙)·연(燕)나라를 없앤 뒤 모두 여씨로써 왕을 삼았으며, 제나라를 4개로 쪼갰습니다¹⁾. 그래서 충신들이 나아가 간언했으나 상께서는 혹 어지러워하시며 듣지 않으셨습니다.

지금 고후께서 붕하시고 황제의 춘추는 아직 어리시어[富] 능히 천하를 다스리실 수가 없으니, 진실로 대신과 제후들에 의지하고 계십니다[待=依]. (그런데) 지금 여러 여씨는 다시 자기들 마음대로 스스로의 관직을 높이고 군사를 모아서 위세를 떨치며 열후와 충신들을 겁박하고 (폐하의) 제(制)(나 조(詔))라고 속이고서[撟=託] 천하를 호령하고 있으니, 이로 인해 종묘가 위태

롭습니다. 과인이 병사를 거느리고 (장안으로) 들어가 부당하게 왕이 된 자들을 주살하겠습니다.'

1) 안사고(顏師古)가 말했다. "제나라 외에 다시 제남, 낭야, 성양(城陽)으로 나눴으니, 모두 4개이다."

한나라 조정에서 이를 듣고는 상국 여산(呂産) 등이 대장군 영음후(潁陰侯) 관영(灌嬰)으로 하여금 병사들을 이끌고 동쪽으로 가서 그들을 치게 했다. 영(嬰)은 형양(滎陽)에 이르러 마침내 계책을 세워 말했다.

"여러 여씨가 관중에서 군대를 일으켜 유씨를 위험에 빠뜨리고 스스로를 세우려 하는데, 내가 지금 제나라를 깨뜨리고 돌아와서 보고하게 될 경우 이는 여씨의 입지를 더 키워주는 꼴이다."

마침내 병사들을 머물게 해 형양에 주둔하면서 사람을 보내 제왕과 제후들에게 이를 일깨워 말하고[諭=曉告], 그들과 연합해서 여씨가 변란 일으키기를 기다렸다가 함께 주살하기로 했다. 제왕이 이를 듣고서 서쪽 변경에 군대를 주둔시켜놓고 약속을 기다렸다.

여록과 여산이 관중(關中)에서 난을 일으키려 하자 주허후 장과 태위 발(勃-주발), 승상 평(平-진평) 등이 그들을 주살했다. 주허후가 앞장서서[首] 맨 먼저[先] 여산을 목 베자 이에 태위 발 등이 마침내 여러 여씨를 모두 주살했다. 그리고 낭야왕 또한 제나라에서[從=自] 장안에 이르렀다.

대신들이 토의해서 제왕(齊王)을 세우려 했는데, 낭야왕과 대신들이 말했다.

"제왕의 외가[母家]인 사균(駟鈞)은 사납고 흉악해[惡戾] 마치 호랑이가 관(冠)을 쓰고 있는 것과 같습니다. 바야흐로[訪=方] 여씨들 때문에 천하가 거의 난리가 났었는데, 지금 또 제왕을 세우는 것은 마치 다시 여씨를 세우려는 것과 같습니다. 대왕(代王)의 외가인 박씨(薄氏)는 군자이자 훌륭한 인물[長者]이고 대왕 또한 고제의 친아들로서 지금 현존하는 자식 중에서 가장 나이가 많으니, 아들로서 봐도 순리이고 좋은 사람[善人]이라는 점에서도 대신들이 안심할 수 있습니다.”

이에 대신들은 마침내 대왕을 맞아들여 세우기로 모의하고, 동시에 주허후를 보내 여씨들을 주벌한 일을 제왕에게 알리면서 그로 하여금 군대를 해산하게 했다.

관영(灌嬰)이 형양(滎陽)에 있을 때 위발(魏勃)이 본래 제왕에게 모반을 교사한 일이 있었다는 말을 듣고는, 이미 여씨들이 주벌되고 제나라 군대가 해산되고 나자, 사자를 시켜 위발을 불러서 나무랐다. 발(勃)이 말했다.

“집에 불이 났는데, 어찌 먼저 장인(丈人-집안 어른)에게 알린 다음에야 불을 끈단 말입니까?”

그러고는 물러나 서 있는데, 다리를 후들거리며 두려워하는 것이 겁이 나서 아무런 말도 하지 못했고 끝내 다른 말은 없었다. 관(灌)장군이 한참을 쳐다보다가[孰視] 웃으면서 말했다.

“사람들이 위발은 용감하다고 했건만, 망령되고 평범한 자일 뿐이니 무슨 일을 할 수 있으랴?”

그러고는 위발을 파면했다. 위발의 아버지는 거문고를 잘 타서 진나라 황제(-진시황)를 만나본 사람이다.

위발이 젊었을 때 제나라 재상 조참(曹參)을 만나려고 했으나 집안이 가난해서 스스로 통할 수 있는 길이 없자, 이에 늘 혼자서 아침 일찍 재상의 사인(舍人) 집 문밖을 청소했다. 사인이 어떤 일인가 이상하게 여겨서 몰래 엿본 끝에 발을 보게 되었다. 발이 말했다.

“재상 어른[相君]을 뵙고자 하는데 아무런 인연이 없어, 당신을 위해 청소를 해서라도 뵙고자 하는 것이오.”

이에 사인이 발을 조참에게 소개하니 조참이 그를 사인으로 삼았다. 한 번은 조참의 수레를 몰다가 어떤 일을 이야기했는데, 조참은 뛰어나다[賢]고 여겨 그를 제나라 도혜왕에게 이야기했다. 왕이 그를 불러서 만나보고는 제배해 내사(內史)로 삼았다. 비로소 도혜왕은 스스로 2,000석 관리를 둘 수 있는 권한을 가지게 되었다. 도혜왕이 졸하고 애왕이 세워지자, 발이 권력을 장악했는데[用事], 제나라 재상보다 더 권한이 무거웠다.

제왕이 이미 군대를 해산해 돌아가고 나자, 대왕(代王)이 (와서) 세워졌으니, 이 사람이 효문제(孝文帝)다.

효문제 원년에 고후 당시에 나뉘었던 제나라의 성양(城陽)·낭야(琅邪)·제남군(濟南郡) 등을 모두 다시 제나라에 주었고, 낭야왕은 옮겨 연왕(燕王)이 되었다. 주허후와 동모후에게는 각각 2,000호를 더 봉해주었다.

이해에 제나라 애왕이 졸하자 아들 측(側)이 세워지니 이 사람이 문왕(文王)이다.

제 문왕 원년에 한나라 조정은 제나라 성양군(城陽君)을 갖고서 주허후를 세워 성양왕으로, 제나라 제북군(濟北郡)을 갖고서 동모후를 세워 제북왕으로 삼았다.

2년에 제북왕이 반란을 일으키자, 한나라 조정에서는 그를 주살하고 봉토를 한나라에 편입시켰다.

2년 후에 효문제는 제 도혜왕의 아들 불군(罷軍)[1] 등 7명을 봉해 모두 열후(列侯)로 삼았다.

1) **【정의(正義)】** 罷는 발음이 (파가 아니라) 불(不)이다.

제 문왕이 세워진 지 14년에 졸했는데, 아들이 없어 나라를 없애고 봉토를 한나라에 편입시켰다.

1년 후에 효문제는 그전에 봉해주었던 도혜왕의 아들 중에서 살아 있는 6명을 모두 세워 그곳의 왕으로 삼았고 제나라 효왕(孝王) 장려(將閭)는 도혜왕의 아들이라 하여 양허후(楊虛侯)로 있다가 세워져 왕이 되었다. 원래 봉해졌던 제나라 다른 군들을 모두 도혜왕의 아들들에게 주었으니, 아들 지(志)는 제북왕(濟北王)이, 아들 벽광(辟光)은 제남왕(濟南王)이, 아들 현(賢)은 치천왕(菑川王)이, 앙(卬)은 교서왕(膠西王)이, 웅거(雄渠)는 교동왕(膠東王)이 되었다. 성양왕(-유장)과 제왕까지 합쳐 모두 7명이 왕이 된 것이다.

제 효왕(孝王) 11년에 오왕 비(濞)와 초왕 무(戊)가 모반하고 군사를 일으켜 서쪽으로 진격해서 제후들에게 고해 말했다.

"장차 한나라 적신(賊臣) 조조(鼌錯)를 주살해 종묘를 안정시키고자 한다."

교동·교서·치천·제남왕이 모두 마음대로 군대를 동원해 오초(吳楚)에 호응하면서 제(齊)나라와도 함께하려 했으나, 제나라 효왕은 여우처럼 의심이 많아서[狐疑=狐疑不決] 성을 지키며 따르지 않았다. 3국[1] 병사들이 함께 제나라를 둘러싸자, 제왕은 노중대부(路中大夫)[2]를 시켜 천자에게 알렸고, 천자는 영을 내려 노중대부로 하여금 다시 제나라로 돌아가 제왕에게 고하게 했다.

"성을 잘 지키고 있으면 한나라 병사가 오초를 깨뜨릴 것이다."

노중대부가 이르렀을 때 3국 병사들이 임치(臨菑-제나라 수도)를 여러 겹으로 포위하고 있어서 어느 쪽에서도 성으로 들어갈 수 없었다. 3국 장수가 노중대부에게 맹세하게 하며 말했다.

"너[若=汝]는 돌아가거든 한나라가 이미 깨졌으니, 제나라는 서둘러[趣=促] 3국에 항복해야[下=降] 하며, 그렇지 않으면 도륙을 당하게 될 것이라고 말하라."

노중대부가 이미 그렇게 하겠다고 하고 나서는 성 아래에 이르러 제왕을 멀리서 올려다보며 말했다.

"한나라가 이미 군사 100만을 발동해서 태위 아부(亞夫-주아부)를 보내 오초를 깨뜨렸으며, 바야흐로 지금 군대를 이끌고 제나라를 구원하러 오고 있습니다. 제나라는 반드시 성을 굳게 지킬 뿐이니 항복해서는 안 될 것입니다[無下]."

3국 장수들이 노중대부의 목을 베었다[誅=斬].

1) 【집해(集解)】 장안(張晏)이 말했다. "교서·치천·제남이다."
2) 【정의(正義)】 장안(張晏)이 말했다. "성이 노(路)인 중대부다."[이름은 노앙(路卬)이다.]

제나라는 애초에 포위를 당해 위급하게 되었을 때 은밀하게[陰] 3국과 통하며 모의했으나[通謀] 맹약이 정해지지 않은 상태였다. 그때 마침 노중대부가 한나라에서 오니 제왕은 기뻐했고, 제나라 대신들도 마침내 다시 왕에게 3국에 항복해서는 안 된다고 권했다. 얼마 안 가서[居無何] 한나라 장수 난포(欒布)와 평양후(平陽侯)1) 등의 병사가 제나라에 이르렀고, 3국 군대를 쳐서 깨뜨리고 포위를 풀었다. 얼마 후[已而] 애초에 제나라와 3국 사이에 모의가 있었다는 사실을 듣고는 장차 한나라 병사들을 옮겨 제나라를 정벌하려고 했다. 제나라 효왕은 두려움에 빠져서 마침내 약을 먹고 자살했다.

경제(景帝)가 그 일을 보고받았는데, 애초에 제왕은 아주 좋은 사람이라고 여겼기에 강압에 의해 음모에 내몰린 것이지 그의 죄는 아니라고 하고서 마침내 효왕의 태자 수(壽)를 세워 제왕으로 삼으니, 이 사람이 의왕(懿王)으로 제나라의 뒤를 이었다. 반면에 교서왕·교동왕·제남왕·치천왕 등은 모두 주살되고 봉토는 한나라에 편입되었다. 제북왕을 옮겨 치천왕으로 삼았다.

제나라 의왕이 세워진 지 22년에 졸하자 아들 차경(次景)이 세워졌는데, 이 사람이 여왕(厲王)이다.

1) 「표(表)」를 살펴보건대, 이 사람은 간후(簡侯) 조기(曹奇)다.

제 여왕의 어머니는 기(紀)태후라고 불렸다. 태후는 동생 기씨(紀氏) 딸을 취해 왕후로 삼았다. 왕은 그녀를 사랑하지 않았다. 태후는 그녀의 집안이 거듭해서 총애를 받게 하고자 집안의 맏딸 기(紀)옹주를 왕궁에 들여 왕의 후궁을 단속하게 함으로써 어떤 여관도 왕에게 가까이하지 못하게 했고, 왕은 기씨의 딸만을 사랑할 수밖에 없게 했다. 왕은 그로 인해 그의 누이 기옹주와 간통하게 되었다.

제나라에는 서갑(徐甲)이라는 환관이 있었는데, 궁궐로 들어가 황태후(皇太后-무제의 어머니)를 모시게 되었다. 황태후에게는 사랑하는 딸 수성군(修成君)이 있었는데, 수성군은 유씨의 자식이 아니어서 태후가 이를 가련하게 여겼다. 수성군에게는 아(娥)라는 딸이 있었으며, 태후는 손녀 아를 제후에게 시집보내고 싶어 했다. 환관 서갑이 제나라에 가서 반드시 제왕으로 하여금 아를 청하는 글을 쓰게 하겠다고 했다. 황태후가 기뻐하며 서갑을 제나라로 보냈다. 이때 제나라 사람 주보언(主父偃)이라는 자가 서갑이 제나라로 가서 왕후를 얻으려 한다는 것을 알고는 기회를 틈타 갑에게 말했다.

"일이 성사되면 이 언(偃)의 딸이 후궁이 될 수 있도록 말씀해주십시오."

갑이 제나라에 이르러 이 일을 풍문으로 흘리니, 기태후가 화를 내며 말했다.

"왕에게는 왕후가 있고 후궁도 다 갖춰져 있거늘, 저 서갑이라는 제나라의 가난한 자가 급한 김에 환관이 되어 한나라를 섬기면서 아무런 보탬도 못 되더니 우리 왕가를 어지럽히려는구나! 또 주보언이란 자는 무엇 하는 자인가? 딸을 후궁으로 넣고 싶다고?"

갑이 크게 궁색해져서, 돌아와 황태후에게 보고해 말했다.

"왕은 이미 일찍부터 아를 받아들이고자 하는데, 다만 한 가지 저해하는 바가 있으니, 그것은 아마도 연왕(燕王)처럼 될까 하는 것인 듯합니다."

연왕이라는 자는 딸·누이와 간통한 자로서 최근에 벌을 받아 죽었으니, 서갑은 연왕의 일로써 태후가 느끼는 바가 있게 하려고 했던 것이다. 태후가 말했다.

"딸을 제나라에 시집보내는 일은 두 번 다시 말하지 말라."

일이 점점 잦아들어[浸薄] 천자의 귀에 들어가지 않을 수 있었으나 주보언은 이로 말미암아 제나라와 틈이 생겨났다.

주보언은 그때 마침 총애를 받아 정권을 좌지우지하고 있었기에 그에 힘입어 말했다.

"제나라 임치에는 10만 호가 있고 시장에서 거둬들이는 세금만 천금이니, 사람이 많고 부유한 것이 장안보다 많습니다. 천자의 친동생이나 아끼는 아들이 아니고서는 왕 노릇을 할 수가 없는데, 지금 제왕은 친척들과의 관계가 점점 소원해지고 있습니다."

그러고는 가만히 말했다.

"여태후 때 제나라는 반란을 일으키려 했으며[欲], 오초 때는 효왕이 거의[幾] 난에 참여할 뻔했습니다. 또한 지금 듣건대 제왕이 자기 누이와 난잡

한 짓을 하고 있다고 합니다."

이에 천자(天子-무제)는 주보언을 제배해 제나라 재상으로 삼아서 그 일을 바로잡도록 했다. 주보언은 제나라에 이르자 서둘러 왕의 후궁과 환관 중에서 제왕을 위해 그 누이인 옹주와 통한 자들을 심문했고, 그들의 말과 증거를 갖고서 왕을 끌어내리려고 했다. 왕은 나이가 어리고 죄가 커서 관리에게 잡혀 주살될 것을 두려워해 마침내 약을 먹고 자살했으니, 후사가 없어 대가 끊어졌다.

이때 조왕은 주보언이 단번에 나서서 제나라를 없앨까 두려웠고, 또 그가 (유씨의) 골육 간을 점점 소원하게 만들까 봐 겁이 났다. 마침내 글을 올려 주보언이 돈을 받고서 자기 마음대로 불공평하게 일을 처리했다고 고발했다. 천자 또한 이미 언을 옥에 가두었다.

공손홍(公孫弘)이 말했다.

"제왕(齊王)이 근심 속에 죽어 후사가 없고 봉국은 한나라 조정에 반납되었습니다. 언을 주살하지 않고서는 천하의 원망을 막을 수가 없습니다."

드디어 언을 주살했다.

여왕(厲王)이 세워진 지 5년 만에 졸했는데 후사가 없어 봉국은 한나라에 편입되었다.

제나라 도혜왕의 후손으로는 오직 두 나라만 있었으니, 성양(城陽)과 치천(菑川)이다.

치천 땅은 제나라와 비슷했다[比=近]. 천자가 제나라를 가엽게 여긴 것은 도혜왕의 무덤이 군(郡) 안에 있었기 때문으로, 이에 도혜왕의 무덤을 둘러싸고 있는 임치 동쪽을 떼어내 모두 치천에 주고 도혜왕의 제사를 받들게 했다.

성양(城陽)의 경왕(景王) 장(章)은 도혜왕의 아들로, 주허후로 있을 때 대신들과 함께 여러 여씨를 주살하기로 하자 유장 자신이 가장 먼저 상국 여산을 미앙궁(未央宮)에서 목 베었다.

효문제가 이미 자리에 세워지자, 장에게 2,000호를 더 봉해주고 황금 1,000근을 내려주었다.

효문제 2년에 제나라 성양군을 갖고서 유장을 세워 성양왕으로 삼았다. 세워진 지 2년 만에 졸하자 아들 희(喜)가 세워지니, 이 사람이 공왕(共王)이다.

공왕 8년에 회남왕(淮南王)으로 옮겼다. 4년 후에 다시 성양왕으로 돌아왔다. 모두 해서 33년 만에 졸하자 아들 건연(建延)이 세워지니, 이 사람이 경왕(頃王)이다.

경왕이 세워진 지 26년에 졸하자 아들 의(義)가 세워지니, 이 사람이 경왕(敬王)이다.

경왕이 9년에 졸하자 아들 무(武)가 세워지니, 이 사람이 혜왕(惠王)이다.

혜왕이 11년에 졸하자 아들 순(順)이 세워지니, 이 사람이 황왕(荒王)이다.

황왕이 46년에 졸하자 아들 회(恢)가 세워지니[1], 이 사람이 대왕(戴王)이다.

대왕이 8년에 졸하자 아들 경(景)이 세워졌는데, 건시(建始)[2] 3년에 15세의 나이로 졸했다.

---

1) 【집해(集解)】 서광(徐廣)이 말했다. "감로 2년이다."

2) 【정의(正義)】 성제의 연호다.

제북왕(濟北王) 흥거(興居)는 도혜왕 아들이었는데, 동모후(東牟侯)로서 대신들을 도와, 여씨들을 죽였으나 공로가 적었다. 이에 문제가 대(代)에서 장안으로 들어올 때 흥거가 말했다.

"청컨대, 신으로 하여금 태복(太僕) 하후영(夏侯嬰)과 함께 궁에 들어가서 궁궐을 깨끗하게 할 수 있게 해주십시오."

소제(少帝)를 폐했고, 대신들과 함께 효문제를 높여 (황제로) 세웠다.

효문제 2년에 제나라 제북군(濟北郡)을 갖고서 봉지로 하여 유흥거를 제북왕으로 삼았으니, 성양왕과 함께 모두 왕이 되었다.

제북왕이 세워진 지 2년에 반란을 일으켰다. 애초에 대신들이 여씨들을 죽였을 때 주허후의 공이 매우 컸기 때문에 조나라 땅 전부를 주허후에게 주어 왕으로 삼고, 양나라 땅 전부를 동모후에게 주어 왕으로 삼는 것을 허락했다. 효문제는 즉위한 뒤에 주허후와 동모후가 당초에 제왕을 옹립하려 했다는 말을 듣고는 그들의 공을 깎았다. 그리하여 효문제 2년에 유씨의 여러 아들을 왕으로 삼으면서 제나라의 두 군을 떼어내 유장과 유흥거에게 주고 왕으로 삼았는데, 이에 유장과 유흥거는 이로써 그전의 직위를 잃고 공로도 빼앗겼다고 여겼다. 유장이 죽자 유흥거는 흉노가 대거 한나라에 침입해 한나라가 크게 군대를 징발해서 승상 관영을 보내 이들을 물리치게 하는 한편, 효문제 또한 태원(太原)으로 행차해 직접 오랑캐를 친다는 소식을 듣고는, 이 기회를 틈타 군대를 발동해 제북에서 반란을 일으켰다. 천자가 이를 듣고는 바로 승상 파견을 취소하고 이미 일으킨 병사들도 취소해 장안으로 되돌아오게 하는 한편 극포후(棘蒲侯) 시장군(柴將軍)으로 하여금 제북왕을 쳐서 사로잡아 오게 하니, 제북왕은 자살하고 봉지는 한나라에 편입되어 군이 되었다.

12년이 지난 문제 16년에 다시 제 도혜왕의 아들 안도후(安都侯) 지(志)를 제북왕으로 삼았다. 11년 뒤 오와 초가 모반했을 때도 지는 이곳을 굳게 지키면서 제후들과 함께 모반하지 않았으니, 오초의 난이 평정되자 한나라는 지를 옮겨 치천왕으로 삼았다.

제남왕(濟南王) 벽광(辟光)은 제 도혜왕의 아들로, 늑후(勒侯)로서 한 문제 16년에 제남왕이 되었다. 11년 뒤에 이 사람이 오초와 함께 반란을 일으키자, 한나라 조정은 이를 깨뜨리고 벽광을 죽였으며 제남을 군으로 삼고 땅은 한나라에 편입시켰다.

치천왕(菑川王) 현(賢)은 제 도혜왕의 아들로, 무성후(武城侯)로서 한 문제 16년에 치천왕이 되었다. 11년 뒤에 이 사람이 오초와 함께 반란을 일으키자, 한나라 조정은 이를 깨뜨리고 현을 죽였다.

천자는 이 때문에 제북왕 지를 옮겨 치천왕으로 삼았다. 지 또한 제 도혜왕의 아들로, 안도후로서 제북왕이 된 자였다.

치천왕이 반란을 일으켰다가 후사가 없자 제북왕을 옮겨 치천왕으로 삼았다. 모두 35년 동안을 재위하고 죽었는데 시호를 의왕(懿王)이라고 했다. 아들 건(建)이 뒤를 이어 세워졌는데 이 사람이 정왕(靖王)이다.

(정왕이) 20년에 졸하자 아들 유(遺)가 뒤를 이어 세워지니, 이 사람이 경왕(頃王)이다.

경왕이 36년에 졸하자 아들 종고(終古)가 세워지니, 이 사람이 사왕(思王)이다.

사왕이 28년에 졸하자 아들 상(尙)이 세워지니, 이 사람이 효왕(孝王)이다.

효왕이 5년에 졸하자 아들 횡(橫)이 세워졌으나 건시(建始) 3년에 11세의 나이로 졸했다.

교서왕(膠西王) 앙(卬)은 제 도혜왕의 아들로, 창평후(昌平侯)로서 문제 16년에 교서왕이 되었다. 11년에 오초와 함께 반란을 일으켰다. 한나라는 이를 깨뜨리고 앙을 죽였으며 봉지는 한나라에 편입되어 교서군이 되었다.

교동왕(膠東王) 웅거(雄渠)는 제 도혜왕의 아들로, 백석후(白石侯)로서 문제 16년에 교동왕이 되었다. 11년에 오초와 함께 반란을 일으키자, 한나라는 이를 깨뜨리고 웅거를 죽였으며 봉지는 한나라에 편입되어 교동군이 되었다.

태사공(太史公)이 말한다.

"제후 중에 큰 나라라 하더라도 제 도혜왕을 넘어서는 나라는 없었다. 천하가 평정된 초기에 유씨 자제들이 적었으나 진(秦)나라가 땅 한 자도 친척들에게 봉하지 않은 것을 한탄해 같은 성[同姓]을 대대적으로 봉함으로써 만백성의 마음을 안정시키고자 했다. 뒤에 가서 나눠지고 쪼개졌으니 진실로 그것이 이치였으리라!"[1]

1) **【색은술찬(索隱述贊)】** 한나라는 진나라 제도를 바로잡아서[漢矯秦制]/동성을 병풍 세우듯 봉해 스스로를 강하게 했다네[樹屛自彊]/(그중에서도) 바다를 접한[表海=臨海] 대국을[表海大國]/모두 제왕에게 봉해주었지[悉封齊王]/여후가 분노하자[呂后肆怒]/마침내 성양을 바쳤다네[乃獻城陽]/애왕이 뒤를 이어 세워졌으나[哀王嗣立]/그 역량 미미했도다[其力不量]/주허후 한나라에 종사해[朱虛仕漢]/공로는 컸고 계책은 장구했지[功大策長]/동모후 상을 받기는 했기만[東牟受賞]/결국 난을 일으켜 재앙을 당했구나[稱亂貽殃]/교동 제북[膠東濟北]/웅거 벽광 모두 반란을 일으켰으니[雄渠辟光]/제나라 비록 일곱 나라였건만[齊雖七國]/충효 하는 나라만이 창성했노라[忠孝者昌]!

권53

소상국세가(蕭相國世家) 제23

권53 소상국세가(蕭相國世家) 제23

소상국(蕭相國) 하(何)는 패현(沛縣) 풍읍(豐邑) 사람[1]이다. 법조문[文]을 갖고서 다른 사람을 해치지 않았기 때문에[無害][2] 패현 주리(主吏)의 연(掾)[3]이 되었다.

1) **[색은(索隱)]** 살펴보건대, 『춘추위(春秋緯)』에서 말했다. "소하는 묘성(昴星-좀생이)의 정기를 받고 태어나서 옥사를 담당하고 법률 제정을 주관했다."

2) 법조문을 공정하게 처리했다는 말이다.

3) 주리는 군(郡) 소속의 관리이고, 연은 하급 관리다.

고조(高祖)가 벼슬하지 않았던[布衣] 시절에 하(何)는 여러 차례 직무상의 일로 고조를 도와주고 보살펴주었다[護=救視]. 고조가 정장(亭長)이 되었을 때는 늘 그의 좌우에서 도왔다[左右]. 고조가 관리로서 함양(咸陽)에 요역[繇]을 가게 되었을 때 다른 관리들은 모두 전별금 300전을 주었으나 하(何) 홀로 500전을 주었다.

군(郡)을 감독하는 진(秦)나라 어사감군(御史監郡)이 와서 일을 함께한 적이 있었는데, 하는 항상 일을 잘 처리했다. 마침내 하에게 사수(泗水) 졸사(卒史)라는 자리가 주어졌는데, 성적이 제일이었다. 진나라 어사가 들어가서 하를 (중앙 조정으로) 불러들일 것을 청했으나 하는 굳게 사양하며[固請=固辭] 끝내 가지 않았다.

고조가 일어나 패공(沛公)이 되자 하는 늘 그의 승(丞)이 되어 제반 일을 감독했다. 패공이 함양(咸陽)에 이르렀을 때 여러 장수는 다퉈 금과 비단과 재물이 있는 창고[府]로 달려가서 그것들을 나눠 가졌지만 하 홀로 먼저 (궁궐에) 들어가, 진나라 승상부와 어사부의 율령과 도서들을 거둬 감추었다. 패공은 한왕(漢王)이 되자 하를 승상으로 삼았다. 항왕(項王-항우)은 제후들과 함께 함양(咸陽)을 도륙하고 불을 지른 뒤 떠나갔다. 한왕이 천하의 험준한 요새, 인구의 많고 적음, 지역의 강점과 약점, 백성이 힘들어하고 고통받는 점 등을 두루 갖춰 알게 된 것은 하가 진나라 도서들을 갖춰 얻었기 때문이다. 하가 한신(韓信)을 천거하자 한왕은 신을 대장군으로 삼았다. 상세한 이야기는 「회음후열전(淮陰侯列傳)」에 실려 있다.

한왕이 군대를 이끌고 동쪽으로 가서 삼진(三秦)을 평정할 때, 하는 승상으로서 남아 파(巴)와 촉(蜀)을 거둬들인 후 지역을 진무해 일깨우고 알렸으며 군대에 식량을 공급했다.

한나라 2년에 한왕은 제후들과 함께 초나라를 쳤는데, 하는 관중을 지키면서 태자를 모시고 역양(櫟陽)을 다스렸다. 법령과 규약을 시행하고 종묘·사직·궁실을 지었으며 현과 읍을 설치했는데, 필요할 때면 곧바로 아뢰어 상의 허락을 얻어낸 후 그에 따라 일을 진행했다. 상에게 아뢴 바가 아직 도착하지 않았을 때는 그때마다 편의에 따라 일을 시행했다가 상이 돌아오면 내용을 보고했다. 관중에서 호구를 계획하고 각종 수송을 책임졌으며 군대에 식량을 보급했는데, (그 와중에) 한왕이 여러 차례 군사를 잃고 도망쳐 오기도 했지만, 그때마다 하는 늘 관중 안의 병사들을 불러 모아서 즉시 모자란 병력을 채워주었다. 상은 이 때문에 관중의 일은 전적으로[剸=專] 하에게 다 맡겼다.

한나라 3년에 항우와 경(京-경현(京縣))과 삭(索-삭성(索城)) 땅 사이에서 서로 대치하고[距] 있을 때, 상이 여러 차례 사자를 보내 승상의 노고를 위로했다. 포생(鮑生)[1]이 하에게 말했다.

"지금 한왕께서 햇볕에 그을리고 벌판에서 이슬을 맞고 지내면서도 여러 차례 사자를 보내 당신을 위로하는 것은 당신을 의심하는 마음이 있기 때문입니다. 당신을 위해 계책을 생각해보니, 당신의 자손과 형제 중에서 싸울 수 있는 자들을 뽑아 모두 상이 있는 군영으로 보내는 것만 한 것이 없습니다. 그러면 상이 반드시 당신을 더욱 신임할 것입니다."

이에 하는 그의 계책을 따랐고, 한왕이 크게 기뻐했다.

1) 안사고(顔師古)가 말했다. "당시의 식견 있는 선비였다."

한나라 5년에 항우를 이미 죽이고 천하를 평정하고 난 뒤 공로를 논해서 봉(封-봉토와 봉작)을 시행했는데[論功行封^{논공행봉}=論功行賞^{논공행상}], 여러 신하가 공로를 다투느라 1년여가 지나도록 결말이 나지 않았다. 상은 하의 공로가 가장 성대하다고 여겨서 가장 먼저 봉해 찬후(鄼侯)로 삼았고[1], 식읍도 많았다. 공신들이 하나같이 말했다.

"신들은 갑옷을 입고 병기를 쥔 채 많게는 100여 번이 넘게, 적게는 수십 번의 전투를 치르며 성을 공격하고 땅을 공략했으니, 공로의 크고 작음은 각자에 따라 차이가 있을 것입니다. (그런데) 지금 소하는 말이 땀을 흘리는 것과 같은 치열한 노고도 없이 한갓 글과 먹으로써 의견을 내고 논의했을 뿐 싸우지도 않았는데, 도리어 신들보다 윗자리를 차지하는 것은 어째서입니까?"

상이 말했다.

"여러분은 사냥할 줄 아는가?"

대답했다.

"압니다."

상이 말했다.

"사냥개도 알겠지?"

대답했다.

"압니다."

상이 말했다.

"무릇 사냥할 때 사냥감을 쫓아가서 죽이는 것은 사냥개이지만, 사냥개를 풀어서 짐승이 있는 곳을 가리키는 것은 사람이다. 지금 그대들은 그저 짐승을 뒤쫓아 가서 잡았을 뿐이니 사냥개의 공을 세운 것이다. 그러나 소하는 사냥개를 풀어 사냥감이 있는 곳을 가리켰으니, 사람의 공을 세운 것이다. 또 그대들은 혼자의 몸으로 나를 따랐거나 많아야 두세 사람이었지만 소하는 집안의 수십 명을 모두 내게 딸려 보냈으니, 그 공로를 잊어서는 안 되는 것이다."

여러 신하는 아무도 감히 입을 열지 못했다.

1) 안사고(顏師古)가 말했다. "찬(酇)은 남양(南陽)에 속한다."

열후들이 모두 이미 봉작을 받고 나자, 위차(位次)를 아뢸 때 입을 모아 말했다.

"평양후(平陽侯) 조참(曹參)은 몸에 70여 군데나 상처를 입었고 성을 공격해 땅을 빼앗은 공로가 가장 많으니, 마땅히 제1등이 되어야 합니다."

상은 이미 공신들을 꺾고서[橈=屈] 하를 크게 봉했기에 작위 순서 때문에 또다시 공신들을 곤란하게 하지 않았지만, 마음속으로는 하를 첫 번째로 삼고 싶었다. (이때) 관내후(關內侯) 악군(鄂君-악천추)이 나아와 말했다.

"여러 신하의 의견은 모두 잘못되었습니다. 조참이 비록 야전에서 땅을 빼앗은 공은 있지만 이는 그저 한때 일[一時之事]일 뿐입니다. 무릇 상께서 초나라와 서로 공방을 벌인 지 5년이 되는 동안 군사를 잃고 백성을 내버린 채 혼자 몸으로 도망친 것이 여러 차례입니다. 그러나 소하는 늘 관중에서 전쟁터로 군대를 보내 부족한 병력을 채워 넣었습니다. (게다가 이는) 상께서 조서를 내려 부른 것도 아닙니다. 심지어 수만의 무리를 상의 군대가 부족하거나 없어졌을 때 보낸 것이 여러 차례입니다. 한나라와 초나라가 형양(榮陽)에서 서로 대치했던 몇 년의 세월 동안 군사들의 양식이 떨어지면 소하는 육로와 수로로 운반해서 부족한 식량을 공급했습니다. 폐하께서 비록 여러 차례 산동(山東)을 잃기도 하셨지만, 소하는 늘 관중을 온전히 보전하면서 폐하를 기다렸으니, 이는 만세에 남을 공[萬世之功]입니다.

지금 설사 조참 같은 자들 100여 명이 없다고 한들 어찌 한나라에 문제가 있을 것이며, 한나라가 그들을 얻는다고 한들 반드시 온전하게 보존할 수는 없을 것입니다. 어찌 하루아침의 공이 만세의 공을 능가할 수 있겠습니까? 소하가 마땅히 첫 번째이고, 조참은 그다음입니다."

상이 말했다.

"좋다."

이에 마침내 영을 내려 소하를 첫 번째로 삼고서 (특혜로) 칼을 차고 신을 신은 채 대전에 들어올 수 있게 해주었고, 조정에 들어와 종종걸음으로 걷지 않아도[不趨] 되게 했다.

상이 말했다.

"내가 듣건대, 뛰어난 이를 추천한 자는 상을 받아야 한다고 했다. 소하의 공로가 비록 높기는 하지만 악군(鄂君)의 말이 있었기에 더 분명해질 수 있었다."

이에 악군에게는 원래 식읍으로 받았던 관내후의 2,000호에다가 추가로 봉해 안평후(安平侯)로 삼았다.

이날 하의 부자와 형제 10여 명이 모두 봉해져 다 식읍을 받았다. 마침내 하에게는 2,000호를 더 봉해주었는데, 이는 제(帝)가 일찍이 함양에 부역하러 갈 때, 하 홀로 제에게 전별금을 남보다 200전 더 주었기[贏=餘] 때문이라고 했다.

한나라 11년에 진희(陳豨)가 반란을 일으키자, 고조는 스스로 장수가 되어 한단(邯鄲)에 이르렀다. 그런데 아직 진희의 반란을 진압하지도 못한 상태에서 회음후 한신(韓信)이 관중에서 반란을 모의했으니, 여후(呂后)가 소하의 계책을 써서 회음후를 주살했는데 상세한 이야기는 「회음후열전(淮陰侯列傳)」에 실려 있다. 상은 이미 회음후가 주살되었다는 소식을 듣고는 사자를 보내 소하를 승상에 제배해 상국으로 삼고 5,000호를 더 봉해주었으며, 병졸 500명과 도위 1명를 보내 상국의 호위병으로 삼았다. 여러 제후가 다 축하했는데, 소평(召平)만이 홀로 위로의 말을 털어놓았다[弔=慰問]. 소평이란 자는 원래 진나라 동릉후(東陵侯)였다. 진나라가 깨지자, 평민이 되어 가난하게 지내면서 장안성 동쪽에 오이를 심었는데, 그 오이가 맛이 좋아 세상 사람들은 그것을 '동릉의 오이[東陵瓜]'라고 불렀으니 이는 소평의 봉호를 따른 것이었다.

소평이 상국에게 말했다.

"재앙이 이로부터 시작될 것입니다. 상은 밖에서 햇볕에 노출되어 이슬을 맞는데, 그대는 안에서 궁궐을 지키면서 화살이나 돌을 맞는 어려움을 겪지 않았는데도 봉읍은 더해지고 호위 부대까지 두게 되었습니다. 지금 회음후가 안에서 막 반란을 일으켰으니 (호위 부대를 두었다는 것은 한신을 추천한) 그대의 마음을 (상이) 의심하는 것입니다. 무릇 호위 부대를 두어 그대를 호위하는 것은 그대를 총애해서가 아닙니다[1]. 바라건대 그대는 봉읍을 사양하고서 결코 받지 마시고, 그대의 재산을 모두 군대에 내놓으십시오."

상국이 그 계책을 따랐고, 고제는 마침내 크게 기뻐했다.

---

1) 안사고(顏師古)가 말했다. "변란을 일으킬까 두려워 호위 부대를 붙여주었다는 말이다."

한나라 12년 가을에 경포(黥布)가 반란을 일으키자, 상이 스스로 장수가 되어 그를 치면서 여러 차례 사자를 보내 상국 하(何)가 무엇을 하고 있는지를 물었다. 하가 말했다.

"상께서 군대에 계실 때 백성을 안정시키느라 힘썼고, 제가 가진 재산을 모두 군대를 돕는 데 썼습니다. 진희가 반란을 일으켰을 때와 같습니다."

어떤 빈객이 상국에게 유세해 말했다.

"그대는 집안이 족멸될 날이 머지않았습니다. 무릇 그대의 지위는 상국(相國)이고 공로는 제1등이니, 더할 수 있는 것이 없습니다. 그런데 그대는 애초부터 관중에 들어와 진정으로 백성의 마음을 얻은 지 10여 년이 되었으니 모두 그대에게 기대고 있으며, 그대 또한 거기에 부지런히 힘을 쏟아 [孳孳=孜孜] 백성의 마음을 얻었습니다. 상께서 이른바 여러 차례에 걸쳐 그대에 관해 물어보았던 것은 그대가 관중을 (그대 쪽으로) 기울게 만들까 봐 두려워해서였습니다. 지금 그대는 어찌하여 농지를 대거 사들여 싸게 임대함으로써[貰=賒] 스스로의 명성을 더럽히지 않습니까? 그래야 상께서는 마침내 마음이 평안해질 것입니다."

이에 상국이 그 계책을 따랐고, 상은 마침내 크게 기뻐했다.

상이 포(布)의 군대에 대한 토벌을 마치고 돌아올 때 백성이 길을 막고 글을 올렸다. 상국이 억지로 낮은 값으로 백성의 밭과 집을 사들인다는 말이었는데, 그 수가 수천 명이나 되었다. 상이 도착하자 상국이 알현하니, 상이 웃으면서 말했다.

"지금 상국은 마침내 백성에게서 이익을 취하려는 것인가?"

백성이 올린 글들을 모두 상국에게 주면서 말했다.

"그대가 직접 백성에게 사죄하라!"

그 후에 상국은 백성을 위해 청하는 것이라면서 이렇게 말했다.

"장안의 땅은 좁은데 상림원에는 빈 땅이 많아 버려져 있으니 바라건대 백성으로 하여금 그 안에 들어가 농사를 지을 수 있게 해주시고, 볏짚[稿=禾稈]은 거두지 말고 짐승들의 먹이로 삼아야 합니다."

상이 크게 화를 내며 말했다.

"상국은 상인들로부터 재물을 많이 받고는 그들을 위해 내 원(苑)을 청하는구나!"

마침내 상국을 정위(廷尉)에 내려 족쇄로 그를 묶었다. 며칠 후에 왕 위위(王衛尉)가 상을 모시고 있다가 앞으로 나아가 물었다.

"상국이 무슨 큰 죄를 지어 폐하께서는 그를 급작스럽게 묶었습니까?"

상이 말했다.

"내가 듣건대, 이사(李斯)가 진나라 황제를 보좌할[相] 때는 좋은 것이 있으면 임금 덕분이라 했고 안 좋은 것이 있으면 자기 탓이라고 했다. (그런데) 지금 상국은 장사꾼[賈竪]들에게 많은 재물을 받은 뒤 그들을 위해 나의 상림원을 내놓으라고 했으니, 이는 스스로 백성에게 아첨하려는[媚=求愛] 것이다. 그래서 그를 묶어놓고 다스리려는 것이다."

왕 위위가 말했다.

"무릇 직무와 일이 진실로 백성에게 편리한 것이기 때문에 그것을 청했다면, 이는 정말로 재상이 (마땅히) 해야 할 일입니다. 폐하께서는 어찌하여 마침내 상국이 상인들의 돈을 받았다고 의심하시는 것입니까? 또 폐하께서 초나라와 서로 공방전을 벌인 지 여러 해가 되었고 진희와 경포가 반란을 일으켰을 때 폐하께서는 몸소 장수가 되시어 전쟁터에 나아가셨는데, 이런 때를 맞아 상국은 관중을 지켰습니다. 만일 그가 관중에서 동요해 발을 뺐다면 관중 서쪽은 (지금) 폐하의 소유가 아닐 것입니다. 상국이 그때도 이익을 도모하지 않았는데, 지금에야 상인의 돈을 받아 이익을 취하려 하겠습니까? 또 진나라(의 시황제)는 자신의 허물을 들으려 하지 않아 천하를 잃었건만, 저 이사가 허물을 나눠 가진 것이 또 어찌 본받을 만한 것이겠습니까? 폐하께서 재상을 의심하시는 수준이 이렇게도 낮습니까?"

상은 기분이 좋지 않았고[不懌=不悅]^{불역 불열}[1], 이날 사자에게 부절을 갖고 가서 상국을 풀어주게 했다. 상국은 나이가 많았지만, 평소 공손하고 삼갔으므로 대궐로 달려 들어가서 맨발로 사죄하니, 상이 말했다.

"상국은 쉬도록 하라. 상국이 백성을 위해 나의 상림원을 청했으나 나는 허락하지 않았으니, 나는 (하나라의) 걸왕(桀王)이나 (은나라의) 주왕(紂王)에 지나지 않는 반면 상국은 뛰어난 재상[賢相]^{현상}이 되었다. 내가 상국을 묶었던 까닭은 백성으로 하여금 나의 허물을 알게 하기 위함이었다."

1) 안사고(顏師古)가 말했다. "위위의 말에 감동을 느껴 부끄럽고 후회스러워[慚悔]^{참회} 기분이 좋지 않았던 것이다."

하(何)는 평소 조참과 서로를 용납하지 못했는데, 하가 병이 났을 때 효혜가 직접 와서 상국을 병문안하고서 그 참에 물었다.

"그대가 100년 후에 떠나가면[1] 누가 그대를 대신할 수 있겠는가?"

대답해 말했다.

"신하를 아는 데 있어 임금만 한 사람은 없습니다."

효혜가 말했다.

"조참(曹參)은 어떤가?"

하가 머리를 조아리며 말했다.

"제(帝)께서 적임자를 얻으셨습니다. 신은 죽어도 여한이 없습니다."

1) 죽는다는 말을 피해 이렇게 표현한 것이다.

하는 밭과 집을 살 때 반드시 궁벽한 곳에 마련했고 집에 담장을 세우지 않았다.

(이와 관련해) 그는 이렇게 말했다.

"만일 후세가 뛰어나다면 나의 검소함을 본받을 것이고, 설사 뛰어나지 못하다 해도 권문세가에 밭과 집을 빼앗기는 일이 없을 것이다."

효혜(孝惠) 2년에 상국 하가 졸하자 시호를 내려 문종후(文終侯)라 했다.

하의 후손 중에 4대째에 이르러 죄로 인해 후위(侯位)를 잃게 되었는데, 봉국이 끊어지자, 천자가 곧장[輒] 하의 후손을 찾아서 다시 찬후(酇侯)로 봉해주었으니, 공신 중에서 이에 비할 자는 없었다.[1]

1) 『한서(漢書)』 「소하전(蕭何傳)」에 그 후의 맥락이 실려 있다.

아들 록(祿)이 뒤를 이었는데 훙했을 때 자식이 없었다. 고후(高后)는 이에 하의 부인 동(同)을 봉해 찬후(酇侯)로 삼고 막내아들 연(延)을 축양후(筑陽侯)로 삼았다. 연이 훙하자 아들 유(遺)가 이어받았는데, 훙했을 때 자식이 없었다. 문제(文帝)가 다시 유의 동생 칙(則)으로 하여금 자리를 잇게 했는데, 뒤에 죄가 있어 작위를 빼앗겼다. 경제(景帝) 2년에 어사에게 제조(制詔)해 말했다. "고(故) 상국 소하(蕭何)는 고황제의 대공신(大功臣)이며 함께 천하를 다스렸다[爲=治]. (그런데) 지금 제사가 끊어졌으니, 짐은 이를 심히 마음 아프게 생각한다. 이에 무양현(武陽縣)의 2,000호를 갖고서 하의 손자 가(嘉)를 봉해 열후로 삼는다." 가(嘉)는 칙(則)의 동생이다. 가가 훙하자, 아들 승(勝)이 이어받았으나 뒤에 죄가 있어 작위를 빼앗겼다. 무제(武帝) 원수(元狩) 연간에 다시 어사에게 조서를 내렸다. '찬(酇)의 읍 2,400호를 갖고서 하의 증손 경(慶)을 봉해 찬후(酇侯)로 삼고 천하에 널리 알림으로써 짐이 소상국(蕭相國)의 다움[德]에 보답하려는 뜻을 분명히 알게 하라.' 경(慶)은 칙(則)의 아들이다. 경이 훙하자, 아들 수성(壽成)이 이어받았는데, 태상(太常)이 되어 제사에 쓸 희생을 제대로 기르지 못하고 비실비실하게 한 죄에 걸려 작위를 빼앗겼다. 선제(宣帝) 때 승상과 어사에게 조(詔)해 소상국의 후손이 현존하는지를 찾아 묻도록 해서 현손 건세(建世) 등 12명을 찾아내니, 다시 조서를 내려 찬(酇)의 읍 2,000호를 갖고서 건세를 봉해 찬후(酇侯)로 삼았다. 아들을 거쳐 손자 획(獲)에 이르렀을 때, 노비를 시켜 사람을 죽인 죄에 걸렸으나 사형을 감하라는 논고(論告)가 내려졌다. 성제(成帝)

때 다시 하의 현손 아들인 남련현(南攣縣)의 현장 희(喜)를 봉해 찬후(酇侯)로 삼았다. 아들에게 전해지고 증손에 이르렀을 때 왕망(王莽)이 패망하자 마침내 끊어졌다.

태사공(太史公)이 말한다.

"소상국(蕭相國) 하(何)는 진(秦)나라 때 도필리(刀筆吏-말단 서기)가 되었는데, 아주 평범해 특이한 행적이 없었다. 한나라가 일어나자 해와 달 같은 고제의 후광에 의지해, 하는 삼갔으니, 열쇠와 자물통[管籥]을 잘 지켰고 진나라 법에 고통받은 백성을 위해 법을 잘 받들었으며 순리에 따라 나라를 다시 새롭게 했다[更始]. 회음후와 경포 등이 모두 주살되었지만, 소하의 공훈은 더욱 찬란했으니, 지위는 신하 중에 으뜸이었고[冠=首] 명성은 후세에까지 이어졌다. 굉요(閎夭)나 산의생(散宜生)[1] 등과도 공렬(功烈)을 다툴 만하다."[2]

1) 두 사람 다 주나라 문왕 때의 뛰어난 공신들이다.

2) **【색은술찬(索隱述贊)】** 소하는 관리로 있을 때[蕭何爲吏]/법률을 다루면서도 아무런 해악을 끼치지 않았도다[文而無害]/한왕의 일어남을 도우면서[及佐興王]/온 집안을 들어 패공을 따랐다네[擧宗從沛]/관중을 이미 지켜냈고[關中旣守]/물자 수송 오직 그에게 기대었다네[轉輸是賴]/한나라 군대 여러 차례 피폐할 때마다[漢軍屢疲]/진나라 군대 반드시 마주쳤도다[秦兵必會]/간략한 법 약속하니 오래갈 수 있었고[約法可久]/거두고자 하는 모책 장대했도다[收圖可大]/사냥감 가리키며 사냥개로 하여금 뒤쫓게 했으니[指獸發蹤]/그 공로 실로 최고였다네[其功實最]/정사를 다스리는 데는 1등이었으나[政稱畫一]/마음가짐은 결코 교만하지 않았도다[居乃非泰]/작위가 이어지든 끊어지든 큰 총애 받았으니[繼絶寵勤]/그를 기리는 마음은 태산을 갈아 숫돌을 만들고 황하가 허리띠처럼 좁아질 때까지 이어지리라[式旌礪帶][礪帶는 곧 하산대려(河山帶礪)다.]!

권54 ─ 조상국세가(曹相國世家) 제24

권54 조상국세가(曹相國世家) 제24

평양후(平陽侯) 조참(曹參)은 패(沛) 사람[1]이다. 진(秦)나라 때 패현 옥연(獄掾-옥리)이 되었고 이때 소하(蕭何)는 주리(主吏-인사 담당)였는데, (그들은) 현(縣)에서 힘 있는 관리[豪吏]였다.

1) 【집해(集解)】 장화(張華)가 말했다. "조참의 자(字)는 경백(敬伯)이다." 【정의(正義)】 살펴보건대, 패현은 지금의 서주현(徐州縣)이다.

고조가 패공(沛公)이 되어 처음 일어났을 때 참(參)은 중연(中涓)[1]으로서 패공을 따랐다. 참은 군사를 이끌고 호릉(胡陵)과 방여(方與)를 쳐서 진(秦)나라 감공(監公)[2]의 군대를 공격해 크게 깨뜨렸다. 동쪽으로 설(薛-현)을 떨어뜨리고 사수(泗水)를 지키던 적을 쳤고, 설현 외성[郭] 서쪽에 주둔했다. 다시 호릉을 공격해 그곳을 차지했다. 이동해 방여를 지키다가 방여가 반란을 일으켜 위(魏)나라 편을 들자 방여를 쳤다[3]. 풍(豐)이 반란을 일으켜 위(魏)나라 편을 들자, 풍을 공격했다. (패공이 조참에게) 칠대부(七大夫)[4]의 작위를 내려주었다. 진나라 사마이(司馬夷)의 군대를 공격해 탕(碭) 동쪽에 주둔했다가 사마이 군대를 깨뜨리고 탕과 호보(狐父)와 기(祁)[5]의 선치(善置)[6]를 차지했다. 또 하읍(下邑) 서쪽을 공격해 우(虞-현)에 이르렀고, (진나라 장수) 장한(章邯)의 거기(車騎)부대를 쳤다. 원척(爰戚)과 강보(亢父)를 공격할 때는 가장 먼저 성루에 올랐다[先登]. (그 공로로) 승진해 오대부(五大夫)가 되었다. 북쪽으로 동아(東阿)를 구원했고[7], 장한의 군대를 쳐서 진(陳-현)을 함락시킨 뒤 뒤쫓아 가서 복양(濮陽)까지 이르렀다. 정도(定陶)를 공격해 임제(臨濟)를 차지했다. 남쪽으로 옹구(雍丘)를 구원했다. 이유(李由)의 군대를 쳐서 깨뜨리고 이유를 죽였으며 진나라 군후(軍候) 1명을 사로잡았다. 진나라 장수 장한이 항량을 깨뜨려 죽이자, 패공은 항우와 함께 군대를 이끌고서 동쪽으로 갔다. 초나라 회왕은 패공을 탕군(碭郡)의 장(長-우두머리)으로 삼아 탕군 병사들을 지휘하게 했다. 이에 (패공은) 마침내 참(參)을 봉해 집백(執帛)[8]으로 삼고 건성군(建成君)이라는 칭호를 주었다. 승진해 척공(戚公-척현의 현령)이 되었으며 탕군(碭郡)이 그에게 귀속되었다.

1) 여순(如淳)이 말했다. "중연은 중알자(中謁者)와 같은 것이다." 안사고(顔師古)가 말했다. "연(涓)은 '깨끗이 하다[絜=潔]'의 뜻으로, 대궐 내 각종 시절을 깨끗이 청소하는 일을 담당하므로 [主知] 대체로 임금 가까이에 있게 된다."

2) 안사고(顔師古)가 말했다. "공(公)은 (이름이 아니라) 당시 유행하던 존칭일 뿐이다."

3) 【정의(正義)】 조참이 방예를 쳤다는 말이다.

4) 20등급 중에서 7등급 공대부(公大夫)를 가리킨다.

5) 안사고(顔師古)가 말했다. "둘 다 현(縣)이다.

6) 선(善)이 이름이고, 치(置)는 역(驛)이다.

7) 【색은(索隱)】 이때 자찬이 동아에서 전영(田榮)을 포위하고 있었다.

8) 【집해(集解)】 장안(張晏)이 말했다. "고경(孤卿)이다. 혹은 초나라 관직이라고도 한다."

그 뒤 패공을 따라 동군(東郡) 위(尉)의 군대를 공격해 그들을 성무(成武) 남쪽에서 깨뜨렸다. 왕리(王離) 군대를 성양(成陽) 남쪽에서 쳤고, 또 강리(杠里)를 공격해 크게 깨뜨렸다. 패배해 달아나는 적군을 뒤쫓아 서쪽으로 개봉(開封)에 이른 뒤 (진나라 장수) 조분(趙賁)의 군대를 쳐서 깨뜨리고 개봉 성안에 있는 조분을 에워쌌다. 서쪽으로는 양웅(楊熊)의 군대를 곡우(曲遇)에서 쳐 깨뜨리고 진나라 사마(司馬)와 어사(御史) 각각 1명씩을 포로로 잡았다. 승진해 집규(執珪)¹⁾가 되었다. 패공을 따라 서쪽으로 양무(陽武)를 공격해 환원(轘轅)과 구지(緱氏)를 떨어뜨리고 황하의 나루터를 끊어버렸으며, 돌아와 시향(尸鄕) 북쪽에서 조분의 군대를 쳐서 깨뜨렸다. 패공을 따라 남쪽으로 주(犨) 땅을 쳤고, 남양(南陽) 군수 여의(呂齮)와 양성(陽城)의 외성 동쪽에서 전투를 벌여 적진을 함락시켰으니, 원(宛-현)을 차지하고 의(齮)를 사로잡음으로써 남양군(南陽郡)을 모두 평정했다²⁾. 패공을 따라 서쪽으로 무관(武關)과 요관(嶢關)을 공격해 그곳을 차지했다. 이에 앞서 진나라 군대를 남전(藍田) 남쪽에서 공격했고, 다시 밤에 그 북군을 쳐서 진나라 군대를 크게 깨뜨렸으며, 드디어 함양(咸陽)에 이르러 진나라를 멸망시켰다.

1) **【집해(集解)】** 장안(張晏)이 말했다. "후(侯)와 백(伯)은 홀을 쥐고[執珪=執圭] 조정의 자리에 나아갔다." 여순(如淳)이 말했다. "옛날의 작위 이름이다."

2) 안사고(顏師古)가 말했다. "『한서(漢書)』 「고기(高紀)」에는 '남양 군수 의(齮)가 항복하자 그를 봉해 은후(殷侯)로 삼았다'라고 했는데 이 전(傳-『한서』 「소하조참전」)에서는 의를 사로잡았다고 했으니, 전(傳)과 기(紀)가 같지 않다. 아마도 전이 틀린 듯하다."

항우(項羽)는 (함양에) 도착해서 패공을 한왕(漢王)으로 삼았다. 한왕이 참(參)을 봉해 건성후(建成侯)로 삼았다. (참은) 한왕을 따라 한중(漢中)에 이르러 승진해서 장군이 되었다. 한왕을 따라 돌아와서 삼진(三秦)을 평정했고, 처음으로 하변(下辨), 고도(故道)¹⁾, 옹(雍), 태(斄)²⁾를 공격했다. 장평(章平)의 군대를 호치(好畤) 남쪽에서 쳐서 깨뜨리고 호치를 포위한 다음에 양향(壤鄕)을 차지했다. 삼진의 군대를 양향 동쪽과 고력(高櫟)에서 쳐 깨뜨렸다. 다시 장평을 에워싸니, 장평은 호치를 벗어나 달아났다. 그 틈에 조분

(趙賁)과 내사(內史) 보(保)의 군대를 쳐서 깨뜨렸다. 동쪽으로 함양을 차지하고 이름을 바꿔 신성(新城)[3]이라고 불렀다.

참이 병사들을 이끌고 경릉(景陵)[4]을 지킨 지 20일 만에 삼진에서는 장평 등을 보내 참을 공격하니 참이 나아가 그들을 쳐서 크게 깨뜨렸다. (한왕은) 영진(寧秦)[5]을 식읍으로 내려주었다. 참은 장군으로서 병사들을 이끌고 장한의 군대를 폐구(廢丘)[6]에서 에워쌌다. 중위(中尉)로서 한왕을 따라 임진관(臨晉關)을 나와 하내(河內-황하 이북 지역)에 이르러 수무(脩武)를 떨어뜨렸고, (동군(東郡)의) 위진(圍津)을 건너 동쪽으로 가서 (항우의 장수인) 용저(龍且)와 (위나라 승상인) 항타(項他)를 정도(定都)에서 쳐 깨뜨렸다. 동쪽으로 탕(碭)·소(蕭)·팽성(彭城)[7]을 차지했다. 항적(項籍)의 군대를 쳤다가 한나라 군대가 크게 패해 달아났다. 참은 중위로서 옹구(雍丘)를 포위해 차지했다. (한왕의 장수) 왕무(王武)가 황(黃)에서 반란을 일으키고 정처(程處)가 연(燕)에서 반란을 일으키자 (참이) 가서 쳐서 그들을 다 깨뜨렸다. 주천후(柱天侯)가 연지(衍氏)에서 반란을 일으키자 또 진군해 연지를 깨뜨리고 차지했다. 우영(羽嬰)을 곤양(昆陽)에서 쳐서 (초나라) 섭(葉) 땅까지 쫓아갔다. 군대를 돌려 무강(武彊)을 공격해서 그 참에 (한왕이 있던) 형양(滎陽)에 이르렀다.

참이 한중(漢中)부터 장군과 중위(中尉)가 되어 한왕을 따라서 제후들을 쳤다가 항왕(項王)에게 패해 돌아와 형양에 이르기까지는 모두 2년 세월이었다.

1) 【색은(索隱)】 둘 다 현 이름이고 무도(武都)에 속한다.

2) 【색은(索隱)】 우부풍(右扶風)의 두 현이다.

3) 【색은(索隱)】 『한서(漢書)』에 따르면, 고제 원년에 함양을 신성이라고 바꿔 불렀는데 무제가 다시 이름을 고쳐 위성(渭城)이라고 했다.

4) 맹강(孟康)이 말했다. "현의 이름이다."

5) 【집해(集解)】소림(蘇林)이 말했다. "지금의 화읍(華陰)이다."

6) 【정의(正義)】주나라 때는 견구(犬丘)라고 했는데, 진나라 때 폐구로 바꿨다가 한
   나라 때 이름을 고쳐 괴리(槐里)라고 했다.

7) 【정의(正義)】서주(徐州)의 두 현이다.

고조(高祖) 3년에 (참을) 제배해 임시[假] 좌승상으로 삼으니, 관중에 들어와서 주둔했다. 한 달여 후에 위왕(魏王) 표(豹)가 반란을 일으키자, 임시 좌승상으로서 별도의 군대를 거느리고 한신과 함께 동쪽으로 가서 위나라 장군 손속(孫遫)을 (하동의) 동장(東張)에서 공격해 크게 깨뜨렸다. 그 참에 안읍(安邑)을 공격해 위나라 장수 왕양(王襄)을 얻었다. 위왕을 곡양(曲陽)에서 쳐서 무원(武垣)에까지 쫓아가 위왕 표를 산 채로 붙잡았다[生得=生獲]. 평양(平陽)을 차지해 위왕의 어머니와 처자식을 붙잡음으로써 위나라 땅을 모조리 평정했으니, 모두 52개 성이었다. 식읍으로 평양을 하사받았다. 이어 한신을 따라가 조나라 상국 하열(夏說)의 군대를 오(鄔)[1] 동쪽에서 쳐서 크게 깨뜨리고 하열의 목을 베었다. 한신은 옛 상산왕 장이(張耳)와 함께 군대를 이끌고 정형(井陘)으로 내려와 성안군(成安君) 진여(陳餘)를 쳤고, 이어서 참을 시켜 돌아가 조나라 별장(別將) 척공(戚公)을 오성(鄔城)안에 에워싸게 했다. 척장군이 성을 나와 달아나자 뒤쫓아 가서 목을 베었다. 마침내 군대를 이끌고 한왕이 있는 오창(敖倉)에 이르렀다.

한신이 이미 조나라를 깨뜨리고 나서 상국이 되어 동쪽으로 제나라를 쳤다. 참은 우승상으로서 한신에 배속되었고, 제나라 역하(歷下)의 군대를 공격해 깨뜨리고 드디어 임치(臨淄)를 차지했다. 돌아와 제북군(濟北郡)을 평정해 저(著)·탑음(漯陰)·평원(平原)·격(鬲)·노(盧)[2]를 거둬들였다. 얼마 후[已而=既已]에 한신을 따라 상가밀(上假密)[3]에서 용저의 군대를 쳐서 크게 깨뜨렸고, 용저의 목을 베고 그의 아장(亞將) 주란(周蘭)를 사로잡았다. 제(齊)를 평정해 모두 70개 현을 얻었다. 옛 제나라 왕 전광(田廣)의 상국 전

광(田光)과 그의 대리 재상[守相] 허장(許章), 옛 교동장군(膠東將軍) 전기(田旣)를 얻었다. 한신은 세워져 제왕(齊王)이 되어 군사를 이끌고 (동쪽으로 가서) 진(陳)에 이르러 한왕과 함께 항우를 깨뜨렸고, 참은 제나라에 남아서 아직 항복하지 않은 곳들을 평정했다.

1) 소림(蘇林)이 말했다. "태원(太原)의 현이다."

2) 다섯 곳 모두 현(縣)이다.

3) 【색은(索隱)】 문영(文穎)이 말했다. "혹은 고밀(高密)이라고도 한다."

항적이 이미 죽고 나서 천하가 평정되자 한왕이 황제 자리에 나아가니, 한신은 옮겨서 초왕이 되고 제나라는 군(郡)이 되었다. 참은 한나라 상(相-좌승상)의 인끈을 반납했다. 고제(高帝)가 맏아들 비(肥)를 제나라 왕으로 삼고서 참을 그곳의 상국(相國)으로 삼았다.

고조 6년에 참에게 열후 작위를 내려주면서 제후들과 부신(符信)을 쪼개 대대로 끊어지지 않게 했다. 식읍으로 평양(平陽)의 1만 630호를 내려주고 칭호를 평양후라고 했으며 전에 받았던 식읍은 모두 없앴다.

참은 제나라 상국으로서 진희(陳豨)의 장수 장춘(張春)의 군대를 쳐서 깨뜨렸다. 경포(黥布)가 반란을 일으키자 참은 제나라 상국 신분으로 도혜왕(悼惠王)을 따라 거기(車騎) 12만을 이끌고 고조와 만나 경포 군대를 쳐서 크게 깨뜨렸다. 남쪽으로 기(蘄-현)에 이르렀고, 돌아와서 죽읍(竹邑)·상(相)·소(蕭)·유(留)[1]를 평정했다.

1) 【색은(索隱)】 넷 다 현(縣)의 이름이다. 모두 패군(沛郡)에 속한다.

참이 세운 군공(軍功)을 보면, 나라 2개와 현(縣) 122개를 떨어뜨렸고 왕

2명, 재상 3명, 장군 6명에다 대막오(大莫囂)[1], 군수, 사마, 후(候-척후), 어사
각 1명을 사로잡았다.

1) 여순(如淳)이 말했다. "囂의 발음은 (효가 아니라) 오(敖)다." 장안(張晏)이 말했다. "막오(莫
敖)는 초나라 경(卿)의 칭호다. 당시에는 6국이 초나라와 가까워서 영윤(令尹), 막오(莫敖) 같
은 (초나라의) 관직이 (다른 나라에도) 있었다."

효혜제(孝惠帝) 원년, 제후국에 상국(相國)을 두던 법을 없애고 고쳐서
참을 제나라 승상(丞相)으로 삼았다. 참이 제나라 승상이 되었을 때 제나
라에는 성이 70개 있었다[1]. 천하가 처음으로 평정되자, (제나라) 도혜왕의
나이가 어렸기에[富=幼] 참이 장로와 여러 선생을 모두 불러들여 백성을 안
정시킬 수 있는[安集] 도리를 물었다.

그런데 제나라에는 원래 유생이 100여 명이나 있어 사람마다 제각기 다
른 주장을 했기 때문에 참은 어떻게 결정해야 할지를 몰랐다. (마침) 교서
(膠西)에 개공(蓋公)이라는 사람이 있었는데, 황로(黃老-황제와 노자)의 학
설에 능통하다[善治]는 말을 듣고서 사람을 시켜 두터운 폐물을 보내 그를
불렀다. 개공이 와서 이미 만나보게 되자 개공이 말하기를, 나라를 다스림
에 있어 귀한 도리는 맑고 고요함[淸靜]이니 그렇게 하면 백성은 스스로 안
정될 것이라고 하면서, 이를 바탕으로 다른 문제들도 미뤄 헤아려가면서 갖
춰 말했다.

참이 이에 정당(正堂-대청)을 양보해서 개공으로 하여금 그곳에 머물러
지내게[舍=止] 했다. 참은 다스림의 요체[治要]로 황로술(黃老術)을 썼는
데, 그렇게 제나라 승상으로 9년을 보내고 나자, 제나라가 안정되니 대부분
이 그를 뛰어난 승상[賢相]이라고 크게 칭송했다.

1) 큰 나라였다는 뜻이다.

혜제 2년에 소하가 졸했다. 참이 그 소식을 듣고는 사인(舍人)에게 여장(旅裝)을 꾸릴 것을 재촉하며 말했다.

"나는 장차 (중앙 조정에) 들어가서 상국이 될 것이다."

얼마 안 가서 과연 사자가 와서 참을 불렀다. 참이 (제나라를) 떠나면서 후임 승상에게 부탁해 말했다.

"제나라 감옥과 시장은 온갖 종류의 사람이 다 모이는 곳이니, 매사 조심해서 소란을 일으켜서는 안 될 것이오."

후임 승상이 말했다.

"나라를 다스림에 있어 이보다 더 큰 일은 없다는 말씀입니까?"

참이 말했다.

"그렇지는 않소. 무릇 감옥과 시장이란 좋고 나쁜 사람, 바른 일과 그릇된 등이 모두 용납되는 곳이니, 만일 그대가 이를 소란스럽게 한다면 간사한 인간들이 어디에서 용납될 수 있겠소? 나는 이 때문에 그것을 가장 우선시하라고 한 것이오[1]."

1) 안사고(顔師古)가 말했다. "노자(老子)가 말하기를 '내가 아무것도 하지 않으니, 백성이 저절로 교화되었고, 내가 고요함을 좋아하니 백성이 저절로 바르게 되었다'라고 했다. 참은 이런 도리를 교화의 근본으로 삼으려 했기 때문에 그 말단(=소인배나 간사한 자)을 소란스럽게 하려 하지 않았던 것이다."

애초에 참이 한미했던 시절에는 소하와 사이가 좋았으나 나중에 한 사람은 장군이고 한 사람은 승상에 이르게 되자 틈[隙]이 생겼는데[1], 하가 장차 죽음을 앞두고서 (자신의 뒤를 이을) 뛰어난 이를 추천하라고 하자 오직 참만을 천거했다. 참은 하를 대신해서 상국이 되자 모든 일[擧事=皆事]을 조금도 바꾸거나 고치지 않은 채 하나같이 하가 약속했던 바를 그대로 다 따랐다[遵=從].

1) 안사고(顏師古)가 말했다. "참은 스스로 전투에서 공로가 많다고 생각했으나 봉상(封賞)할 때

마다 하에 뒤졌기 때문에, 그래서 하에 대해 원망을 품게 되었다."

(참은) 군과 국의 관리 중에 나이가 많은 사람[長大]을 가려내고 (그중에서) 말과 글이 질박하며 성품이 삼가고 두터운 장자(長者)를 뽑아서 즉시 불러 승상(丞相)의 사(史)로 임명했고, 관리 중에서 법률을 적용하는 것이 각박하고 명성만 추구하는 사람은 모두 즉각 배척하거나 쫓아냈다.

(참은) 낮밤으로 술을 즐겼다. 참이 정사를 돌보지 않는 것을 보고 경대부 이하의 벼슬아치와 빈객들이 찾아오곤 했는데, 모두 뭔가 말하고 싶은 것이 있는 것 같았다. 그런 사람이 찾아오면 참은 곧바로 그들에게 좋은 술을 내주고는 자리에 앉게 했고, 또 할 말이 있으면 다시 술을 마시게 했다. 그리하여 취해서 돌아갈 때까지 끝내 하고 싶은 말을 입 밖에 내지 못하게 했으니, 이런 일이 일상화되었다.

상국 관사 뒤뜰은 관리들의 숙소와 가까웠는데, 관리들은 날마다 술을 먹고 노래를 부르면서 크게 소리를 질렀다. (참의) 하급 관리들이 그것을 싫어했으나 (자신들로서는) 어찌 할 수가 없어, 마침내 참에게 그들이 뒤뜰에서 놀게 할 것을 청했다. 하급 관리들은 (그들이) 술에 취해 노래 부르고 떠드는 것을 상국이 듣게 해서, 그들을 불러 더는 그렇게 하지 못하도록 타이르기를 기대했던 것이다. 그러나 (상국은) 도리어 술을 가져오게 해서 술자리를 만들어[張坐] 함께 마시고 노래를 부르며 떠들면서 서로 화답했다.

참은 다른 사람이 작은 잘못을 하는 것을 보면 그것을 가리고 숨겨주며 [掩匿] 덮어주었으니[覆蓋], 부(府-상국부) 안에서는 아무런 일도 없었다.

참의 아들 줄(笛)이 중대부(中大夫)가 되었다. 혜제(惠帝)는 상국이 일을

처리하지[治事] 않는 것을 이상하게 여기며 '어찌 짐을 하찮게 여기는가?'라고 생각하고서 마침내 줄에게 일러 말했다.

"너[女=汝]는 집에 돌아가거든 아무도 모르게 조용히 네 아버지에게 '고제(高帝)께서 여러 신하를 최근에 버리셨고[新棄]¹⁾ 지금의 제(帝)께서는 춘추가 어리신데 아버님께서는 상국이 되시어 매일 술만 마시고 일을 청하는 바가 없으니, 과연 무엇으로 천하를 근심하십니까?'라고 묻되, 내가 네게 이 말을 했다고 해서는 안 된다."

줄이 휴가를 얻어서[洗沐] 틈을 보아, 마치 자신의 생각인 양[自從其所] (혜제가 시킨 대로) 참에게 간언했다. 참이 화를 내며 200대나 때리고서 이렇게 말했다.

"당장[趣=促] 궐에 들어가 폐하를 모셔라. 천하의 일은 네가 마땅히 말해야 할 바가 아니다."

조회할 때 제(帝)가 참을 질책하며[讓] 말했다.

"줄을 어찌 그렇게 다스렸소? 지난번에는[乃者=曩者] 내가 그대에게 그렇게 간언하도록 한 것이었소."

참은 관을 벗고 사죄하며 말했다.

"폐하께서 보시기에 폐하와 고황제 중에서 누가 더 빼어나고 굳세십니까[聖武]?"

상이 말했다.

"짐이 어찌 감히 선제를 바라볼 수나 있겠소!"

참이 말했다.

"폐하께서 보시기에 참과 소하 중에서 누가 더 뛰어납니까[賢]?"

상이 말했다.

"그대가 아마도[似] 그에게는 미치지 못할 것이오."

참이 말했다.

"폐하의 말씀이 옳습니다. 게다가 고황제와 소하가 천하를 평정하고 법령을 이미 다 밝혀놓으니, 폐하께서는 팔짱만 끼고 계시고 참 등은 직무만 그대로 유지하면서[守職] 기존의 것을 따르며 잘못을 범하지 않으면 됩니다. 이 역시 좋지 않겠습니까?"

혜제가 말했다.

"좋소. 그대는 가서 쉬도록 하시오."

1) 세상을 떠났다는 말이다.

참은 상국이 되어 조정을 출입한 지 3년 만에 졸했다. 시호를 내려 의후(懿侯)라고 했고, 아들 줄이 후위(侯位)를 이어받았다. 백성이 그를 이렇게 노래했다.

"소하가 법을 만들었으니

짜임새가 마치 한 획을 그은 것과 같았도다.

조참이 그를 대신하자

그대로 지켜서 하나도 고치지 않았네.

그 맑고 고요함[淸淨]을 그대로 시행하니

백성은 내내 평안했도다."

평양후 조줄은 고후(高后-여태후) 때 어사대부가 되었다. 효문제가 세워지자, 어사대부에서 면직되고 후가 되었다. 세워진 지 29년 만에 졸하니, 시호를 정후(靜侯)라고 했다. 아들 기(奇)가 후위를 이었다. 세워진 지 7년 만에 졸하니, 시호를 간후(簡侯)라고 했다. 아들 시(時)가 후위를 이었다. 시는 평양(平陽)공주와 결혼해[尙] 아들 양(襄)을 낳았다. 시가 중병[癘]에 걸려 봉국으로 돌아가서 세워진 지 23년 만에 졸하니, 시호를 이후(夷侯)라고 했다. 아들 양(襄)이 후위를 이었다. 양은 위장공주(衛長公主)와 결혼해 아들 종(宗)을 낳았다. 양이 세워진 지 16년 만에 졸하니, 시호를 공후(共侯)라고 했다. 아들 종(宗)이 후위를 이었다. 정화(征和) 2년 연간에 종이 태자의 죽음과 연루되어 봉국을 없앴다.

태사공(太史公)이 말한다.

"조 상국(曹相國) 참(參)이 성을 공격하는 야전의 공로가 이처럼 많을 수 있었던 것은 회음후(淮陰侯)와 함께했기 때문일 것이다. 한신(韓信)이 이미 멸망하고 나자, 열후들의 공로 중에서 오직 참만이 그 명성을 맘껏 휘날렸다.

참은 한나라 상국이 되자 맑고 고요함[淸靜]을 온 힘으로 말해 도리에 합치시켰다[合道]. 그러나 무엇보다 백성이 진(秦)나라의 가혹한 통치에서 막 벗어난 직후였기 때문에 참은 백성을 쉬게 하고 억지로 일을 만들지 않았으니[無爲], 그 때문에 천하 사람들이 모두 그 아름다움을 칭송했다."[1]

---

1) **【색은술찬(索隱述贊)】** 조참이 처음 일어났을 때는[曹參初起]/패현의 힘 있는 벼슬아치였다네[爲沛豪吏]/비로소 중연이 되어 고조를 따르게 되자[始從中涓]/선치 땅을 미리 도모했도다[先圖善置]/집규에 오르고 집백에 오르면서[執圭執帛]/성을 공략하고 땅을 차지했다네[攻城略地]/연지에서 주천후 이미 주살하고[衍氏旣誅]/곤양에서 우영을 끌어내렸도다[昆陽失位]/북쪽으로 하열을 사로잡았고[北禽夏說]/동쪽으로 전기를 토벌했다네[東討田旣]/부신 갈라 봉토 정할 때[剖符定封]/공훈에서 비할 자 없었도다[功無與二]/시장과 감옥 소란스럽게 하지 말라 했으니[市獄勿擾]/청정해 불필요한 일을 일으키지 말라는 뜻이었다네[淸淨不事]/계속 평양후 작위 이어져[尙主平陽]/대대로 그 이로움 향유했노라[代享其利]!

세가(世家)

권55 ── 유후세가(留侯世家) 제25

권55 유후세가(留侯世家) 제25

유후(留侯)[1] 장량(張良)[2]은 선조가 한(韓)나라 사람이다. 할아버지[大父=祖父] 개지(開地)는 한나라 소후(昭侯), 선혜왕(宣惠王), 양애왕(襄哀王)의 상국(相國-재상)을 지냈고, 아버지 평(平)은 희왕(釐王)[3], 도혜왕(悼惠王)의 상국을 지냈다. 도혜왕 23년에 평이 졸했고, 졸한 지 20년 뒤에 진(秦)나라가 한나라를 멸망시켰다. 량(良)은 나이가 어려 한나라에서 벼슬하지는 않았다. 한나라가 망했을 때 량의 집에는 노비[家僮=奴僕]가 300명이었는데, 동생이 죽자 장례도 치르지 않고 집안 재산을 모두 털어서 진왕(秦王-진시황)을 찌를 자객을 구해 한나라의 원수를 갚으려 했는데 이는 할아버지와 아버지가 다섯 임금에 걸쳐 한나라 상국을 지냈기 때문이다.

1) 【색은(索隱)】위소(韋昭)가 말했다. "유(留)는 지금의 팽성(彭城)에 속한다." 살펴보건대, 장량이 유(留)에 봉해지기를 원했던 까닭은 고조를 처음 만난 곳이 그곳이었기 때문이다.

2) 【색은(索隱)】『한서(漢書)』에서는 그의 자(字)가 자방(子房)이라고 했다. 살펴보건대, 왕부(王符)와 황보밀(皇甫謐)은 나란히 량은 한나라 공족으로 희성(姬姓)이었으나 진나라가 다급하게 그를 수색하자 마침내 성과 이름을 바꿨다고 한다.

3) 안사고(顔師古)가 말했다. "釐의 발음은 (리가 아니라) 희(僖)다."

량은 일찍이 회양(淮陽)[1]에서 예(禮)를 배웠는데, 동쪽으로 가서 창해군

(倉海君)[2]을 만나 뵈었다. 역사(力士)를 얻어 120근 나가는 묵직한 철퇴를 만들었다. 진나라 황제가 동방을 순수할 때[東游=東巡] 량은 박랑사(博浪沙)[3]에 이르러 객(客-역사)과 함께 진나라 황제를 치기 위해 노렸으나[狙=伺], 잘못 조준해 시종이 타는 수레[副車]를 맞혔다. 진나라 황제는 크게 화가 나서 천하를 샅샅이 뒤져[大索] 범인을 찾았는데, 범인을 찾는 것이 아주 심했다. 량은 마침내 이름과 성을 바꾸고 도망쳐서 하비(下邳)에 숨었다.

1) 【정의(正義)】 지금의 진주(陳州)다.
2) 【집해(集解)】 여순(如淳)이 말했다. "진나라 군현에는 창해가 없으니, 혹자는 동이(東夷)의 군장(君長)일 것이라고 했다."
3) 복건(服虔)이 말했다. "하남(河南) 양무(陽武)의 남쪽 지역이다."

량이 일찍이 한가한 틈을 타 가만히 하비의 흙다리[圯=橋] 위를 거닐고 있었는데, 거친 삼베옷을 걸친 한 노인이 량이 있는 곳으로 다가오더니 자기 신발을 다리 아래로 던져버리고는 돌아보며, 량에게 말했다.

"젊은이[孺子], 내려가서 신발 좀 가져오지."

량이 황당해하며[愕然] 때려주려고 했으나, 그가 노인이므로 마침내 억지로 참고 내려가 신발을 가져와서 무릎을 꿇고 신겨주었다. 노인이 발을 뻗어 신을 신고는 웃으면서 가버렸다. 량이 자못 크게 놀랐는데, 노인이 1리쯤[許] 가다가 다시 돌아와서 말했다.

"가르칠 만한 젊은이로다. 닷새 후에 아침 일찍[平明=早朝] 나와 여기서 만나세."

량이 괴이하게 여기며 무릎을 꿇고 "예"라고 답했다. 닷새 뒤 아침 일찍 량이 그곳으로 갔는데, 노인이 이미 와 있다가 화를 내며 말했다.

"늙은이와 약속해놓고 늦게 오다니[後], 어째서인가?"

자리를 뜨면서 "닷새 뒤에 더 일찍 만나세"라고 했다. 닷새 뒤에 닭이 울

때 그곳으로 갔는데, 노인이 또 먼저 와 있다가 다시 화를 내며 말했다.

"늦게 오다니, 어째서인가?"

자리를 뜨면서 "닷새 뒤에 다시 더 일찍 오너라"라고 했다. 닷새 뒤, 량은 한밤중에 그곳으로 갔는데, 얼마 뒤[有頃] 노인이 나타나서는 기분 좋아하며 말했다.

"마땅히 이렇게 해야지."

책 한 묶음을 내놓더니 말했다.

"이것을 읽으면 임금다운 임금[王者]의 스승이 될 것이니, 10년 후에 누군가 일어날 것이다. 13년 후에 젊은이는 제북(濟北)에서 나를 만날 터인데, 곡성산(穀城山) 아래의 누런 돌[黃石]이 바로 나다."

그러고는 떠났는데, 다른 말이 없었고 더는 만나볼 수도 없었다. 날이 밝자 그 책을 보았더니 곧 『태공병법(太公兵法)』이었다. 이에 량이 그것을 기이하게 여겨서 늘 익히고 외우며 읽었다.

(량이) 하비(下邳)에서 임협(任俠) 생활을 했다. 항백(項伯)이 일찍이 사람을 죽이고, 량을 따라다니며 숨어 지냈다.

10년 후에 진섭(陳涉) 등이 (진나라에 반기를 들고) 일어나자, 량도 젊은이 100여 명을 모았다. 경구(景駒)가 스스로를 세워 초나라 가왕(假王-대리 왕 혹은 임시 왕)이 되어 유현(留縣)에 있었는데, 량이 그를 따르려고 가던 길에 패공(沛公)과 마주쳤다. (당시) 패공은 수천 명을 거느리고 하비 서쪽 땅을 공략해 마침내 복속시켰다[屬]. 패공이 량을 제배해 구장(廐將-관직명)으로 삼았고, 량이 자주 『태공병법』으로 패공에게 유세하자 패공은 기뻐하며 늘 그 계책을 썼다. 량이 다른 사람에게도 똑같이 『태공병법』을 말했지만, 그들은 모두 제대로 이해하지[省=視] 못했기에, 량이 말했다.

"패공은 거의[殆=近] 하늘이 내리신 분이다."

그래서 드디어 패공을 따랐고, 경구를 만나보러 가지 않았다.

패공이 설(薛-현 이름)로 가서 항량(項梁)을 만났다. 항량은 초나라 회왕(懷王)을 세웠다. 량이 마침내 항량을 설득해 말했다.

"당신께서 이미 초나라 후예를 세우셨는데, 한(韓)나라 여러 공자 중에서 횡양군(橫陽君) 한성(韓成)이 뛰어나니 그를 세워 왕으로 삼아서 함께할 세력을 더욱 심어야 합니다[樹黨]."

항량은 량에게 한성을 찾아오게 해서 한왕으로 세웠다. 량을 한(韓)나라 사도(司徒)로 삼았다. 그런 뒤 한나라 왕과 함께 1,000여 명을 이끌고 서쪽으로 가서 한나라 원래의 땅을 공략하게 하여 성을 여러 개 얻었으나 진나라가 그때마다 다시 빼앗았고 그리하여 한나라 군대는 영천(穎川)을 오가며 유격전[游兵]을 펼쳤다.

패공이 낙양(雒陽)에서 남쪽으로 환원산(轘轅山)으로 출격했을 때, 량은 병사를 이끌고 패공을 따라 한나라의 성 10여 개를 떨어뜨리고 양웅(楊熊)의 군대를 깨뜨렸다. 패공은 이에 한나라 왕 한성에게 남아서 양책(陽翟)을 지키게 한 뒤, 자신은 량과 함께 남쪽으로 가서 원(宛-현 이름)을 공격해 떨어뜨렸으며 서쪽으로 무관(武關)으로 들어갔다. 패공이 병사 2만으로 진나라 요관(嶢關)의 군대를 치려고 하자, 량이 유세해 말했다.

"진나라 군대는 여전히 강해서 가볍게 볼 수 없습니다. 신이 듣건대 저들의 장수는 백정의 자식이라 하니, 장사꾼[賈豎]은 이득으로 쉽게 움직일 수 있습니다. 바라건대 패공께서는 잠시 성벽에 머물러 계시고, 사람을 보내 먼저 가서 5만 명이 먹을 식량을 준비시키십시오. 다시 모든 산마다 깃발을 더 꽂아 의병(疑兵-가짜 병사)으로 삼게 하신 다음 역이기(酈食其)에게 많은 보물을 주어, 진나라 장수를 매수하게 하십시오."

진나라 장수가 과연 배반하고서 패공과 연합해 서쪽으로 함양을 치자고 하니, 패공이 이 말을 들으려 했다.

(이에) 량이 말했다.

"이는 장수 혼자만의 배반일 뿐이어서 병졸들이 따르지 않을까 두렵습니다. 따르지 않는다면 반드시 위태로울 것이니, 그들이 느슨해진[解=懈] 틈을 타서 공격하는 것만 못합니다."

패공이 이에 병사들을 이끌고 진나라의 군대를 쳐서 크게 깨뜨렸다. 그들을 쫓아 북쪽으로 남전(藍田)에 이르러 다시 싸우자, 진나라 군대는 결국 패배했다. 드디어 함양에 이르니, 진왕 자영(子嬰)은 패공에게 항복했다.

패공이 진나라 궁궐에 들어가더니 휘장이나 개와 말, 진귀한 보물, 여자 등의 수가 천을 헤아리는 것을 보고는 마음속으로 그곳에 머물러 살고 싶어 했다. 번쾌(樊噲)가 패공에게 궁궐 밖으로 나가자고 간언했으나 패공은 듣지 않았다. 량이 말했다.

"무릇 진나라가 무도해 패공께서 여기에 오게 된 것이니, 천하를 위해 남은 도적들을 없애려면 마땅히 검소함을 근본으로 삼아야[資=質] 합니다. 지금 비로소 진나라에 들어오자마자 그 즐거움에 편안함을 느끼신다면 이는 '걸을 도와 포악한 짓을 하는 것'입니다. 또 '충성스러운 말은 귀에 거슬리지만, 행동에는 유익하고, 독한 약은 입에 쓰지만 병에는 이롭다'라고 했습니다. 바라건대 패공께서는 번쾌의 말을 들으셔야 합니다."

패공은 마침내 군대를 패상(霸上)으로 되돌렸다.

항우가 홍문(鴻門)에 이르러 패공을 치려 하자, 항백이 밤중에 패공의 군대로 내달려 와서 은밀하게[私] 량을 만나 함께 달아나자고 했다. 량이 말했다.

"신이 한왕(韓王)을 위해 패공을 호송하고 있으니, 지금 사태가 급하다고 해서 도망쳐 달아나는 것은 마땅한 일이 아니오[不義]."

곧바로 패공에게 모든 것을 갖춰 말하니 패공이 크게 놀라서 말했다.

"어떻게 하면 되겠는가?"

량이 말했다.

"패공께서는 정말[誠] 항우를 배반하실 것입니까?"

패공이 말했다.

"조무래기들[鯫生=小人輩]이 내게 함곡관을 막고 다른 제후들을 들이지 않는다면 진나라 땅에서 천자의 왕 노릇을 할 수 있다고 하길래 내가 그 말을 들었다."

량이 말했다.

"패공께서 스스로 보시기에[自度] 항왕을 물리칠 수 있겠습니까?"

패공은 말없이 한참을 있다가 말했다.

"실로 불가능하다. 지금 어찌하면 되겠는가?"

량이 이에 한사코 항백을 만나게 했다. 항백이 패공을 만나자, 패공은 항백과 함께 술을 마시며 장수를 빌고 혼인 관계를 맺었다. 그러고는 항백으로 하여금 (항우에게) 패공이 항우를 배반하지 않으리라는 것과 함곡관을 지킨 것은 다른 도적을 막기 위한 것이었다고 갖춰 말하게 했다. 항우가 뒤에 풀어졌는데, 상세한 이야기는 「항우본기(項羽本紀)」에 실려 있다.

한(漢)나라 원년 정월에 패공은 한왕(漢王)이 되어 파(巴)·촉(蜀)에서 왕 노릇을 했다. 량에게 황금 100일(溢)[1]과 진주 구슬 2말을 내려주었고, 량은 그것을 모두 항백에게 바쳤다. 한왕(漢王)이 또 량으로 하여금 후한 재물을 항백에게 주면서 한중(漢中) 땅을 (자기에게 달라고 항우에게) 부탁하게 했다[2]. 항왕이 마침내 이를 허락하니, 드디어 한중 땅을 얻었다. 한왕이 자기 봉국으로 갈 때 량이 그를 배웅하기 위해 포중(襃中)에 이르렀는데, 이때 한왕은 량을 한(韓)나라로 돌아가게 했다. 량은 그 기회에 한왕을 설득해 잔도(棧道)[3]를 불태워 끊어서 이곳으로 되돌아올 마음이 없다는 것을 천하를 향해 보여줌으로써 항왕의 마음을 더욱 확고하게 하라고 했다. 마침내 량을 돌아가게 했고, 행군하면서 잔도를 불태워 끊어버렸다.

1） 복건(服虔)이 말했다. "20냥(兩)이 1일(溢)이다." 안사고(顏師古)가 말했다. "진나라에서는 금

　　을 재는 단위가 일(溢)이었으니, 만일 한나라의 단위로 했다면 근(斤)이라 했을 것이다."

2） 【집해(集解)】 여순(如淳)이 말했다. "애초에 한중의 땅을 다 주지 않았기 때문에,

　　그래서 나머지를 다 달라고 청한 것이다."

3） 안사고(顏師古)가 말했다. "각도(閣道)다."

　　량이 돌아가서 한나라에 이르자 항왕(項王)은 한왕(韓王) 성(成)이 량으

로 하여금 한왕(漢王)을 따르게 했다는 이유로 한왕 성을 자기 봉국으로 보

내지 않고 자신을 따라 함께 동쪽으로 가게 했다. 량이 항왕에게 유세해 말

했다.

　　"한왕이 잔도를 태우고 끊어버렸으니, 돌아올 마음이 없는 것입니다."

　　마침내 량이 제왕(齊王) 전영(田榮)이 반란을 일으켰다는 것을 글로 써서

항왕에게 보내 말하니, 항왕은 서쪽 한왕을 걱정하는 마음이 없어졌으므

로 군대를 일으켜 북쪽으로 제나라를 쳤다. 항왕은 끝내 한왕(韓王)을 봉국

으로 돌려보내려고 하지 않고 이에 다시 후(侯)로 삼았다가 팽성에서 죽여

버렸다.

　　량은 달아나서 샛길을 통해 한왕(漢王)에게 돌아왔고, 한왕 또한 이미

돌아와 삼진(三秦)을 평정했다. 다시 량을 성신후(成信侯)로 삼고 동쪽으로

초나라를 치는 데 따라가게 했으나 팽성에 이르러 한왕 군대는 패배해 돌아

갔다. 하읍(下邑)¹⁾에 이르자 한왕이 말에서 내려 안장에 기대며 물었다.

　　"내가 함곡관 동쪽 등지를 떼어[捐=割] 상으로 줄 텐데, 누가 나와 함께

그 공로를 같이할 수 있겠는가?²⁾"

　　량이 나아가 말했다.

　　"구강왕(九江王) 경포(黥布)는 초나라의 가장 용맹한 장수[梟將]였으나

지금은 항왕과 틈이 벌어져 있고, 팽월(彭越)은 제나라 왕 전영과 함께 양

(梁) 땅에서 반란을 일으켰으니, 이 두 사람을 급히 써야 합니다. 또 한왕(漢

王)의 장수로는 오직 한신(韓信)만이 큰일을 맡기면[屬=속委=위] 한 방면을 감당할 수 있습니다. 만일 그 땅을 상으로 주고자 하신다면, 이 세 사람에게 주어야만 초나라를 깨뜨릴 수 있을 것입니다."

한왕이 마침내 수하(隨何)를 보내 구강왕 경포를 설득하게 하고, 사람을 보내 팽월과도 연결을 맺었으며, 위왕(魏王) 표(豹)가 반란을 일으키자, 한신에게 홀로[特=특獨=독] 군사를 이끌고 북쪽으로 가서 그를 치게 했다. 그 틈에 (한왕은) 연·대(代)·제·조 나라를 모두 함락시켰으니, 결국 초나라를 깨뜨릴 수 있었던 것은 이 세 사람 덕분[力=역]이었다.

1) 안사고(顔師古)가 말했다. "양(梁)나라의 현인데, 지금의 송주(宋州)에 속한다."

2) 안사고(顔師古)가 말했다. "아직 그 땅을 차지하지 못했지만, 장차 누군가에게 주겠다는 뜻으로, 결국 공로를 세울 수 있도록 초나라를 함께 깨뜨리자는 말이다."

량은 병치레가 많아 일찍이 혼자서 군대를 이끈 적이 없고, 계책을 내는 신하[劃策臣=획책신謀臣=모신]로 있으면서 늘[時時=시시] 한왕을 따랐다.

한나라 3년에 항우가 전격적으로[急=급亟=극] 한왕을 형양(榮陽)에서 에워싸자, 한왕은 두렵고 걱정이 되어 역이기(酈食其)와 함께 초나라 기세를 꺾어놓을[橈=요弱=약] 계책을 모의했다.

이기(食其)가 말했다.

"옛날에 (은나라를 세운) 탕(湯)은 (하나라 마지막 왕) 걸(桀)을 정벌하고서 후손을 기(杞)나라에 봉했고, (주나라를 세운) 무왕(武王)은 (은나라의 마지막 왕) 주(紂)를 주벌하고서 후손을 송(宋)나라에 봉해주었습니다. 지금은 진나라가 무도해서 6국을 정벌하고 멸망시켜 (후손들이) 송곳 하나 세울 땅도 없게 했습니다. 폐하께서 진정으로 6국의 후손들을 다시 세워주신다면, 이들은 모두 다퉈 폐하의 다움과 의로움[德義=덕의]을 받들며 서로 기꺼이 신첩이 되기를 원할 것입니다. 다움과 마땅함[德義]이 이미 시행되어 폐하께서 남면해[南鄕=南面] 패왕(覇王)이라고 칭하시면 초나라는 틀림없이 옷깃을 여미고[斂衽] 조회하러 올 것입니다."

한왕이 말했다.

"좋소. 서둘러[趣=促] 인장을 새길 것이니, 선생이 그것을 갖고서 6국으로 가도록 하시오."

역이기가 아직 떠나지 않았을 때, 량이 밖에서 돌아와 한왕을 뵈었다. 한왕이 마침 식사를 하고 있다가 말했다.

"어떤 빈객이 있어, 나를 위해 초나라의 기세를 꺾어놓을 계책을 내놓았소."

역이기의 말을 다 일러준 다음에 말했다.

"자방(子房)이 보기에는 어떤가?"

량이 말했다.

"누가 폐하께 이런 계책을 냈습니까? 폐하의 일[事=大事]은 끝장입니다[去矣]."

한왕이 말했다.

"어째서인가?"

량이 말했다.

"앞에 있는 젓가락을 빌려주시면 대왕을 위해 현재 처해 있는 형세를 하나씩 짚어보도록 하겠습니다."

(그러고는 말했다.)

"옛날에 탕왕이 걸(桀)을 정벌하고서 후손을 기(杞) 땅에 봉해준 것은 능히 걸의 죽은 명[死命]을 통제할 수 있다고 여겼기 때문입니다. (그런데) 지금 폐하께서는 항적의 죽은 명을 통제할 수 있습니까?"

한왕이 말했다.

"할 수 없지."

"이것이 그렇게 해서는 안 되는 첫 번째 이유입니다. 무왕이 주왕(紂王)을 치고서 후손을 송(宋) 땅에 봉해준 것은 능히 주왕의 목을 얻을 수 있다고 생각했기 때문입니다. (그런데) 지금 폐하께서는 항적의 목을 얻을 수 있습니까?"

한왕이 말했다.

"할 수 없지."

"이것이 그렇게 해서는 안 되는 두 번째 이유입니다. 무왕이 은나라 수도에 들어가 (그 나라의 현자인) 상용(商容)의 마을에 그를 기리는 표창을 하고 감옥에 있던 기자(箕子)를 풀어주었으며 비간(比干)의 무덤에 봉분을 만들어주었습니다. (그런데) 지금 폐하께서는 빼어난 이의 무덤에 봉분을 만들거나 뛰어난 이의 마을을 기리거나 지혜로운 자의 문 앞을 지나며 공손한 예를 표시할 수 있습니까?"

한왕이 말했다.

"할 수 없지."

"이것이 그렇게 해서는 안 되는 세 번째 이유입니다. (무왕은) 거교(鉅橋)에 저장된 곡식과 녹대(鹿臺)에 쌓인 재화를 풀어서 가난하고 굶주린 사람들에게 나눠주었습니다. (그런데) 지금 폐하께서는 창고를 열어 곡식과 돈을 가난한 사람들에게 나눠주실 수 있습니까?"

한왕이 말했다.

"할 수 없지."

"이것이 그렇게 해서는 안 되는 네 번째 이유입니다. (무왕은) 은나라의 일[殷事-은나라를 정벌하는 일]이 이미 끝나자, 전차를 일반 수레로 바꾸고 무기를 창고에 넣어 가죽으로 덮어서 다시는 군대를 사용하지 않겠다는 것을 천하에 보여주었습니다. (그런데) 지금 폐하께서는 무력을 버리고 문교(文敎)를 행해 다시는 병기를 사용하지 않으실 수 있습니까?"

한왕이 말했다.

"할 수 없지."

"이것이 그렇게 해서는 안 되는 다섯 번째 이유입니다. (무왕은 전쟁 때 동원되었던) 말들을 화산(華山) 남쪽[陽]에 풀어놓고 쉬게 함으로써 더는 동원하지 않을 것임을 나타냈습니다. (그런데) 지금 폐하께서는 말을 쉬도록 하고 사용하지 않으실 수 있습니까?"

한왕이 말했다.

"할 수 없지."

"이것이 그렇게 해서는 안 되는 여섯 번째 이유입니다. (무왕은 군용 물자를 운반하던) 소를 도림(桃林)의 들판에 풀어놓음으로써 다시는 군대 물자의 운송[輜重=軍需]에 쓰지 않을 것임을 보여주었습니다. (그런데) 지금 폐하께서는 소를 풀어놓고 더는 군수품을 운반하거나 식량을 한곳에 쌓아두지 않으실 수 있습니까?"

한왕이 말했다.

"할 수 없지."

"이것이 그렇게 해서는 안 되는 일곱 번째 이유입니다. 또 무릇 천하의 유세객들이 친척을 떠나고 조상의 무덤을 내팽개친 채 고향을 버리고 폐하를 따라 떠도는 것은 그저 낮밤으로 한 자 한 치의 땅이라도 얻기를 바라서입니다. 지금 6국을 복구해 한(韓)·위(魏)·연(燕)·조(趙)·제(齊)·초(楚) 나라의 후손을 세우면 천하의 유세객들은 각자 돌아가서 그 주인을 섬기고 그 친척을 따르면서 다시 그 친척을 따라 친구와 함께 조상의 무덤이 있는 고향으로 돌아갈 것인데, 폐하께서는 누구와 함께 천하를 차지하려 하십니까? 이것이 그렇게 해서는 안 되는 여덟 번째 이유입니다.

또 지금은 초나라가 혼자라서 강자가 될 수 없겠지만 6국이 (나라를 회복하면) 다시 몸을 굽혀 초나라를 따르게 될 것인데, 그러면 폐하께서는 어떻게 그들을 신하로 삼을 수 있겠습니까? 정말로 이런 계책을 쓰신다면 폐하의 일은 끝장입니다[去矣]."

한왕은 식사를 멈추고[輟=止] 씹고 있던 음식을 뱉어내면서 꾸짖어 말했다.

"더벅머리 유생 놈[豎儒] 때문에, 하마터면[幾=近] 큰일[公事=大事]을 망칠 뻔했도다!"

영을 내려 당장 인장을 녹여버리게 했다.

한나라 4년에 한신이 제나라를 깨뜨리고 스스로를 세워 제나라 왕이 되려 하자 한왕이 화가 났다. 량이 한왕을 설득하니 한왕은 량을 시켜 제왕의 관인을 한신에게 주게 했는데 상세한 이야기는 「회음후열전(淮陰侯列傳)」에 실려 있다.

같은 해 가을에 한왕(漢王)은 초나라를 뒤쫓아서 양가(陽夏) 남쪽에 이르렀으나 전세가 불리해 고릉(固陵)에 보루를 쌓고 있었는데, 제후들이 약속한 날짜에 오지 않았다. 량이 한왕을 설득해 한왕이 계책을 쓰게 하자 제후들이 모두 왔다. 상세한 이야기는 「항우본기(項羽本紀)」에 실려 있다.

한나라 6년 정월에 공신들을 봉했다. 량은 일찍이 전투에서 이룬 공로는 없었는데, 고제가 말했다.

"장막 안에서 계책[籌策]을 부려 1,000리 밖 승부를 결정지은 것이 자방의 공로다. 스스로 제나라에서 3만 호를 고르라!"

량이 말했다.

"처음에 신이 하비(下邳)에서 일어나 상과 유(留-현)에서 만났는데, 이는 하늘이 신을 폐하께 내려주신 것입니다. 폐하께서 신의 계책을 쓰셨고, 다행히 때에 들어맞았습니다[時中]. 신은 바라건대 유(留)에 봉해지는 것으로 만족합니다. 3만 호는 감당할 수는 없습니다."

이에 량을 유후(留侯)에 봉했는데, 소하(蕭何) 등과 대등하게 봉읍을 받았다.

6년에 상이 이미 공로가 큰 공신 20여 명은 봉했지만, 그 나머지는 낮밤으로 공로를 다투는 바람에 결정이 안 나서 아직 봉하지 못하고 있었다. 상이 낙양 남궁(南宮)에 머물고 있을 때 복도(複道)[1]를 따라 걷다가 장수들이 무리 지어 모래밭에 앉아서 숙덕거리는 모습을 보게 되었다. 상이 말했다.

"이들은 무슨 말을 하는가?"

량이 말했다.

"폐하께서는 모르고 계십니까? 저들은 반란을 꾀하고 있을 뿐입니다."

상이 말했다.

"천하가 거의[屬=近] 안정을 찾았는데 무엇 때문에 반란을 일으킨단 말인가?"

량이 말했다.

"폐하께서 평민의 신분으로 봉기하시어 저 무리를 데리고 천하를 차지했습니다. (그런데) 지금 폐하께서 이미 천자가 되시어 봉한 자들이라고는 모두 소하·조참[蕭曹] 같은 아끼고 친한 친구들이고, 주살한 자들은 모두 평소 원한을 가진 자들이었습니다. 지금 군의 관리들이 공로를 따져보니 천하로도 다 봉하기에는 부족하니, 저들은 폐하께서 다 봉해주지 못할까 두렵고 또 평소 자신들의 잘못 때문에 죽지나 않을까 두려워서 서로 모여 반란을 꾀하고 있는 것입니다."

상이 마침내 걱정스러워하며 말했다.

"장차 어찌하면 좋겠소?"

량이 말했다.

"상께서 평소 미워하는 자 중에 여러 신하가 다 알고 있고 그중에서도 가장 심한 자가 누구입니까?"

상이 말했다.

"옹치(雍齒)가 나와 묵은 감정[故怨]이 있지. 여러 차례 나를 곤혹스럽게 한 적이 있어서[2] 내가 그를 죽이려 했지만, 세운 공이 많아 차마 못 했지."

량이 말했다.

"지금 바로 옹치를 먼저 봉해서 신하들에게 보이신다면 신하들은 옹치가 봉해지는 것을 보고서 각자 알아서 마음을 다잡을[自堅] 것입니다."

이에 상은 술자리를 마련해 옹치를 봉해 십방후(什方侯)[3]로 삼는 한편, 급히 승상과 어사를 재촉해 논공행상[定功行封]을 시행하도록 했다. 이에 여러 신하가 술자리가 끝나자 모두 기뻐하며 말했다.

"옹치도 후에 봉해졌는데 우리 같은 자들이야 무슨 걱정을 하랴."

1) 【집해(集解)】 여순(如淳)이 말했다. "위아래로 길이 있어 복도라고 했다."

2) 【집해(集解)】 『한서음의(漢書音義)』에서 말했다. "자신이 일어나기 전이었을 때부터 이미 옛 원한이 있었다는 말이다."[안사고(顔師古)가 말했다. "매번 용력(勇力)으로 고조를 곤욕에 빠뜨렸다."]

3) 소림(蘇林)이 말했다. "(십방은) 한중(漢中)의 현이다." 안사고(顔師古)가 말했다. "「지리지(地理志)」에 따르면, 광한(廣漢)에 속하지, 한중은 아니다. 지금의 익주(益州)에 속한다."

유경(劉敬)이 상에게 유세해 "관중(關中)에 도읍하소서"라고 했으나 상이 이를 의심했다. 좌우 대신들이 모두 산동(山東-효산 동쪽) 사람들인지라 대부분 (좀 더 동쪽인) 낙양에 도읍할 것을 권하면서 말했다.

"낙양 동쪽에는 성고(成皐)가 있고 서쪽에는 효산(崤山)과 민지(澠池)가 있으며 황하를 등지고 이수(伊水)와 낙수(雒水)를 마주 보고 있으니 견고함이 충분히 믿을 만합니다."

량이 말했다.

"낙양이 비록 그런 견고함이 있지만 그 중심이 작아 사방 수백 리에 지나지 않고 땅이 척박하며 사방으로 적의 공격을 받는 곳이어서 무력을 쓸 만한 곳이 못 됩니다. 저 관중은 동쪽으로 효산과 함곡관이 있고, 서쪽으로 농산(隴山)과 촉산(蜀山)이 있으며 기름진 땅이 사방 1,000리이고, 남쪽으로는 파와 촉의 풍요로움이 있으며, 북쪽으로 오랑캐의 드넓은 초원의 이점이 있습니다. 삼면이 막혀 있어 굳게 지킬 수 있으므로 동쪽 한쪽만 제후들을 통제하면 됩니다. 제후들이 안정되면 황하와 위수(渭水)로 천하의 식량을 운송해서 서쪽으로 도읍에 공급할 수 있고, 만약에 제후들이 변란을 일으키면 물길을 따라 내려가서 충분히 물자를 운반할 수 있습니다. 이것이 이른바 금성천리(金城千里)이자 천부지국(天府之國)[1]입니다. 유경의 설이 옳습니다."

이에 고제는 바로 그날로 수레를 몰아 서쪽 관중에 도읍했다[2].

1) 안사고(顔師古)가 말했다. "재물을 모아놓은 곳을 부(府)라고 한다. 즉 관중 땅은 물산이 풍부하고 많아서 필요로 하는 소비를 댈 수 있으므로 천부(天府)라고 부른 것이다."

2) 【색은(索隱)】 이는 커다란 일이니, 고제가 그날 서쪽으로 관중을 도읍했다는 것은 대개 그날 결정을 했다는 것일 뿐이다. 그날 실행에 옮겼다는 뜻이 아니다.

유후 또한 따라서 관중에 들어갔는데, 천성적으로 병이 많아 도인술(導引術)을 하면서 곡기를 끊고 1년 넘게 문밖을 나오지 않았다[杜門不出].

상(上-유방)이 태자를 폐하고 척부인(戚夫人)의 아들 조왕(趙王) 여의(如意)를 그 자리에 세우고 싶어 했다. 많은 대신이 다퉈 간언했으나 확실한 결단[堅決]을 얻어내지 못하자 여후(呂后)가 두려워 어찌할 바를 몰랐는데, 어떤 사람이 혹 여후에게 일러 말했다.

"유후(留侯)가 계책[計筴]을 잘 짜내므로 상께서는 그를 믿고서 씁니다[信用]."

여후가 마침내 건성후(建成侯) 여택(呂澤, ?~기원전 199년)[1]을 시켜서 유후(留侯)에게 겁을 주며[劫] 말했다.

"그대는 늘 상의 모신(謀臣)이면서도 지금 상께서 태자를 바꾸고 싶어 하시는데 어찌 베개를 높이하고[高枕] 누워만 있는가?"

유후가 말했다.

"애초에 상께서 여러 차례 곤란하고 위급한 상황에 계실 때는 다행스럽게도 신의 계책[筴]을 써주셨습니다. (그러나) 지금 천하가 안정되어 아끼는 자식으로 태자를 바꾸려 하시는데, 이는 골육 간의 일이므로 비록 신과 같은 사람이 100여 명이 있다 한들 무슨 도움이 되겠습니까?"

여택이 강요하며 말하기를 "나를 위해 계책을 짜주시오"라고 하자 유후가 이렇게 말했다.

"이는 말[口舌]로 간쟁 하기는 어렵습니다. 돌이켜보건대, 상께서 당신 뜻대로 부를 수 없는 사람으로 천하에 네 분[四人]이 계십니다. 이 네 분은 모두 연로하신데, 상께서 사람들을 업신여긴다고[慢侮] 여겨서 산속으로 달아나 숨어 지내면서 의로움을 지키느라 한(漢)나라의 신하가 되지 않았습니다. 그러나 상께서는 이 네 사람을 높게 여기십니다. 지금 공께서 진실로 능히 황금이든 옥이든 귀한 비단[金玉璧帛]이든 아끼지 마시고 태자로 하여금 편지를 쓰게 하여, 말을 공손하게 하고[卑辭] 안거(安車)를 준비한 다음 말 잘하는 선비[辯士]를 시켜서 간곡히 청한다면 마땅히 올 것입니다. 그들이 오거든 빈객(賓客)으로 삼아 수시로 (태자를) 따라서 조정 회의에 들어가게 해서, 상으로 하여금 그들을 보시게 하면 반드시 이상하다 여기시어 그들에 관해 물으실 것입니다. 상께서는 이 네 분이 뛰어나다는 것을 알고 계시니 그리하면 (태자에게) 나름의 도움이 될 것입니다."

이에 여후는 여택을 시켜서 사람을 보내 태자의 편지를 받들고서 말을 공손하게 하고 예를 두텁게 하여[卑辭厚禮] 네 사람을 맞아 오게 했다. 네 사람은 건성후의 집에 도착해 빈객이 되었다.

---

1) 여후(呂后)의 큰오빠다. 유방(劉邦)을 따라 한(漢)에 들어와 삼진(三秦)을 평정했고, 병사를 이끌고 탕(碭)을 함락했으며, 유방이 팽성(彭城)에서 패했을 때 달려가 보좌하면서 천하를 평정

하는 일을 도왔다. 주여후(周呂侯)에 봉해졌다.

한나라 11년에 경포(黥布)가 반란을 일으켰을 때 상은 병중이어서 태자로 하여금 군대를 이끌고 가서 그들을 치게 하려고 했다. 네 사람이 서로 말했다.

"무릇 우리들이 이렇게 온 까닭은 장차[將] 태자를 보존하기 위함인데, 태자께서 군대를 거느리신다면[將] 일이 위태로워질 것입니다."

이에 건성후를 설득해 말했다.

"태자께서 군대를 거느릴 경우 공을 세운다 해도 태자에게는 더할 벼슬이 없고, 만일 공을 세우지 못한 채 돌아온다면 이로 인해[從此=由此] 화를 입게 될 것입니다. 또 태자가 함께할 여러 장수는 모두 일찍이 상과 함께 천하를 평정하던 맹장들[梟將=猛將]입니다. 지금 태자로 하여금 그들을 거느리게 한다면 이는 양에게 이리를 거느리게 하는 것과 다를 바가 없습니다. 그들은 모두 기꺼이 온 힘을 다하려 하지 않을 것이니, 아마도 (태자께서) 공을 세우지 못하는 것이 불가피할 것입니다.

신이 듣건대, '어머니가 사랑을 받으면 그 자식도 안게 된다'라고 했습니다. 지금 척부인이 낮밤으로 상을 모시자[待御] 조왕 여의도 늘 상 앞에 안겨 있게 되어, 상께서 말씀하시기를 '결국 똑똑하지 못한[不肖] 자식을 사랑스러운 자식 위에 있게 할 수는 없다'라고 하시니 그가 반드시 태자의 자리를 대신하게 되는 것은 명확합니다.

군(君)께서는 어찌 급히 여후에게 청해, 틈을 타서[承間=乘間] 상께 눈물을 흘리며 '경포는 천하의 맹장으로 군사를 잘 다루고, 지금 여러 장군은 모두 폐하의 옛 동료들입니다. 마침내 태자로 하여금 이런 자들을 거느리게 하시면 양에게 이리를 거느리게 하는 것과 다를 바가 없어 어느 누구도 기꺼이 힘을 다하지 않을 것이며, 포가 이를 듣게 된다면 북을 치며 행군해서[鼓行] 서쪽(=장안)으로 오게 될 것입니다. 상께서 비록 병중일지라도 억지로 치거(輜車)[1]에 몸을 싣고 누워서 몸을 보호하며 여러 장수를 통솔하신다면 감히 힘을 다하지 않을 수 없을 것입니다. 상께서 비록 힘이 드시겠지만, 처자식을 위해 스스로 강해지셔야 합니다'라고 말씀 올리도록 하지 않습니까?"

이에 여택이 곧장 일어나서 밤에 여후를 만나니, 여후가 틈을 타 상에게 눈물을 흘리면서 말했는데 네 사람의 뜻 그대로였다.

상이 말했다.

"나도 실로 그 어린애[豎子]를 믿고 보내기에는 부족하다고 여기고 있었으니, 내가 몸소 가도록 하겠소."

이리하여 상이 몸소 군대를 거느리고 동쪽으로 가면서 여러 신하로 하여금, 머물러 지키도록 하니, 모두 패상(灞上)까지 배웅했다.

유후도 병중이었으나 스스로 억지로 일어나 곡우(曲郵)까지 따라와 상을 뵙고 말했다.

"신이 마땅히 따라가야 하겠으나 병이 깊습니다. 초나라 사람들은 사납고 민첩하니[剽疾], 바라건대 상께서는 초나라 사람들과 예봉을 다퉈서는 안 됩니다."

그리고 틈을 타서 상을 설득했다.

"태자에게 영을 내려서 장군으로 삼아 관중(關中)의 군대를 감독하게 하십시오."

상이 말했다.

"자방(子房)이 비록 병중이지만 억지로 누워서라도 태자를 도와주시오[傅]."

이때 숙손통(叔孫通)이 태부(太傅)였고 유후는 소부(少傅)의 일을 맡고 있었다.

---

1) 덮개가 있어 하물 또는 군수품을 실어 나르는 데 쓰이는 수레로, 치중거(輜重車)라고도 한다.

한나라 12년에 상이 나아가 포(布)의 군대를 쳐서 깨뜨리고 돌아왔는데, 병이 더 심해지자 더욱더 태자를 바꾸고 싶어 했다. 유후가 간언했으나 들어주지 않자, 유후는 병을 핑계로 정사를 돌보지 않았다. 숙손태부(叔孫太傅-숙손통)가 고금의 일을 끌어들여 설득하며 죽음을 무릅쓰고 태자를 위해 간쟁 했으나 상은 거짓으로[詳] 그러겠노라고 하면서 오히려 어떻게든 바꾸고 싶어 했다. 연회가 열려 술자리가 마련되었는데, 태자가 상을 모시게 되었다. 네 사람이 태자를 시종하고 있었는데, 나이가 모두 80여 세에다 수염과 눈썹이 은빛으로 희었고[皓白] 의관이 몹시 훌륭했다[偉]. 상이 이들을 괴이하게 여겨 "저들은 무엇을 하는 자들인가?"라고 하자, 네 사람이 앞으로 나아가 대답하며 각자 자신의 이름과 성을 말하기를 동원공(東園公), 녹리선생(角里先生), 기리계(綺里季), 하황공(夏黃公)이라고 했다. 상이 마침내 크게 놀라며 말했다.

"짐이 그대들을 찾은 것이 여러 해인데 그대들은 나를 피해 달아나더니, 지금은 그대들이 어찌 스스로 내 아이를 따르며 교유하고 있는가?"

네 사람 모두 말했다.

"폐하께서는 선비를 하찮게 여기고 욕도 잘하시니, 신들은 욕을 먹지 않을까 걱정했습니다. 그래서 두려운 마음에 달아나 숨었던 것입니다. 남몰래 듣건대[竊聞] 태자께서는 사람됨이 어질고 효성스러우며 공손하고 삼가면서[仁孝恭敬] 선비를 아끼시니, 천하에서는 목을 빼고서 태자를 위해 죽으려고 하지 않는 자가 없을 정도입니다. 그 때문에 신들이 온 것일 뿐입니다."

상이 말했다.

"번거롭겠지만, 그대들이 잘해서 끝까지 태자를 보살피며 지켜주시오[調護]."

네 사람이 축수를 이미 마치고 총총히 떠나가자, 황상은 멀리 안 보일 때까지 그들을 전송하다가[目送], 척부인을 불러서 네 사람을 가리키며 말했다.

"내가 태자를 바꾸고자 했으나, 저 네 사람이 태자를 보좌해 태자의 우익(羽翼)이 이미 성장했으니 지위를 바꾸기 어렵겠소. 여후(呂后)는 진정으로 그대의 주인이오."

척부인이 눈물을 흘리자, 상이 말했다.

"나를 위해 초나라 춤을 추면 나도 초나라 노래를 부르리라."

노래의 가사다.

'큰 기러기와 고니가 높이 날아 단번에 1,000리를 날아가네.

날개가 이미 자라서 사해를 가로질러 날아다니는구나.

사해를 가로질러 날아다니니 마땅히 어찌하겠는가!

비록 짧은 화살이 있다고 할지라도

오히려 어디에다 쏠 것인가!'

노래를 몇 차례 부르기를 마치고서[闋] 척부인은 한숨을 내쉬며 눈물을 흘렸고, 상이 일어나 가버리자, 술자리가 끝났다. 결국 태자를 바꾸지 못한 것은 근본적으로 유후가 이들 네 사람[1]을 불러온 덕분[力]이었다.

1) 이 네 사람은 섬서성(陝西省) 상산(商山)에 은거했다 하여 상산사호(商山四皓)로 불린다.

유후가 상을 따라다니면서 대(代)나라를 치고 기이한 계책을 내어 마읍(馬邑)을 떨어뜨리며 소상국(蕭相國)을 세우기까지[1] 상과 함께 조용히 천하의 일을 논한 것이 아주 많았는데, 그것들은 천하가 존속되거나 망하는 이치와 관계된 것이 아니기에 여기서 드러내 기록하지 않는다. 량은 이에 늘 이렇게 말했다.

"집안 대대로 한(韓)나라의 승상을 지냈는데, 한나라가 멸망하자 만금의 재물을 아끼지 않고[不愛] 한나라를 위해 강력한 진나라에 복수를 함으로써 천하를 진동시켰다. 지금은 세 치의 혀로 황제를 위한 스승이 되어 1만

호에 봉해지고 지위가 열후이니, 이는 평민으로서는 끝까지 간 것이라, 나량은 만족한다. 바라건대 세속의 일을 버리고 적송자(赤松子)[2]를 따라 노닐고 싶을 뿐이다."

마침내 벽곡(辟穀-오곡을 먹지 않는 것)을 익히고 도인술(道引術)을 배워서 몸을 가볍게 했다. (때마침) 고제가 붕하자 여후(呂后)가 량의 은혜에 감사하며 그에게 억지로 음식을 먹이면서 말했다.

"한 번 사는 인생이란 흰 망아지가 좁은 틈을 지나가는 것[白駒過隙]과 같은데, 어찌 스스로에게 이렇게 고통을 준단 말이오?"

량이 그 말을 듣고는 어쩔 수 없이 음식을 억지로라도 먹었다.

1) 복건(服虔)이 말했다. "어느 때 상국이 되었는지는 알 수 없지만, 량이 고조에게 권해서 그를 세운 것이다."

2) 신농씨(神農氏) 때 우사(雨師)로, 뒤에 곤륜산으로 들어가 신선이 되었다는 전설상의 인물이다.

8년 후에 졸하자 시호를 문성후(文成侯)라 했고, 아들 불의(不疑)가 대를 이어 후가 되었다.

자방이 처음에 하비 다리 위에서 만난 노인으로부터 책을 얻고서 13년이 지났을 때, 고제를 따라 제북(濟北)을 지나다가 과연 곡성산(穀城山) 아래에서 누런 돌[黃石]을 얻게 되었다. 그것을 가지고 와서 보배처럼 여기며 거기에 제사를 올렸고, 량이 죽자 누런 돌[黃石]도 함께 묻었다. 그 후로 사람들은 해마다 복일(伏日)과 납일(臘日)에 무덤에 오를 때면 누런 돌에도 제사를 지냈다.

유후 불의(不疑)는 효문제(孝文帝) 5년에 불경(不敬)에 걸려 봉국이 없어졌다[國除].

태사공(太史公)이 말했다.

"학자들은 대부분 귀신은 없다고 말하면서도 신령스러운 물건은 있다고들 하는데, 유후가 만난 노인이 책을 준 일 역시 신령스럽다고 할 수 있을 것이다. 고조가 곤궁에 빠진 일이 여러 번이었는데 (그때마다) 유후가 늘 공로를 세웠으니, 어찌 하늘의 뜻이 아니라 할 수 있겠는가! 상이 말하기를 '장막 안에서 계책[籌策]을 부려 1,000리 밖 승부를 결정짓는 일에 있어서는 내가 자방만 못하다'라고 했다.

나는 그가 덩치가 크고 우락부락할 거라고 생각했는데, 초상화를 보니 모습이 마치 잘생긴 여자와도 같았다. 이는 대개 공자가 '겉모습으로 사람을 취하다가 내가 자우(子羽)[1]에게 잘못을 범했다'라고 말한 것과 같은 것으로, 유후에 대해서도 실로 그렇게 말할 수 있을 것이다."[2]

1) 제자 담대멸명(澹臺滅明)을 가리킨다. 외모가 보잘것없어 공자 또한 재능이 보잘것없을 것이라고 여겼다고 한다.

2) **[색은술찬(索隱述贊)]** 유후는 뜻이 크고 기개가 있었으니[留侯倜儻]/마음속에는 분노와 원한 품었다네[志懷憤惋]/오대에 걸쳐 한나라 재상을 지낸 집안이었건만[五代相韓]/하루아침에 한나라에 귀의했도다[一朝歸漢]/하는 일마다 마땅하고 너그러웠으며[進履宜假]/내는 계책마다 신령스러웠다네[運籌神算]/횡양군 한성 이미 한왕으로 세우자[橫陽旣立]/장량은 한나라의 사도(司徒)가 되어 적을 막아냈도다[申徒作扞]/패상에서 위기 넘겼고[霸上扶危]/고릉에서 난을 안정시켰지[固陵靜亂]/사람들은 세 인걸 말하는데[人稱三傑]/장량은 여덟 가지 어려움 명쾌하게 분변했도다[辯推八難]/적송자 노닐고 싶듯[赤松願遊]/흰 망아지 묶어두기 어렵구나[白駒難絆]/아! 저 웅걸의 큰 계책[嗟彼雄略]/어찌 거대한 언덕이 아니랴[曾非魁岸]!

세가(世家)

권56 ── 진승상세가(陳丞相世家) 제26

권56 진승상세가(陳丞相世家) 제26

진평(陳平)은 양무(陽武) 호류향(戶牖鄉)[1] 사람이다. 어릴 때는 집안이 가난했지만, 책 읽기를 좋아했고 땅이 30무(畝) 있었는데, 혼자서 형 백(伯-진백(陳伯))과 함께 살았다. 백은 늘 밭을 갈면서 평(平)이 마음껏 돌아다니며 공부할 수 있게 해주었다. 평은 사람됨이 키가 크고 뜻도 컸으며 얼굴도 잘생겼다[美色]. 사람들은 간혹 진평에게 이렇게 말했다.

"가난한데 뭘 먹었길래 이렇게 살이 쪘는가?"

형수는 평이 집안일을 챙기지 않고 농사일도 돌보지 않는 것을 미워해 이렇게 말했다.

"쌀겨[糠覈]나 먹고살 수밖에! 이런 시동생[叔]은 있는 것보다 없는 편이 낫겠네!"

백이 이 말을 듣고서 결국 자기 아내를 내쫓아버렸다.

1) [집해(集解)] 서광(徐廣)이 말했다. "양무는 위(魏) 땅에 속한다. 호류는 지금의 동혼현(東昏縣)으로, 진류군(陳留郡)에 속한다."

평이 자라서 아내를 얻을 때가 되었는데, (호류향의) 부자 중에 딸을 주려는 사람은 없었고 가난한 집 딸은 평도 부끄럽게 여겼다. 한참이 지난 뒤다. 호류향의 부자 중에 장부(張負)라는 사람이 있었다. 그의 손녀딸이 다섯 번 시집을 갔으나 그때마다 남편이 죽어 아무도 아내로 맞이하려는 사람이 없었다. 평은 그녀를 아내로 맞아들이려 했다. 마침, 마을에 초상이 나자, 평은 집안이 가난했기에 장례를 거들[侍喪] 때 가장 먼저 갔다가 가장 나중에 마치는 방식으로 일을 도왔다. 장부가 이미 상갓집에서 평을 보게 되자 풍채가 좋은 모습을 홀로 눈여겨보았고[獨視][1], 평 역시 잘 보이려고 일부러 맨 나중에 자리를 떴다. 부(負)가 평을 따라 그 집에 가보았더니 집은 성곽을 등진[負=偝] 막다른 골목에 있었고 해진 돗자리 같은 것으로 문을 만들어놓았는데, 그러나 문밖에는 덕망이 뛰어난 이[長者]들의 수레바퀴 자국이 많았다. 장부가 집으로 돌아와 그의 아들 중(仲)에게 일러 말했다.

"내가 손녀를 진평에게 주려고 한다."

장중이 말했다.

"평은 가난하고 생업에 종사하지도 않아서 현의 모든 사람이 그의 행태를 보고 비웃는데, 어찌 홀로 그에게 딸을 주려 하십니까?"

장부가 말했다.

"진평처럼 저렇게 멋진 사람[有美]이 언제까지 가난하고 천하게 지내겠느냐?"

마침내 손녀딸을 주었다. 평이 가난했기 때문에 폐백에 필요한 돈을 빌려주어 예를 차리게 했는데, 술이며 고기를 살 돈까지 주어 아내를 맞이하게 했다.

장부가 손녀딸에게 타일러[誡] 말했다.

"가난하다고 해서 남편을 섬김에 소홀함이 없도록 해라. 그의 형님 백을 네[乃=汝] 아버지 모시듯이 하고 형수를 네 어머니 모시듯이 해야 한다[2]."

평이 장씨의 손녀딸을 아내로 얻고 나자, 집안의 재산[齎用]이 점점 늘어났고 교유 범위[游道]도 날로 넓어졌다.

---

1) 안사고(顏師古)가 말했다. "그를 보고서 특출하고 뛰어난 외모에 만족해했다는 뜻이다."

2) [집해(集解)] 형 백이 이미 아내를 내쫓았다고 했으니, 그렇다면 이 형수는 후취일 것이다.

마을에 사제(社祭-토지신에게 올리는 제사)가 있어 평이 재(宰)[1]가 되었는데 고기를 나눠주는 것이 아주 공평했다. 마을 부로(父老)들이 말했다.

"잘하는구나, 진씨네 젊은이가 재 노릇을!"

평이 말했다.

"아, 이 평에게 천하를 주재(主宰)하게 해도 또한 이 제육을 나누듯 잘할 수 있을 텐데!"

1) 안사고(顔師古)가 말했다. "고기를 잘라서 나눠주는 일을 맡았다."

진섭(陳涉)이 일어나 (진(陳)나라의) 왕이 되어 주불(周市)로 하여금 (옛 위나라) 땅을 공략하게 하면서, 위구(魏咎-위나라 공자)를 세워 위왕(魏王)으로 삼은 뒤 진(秦)나라 군대와 임제(臨濟)에서 공방전을 벌였다. 진평은 이미 그에 앞서 형 백과 이별하고는 젊은이들을 따라 임제로 가서 위왕 구(咎)를 섬겼다. 위왕이 그를 태복(太僕-거마를 돌보는 사람)으로 삼았는데, (평이) 위왕에게 유세했으나 듣지 않았다. 사람 중에 누가 그를 헐뜯자[讒] 평은 달아났다.

한참 후에 항우(項羽)가 각지를 공략하며 황하 가에 이르자 진평은 가서 그에게 의탁했고, 그를 따라 (관중으로) 들어가, 진(秦)나라를 깨뜨리니 이에 (항우는) 평에게 경(卿)의 작위를 내려주었다[1]. 항우가 동쪽으로 가서 팽성(彭城)에서 왕 노릇을 할 때 한왕(漢王-유방)이 군대를 돌려 삼진(三秦)을 평정하고 동쪽으로 나아갔고 은왕(殷王-사마앙(司馬卬))이 초나라에 반기를 들었다. 이에 항왕(項王-항우)은 진평을 신무군(信武君)으로 삼아 초나라에 있던 위왕 구의 빈객들을 거느리고 가서 은왕을 치게 했다. 그를 항복시키고 돌아오니, 항왕은 항한(項悍)을 시켜서 평을 제배해 도위(都尉)로 삼고 황금 20일(溢)을 내려주었다.

얼마 후에 한왕이 은(殷)을 공격해 떨어뜨리니[下=陷落], 항왕은 노해 지난번에 은 땅을 평정했던 장군과 관리들을 죽이려 했다. 평은 주살될까 두려워 (항우가 내려준) 황금과 도장을 잘 싸서 사람을 시켜 항왕에게 돌려준 뒤 혼자서 샛길로 칼 한 자루를 지팡이 삼아[杖劍] 도망쳤다. 황하를 건널 때 뱃사공이 잘생긴 대장부가 혼자 다니는 것을 보고는 도망친 장수로 여겨서, 허리춤에 틀림없이 금이며 옥 따위의 귀중한 보물이 있을 것으로 의심해 눈여겨보다가[目之] 죽이려 했다. 평이 마음속으로 겁이 나서 곧장 옷을 벗고 알몸으로[躶=裸=臝] 배 젓는 것[刺船]을 거들었으니, 뱃사공은 그가 아무것도 없음을 알아차리고는 마침내 그런 생각을 접었다.

평이 드디어 수무(修武)에 이르러 한나라에 투항했고[2], 위무지(魏無知-한왕의 측근)를 통해 한왕을 만나길 청하자, 한왕이 그를 불러들였다. 이때 만석군(萬石君) 석분(石奮)이 한왕 중연(中涓)이었는데, 평의 명함을 받고는 평을 데리고 들어갔다. 평 등 7명이 함께 들어가니, 한왕이 그들에게 음식을 내려주면서 말했다.

"다 먹으면 숙소로 가라."

평이 말했다.

"신은 일 때문에 왔으니, 드려야 할 말씀을 오늘을 넘길 수 없습니다."

이에 한왕이 함께 이야기를 나눠보고는 기뻐하며 물었다.

"그대는 초나라에서 어떤 관직에 있었는가?"

평이 말했다.

"도위(都尉)였습니다."

그날로 평을 제배해 도위로 삼고, 함께 수레를 탈 수 있는 참승(參乘)으로 임명해 호군(護軍)의 일을 담당하게 했다. 여러 장수가 시끌벅적하며[讙=嚻而議] (자기들끼리) 이렇게 말했다.

"대왕께서 초나라에서 도망친 졸병을 얻었는데, 능력이 높은지 낮은지

도 모른 채 하루 만에 곧바로 함께 수레에 탈 수 있게 하시어 우리 같은 호군

고참을 감독하게 하시는가!"

한왕이 그 소식을 듣고서도 평을 더욱더[愈益] 총애했고, 드디어 함께

동쪽으로 항왕을 정벌하러 갔다. 팽성에 이르렀다가 초나라에 패해 군대를

이끌고 돌아왔다. 흩어진 병사들을 거둬 형양(滎陽)에 이르렀는데, 이때 평

을 아장(亞將)으로 삼아 한왕(韓王) 신(信)에게 배속시키고 광무(廣武)에 군

대를 주둔시켰다.

1) [집해(集解)] 장안(張晏)이 말했다. "예우상 작질이 경(卿)일 뿐 맡은 일은 없었다."

2) [집해(集解)] 서광(徐廣)이 말했다. "한나라 2년이다."

강후(絳侯)와 관영(灌嬰)[1] 등이 간혹 평을 헐뜯어 말했다.

"진평이 비록 잘생긴 장부이긴 하지만 관을 장식하는 옥과 같아서, 그 속

에 반드시 재능이 있다고 할 수는 없습니다. 신들이 듣건대 평은 집에 있을

때 형수와 간통했고[盜=私] 위왕을 섬겼으나 받아들여지지 않자 달아나

초나라에 의탁했으며 초나라에 붙어서도 뜻대로 되지 않자[不中] 또 달아

나 한나라에 붙었습니다만, (그런데도) 지금 대왕께서는 그를 높여서 관직

을 주고 호군을 담당하게 했습니다. 신들이 듣건대 평은 장수들에게 금품

을 받았는데, 금품이 많으면 잘 봐주고 금품이 적으면 나쁘게 대한다고 합

니다. 평은 왔다 갔다 하는 난신(亂臣)이니, 바라건대 왕께서는 그를 잘 살펴

십시오!"

(이에) 한왕이 평을 의심하게 되어 무지(無知=위무지)를 꾸짖으니, 위무지

가 말했다.

"신이 말씀드린 바는 그의 능력[能]이고, 폐하께서 물으신 바는 행실[行]

입니다. 지금 (그에게) 미생(尾生)[2]이나 효기(孝己)[3] 같은 행실이 있다고 한

들 이기고 지는 수(數)에서는 아무런 이로움이 없는데, 폐하께서는 어느 겨

를에 그런 사람을 쓰실 수 있겠습니까? 초나라와 한나라가 서로 맞선 상황에서 신이 기이한 계책을 지닌 인사를 올린 것이니, 생각건대[顧=念] 그의 계책이 진정으로 나라에 이로운지 아닌지를 따질 뿐입니다. 형수와 간통하고 금품을 받았다는 일이 또한 무슨 의심거리가 되겠습니까?”

한왕이 평을 불러 물었다.

“내가 듣건대 선생은 위나라를 섬겼으나 끝까지 따르지 않았고[不遂] 초나라를 섬기다가 떠났으며 지금은 또 나를 따르려 한다는데, 신의를 아는 사람이면 정말이지 이렇게 여러 마음을 품겠는가?”

평이 말했다.

“신이 위왕을 섬겼지만, 위왕이 신의 말을 쓰지 못했기에 떠나서 항왕을 섬겼습니다. (그런데) 항왕은 다른 사람을 믿지 못했기에 그가 일을 맡기고 아끼는 사람은 항씨 아니면 처의 형제들뿐이었으니, 설사 특출한 인재라 해도 쓰일 수가 없었습니다. 신이 초나라에 있을 때 듣기를 한왕께서 능히 사람을 잘 쓰신다고 하니, 그 때문에 대왕께 몸을 맡긴 것입니다. 신은 맨몸으로 왔기에 금품을 받지 않으면 자금으로 삼을 만한 것이 없습니다. 진실로 신의 계책 중에 취할 만한 것이 있으면 바라건대 대왕께서는 쓰십시오. 쓸 만한 것이 없으면 금품이 그대로 있으니 잘 싸서 관청으로 보내고 사직할 것[骸骨]을 청합니다.”

한왕이 즉각 사과하고서 두텁게 상을 내리고는 제배해서 호군중위(護軍中尉)로 삼아 여러 장수를 다 감독하게 하니, 장수들은 마침내 감히 더는 말하지 못했다.

---

1) 안사고(顔師古)가 말했다. “구설(舊說)에서는 강(絳)은 강후(絳侯), 관(灌)은 관영(灌嬰)이라 했으나 『초한춘추(楚漢春秋)』에 따르면 고조(高祖) 신하 중에 이들과 별개로 강관(絳灌)이 있었으니, 어느 것이 확실한지는 애매하지만, 근거를 삼을 만한 것이 없다.”

2) 서주(西周) 때 노(魯) 사람이다. 전설에 따르면, 여자와 다리 아래에서 만나기로 했는데 약속 시

간이 되어도 여자는 오지 않았다. 마침 홍수가 나서 강물이 갑자기 불어났는데, 약속을 지키기 위해서 피하지 않고 다리 기둥을 붙잡고 있다가 익사하고 말았다. 이 이야기로부터 고사성어 미생지신(尾生之信)이 나왔다.

3) **【집해(集解)】** 여순(如淳)이 말했다. "(은나라) 고종(高宗)의 아들로 효행(孝行)이 있었다."

그 후에 초나라가 급습해 한나라 용도(甬道-양쪽에 담을 쌓은 식량 보급로)를 끊고 형양성(滎陽城)에서 한왕을 에워쌌다. 한왕이 이를 걱정하다가 형양 서쪽 땅을 떼어주겠다고 하며 강화를 청했으나 항왕은 듣지 않았다. 한왕이 평에게 일러 말했다.

"천하가 어지러운데[紛紛], 언제쯤 안정되겠는가?"

평이 말했다.

"항왕의 사람됨은 남을 공경하고 아껴주어 선비 중에서 지조와 절개가 있고 예를 좋아하는 자들이 많이 그에게 몸을 맡기지만, 공로를 행한 자에게 벼슬과 읍을 상으로 주어야 할 때는 그것을 아까워하니[重=愛惜] 선비들 역시 이 때문에 기대지는 않는 것입니다. (반면에) 지금 대왕께서는 오만하고 예를 가벼이 여기기 때문에 지조와 절개가 있는 사람들이 오지 않지만, 대왕께서는 벼슬과 읍을 넉넉하게 주시므로 장부 중에서 완고하고 아둔하며 이익을 탐하고 부끄러움을 모르는 자들이 역시 한나라에 많이 몸을 맡기는 것입니다. 진실로 그 둘의 단점을 각각 버리고 둘의 장점을 모은다면 천하는 손가락만 저어도 곧바로 안정될 것입니다. 그러나 대왕께서는 천성적으로[資=天性] 사람을 모욕주기 때문에 지조와 절개가 있는 인재들을 얻을 수가 없습니다.

돌이켜보면 초나라에도 어지러워질 요인이 있으니, 저 항왕의 강직한[骨鯁] 신하라고 해봐야 아보(亞父-범증), 종리매(鍾離眛), 용저(龍且), 주은(周殷) 등 몇 사람에 지나지 않을 뿐입니다. 대왕께서 만약에 기꺼이 황금

수만 근을 내놓고 이간책[反間]을 행하시어 임금과 신하 사이를 갈라놓아서 그들로 하여금 서로 의심하는 마음을 품게 하시면, 항왕은 그 사람됨이 속으로 남을 꺼리고 참소를 잘 믿으니 반드시 안에서 주살할 것입니다. 한나라가 이 틈을 노려 군대를 일으켜 공격하면 반드시 초나라를 깨뜨리게 될 것입니다."

한왕이 그렇다고 여겨서 곧바로 황금 4만 근을 내어 평에게 주고, 마음대로 쓸 수 있게 하고 사용처[出入]는 묻지 않았다.

진평은 이미 많은 금으로 초나라 군대에 첩자들을 풀어 쓰면서, 공공연하게 종리매 등이 항왕의 장수가 되어 공로를 많이 세우고도 끝내 땅을 떼어 받고 왕이 될 수 없었기 때문에 한나라와 하나가 되어 항씨를 멸하고 그 땅을 나눠서 그곳의 왕이 되려 한다고 선전했다. 항왕이 과연 종리매 등을 의심하게 되어 한나라에 사신을 보냈다. 한왕이 태뢰(太牢)를 갖춰 사람으로 하여금 가게 한 뒤 초나라의 사신을 보고 겉으로[陽] 놀란 척하며 말했다.

"아보의 사신인 줄 알았더니, 기껏 항왕의 사신이군!"

태뢰를 들고 나가게 하고는 다시 형편없는 음식으로 초나라 사신에게 갖춰 바치게 했다. 초나라 사신이 돌아가서 이를 항왕에게 모두 보고하자 과연 아보를 크게 의심했으니, (당시) 아보가 형양성을 습격해 떨어뜨리려 했으나 항왕은 믿지 않고 그 말을 듣지 않았다. 아보는 항왕이 자신을 의심한다는 말을 듣고는 크게 화를 내며 말했다.

"천하의 일이 대략 정해졌으니, (앞으로는) 군왕이 스스로 알아서 하십시오! 바라건대 해골(骸骨-사직)해 집으로 돌아갈 수 있게 해주십시오."

(아보는) 집으로 돌아가다가 팽성에 미처 이르기도 전에 등창[疽=哨瘡]이 나서 죽었다.

한밤중에 마침내 평이 여자 2,000명을 형양성 동쪽 문으로 내보내자, 초나라는 이들을 공격했고, 이 틈에 평은 한왕과 함께 성의 서쪽 문을 통해 달아났다. (한왕은) 이렇게 해서 관중으로 들어가서 흩어진 병력을 거둬 다시 동쪽으로 나아갔다.

그 이듬해 회음후(淮陰侯) 신(信)이 제(齊)나라를 깨뜨리고 스스로를 세워서 임시로 제나라 왕이 되었다. 사신을 보내 한왕에게 그 사실을 말하니 한왕이 성을 내며 욕했는데, 평이 (몰래) 한왕의 발을 밟았다[躡]. 한왕이 문득 깨닫고서 제나라 사신을 두텁게 대접하고는 장량을 보내 신을 세워서 제왕으로 삼았고, 호류향(戶牖鄕)을 갖고서 평을 봉해주었다. 그의 기발한 계책을 써서 결국 초나라를 멸망시켰기 때문이다. (평은) 늘 호군중위(護軍中尉)로서 유방을 따라다니며 연나라 왕 장도(臧荼)를 평정했다.

한나라 6년에 어떤 사람이 글을 올려 초왕(楚王) 한신(韓信)이 모반한다고 했다. 고제가 장수들에게 묻자, 장수들이 말했다.

"서둘러[亟=急] 군대를 내서 애송이[豎子]를 파묻어야 합니다!"

고제는 아무 말을 하지 않았다. 평에게 묻자, 평이 굳게 사양하다가 말했다.

"장수들은 뭐라고 합니까?"

상이 다 말해주었다.

평이 말했다.

"누군가 글을 올려 신이 모반한다고 했을 때 사람 중에 이를 듣고서 아는 사람이 있었습니까?"

말했다.

"없다."

말했다.

"신(信)은 알고 있습니까?"

말했다.

"모른다."

평이 말했다.

"폐하의 정예병은 초나라와 비교할 때 누가 더 낫습니까?"

상이 말했다.

"(그들을) 넘어설 수가 없다."

평이 말했다.

"폐하의 장수 중에 용병술에서 한신을 넘어서는 자가 있습니까?"

상이 말했다.

"아무도 못 미친다."

평이 말했다.

"지금 병력은 초나라에 비해 정예군도 아니고 장수도 미치지 못하니, 군대를 일으켜 치는 것은 그들로 하여금 우리와 싸우게끔 부추기는[趣=促] 것입니다. 제가 생각할 때는 폐하께서 위험해질 수 있습니다."

상이 말했다.

"어찌하면 좋겠는가?"

평이 말했다.

"옛날에 천자가 순수(巡狩)하면 제후들을 만났습니다. 남방에 운몽(雲夢)[1]이라는 곳이 있으니, 폐하께서는 그냥[弟=但] 운몽으로 순수 하신다고 하면서 진(陳) 땅에 제후들을 모으십시오. 진 땅은 초나라의 서쪽 경계입니다. 신(信)은 천자께서 순수 하는 것을 좋아한다는 말을 듣게 되면 형세상 (별다른 상황이 아니라 여겨서) 분명 교외에서 맞이해 뵈려고 할 터인데, 그가 인사를 올릴 때 폐하께서는 그 틈을 타서 잡으면 됩니다. 이 일은 단지 역사(力士) 한 사람의 일에 지나지 않을 뿐입니다."

고제가 그렇다고 여겨 곧바로 사신을 보내 제후들에게 진 땅에서 만나자고 하면서 "내가 장차 남쪽 운몽으로 순수할 것이다"라고 일렀다. 상은 그러고 나서 길을 나섰다. 행렬이 진 땅에 이르자 과연 초왕 신이 교외로 나와 길에서 맞이했다. 고제가 미리 준비해둔 무사들로 하여금 신이 인사를 할 때 곧장 붙잡아 결박해서 뒤따르던 수레에 싣게 하니, 한신이 소리쳤다.

"천하가 이미 평정되었으니 나는 실로 마땅히 삶겨 죽겠구나!"

고제가 돌아보며 말했다.

"너[若]는 소리치지 말라! 네[而] 반란은 명백하도다."

무사들이 한신의 두 손을 등 뒤로 하여 묶었고, 드디어 진 땅에서 제후들을 만나보았다. 초나라 땅을 모조리 평정한 후 돌아오는 길에 낙양(雒陽)에 이르자 한신을 사면해 (왕에서 후로 낮춰) 회음후(淮陰侯)로 삼았고, 공신들에게 부절(符節)을 나눠주며 봉지(封地)를 정해주었다.

1) 안사고(顏師古)가 말했다. "초(楚)나라의 큰 늪지다."

이에 평에게도 부절을 나눠주며 대대로 끊어지지 않게 하고서 평을 봉해 호류후(戶牖侯)로 삼으니, 평이 사양하며 말했다.

"이는 신의 공로가 아닙니다."

상이 말했다.

"내가 선생의 계책으로 싸워서 이겨 적을 무찔렀는데, 그대의 공로가 아니라니 무슨 말인가?"

평이 말했다.

"위무지가 아니었으면 신이 어찌 여기까지 나아왔겠습니까?"

상이 말했다.

"그대 같은[若=如] 사람이야말로 근본을 배반하지[背本] 않는 사람이라 할 수 있겠다!"

마침내 다시 위무지에게도 상을 내렸다.

그 이듬해에 평은 호군중위로서 고제를 따라 반역자 한왕(韓王) 신(信)

을 대(代)에서 쳤다. 평성(平城)에까지 이르렀을 때, 갑자기[卒=猝地] 흉노에게 포위당해 7일 동안 아무것도 먹을 수 없었다. 고제는 평의 기이한 계책[奇計]을 써서 선우(單于) 연지(閼氏)에게 사람을 보내고서야 포위를 벗어날 수 있었는데, 고제가 탈출한 다음에도 계책은 비밀에 부쳐져 세상에서는 아무도 그 일을 들을 수 없었다.

고제가 남쪽으로 곡역(曲逆)[1]을 지나다가 그 성에 올랐는데, 성안의 집들이 아주 큰 것을 보고는 말했다.

"정말 이 고을은 장관이로구나! 내가 천하를 다녀봤지만, 오직 볼 만한 곳은 낙양과 이곳뿐이로다!"

고개를 돌려 어사(御史)에게 물었다.

"곡역의 호구 수는 얼마인가?"

어사가 말했다.

"애초에 진(秦)나라 때는 3만 호가 넘었지만, 근래에 전란이 여러 번 있어서 많이 도망치고 숨고 했기 때문에 지금은 5,000호 정도만 보입니다."

이에 마침내 고제는 어사에게 조(詔)해서 평을 다시 봉해 곡역후(曲逆侯)로 삼으면서 곡역현 전부를 식읍으로 주는 한편, 이전에 식읍으로 주었던 호류의 식읍을 없앴다[除].

1) 맹강(孟康)이 말했다. "중산(中山) 포음현(蒲陰縣)이다."

그 후에도 늘 호군중위로서 고제를 따라다니며 진희(陳豨)·경포(黥布)를 쳤다. 모두 여섯 번 기이한 계책을 내었으니, 그때마다[輒] 식읍이 늘어 모두 여섯 번 익봉(益封)되었다.

기이한 계책 중에 어떤 것들은 자못 비밀에 부쳐져 세상에서는 그 내용을 들을 수 없었다.

고제가 포(布-경포)를 깨뜨린 후 군대를 따라 돌아오다가 병이 도져서, 천천히 행군해 장안에 이르렀다. 이때 연왕(燕王) 노관(盧綰)이 반란을 일으키니, 상은 번쾌(樊噲)에게 상국(相國)의 신분으로 군대를 거느리고서 그를 공격하게 했다. 쾌가 떠나고 나자, 사람들 가운데 쾌에 대해 깎아내리고 험담을 하는 사람이 있었고, 고제가 노해 말했다.

"쾌는 내가 병난 것을 보고는 마침내 내가 죽기를 바랐단 말인가?"

진평의 계책을 써서 강후(絳侯) 주발(周勃)로 하여금 병상 아래에서 조서(詔書)를 받게 하고는 말했다.

"진평은 서둘러 주발을 역참의 수레에 태우고 달려가 쾌를 대신해 군대를 이끌게 하라. 평은 군중에 이르면 곧바로 쾌의 목을 베라!"

두 사람이 이미 조서를 받고 역참의 수레를 타고 달려가다가, 군중에 이르기 전에 도중에 서로 계책을 내어 말했다.

"번쾌는 제(帝)의 오랜 친구로 공로도 많고, 또 여후 여동생 여수(呂嬃)의 남편이니 황제의 인척이자 귀한 몸입니다. 제께서 한순간의 분노로 목을 베려 하지만, 곧바로 후회하실까 두렵소. 차라리[寧] 그를 묶어서 상께 보내 상께서 몸소 죽이게 합시다."

이에 군중에 이르기도 전에 단(壇)을 만든 뒤 부절로써 번쾌를 불렀고, 쾌가 조서를 받자 즉시 두 손을 뒤로 묶어서[反接] 죄수용 수레에 실어 장안으로 보냈다. 고제는 영을 내려 주발로 하여금 대신 장수가 되어 병사를 거느리고 연나라에서 반란을 일으킨 현들을 평정하게 했다.

평이 행군하던 중에 고제가 붕했다는 소식을 들었다. 평은 여후와 여수가 화를 낼까 두려워 역참의 수레를 타고 내달려서 (번쾌보다) 먼저 들어가려 했다. 도중에 사자와 마주쳤는데, (사자는) 평과 영(嬰-관영)에게 형양에 주둔하라는 조서를 전했다. 조서를 받은 평은 (그럼에도) 다시 수레를 몰아 궁으로 들어가서 특히 슬프게 곡을 했고, 틈을 보아 고제가 죽기 전에 있었던 일을 아뢰었다.

태후(太后-여후)가 그를 가엾게 여겨 말했다.

"그대[君]는 (수고했으니) 궁궐을 나가 쉬도록 하시오!"

평은 (자신이 없을 때) 자신에 대한 참소가 일어날까 두려워 한사코 궁궐 숙위로 남기를 청했다. 태후가 마침내 그를 낭중령(郎中令-궁궐의 문을 담당)으로 삼으면서 말했다.

"효혜(孝惠)를 보좌해 가르치도록 하라."

그 후에 여수가 마침내 (평에 대한) 참소를 했으나 효과가 없었고, 번쾌는 (장안에) 도착하자마자 곧장 사면되어 작위와 봉읍을 되찾았다.

효혜제(孝惠帝) 6년에 상국(相國) 조참(曹參)이 졸하자 안국후(安國侯) 왕릉(王陵)이 우승상이 되었고[1], 진평은 좌승상이 되었다.

1) 【집해(集解)】 서광(徐廣)이 말했다. "왕릉은 객으로 고조를 따라 풍(豐)에서 일어나 구장(廐將)으로서 별개로 풍을 지켰으며, 상이 동쪽으로 가자 그 참에 상을 따라갔다. 싸움이 불리해지자 효혜와 노원을 받들고서 수수(睢水)를 탈출한 공로로 옹후(雍侯)에 봉해졌고, 고제 8년에 안국(安國)을 식읍으로 받았다. 21년에 졸하니 시호를 무후(武侯)라고 했다. 현손까지 작호가 이어졌으나, 주금(酎金)에 걸려 봉국이 없어졌다."

왕릉(王陵)은 패(沛-현) 사람으로 처음에 패현의 호걸이었는데, 고조는 한미하던 시절에 릉(陵)을 형님으로 섬겼다. 릉은 꾸밈이 적고[少文] 매사를 기분에 따라 했으며[任氣] 직언을 잘했다. 고조가 패현에서 일어나 함양(咸陽)에 들어갈 때 릉 또한 무리 수천 명을 모았지만, 남양(南陽)에 머물며 패공(沛公-유방)을 기꺼이 따르지 않다가 한왕(漢王-유방)이 군사를 돌려 항적(項籍-항우)을 칠 때가 되어서야 마침내 군사를 한(漢)에 소속시켰다.

항우(項羽)가 릉의 어머니를 잡아 군중에 두고서는 릉의 사자가 도착하자 릉의 어머니를 동쪽으로 바라보며 앉게 해서 릉을 부르려 했다. (그러나) 릉의 어머니가 이미 몰래[私] 사자를 보내면서 눈물을 흘리며 말했다.

"바라건대 늙은이[老妾]를 위해 릉에게 한왕을 잘 모시라고 말해주시오. 한왕은 훌륭한 분[長者]이시니, 이 늙은이 때문에 두 마음을 품지 말라고 하시오. 이 늙은이는 죽음으로써 당신을 보내주겠소!"

드디어 칼에 엎어져 죽었다. 항왕이 화가 나서 릉의 어머니를 삶아버렸고, 릉은 결국 한왕을 따라 종군해서 천하를 평정했다. 옹치(雍齒)와 사이가 좋았는데, 옹치가 고조(高祖)의 원수인 데다 릉 또한 본래는 한왕을 따르려는 마음이 없어 뒤늦게야 안국후(安國侯)에 봉해졌다.

안국후가 이미 우승상(右丞相)이 된 지 2년 만에 효혜제가 붕했다. 고후(高后)가 여씨(呂氏)들을 세워 왕으로 삼고 싶었는데, 왕릉에게 물으니, 왕릉이 말했다.

"안 됩니다."

진평에게 물으니, 진평이 말했다.

"좋습니다."

여태후는 (릉에게) 화가 나서 마침내 겉으로는[詳=佯=陽] 릉을 승진시켜 제(帝)의 태부(太傅)로 삼았는데, 실은[實] 릉을 쓰지 않으려는 것이었다. 릉은 화가 나서 병을 핑계로 사직하고서는 문을 닫아걸었으니[杜門=塞門], 끝내 조회에도 나오지 않다가 7년 만에 졸했다.

릉이 승상에서 물러나자, 여태후(呂太后)는 마침내 평을 옮겨 우승상으로 삼고 벽양후(辟陽侯) 심이기(審食其)를 좌승상으로 삼았다. 좌승상은 (승상으로서의) 직무는 하지 않는 채[不治] 마치 급사(給事)처럼 궁중의 일만 처리 했다[1].

1) 반고(班固)는 『한서(漢書)』에서 이 문장 뒤에 다음 문장을 덧붙여 뜻을 보다 분명히 했다. "백관들은 모두 그를 통해 일을 결정했다." 이 문장은 바로 뒤에 나온다.

심이기 또한 패현(沛縣) 사람이다. 한왕이 팽성에서 패해 서쪽으로 달아날 때 초나라는 태상황과 여후를 붙잡아 인질로 삼았는데 (이때) 이기는 사인(舍人)으로서 여후를 모셨고, 그 후에 고조를 따라서 항적(項籍)을 깨뜨림으로써 후가 되어 여태후의 총애를 받았다. 승상이 되어서는 궁중에 머물렀고, 백관들은 모두 그를 통해 일을 결정했다.

여수(呂嬃)는 늘 진평이 전에 고제에게 번쾌를 잡을 계책을 냈던 일로 인해 여러 차례 평을 헐뜯어[讒] 말했다.

"진평은 승상이 되어서는 일은 하지 않고 날마다 좋은 술[醇酒]이나 마시며 부녀자를 희롱합니다."

평이 이를 듣고서는 날마다 더욱 심하게 하니, 여태후가 이를 듣고 은근히 홀로 기뻐했다. 여태후는 여수가 있는 자리[面質=面對]에서 진평에게 말했다.

"속담[鄙語]에 이르기를 '어린아이와 아녀자 입은 믿을 수 없다'라고 했으니, 그대와 내가 어떤가를 돌아보면 그만이지 여수의 참소 따위는 두려워하지 마시오."

여태후가 많은 여씨를 세워 왕으로 삼자 진평은 거짓으로 그것을 따랐으나[聽=順從], 여태후가 붕하자 평은 태위(太尉) 주발과 함께 모의해 결국 여러 여씨를 죽이고 효문황제(孝文皇帝)를 세웠다. 평이 모의를 주도했으니, 심이기는 승상에서 면직되었다.

문제(文帝)가 세워졌을 때 태위 발은 몸소 병사를 이끌고 여러 여씨를 죽였기에 공로가 많았다. 이에 진평은 주발에게 높은 자리를 양보하고 마침내 병을 핑계로 사직하려고 했다. 효문제는 자기가 막 세워졌을 때라 평이 병을 핑계 대는 것을 이상하게 여겨서 물었고, 평이 말했다.

"고제 때 주발의 공로는 신만 못했습니다만, 여씨들을 주살한 일에 있어서는 또한 신의 공로가 발만 못합니다. 바라건대 우승상을 발에게 양보하겠습니다."

이에 효문제는 마침내 태위 발을 우승상으로 삼으니 서열이 첫 번째였고, 평을 옮겨 좌승상으로 삼으니 서열이 두 번째였다. 평에게 금 1,000근을 내려주고 식읍 3,000호를 더 봉해주었다.

시간이 흘러[居頃之] 효문황제가 이미 나랏일에 더욱 훤히 익숙해졌는데, 한번은 조회에서 우승상 발에게 물었다.

"천하에 1년 동안 옥송을 결단하는 일[決獄]이 얼마나 되는가?"

발이 사죄하며 말했다.

"알지 못합니다."

또 물었다.

"천하에 돈과 곡식이 1년 동안 들고나는 것은 얼마나 되는가?"

발이 또 사죄하며 모른다고 했다. 땀이 나서 등을 적셨는데, 제대로 대답하지 못한 것이 부끄러웠다[媿=愧]. 이에 상이 좌승상 평에게도 똑같이 물으니, 평이 말했다.

"주관자[主者]가 있습니다."

상이 말했다.

"주관자가 누구인가?"

평이 말했다.

"폐하께서 옥송을 결단하는 일을 물어보시려면 정위(廷尉)에게 물으시고, 돈이나 곡식에 관해 물어보시려면 치속내사(治粟內史)에게 물으십시오."

상이 말했다.

"정말로 각각 주관자가 있다면, 그대들이 주관하는 바는 무엇인가?"

평은 사죄하며[謝] 이렇게 말했다.

"황공하옵니다[主臣][1]! 폐하께서 신이 노둔한[駑][2] 사람이란 것을 모르시어 재상이라는 자리에서 죄를 기다리게[待罪][3] 하셨습니다. 재상이란 위로는 천자를 보좌하고 음양(陰陽)을 다스리며 사계절을 순조롭게 하고 아래로는 만물을 때에 알맞게 기르며[遂=申], 밖으로는 사방 오랑캐와 제후들을 눌러서 어루만지며 안으로는 백성이 서로 화목하게 하고 경대부로 하여금 각자 그 자리에서 맡은 바 일을 충실하게 하도록 만드는 자입니다."

효문제가 마침내 좋다고 칭찬했다. 우승상이 크게 부끄러워하다가 조정에서 나오자, 진평을 나무라며[讓] 말했다.

"그대는 어찌 평소에 내게 그런 대답을 가르쳐주지 않았단 말이오?"

평이 웃으며 말했다.

"그대는 그 자리에 있으면서 홀로 그 맡은 바를 몰랐단 말이오? 그러면 폐하께서 장안의 도둑들 숫자를 물으면 또 억지로라도 대답하려고[彊對] 하셨겠소?"

이에 강후는 스스로 자신의 능력이 평에게 훨씬 못 미친다는 것을 깨달았다. 얼마 지나서 강후는 병을 이유로 승상을 그만둘 것을 청했고, 진평이 단독으로[專=顓] 승상을 맡게 되었다.

1) **집해(集解)** 장안(張晏)이 말했다. "(주신이란) 황공함의 표현이다. 오늘날 '죽을 죄를 졌다'라는 말과 같은 뜻이다."

2) 안사고(顔師古)가 말했다. "노(駑)는 일반적으로 말이 느리고 둔한 것을 일컫는다. 스스로를 비유한 것이다."

3) 실제로 죄에 따른 벌을 받기를 기다린다는 뜻이 아니라 관직 생활을 비유적으로 표현한 것이다.

효문제 2년에 승상 진평이 졸하니, 시호를 헌후(獻侯)라고 했고 아들 공후(共侯) 매(買)가 후위(侯位)를 대신했다.

매가 2년 만에 졸하자 아들 간후(簡侯) 회(恢)가 후위를 대신했다.

회가 23년 만에 졸하자 아들 하(何)가 후위를 대신했다.

하는 후가 된 지 23년에 남의 아내를 강탈한 죄에 연루되어 기시(棄市)되었고, 봉국은 없어졌다.

애초에 진평이 말했다.

"내가 은밀한 계모[陰謀]를 많이 내었는데, 이는 도가(道家)에서 금하는 바다. 후세들이 내쫓겨난다면 그걸로 끝일 뿐 종국에 가서도 다시 일어날 수 없을 것이니, 이는 내가 음모로 인한 재앙[陰禍]을 많이 빚어낸 탓이다."

결국 그의 후손인 증손 진장(陳掌)이 위씨(衛氏)와 친척[1]이라 귀해져서 진씨의 봉작을 이어가길 원했지만, 끝내 그렇게 되지는 못했다.

1) 진장의 아내는 무제(武帝)의 황후인 위자부(衛子夫)의 여형제다. (위자부는) 본래 평양공주 집안의 가녀(歌女)였던 것을 무제가 받아들였고, 원삭(元朔) 원년(기원전 128년)에 태자 거(據)를 낳고 황후가 되었다. 둘 다 대장군 위청(衛靑)의 누이다.

태사공(太史公)이 말한다.

"진승상(陳丞相) 평(平)은 젊었을 때부터 본래 황제(黃帝)와 노자(老子)의 황로술(黃老術)을 좋아했다. 바야흐로 그가 제육을 나눠주는 자리에 있을 때부터 그 뜻은 참으로 이미 원대했다. 훗날 초나라와 위(魏)나라 사이에서 불안하게 떠돌다가 결국 고제에게 귀의했다. 늘 기이한 책략을 내어 얽히고설킨 어려움을 풀어내고 국가의 근심거리를 털어냈다. 여후(呂后) 때 일들이 많았으나 평은 결국 자기 힘으로 화에서 벗어나 종묘를 안정시킴으로써 영예로운 이름으로 삶을 마치고 뛰어난 재상[賢相]이라는 칭송을 받았으니 어찌 시작도 좋고 끝도 좋았다[善始善終]라고 하지 않겠는가! 지혜와 책략[知謀]을 잘 갖추지 않았다면 누가 능히 이런 일들을 감당할 수 있겠는가!"[1]

1) **【색은술찬(索隱述贊)】** 곡역 궁벽진 마을에 살았던 진평[曲逆窮巷]/하나 그 문 앞에는 덕망 있는 자들 수레바퀴 가득했도다[門多長者]/제사 지낸 고기 나눌 때 아주 공평했고[宰肉先均]/상가 일을 도울 때는 맨 마지막에 자리를 떴다네[佐喪後罷]/위나라 초나라에 번갈아 기용되었으나[魏楚更用]/복심을 내맡기기에는 어려웠구나[腹心難假]/인장을 버리고 황금을 봉해 반납했건만[棄印封金]/알몸으로 배 젓는 일 도와야 했다네[刺船露倮]/몰래 가서 한나라에 귀의해[閒行歸漢]/고제 휘하에 몸을 맡겼도다[委質麾下]/형양에서 군대를 보전할 계책 냈고[滎陽計全]/평성의 포위 풀어냈다네[平城圍解]/왕릉을 천거하고 주발에게 승상을 양보했으니[推陵讓勃]/남는 것은 덜어내고 적은 것은 더해 주었도다[裒多益寡]/변화에 호응하며 합당한 권도 발휘해[應變合權]/능히 종묘사직을 안정시켰다네[克定宗社]!

권57 | 강후주발세가(絳侯周勃世家) 제27

권57 강후주발세가(絳侯周勃世家) 제27

주발(周勃)은 패(沛) 사람이다. 선조는 권(卷)[1] 사람인데 패(沛)로 이주했다. 발(勃)은 실을 잣고 갈대로 자리를 만들고 누에를 쳐서 생계를 꾸렸는데 평상시에는 초상집에 가서 사람들을 위해 피리를 불어주었고[2] 뒤에 강한 재관(材官-특수부대원)이 되어 강한 활을 잘 쏘았다.

1) 【집해(集解)】 서광(徐廣)이 말했다. "권현은 형양(滎陽)에 있다."

2) 【집해(集解)】 여순(如淳)이 말했다. "상가에서 음악을 연주하는 사람이니, 배우와 같다."

고조(高祖)가 패공(沛公)이 되어 처음 일어났을 때 발(勃)은 중연(中涓-시종관)으로서 고조를 따라 호릉(胡陵)을 공격해 방예(方與)를 떨어뜨렸다. 방예가 (다시) 반란을 일으키자, 그들과 싸움을 벌여 적을 물리쳤다. 풍읍(豐邑)을 공격했다. 탕(碭) 동쪽에서 진(秦)나라 군대를 쳤다. 군대를 돌려 유현(留縣)과 소현(蕭縣)에 주둔했다. 다시 탕(碭)을 공격해 깨뜨렸다. 하읍(下邑)을 떨어뜨릴 때는 맨 먼저 성루에 오름으로써[先登] 오대부(五大夫 -20등급 가운데 아홉 번째) 벼슬을 하사받았다. 몽(蒙)과 우(虞)[1]을 공격해 이를 차지했다. 장한(章邯)의 전차 기병 부대[車騎]를 칠 때는 후위를 지켰다[殿][2]. 위(魏)나라 땅을 평정했다. 원척현(爰戚縣)과 동민현(東緡縣)[3]을 공격했으며, 나아가 율현(栗縣)[4]에 이르러 이를 차지했다. 설상(齧桑)[5]을 공격할 때도 맨 먼저 성루에 올랐다. 동아(東阿) 아래에서 진나라 군대를 공격해 깨뜨렸다. 복양(濮陽)까지 추격해 견성(甄城)을 떨어뜨렸다. 도관(都關)[6]과 정도(定陶)를 공격했으며, 원구(宛朐)[7]를 습격해 차지했고[襲取] 선보(單父)[8] 현령을 붙잡았다. 밤에 임제(臨濟)를 습격해 차지했고, 장현(張縣)[9]을 공격할 때는 선봉이 되어 권현(卷縣)에 이르러서 그들을 깨뜨렸다. 옹구성(雍丘城) 아래에서 이유(李由)의 군대를 쳤다. 개봉(開封)을 공격할 때도 앞장섰는데, 성 아래에 다다른 자가 많았다[10]. 뒤에 장한(章邯)이 항량(項梁)을 깨뜨리고 죽이자, 패공과 항우는 군대를 이끌고 동쪽으로 탕(碭)으로 갔다. 패현에서 처음 일어나 탕으로 돌아오기까지 기간이 1년 2개월이었다.

1) 【색은(索隱)】 둘 다 현 이름으로, 양국(梁國)에 속한다.

2) 【집해(集解)】 신찬(臣瓚)이 말했다. "부대 뒤를 맡는 것을 전(殿)이라고 한다."

3) 【집해(集解)】 서광(徐廣)이 말했다. "둘 다 산양군(山陽郡)에 속한다."

4) 【정의(正義)】 「지리지(地理志)」에 이르기를, 패군(沛郡)에 속한다고 했다.

5) 【색은(索隱)】 서광(徐廣)이 말하기를, 양(梁)과 팽성(彭城) 사이에 있다고 했다.

6) 【색은(索隱)】 「지리지(地理志)」에 따르면, 현 이름으로 산양군(山陽郡)에 속한다.

7) 【정의(正義)】 지금의 조주현(曹州縣)이다.

8) 【정의(正義)】 송주(宋州)의 현이다.

9) 【색은(索隱)】 「지리지(地理志)」에 따르면, 동군(東郡) 수량현(壽良縣)인데 광무 때 수장(壽張)으로 고쳤다.

10) 【집해(集解)】 문영(文穎)이 말했다. "주발의 병사 중에서 다다른 자들이 많았다는 말이다."

초(楚)나라 회왕(懷王)이 패공을 봉해 안무후(安武侯) 칭호를 내리고 탕군(碭郡) 수장으로 삼았다. 패공은 발(勃)을 제배해 호비령(虎賁令-경호부대장)[1]으로 삼았다. (발은) 현령으로서 패공을 따라 위(魏)나라 땅을 평정했다. 성무(城武)에서 동군(東郡) 군위(郡尉)의 부대를 공격해 깨뜨렸다. 왕리

(王離)의 군대를 쳐서 깨뜨렸다. 장사(長社)를 공격할 때는 맨 먼저 성루에 올랐다. 영양(潁陽)과 구지(緱氏)2)를 공격했고, 황하의 나루터[河津]를 끊었다. 시향(尸鄉) 북쪽에서 조비(趙賁)3)의 군대를 쳤다. 남쪽으로 남양(南陽) 군수(郡守) 여의(呂齮)를 공격해 무관(武關)과 요관(嶢關)을 깨뜨렸다. 남전(藍田)에서 진나라 군대를 깨뜨린 뒤 함양(咸陽)에 이름으로써 진(秦)나라를 멸망시켰다.

1) 【색은(索隱)】 賁의 발음은 (분이 아니라) 비(肥)다. 호비는 현 이름으로, 동해군(東海郡)에 속한다.

2) 【정의(正義)】 낙주(洛州)의 현이다.

3) 【색은(索隱)】 賁의 발음은 (분이 아니라) 비(肥)다.

항우가 (함양에) 이르러 패공(沛公)을 한왕(漢王)으로 삼았다. 한왕은 발(勃)에게 작위를 내려 위무후(威武侯)1)로 삼았다. (주발이) 한왕을 따라서 한중(漢中)으로 들어오자 그를 제배해 장군으로 삼았다. (한왕 유방이) 군대를 돌려 삼진(三秦)을 평정하고 진(秦)나라에 도착하자 (주발에게) 회덕(懷德)을 식읍으로 내려주었다. 괴리(槐里)와 호치(好畤)2)를 공격할 때는 전공이 최고였다[最]. 함양(咸陽)에서 조비(趙賁)와 내사(內史) 보(保)의 군대를 칠 때도 전공이 최고였다. 북쪽으로 칠현(漆縣)3)을 공격했다. 장평(章平)과 요앙(姚卬) 군대를 쳤다. 서쪽으로 견현(汧縣)을 평정했다. 군대를 돌려 미(郿)와 빈양(頻陽)4)을 떨어뜨렸다. 장한(章邯)을 폐구(廢丘)에서 에워쌌다. 서현(西縣)5) 현승(縣丞)의 군대를 깨뜨렸다. (장한의 장수) 도파(盜巴)의 군대를 쳐서 깨뜨렸다. 상규(上邽)6)를 공격했다. 동쪽으로 요관(嶢關)을 지켰다. 군대를 돌려 항적(項籍-항우)을 쳤다. 곡역(曲逆)를 공격할 때는 전공이 최고였다. 군대를 돌려 오창(敖倉)을 지키다가 항적을 추격했다. 항적이 이미 죽자 이에 동쪽으로 초나라 땅의 사천(泗川)과 동해(東海) 두 군(郡)을 평정해 모두 22개 현(縣)을 얻었다. 군대를 돌려 낙양(雒陽)과 역양(櫟陽)을 지켜내니 (유방이) 그와 영음후(潁陰侯-灌嬰)[7] 두 사람에게 종리(鐘離)[8]를 식읍으로 내려주었다. 장군으로서 고제(高帝)를 따르다가 반란을 일으킨 연(燕)나라 왕 장도(臧荼)를 쳐 역현(易縣)[9]의 성 아래에서 깨뜨렸다. 그가 이끈 병졸들은 치도(馳道)[10]를 맡아 많은 전공을 세웠다. (고제가) 열후(列侯)의 작위를 내리고 부절을 쪼개[剖符] 대대손손 이어지도록 했다. 강현(絳縣)[11] 8,180호를 식읍으로 내리고 칭호를 강후(絳侯)라고 했다.

1) 【색은(索隱)】 어쩌면 이는 단순한 봉호이고, 반드시 현(縣) 이름이 아닐 수도 있다.

2) 【색은(索隱)】 「지리지(地理志)」에 따르면, 두 현은 우부풍(右扶風)에 속한다.

3) 【색은(索隱)】 「지리지(地理志)」에 따르면, 칠현은 우부풍(右扶風)에 있다.

4) 【색은(索隱)】 「지리지(地理志)」에 따르면, 미현은 우부풍에, 빈양은 좌풍익(左馮翊)에 속한다.

5) 【집해(集解)】 서광(徐廣)이 말했다. "천수군(天水郡)에 서현이 있다."

6) 【정의(正義)】 진주(秦州)의 현이다.

7) 원문에는 영양후(潁陽侯)로 되어 있는데, 관영은 영음후(潁陰侯)다.

8) 【색은(索隱)】 「지리지(地理志)」에 따르면, 현 이름으로 구강군(九江郡)에 속한다.

9) 【색은(索隱)】 역은 강 이름인데, 거기서 이름을 가져와 현으로 삼았다. 탁군(涿郡)에 있다.

10) 진나라 도로에는 치도(馳道)와 직도(直道), 전용도로에 해당하는 오척도(五尺道)·신도(新道)가 있었다. 치도는 황제 전용의 도로다.

11) 【정의(正義)】 『괄지지(括地志)』에서 말했다. "강읍성은 한나라 강현(絳縣)으로, 강주(絳州) 곡옥현(曲沃縣) 남쪽으로 2리에 있다."

장군으로서 고조를 따르다가 반란을 일으킨 한왕(韓王) 한신(王信)을 대

(代) 땅에서 쳤다. 곽인현(霍人縣)을 항복시켜 떨어뜨렸다[降下]. 뒤에 선두에 서서 무천(武泉)[1]에 이르러 오랑캐 기병을 쳐 무천 북쪽에서 깨뜨렸다. 방향을 바꿔 한신의 군대를 동제(銅鞮)에서 공격해 그들을 깨뜨렸다. 돌아와 태원(太原)의 6개 성을 항복시켰다.

진양성(晉陽城) 아래에서 한신(韓信)과 오랑캐 기병을 쳐서 깨뜨리고 진양(晉陽)을 떨어뜨렸다[下=陷落]. 그 후에 사석(硰石)[2]에서 한신의 군대를 쳐서 깨뜨리고 북쪽으로 80리를 추격했다. 돌아와서 누번(樓煩)[3]의 3개 성을 공격하고 이어서 오랑캐 기병을 평성(平城) 아래에서 쳤는데, 그가 이끈 병졸들은 치도(馳道)를 맡아 많은 전공을 세웠다. 발은 승진해 태위(太尉)가 되었다.

1) 【집해(集解)】 서광(徐廣)이 말했다. "운중군(雲中郡)에 속한다."

2) 【정의(正義)】 살펴보건대, 누번현(樓煩縣) 서북쪽이다.

3) 【정의(正義)】 「지리지(地理志)」에 따르면, 안문군(鴈門郡)에 있다.

진희(陳豨)를 쳐서 마읍(馬邑)을 도륙했다[屠=戮]. 그가 거느린 병졸들이 진희의 장군 승마치(乘馬絺)의 목을 베었다. 한신(韓信)·진희(陳豨)·조리(趙利)의 군대를 누번(樓煩)에서 쳐서 깨뜨렸다. 진희의 부장(部將) 송최(宋最)와 안문군(鴈門君) 군수 환(圂)을 사로잡았다. 이어 공격 방향을 바꿔 운중군(雲中郡) 군수 속(遬), 승상(丞相) 기사(箕肆), 장군 훈(勳)을 사로잡았다. 안문군(鴈門郡)의 17개 현과 운중군(雲中郡)의 12개 현을 평정했다. 이어서 다시 영구(靈丘)[1]에서 진희를 쳐서 깨뜨리고 진희의 목을 베었으며, 진희의 승상 정종(程縱), 장군(將軍) 진무(陳武), 도위(都尉) 고사(高肆)를 사로잡았다. 대군(代郡)의 9개 현을 평정했다.

1) 【색은(索隱)】 「지리지(地理志)」에 따르면, 현 이름으로 대군(代郡)에 속한다.

연(燕)나라 왕(王) 노관(盧綰)이 반란을 일으키자, 발은 상국(相國)으로서 번쾌(樊噲)를 대신해 장수가 되어 계현(薊縣)을 쳐서 떨어뜨렸고[擊下], 관(綰)의 대장 지(抵), 승상 언(偃), 군수 형(陘), 태위 약(弱), 어사대부 시(施)를 사로잡고 혼도(渾都)[1]을 도륙했다. 상란(上蘭)에서 노관의 군대를 깨뜨리고 다시 저양(沮陽)[2]에서 관의 군대를 쳤다. 장성(長城)까지 추격해 상곡군(上谷郡) 12개 현, 우북평군(右北平郡) 16개 현, 요서(遼西)와 요동(遼東) 29개 현, 어양(漁陽) 22개 현을 평정했다. 이때를 총괄하면[最] 고제를 따라 상국(相國) 1명, 승상 2명, 장군과 2,000석 관리 각 3명을 사로잡았고, 이와는 별개로 부대 2개를 깨뜨리고서 성 3개를 함락하고 군 5개와 현 79개를 평정했으며 승상과 대장 각 1명을 포로로 잡았다.

1) 【집해(集解)】 서광(徐廣)이 말했다. "상곡군(上谷郡)에 있다."
2) 【집해(集解)】 서광(徐廣)이 말했다. "상곡군(上谷郡)에 있다."

발은 사람됨이 순박하고 강직하며 도탑고 두터워서[木彊敦厚] 고제는 큰 일을 맡길 만하다고 여겼다. 발은 학문[文學=儒學]을 좋아하지 않았기에 매번 유학자나 유세객들을 불러서는 동쪽을 향해 앉아서 다그치며[責][1] 말했다.

"얼른 나에게 말해보시오!"

그가 굽히지 않고 꾸밈이 적은 것[少文]이 이와 같았다.

1) 【집해(集解)】 여순(如淳)이 말했다. "발이 스스로 동쪽을 향해 앉아서 유학자나 유세객들을 다그쳤다는 것은 빈객과 주인의 예로 대하지 않았다는 뜻이다."

발이 이미 연(燕)나라를 평정하고 돌아오자, 고제가 이미 붕했으니, 발은 열후(列侯)로서 효혜제(孝惠帝)를 섬겼다. 효혜제 6년에 태위(太尉)의 관직을 두고[1] 발을 태위로 삼았다.

10년 뒤에 여후(呂后)가 붕했다. 여록(呂祿)이 조왕(趙王)으로서 한나라의 상장군(上將軍)이 되고 여산(呂産)이 여왕(呂王)으로서 한나라의 상국이 되어 권력을 쥐고[秉權] 유씨(劉氏)를 해치고자 했다. 발은 (병권을 쥔) 태위인데도 군문에 들어갈 수 없었고, 진평은 승상인데도 정사를 맡을 수 없었다. 이에 발이 평과 모의해 결국 여러 여씨를 주살하고 효문황제(孝文皇帝)를 세웠으니, 상세한 이야기는 「여태후본기(呂太后本紀)」와 「효문본기(孝文本紀)」에 실려 있다.

1) 【집해(集解)】 서광(徐廣)이 말했다. "「공신표」와 「장상표」에는 모두 고후 4년에 비로소 태위를 두었다고 했다."

문제(文帝)는 이미 세워지고 난 뒤 발을 우승상(右丞相)으로 삼고 금 5,000근과 식읍 1만 호를 내려주었다. 한 달여가 지나 어떤 사람이 발에게 유세해 말했다.

"그대는 이미 여러 여씨를 주살하고 대왕을 세워 위세가 천하를 떨게 했습니다. 그런데 그대가 두터운 상과 귀한 자리를 받아 총애를 누리고 있지만, 이렇게 오래가면 곧 화가 당신 몸에 미칠 것입니다."

발은 이 말이 두려웠고 또 스스로도 위태롭다고 느껴, 마침내 사직을 청하고 승상의 인장을 반환했다. 상이 이를 허락했다. 1년 남짓 지나 진(陳)승상 평(平)이 졸(卒)하자 상은 다시 발을 승상으로 삼았다.

10여 개월이 지나, 상이 말했다.

"지난날에 내가 열후들은 자기 나라로 나아가라[就國]고 조(詔) 했는데 어떤 이들은 아직 떠나지 않고 있는 사람도 있소. 승상은 짐이 중하게 여기는 사람이니, 이에[其] 솔선해서 그들보다 먼저 봉국으로 돌아가시오."

마침내 승상을 사직하고 봉국으로 갔다.

1년여가 지나, 하동군(河東郡) 군수와 군위(郡尉)는 현을 순시할 때면 강현(絳縣)에 이르곤 했는데, 그때마다 강후 발은 스스로 죽임을 당할까 두려워해 늘 몸에 갑옷을 둘렀고 집안사람들에게도 병기를 지니고 그들을 만나게 했다. 그 뒤에 누군가가 글을 올려 발이 반역을 꾀하려 한다고 알리자[1] 그를 정위(廷尉)에 내려보냈다. 정위는 그 일을 장안(長安)에 내려보내 발을 체포해서 다스리게 했다.

발은 겁이 나서 어떻게 말해야 할지 몰랐는데, 옥리가 점점 더 발에게 모욕을 주었다. 발이 천금을 옥리에게 주자 옥리가 마침내 서독(書牘-조서)의 뒷면을 보여주었는데, 거기에는 "공주를 증인으로 삼으라"라고 쓰여 있었다. 공주란 효문제의 딸로, 발의 맏아들 승지(勝之)가 공주에게 장가들어[尙][2] 옥리는 공주를 끌어다 증인으로 삼으라고 가르쳐준 것이다.

애초에 발은 익봉 받은 식읍[益封]과 하사품들을 모두 박소(薄昭)에게 준 적이 있었다. 일이 급박해지자 박소는 박(薄)태후에게 발을 위해 사정을 말했고, 박태후 역시 반역 같은 일은 없다고 여겼다. 문제가 조알을 드리러 오자 태후는 두건[冒絮]을 문제에게 던지며 말했다.

"강후는 황제의 옥새를 걸고서[綰] 북군(北軍)을 거느리고 있을 때도 반역하지 않았는데, 지금 작은 현에 살면서 도리어 반역을 꾀했겠소?"

문제는 이미 발의 옥중 진술서[獄辭]를 보았기에 마침내 사죄하며 말했다.

"관리들이 바로 증거를 살펴서 내보낼 것입니다."

이에 사자를 보내 부절을 가지고 가서 발을 사면하게 하고 작위와 봉읍을 회복시켜주었다. 발은 이미 옥에서 나온 뒤에 이렇게 말했다.

"내 일찍이 백만 대군을 거느렸지만, 옥리가 이렇게 대단한 줄 어찌 알았으랴!"

1) 【집해(集解)】 서광(徐廣)이 말했다. "문제 4년 때의 일이다."

2) 【집해(集解)】 위소(韋昭)가 말했다. "상(尚)이란 '받들다[奉]'는 뜻이니, 감히 '아내로 삼았다[娶]'고 말하지 못한 것이다."

강후는 다시 봉국으로 나아갔다.

효문 11년에 졸(卒)하니, 시호를 내려 무후(武侯)라 했고 아들 승지(勝之)가 대신 후가 되었다. (승지는) 6년 후에 아내인 공주와 사이가 서로 맞지 않았고[不相中], 살인죄에 걸려 나라는 없어졌다. 1년 뒤에 문제는 마침내 발의 아들 중에서 뛰어난 하내(河內) 군수 아부(亞夫)를 골라 그를 봉해 조후(條侯)[1]로 삼고 강후의 뒤를 잇게 했다.

1) 【색은(索隱)】「지리지(地理志)」에 따르면, 조현(條縣)은 발해군(渤海郡)에 속한다.

조후 아부가 아직 후가 되지 않고 하내 군수로 있을 때, 허부(許負)[1]가 관상을 보고 나서 말했다.

"그대는 3년 뒤에 후(侯)에 봉해지고, 후가 된 지 8년 만에 장상이 되어 나라의 정권[國秉]을 쥐게 되니 그 귀하고 중하기가 신하 중에 둘도 없을 것입니다. 그로부터 9년 뒤에는 굶어서 죽을 겁니다."

아부가 웃으면서 말했다.

"내 형이 이미 아버님의 후를 대신했고 설사 형이 죽더라도 마땅히 그 아들이 뒤를 이을 것인데, 내가 어찌 후가 된다고 말하시오? 게다가 허부 당신 말대로 부귀해진다면 또한 굶어 죽는다는 것은 무슨 말이오? 내게 자세히 좀 알려주시오."

부(負)는 그의 입을 가리키며 말했다.

"가로무늬 근육[從理=橫理]이 입 주위에 있으니 굶어 죽을 상입니다."

그로부터 3년 뒤에 형 강후 승지가 죄를 지었고, 문제가 발의 아들 중에서 뛰어난 자를 고르라 하니 모두 아부를 추천했다. 이에 그를 봉해 조후(條

侯)로 삼았다.

1) 노파로, 관상을 볼 줄 알았다.

　문제 후(後) 6년에 흉노가 변경을 대규모로 침입했다. 마침내 종정(宗正) 유례(劉禮)를 장군으로 삼아 패상(霸上)에 주둔시키고 축자후(祝茲侯) 서려(徐厲)를 장군으로 삼아 극문(棘門)에 주둔시키는 한편 하내 군수 아부를 장군으로 삼아 세류(細柳)에 주둔시킴으로써 흉노에 대비했다. 상이 직접 군대를 위무했는데, 패상과 극문에 있는 군영에 이르러 곧장 말을 달려 들어가자, 장군 이하의 관리들이 말을 탄 채로 영접하러 나왔다. 이윽고[己而] 세류에 있는 군영으로 갔는데, 군대의 사졸과 장교들이 갑옷을 입은 채 각종 무기와 칼 등을 날카롭게 하고 궁노(弓弩)에 화살을 메겨 잔뜩 당기고 있었다. 천자의 선봉대가 그곳에 도착했지만, 군영으로 들어갈 수 없었다. 선봉대가 소리쳐 말했다.

　“천자께서 장차 도착하실 것이다.”

　군문도위(軍門都尉)가 말했다.

　“우리 장군께서 영 내리시기를 ‘군중에서는 장군의 명령을 따르는 것이지 천자의 조서(詔書)를 따르는 것이 아니다’라고 하셨습니다.”

　얼마 후에 상이 도착했으나 상 역시도 들어갈 수 없었다. 이에 상이 마침내 사자로 하여금 지절(持節)을 갖고 가서 장군에게 조서를 내리도록 했다.

　“내가 군영으로 들어가 군대를 위무하고자 한다.”

　아부가 그제야 명령을 전해서 성벽 문을 열게 했는데, 성벽 문을 지키는 관리들이 (황제의) 거기병 속관에게 청해 말했다.

　“장군의 규약에 군영에서는 말을 달릴 수 없습니다.”

　이에 천자는 말고삐를 당겨 잡고서 천천히 나아가게 했다. 군영에 이르자 아부가 무기를 소지한 채로 읍(揖)[1]하면서 말했다.

"갑옷을 입은 병사는 절을 하지 않습니다. 청하옵건대 군례(軍禮)[2]로써 알현할 수 있도록 해주십시오."

천자가 감동받아 용모를 고치고 수레의 가로막대를 잡은 채 답례하고는 [式車=軾], 사람을 시켜서 미안하다는 뜻을 전하게 했다.

"황제인 내가 삼가 장군을 위로하는 것이오."

예를 마치자, 군영을 떠났다. 이미 군영의 군을 나서자 여러 신하가 모두 경탄했고, 문제가 말했다.

"아! 이 사람이 진정한 장군이로다. 이전에 보았던 패상과 극문의 군영은 마치 아이들의 놀이일 뿐이니, 아마도 그 장군들이 진짜로 습격을 받는다면 포로가 될 것이다. (하지만 오랑캐들이) 아부가 있는 곳에 이르러서는 과연 범할 수 있겠는가?"

훌륭하다는 (황제의) 칭찬이 오래갔다. 한 달여가 지나서 (흉노가 요새에서 멀어지니) 세 군영을 모두 철수시켰다. 마침내 아부를 제배해 중위(中尉)[3]로 삼았다.

1) 이는 두 손을 마주 잡고 위아래로 가볍게 흔드는 인사법인데, 대등한 지위의 사람들끼리 이를 행한다.

2) 갑옷을 입은 병사는 절을 하지 않는 것이 군례다.

3) 【정의(正義)】『한서(漢書)』「백관표(百官表)」에서 말했다. "중위는 진나라 관직으로, 경사(京師)의 치안을 담당한다. 무제 태초 원년에 이름을 집금오(執金吾)로 고쳤다."

문제는 장차 붕하기에 앞서 태자에게 타일러 말했다.

"급한 일[緩急]이 있을 때는 주아부가 진실로 군대를 이끄는 일을 맡을 만하다."

문제가 붕하자 아부는 거기장군(車騎將軍)이 되었다.

효경제(孝景帝) 3년에 오(吳)나라와 초(楚)나라가 반란을 일으켰다. 아부는 중위로서 (임시) 태위(太尉)가 되어 동쪽으로 오와 초를 쳤는데, 직접 상에게 청해 말했다.

"초나라 병사는 사납고 민첩해[剽輕] 맞서 싸우기 어렵습니다. (오나라는) 양(梁)나라에 맡겨놓은 다음 저들의 식량 운송로를 끊으면 마침내 제압할 수 있을 것입니다."1)

상이 이를 허락했다.

1) 안사고(顔師古)가 말했다. "「오왕전(吳王傳)」에 의하면 아부가 회양(淮陽)에 이르러서 등도위(鄧都尉)에게 물어보자 이런 계책을 세워주니 아부가 마침내 그것을 따랐다고 되어 있다. 그런데 지금 여기서는 직접 청해 시행했다고 하니, 어느 쪽이 옳은지는 알 수가 없다."

태위가 형양(滎陽)에서 병사들을 이미 모았을 때 오나라가 막 양나라를 공격했다. 양나라가 위급해지자 구원을 청했는데, 태위는 병사들을 이끌고 동북쪽 창읍(昌邑)으로 달려가서 보루를 두텁게 쌓은 채 방어에 들어갔다. 양왕이 날마다 사신을 보내 태위에게 구원을 청했으나 태위는 유리한 지형을 지킨 채 가지 않았다. 양나라가 경제(景帝)에게 글을 올려 상황을 말하자 경제는 사신을 보내 양나라를 구원하라는 조서를 내렸다. (그럼에도) 태위는 조서를 받들지 않고 보루를 견고하게 지킨 채 나가지 않았고, 그러면서 궁고후(弓高侯-한왕 신의 아들 한퇴당(韓頹當)) 등으로 하여금 경기병(輕騎兵)으로 오나라와 초나라 군대의 후방 식량 보급로[食道=糧道]를 끊게 했다. 오나라 군대가 식량이 부족해서 굶주리게 되자 몇 번이고 싸움을 걸어왔으나 끝내 나가지 않았다. 한밤에 군중 안에서 아군끼리 서로 치고받는 소란이 일어나 태위 군막에까지 알려졌어도 태위는 끝내 그대로 누워서 일어나지도 않았고, 잠시 뒤에 다시 진정되었다.

얼마 후에 오나라가 한나라 성벽 동남쪽 모퉁이[陬=隅]를 습격하자 태위는 서북쪽을 방어하게 했으니, 이윽고 오나라 정예병이 과연 서북쪽을 공격해 왔으나 들어오지 못했다. 오나라와 초나라가 이미 굶주림으로 병사들을 이끌고 철수하자 태위는 정예병을 내어 뒤쫓아 가서 오왕 비(濞)를 크게 깨뜨렸다. 오왕 비는 자신의 군대를 버리고 장사 수천 명과 함께 도망쳐서 강남(江南) 단도(丹徒)[1]로 가 자신을 지켰다. 한나라 군대는 승세를 타고서 드디어 그들 전부를 포로로 잡아 병사들을 항복시키는 한편, 오왕에게 천금의 현상금을 거니[購] 한 달쯤 지나 월(越)나라 사람이 오왕의 머리를 베어서 알려왔다[2]. 모두 서로 석 달 동안 치고받은 끝에 오나라와 초나라는 무너져 평정되었다. 이에 장수들이 마침내 태위의 계책이 옳다고 여기게 되었으나, 이로 말미암아 양나라 효왕(孝王)과 태위 사이에는 틈이 생겼다[有隙].

1) 【색은(索隱)】 「지리지(地理志)」에 따르면, 현이며 회계군(會稽郡)에 속한다.
2) 【정의(正義)】 월나라 사람이란 곧 단도현 사람을 말한다.

그가 돌아오자 (조정에서는) 다시 태위(太尉)라는 관직을 두어 그를 태위로 삼았다. 5년 뒤에는 승진해 승상이 되었고, 경제(景帝)는 그를 더욱 중하게 여겼다. (그런데) 경제가 율태자(栗太子)를 폐위시키자 아부는 결연하게 간쟁했으나 뜻을 이룰 수 없었고, 경제는 이 일로 말미암아 그를 멀리했다[疏=遠]. 게다가 양나라 효왕은 입조 할 때마다 늘 태후와 함께 조후의 단점을 말했다.

두(竇)태후가 말했다.
"황후의 오빠 왕신(王信)은 후로 봉할 만합니다."
상이 사양하며 말했다.
"애초에 남피후(南皮侯)와 장무후(章武侯)[1]는 선제(先帝)께서 후로 삼지 않으셨고, 신(臣)이 즉위하고서야 그들을 후로 삼았습니다. 신(信)은 아직 후로 봉할 수 없습니다."

두태후가 말했다.

"임금은 각기 자기 시대에 맞춰 일을 처리할 뿐입니다. 두장군(竇長君)은 생전에 끝내 후가 되지 못했다가 그가 죽은 뒤에야 아들 두팽조(竇彭祖)가 도리어[顧=反] 후가 되었지요. 나는 이 일이 참으로 한이 됩니다. 제께서는 서둘러 신을 후로 삼으세요."

상이 말했다.

"승상과 상의해보겠습니다."

승상에게 의견을 묻자, 아부가 말했다.

"고제께서 맹약하시길 '유씨(劉氏)가 아니면 왕이 될 수 없고, 공로가 없으면 후가 될 수 없다. 맹약대로 하지 않으면 천하가 모두 그를 공격하라'라고 하셨습니다. 지금 신(信)이 비록 황후의 오빠이긴 해도 아무런 공로가 없으니, 그를 후로 삼는다는 것은 맹약을 어기는 것입니다."

상은 아무 말이 없었고, 일은 그것으로 끝이었다[止].

1) 【집해(集解)】 신찬(臣瓚)이 말했다. "남피는 두팽조(竇彭祖)로 태후 오빠의 아들이고, 장무는 태후의 친동생 광국(廣國)이다."

그 후에 흉노 왕 서로(徐盧)[1] 등 다섯 사람이 한나라에 투항해 왔는데, 경제는 이들을 제후로 삼음으로써 이후에 투항해 오게 될 사람들을 고무하려고 했다.

아부가 말했다.

"저들은 자신의 군주를 배반하고 폐하께 항복했는데, 폐하께서 저들을 후로 삼으신다면 곧 절의를 지키지 않는 신하들을 무슨 수로 나무랄 수 있겠습니까?"

경제가 말했다.

"승상의 의견은 받아들일 수 없다."

마침내 서로 등을 모두 봉해 열후(列侯)로 삼으니²⁾ 아부는 병을 구실로 조회에 참석하지 않았고, 경제 중(中) 3년에 병으로 승상에서 면직되었다.

1) 안사고(顔師古)가 말했다. "「공신표(功臣表)」에는 유서로(唯徐盧)라고 되어 있다."

2) 【색은(索隱)】 「공신표(功臣表)」에 따르면, 유서로는 용성후(容城侯)가 되었다.

얼마 후 경제가 금중(禁中-대궐 안 궁중)에서 조후를 불러 음식을 내려주었다. 그의 자리에는 단지 크게 썬 고깃덩어리[大胾=大臠] 하나만 놓여 있었고, 잘게 썬 고기[切肉]나 젓가락은 놓여 있지 않았다. 아부는 마음이 불편해서[不平] 고개를 돌려 술자리를 주관하는 상석(尙席)에게 젓가락을 가져오게 했다.

상이 이를 보고는 웃으면서 말했다.

"이 자리가 그대의 마음에 차지 않는 모양이오?"

아부가 모자를 벗고 사죄했다. 상이 "일어납시다"라고 말하자, 아부는 그 틈에 잰걸음으로 나가버렸다. 상이 눈으로 전송하며[目送] 말했다.

"저렇게 불만이 많은 자[鞅鞅]는 (나처럼) 어린 군주의 신하가 될 수 없도다!"

얼마 지나지 않아[居無何] 조후의 아들이 아버지를 위해 공관(工官) 소속의 상방(尙方)에서 순장용 갑옷과 방패를 500개 사들였는데, 이것을 옮기느라 수고한 사람들에게 품삯을 주지 않았다. 품팔이꾼들은 이것이 나라의 기물을 몰래 사들인 것임을 알고는 원망을 품어 아부의 아들을 위에다 고발했고, 그 일은 조후에게까지 불똥이 튀었다. 이미 보고가 상에게 올라가자, 상은 담당 관리에게 내려보냈다. 관리가 문서를 가지고 조후에게 따졌으나 조후는 아무런 대답도 하지 않았다. 경제가 (이를 전해 듣고) 욕하며 말했다.

"나는 쓰지 않겠다[不用]¹⁾!"

조후를 불러 정위에게 나아가도록 했다.

정위가 문책했다.

"군후(君侯)가 반란을 일으키려 했소?"

아부가 말했다.

"내가 사들인 기물들은 곧 순장품[葬器]들인데, 무슨 반란이란 말인가?"

관리가 말했다.

"당신이 설사 지상에서는 반란을 꾀하지 않았는지 모르겠지만, 지하에서 모반하려 했던 것 아니냐는 말일 뿐이오."

관리의 다그침이 갈수록 심해졌다. 애초에 관리가 조후를 체포할 때 조후는 자살하려고 했으나 부인이 말리는 바람에 죽지 못하고 결국 정위에게 넘겨졌던 것이다.

이렇게 해서 닷새 동안을 아무것도 먹지 않다가 피를 토하고[嘔血] 죽었고, 그의 봉국은 없어졌다.

1) 【집해(集解)】 맹강(孟康)이 말했다. "네 대답을 쓰지 않고 그냥 죽이겠다는 말이다."

딱 1년이 지나 경제는 마침내 강후 발의 다른 아들 견(堅)을 다시 봉해 평곡후(平曲侯)로 삼고 강후의 뒤를 이어주었다. 19년 만에 졸하자 시호를 공후(共侯)라고 했다. 아들 건덕(建德)이 대를 이어 후가 되었고 13년 만에 태자태부(太子太傅)가 되었으나, 주금(酎金)의 품질이 좋지 않은 일에 연루되었고 원정(元鼎) 5년에 죄가 있어 봉국이 없어졌다¹⁾.

1) 【집해(集解)】 서광(徐廣)이 말했다. "열후들이 주금에 걸려 후의 작위를 잃은 것
은 모두 원정 5년의 일이니, 여기서는 일의 순서가 전도되어 있다."

조후(條侯)는 과연 굶어 죽었다. 그가 죽은 뒤에 경제는 마침내 왕신(王
信)을 봉해 개후(蓋侯)로 삼았다.

태사공(太史公)이 말한다.

"강후(絳侯) 주발(周勃)은 처음에 벼슬하지 않았을 때는 하찮고 소박한
[鄙朴] 사람이었고 재능도 평범한 수준[凡庸]을 넘어서지 못했으나, 고조
(高祖)를 따라 천하를 평정하게 되면서 장상(將相)의 자리에 있었고 여러 여
씨가 난을 일으키려 하자 나라의 어려움을 바로잡아 바른 자리로 되돌려
놓았다. 이윤(伊尹)이나 주공(周公)이라 해도 그보다 더 낫겠는가! 주아부
(周亞夫)의 용병술은 위엄과 무게감을 유지하며 굳건하게 견뎌냈으니, 사마
양저(司馬穰苴)라 해도 그보다 더 낫겠는가! 하지만 자신에게 만족하느라
[足己] 배우질 않았고[不學]1) 절의를 지켰지만 공손하지 못했으니, 결국 곤
궁에 처하고 말았다2). 슬프도다!"3)

1) 【색은(索隱)】 아부는 자기의 지모가 충분하다고 여겼다. 그래서 자기를 비워 옛
도리를 배우고자 하지 않아 권변(權變)을 체화하지 못해서 행동에 어긋남이
있었다.

2) 【색은(索隱)】 절의를 지켰다는 것은 율태자의 폐위를 반대하고 또 왕신이나 서려
등을 봉하는 데 반대했다는 것이다. 공손하지 못했다는 것은 천자의 젓가락
을 가져오고 또 황제가 다스리는 옥사에서 고분고분하지 않았다는 것이다.

3) 【색은술찬(索隱述贊)】 강후는 한나라 황실을 보좌했으니[絳侯佐漢]/바탕은 두터
웠고 마음가짐 돈독했도다[質厚敦篤]/처음에 탕현 동쪽을 치고[始擊碭東]/
또 시현 북쪽을 에워쌌다네[亦圍尸北]/공격했다 하면 반드시 차지했고[所攻

必取]/토벌했다 하면 반드시 이겼구나[所討必克]/진희는 복주 되었고[陳豨伏誅]/장도는 나라가 깨졌다네[臧荼破國]/부모 살아 계실 때 잘 섬기고 돌아가시면 훌륭하게 장사 지내며[事居送往]/공로가 있는 자 천거하고 덕망 있는 자 높일지니[推功伏德]/열후들 사저로 돌아갔고[列侯還第]/태위는 옥에 내려졌도다[太尉下獄]/조후가 승상의 자리 이으니[繼相條侯]/동생 견(堅)이 뒤이어 평곡후에 봉해졌다네[紹封平曲]/가엾도다, 뛰어난 장수여[惜哉賢將]/부자가 대를 이어 치욕을 당했구나[父子代辱]!

권58 ｜ 양효왕세가(梁孝王世家) 제28

권58 양효왕세가(梁孝王世家) 제28

　　양(梁)나라 효왕(孝王) 무(武)는 효문황제의 아들이고 효경제와 같은 어머니다. 어머니는 두(竇)태후다.

　　효문제에게는 모두 아들이 넷 있었다. 맏아들은 태자로 이 사람이 효경제이고, 둘째 아들은 무(武), 셋째 아들은 참(參), 넷째 아들은 승(勝)[1]이었다. 효문제가 자리에 세워진 지 2년에 무를 대왕(代王)[2], 참을 태원왕(太原王)[3], 승을 양왕(梁王)[4]으로 삼았다. (문제는) 2년 뒤에 대왕을 옮겨 회양왕(淮陽王)으로 삼았으며, 대(代) 땅을 모두 태원왕에게 주고 대왕(代王)이라 했다. 참이 세워진 지 17년째인 효문 후 2년에 졸하니 시호를 효왕(孝王)이라고 했고, 아들 등(登)이 세워졌다. 이 사람이 대공왕(代共王)이다. 대공왕이 세워진 지 29년인 원광(元光) 2년에 졸하니, 아들 의(義)가 세워졌다. 이 사람이 대왕(代王)으로, 세워진 지 19년에 한나라는 함곡관을 넓혀 상산(常山)을 경계로 삼으면서 대왕을 청하(淸河)로 옮겨 왕으로 삼았다. 청하왕(淸河王)으로 옮겨진 것은 원정(元鼎) 3년이다.

---

1) 【정의(正義)】 『한서(漢書)』에는 승(勝)이 읍(揖)으로 되어 있다.

2) 【집해(集解)】 서광(徐廣)이 말했다. "중도(中都)에 도읍했다."

3) 【집해(集解)】 서광(徐廣)이 말했다. "진양(晉陽)에 도읍했다."

4) 【집해(集解)】 서광(徐廣)이 말했다. "수양(睢陽)에 도읍했다."

애초에 무가 회양왕이 된 지 10년에 양왕 승이 졸하자 시호를 양회왕(梁懷王)이라고 했다. 회왕은 (효문제의) 막내아들로서 다른 아들들에 비해 더 큰 사랑을 받았다. 그 이듬해에 회양왕을 옮겨 양왕으로 삼았다. 양왕이 처음 양나라 왕이 되었을 때는 효문제 12년으로, 처음 왕이 된 때로부터 모두 11년이 지났다.

양왕 14년에 들어와 조회했다.

17, 18년 두 해에 걸쳐 들어와서 조회한 뒤 (경사에) 머물렀다가 그 이듬해에 마침내 자신의 봉국으로 갔다[之].

21년에 들어와 조회했다.

22년에 효문제(孝文帝)가 붕했다.

24년에 들어와 조회했다.

25년에 다시 들어와 조회했다. 이때 상은 아직 태자를 두지 않았는데, 상이 양왕과 술자리를 함께하며 일찍이 조용히 말했다.

"천추만세(千秋萬歲) 후[1]에 (이 천자의 자리를) 왕에게 전할 것이다."

왕이 사양하며 감사 인사를 했다. 비록 진심에서 나온 말[至言]이 아니라는 것을 알면서도 마음속으로는[心內] 기뻤고, (두)태후 또한 마찬가지였다.

1) '내가 죽은 후'라는 표현이다.

그해 봄에 오(吳)·초(楚)·제(齊)·조(趙) 나라 등 7국이 반란을 일으켰으니, 먼저 양(梁)나라 극벽(棘壁)[1]을 쳐서 수만 명을 죽였다. 이에 양 효왕은 수양성(睢陽城)을 지키면서 한안국(韓安國), 장우(張羽) 등을 대장군으로 삼아 오나라, 초나라에 맞서 싸웠다[距]. 오·초는 양나라에 막혀 더는 서쪽으로 넘어오지 못한 채 태위 주아부(周亞夫) 등과 3개월 동안 서로 대치했다. 오나라와 초나라는 깨졌는데, 양나라가 죽이거나 포로로 잡은 자가 한 나라 조정의 전공(戰功)과 비슷했다[中分].

　이듬해 한나라는 태자를 세웠다. 그 후에 양나라는 (천자와 친속 관계가) 가장 가깝고 공로도 있었으므로 나라 또한 커져서 천하의 기름진 땅을 차지하게 되었다. 땅이 북쪽으로는 태산과 경계를 접하고 서쪽으로는 고양(高陽)[2]에 이르렀는데, 성 40여 개는 대부분 큰 현이었다.

1) 【집해(集解)】 문영(文穎)이 말했다. "땅 이름이다." 【색은(索隱)】 살펴보건대 『좌전(左傳)』 선공(宣公) 2년에 송나라 화원(華元)이 대극(大棘)에서 전투를 벌였다고 했는데, 이에 대해 두예(杜預)가 주를 달기를 양읍(襄邑) 동남쪽이라고 했으니 아마도 이곳이 극벽일 것이다.

2) 소림(蘇林)이 말했다. "진류(陳留) 북쪽에 있는 현(縣)이다."

　효왕은 두태후의 작은아들로 태후가 사랑했기에 하사받은 상이 이루 다 말로 할[道=言] 수가 없었다. 이에 효왕이 동원(東苑)을 지었으니 사방 300여 리였고[1], 수양성(睢陽城)을 70리나 넓혔다. 궁실을 크게 지어 복도(復道)를 만들어 연결했는데, 궁궐에서 평대(平臺)까지 30리 넘게 이어졌다. 천자가 하사한 깃발을 앞세운 채 궐 밖을 나서면 수레 1,000승과 기병 1만이 뒤를 따랐다. 동서로 치달리며 사냥할 때는 규모나 위용이 천자에 버금갔다. 나갈 때는 "경(警)!"이라고 소리치고, 들어올 때는 "주필(走畢)!"이라고 외쳤다[2]. 사방 호걸들을 불러 모으자 효산(殽山) 동쪽에 유세객들이 몰려들었으니, 제(齊)나라 사람 양승(羊勝), 공손궤(公孫詭), 추양(鄒陽, 기원전 206~129년)[3] 등의 무리다. (이들 중에서) 공손궤는 괴이한 계책이 많아서 [多奇邪計] 처음 뵌 날에 왕이 천금을 내려주었고 관직이 중위(中尉)에 이르렀으니, 양나라에서는 그를 공손장군이라고 불렀다. 양나라는 각종 병기·쇠뇌·창 등 무기 수십만 점을 만들었고 창고에는 1억[百巨萬][4]에 이르는 금전을 쌓아놓았으며 주옥과 보배로운 기물 등이 경사(京師)보다 많았다[5].

1) 【색은(索隱)】 이는 그 사치함을 말하는 것이지, 실제로 그 정도였다는 말은 아니다.

2) 이를 경필(警蹕)이라고 하는데, 천자의 행차 때 길을 치우기 위해 외치는 소리다.

3) 경제(景帝) 때 오왕(吳王) 유비(劉濞) 문하에서 활동하면서 오왕에게 한(漢)나라에 모반하지 말 것을 상소했지만 받아들여지지 않았다. 나중에 양(梁) 효왕(孝王)에게 투항해 문객이 되었으나, 양승(羊勝) 등의 참소로 투옥되었다. 간곡한 상소문을 올려 석방되었고, 양왕(梁王)의 상객(上客)이 되었다. 이때 올린 상소문이 바로 「옥중상양왕서(獄中上梁王書)」이다. 그 밖에 「상오왕서(上吳王書)」와 부(賦) 몇 편이 전한다.

4) 【색은(索隱)】 여순(如淳)이 말했다. "거(巨)는 대(大)이니, 대백만(大百萬)과 같다." 위소(韋昭)가 말했다. "대백만(大百萬)은 지금의 만만(萬萬-억)이다."

5) 한나라 중앙 조정보다 많았다는 뜻이다.

　　29년 10월에 양 효왕이 들어와 조회했다. 경제(景帝)는 사자를 보내 부절을 갖고 가서 말 4마리[駟馬]가 이끄는 수레를 타고 함곡관 아래에서 양 효왕을 맞이하게 했다. 조회를 마치자, 소(疏)를 올리고 그것을 핑계로[因][1] 경사에 머물렀는데, 태후가 아꼈기 때문이다.

　　왕은 입궁할 때 경제와 같은 급의 수레를 탔고 나갈 때도 같은 급의 수레를 탔으며 (천자 전용인) 상림원(上林苑)에서 새와 짐승을 사냥했다. 양나라의 시중(侍中)·낭(郞)·알자(謁者)는 모두 (대궐 출입) 명부에 이름을 등록해[著][2] 천자의 문[天子殿門]으로 출입할 수 있게 했으니, 한나라 환관들과 조금도 다를 것이 없었다.

1) 은근히 태자로 세워지기를 바라는 마음을 반영한 표현이다.

2) 【정의(正義)】 著는 발음은 (저가 아니라) 죽(竹)과 약(略)의 반절음이다.

11월에 상이 율태자(栗太子)를 폐위시키니 두(竇)태후는 마음속으로 효왕을 후사로 삼고 싶어 했으나, 대신들과 원앙(爰盎, ?~기원전 148년)[1] 등이 제(帝)에 관련된 일[所關]을 유세함으로써 두태후의 뜻이 저지되었다[格=止]. 실로 더는 양왕을 후사로 삼는다는 일이 거론되지 못한 것은 결국 이로 말미암아서였다. 이 일은 비밀에 부쳐져 세상에서는 알지 못했다. (양 효왕은) 마침내 하직 인사를 올리고 봉국으로 돌아갔다.

1) 원앙(袁盎)이라고도 한다. 원래 직간(直諫)을 잘해 이름이 조정에 알려졌다. 제상(齊相)과 오상(吳相)을 역임했는데, 오왕이 특히 그를 후대했다. 평소 조조(鼂錯)와 사이가 좋지 않았다. 경제(景帝)가 즉위하자 조조가 어사대부(御史大夫)가 되었는데, 조조는 관리를 시켜 그가 오왕의 뇌물을 받아먹었다고 엮어 넣도록 해서 서인(庶人)으로 삼았다. 조조의 삭번(削藩) 정책으로 오초(吳楚)가 반란을 일으키자, 황제에게 조조를 죽여서 오나라에 사과하라고 건의했다. 오초가 격파된 뒤 초상(楚相)으로 있다가, 등용되지 못하자 병을 핑계로 사직했다. 이때 양(梁) 효왕(孝王)을 황제의 후사로 결정하는 일을 중지하라고 간언했다가 훗날의 안릉(安陵) 곽문(郭門) 밖에서 양 효왕이 보낸 자객의 손에 죽임을 당했다.

그해 여름 4월에 상은 교동왕(膠東王)을 세워 태자로 삼았다. 양왕은 원앙과 이 일에 의견을 낸 신하들[議臣]을 원망해 마침내 양승, 공손궤 등의 무리와 모의해 몰래 자객을 보내 원앙과 이 일에 의견을 낸 신하 10여 명을 찔러 죽였다. 범인[賊]은 잡지 못했으나 천자는 양왕을 의심했고[意=疑], 이에 범인을 추적하니 과연 양왕이 시킨 것이었다. 마침내 (조정에서는) 사자를 보냈는데, 길에서 관(冠)과 수레 덮개가 서로를 마주 볼 정도였다[1]. 양왕의 일을 조사해 공손궤와 양승을 체포하려 했는데, 둘 다 양왕의 후궁에 숨어 있었다. 사자가 (양의) 2,000석 관리(-상국)를 다급하게 문책하니 양나라 상국 헌구표(軒丘豹)와 내사(內史) 안국(安國-한안국) 두 사람이 나아가 왕에게 간언했고, 왕은 마침내 승과 궤에게 자살하게 한 뒤에 시신을 내주었다.

상은 이 일로 말미암아 양왕에게 원망을 품었다. 양왕은 두려워서 이에 한안국을 보내 장공주(長公主)를 통해서 태후에게 사죄하고 나서야 처벌을 면할 수 있었다.

1) 그만큼 사자가 많이 오갔다는 뜻이다.

상의 노기(怒氣)가 조금 풀리자, 그것을 틈타 글을 올려 조회를 청했다. 이미 함곡관에 이르렀는데, 모란(茅蘭)[1]이 양왕에게 설득하기를 베로 치장한 수레를 타고 기병 2명을 데리고 장공주의 정원에 숨어 있으라고 했다. 한나라 조정에서 사신을 보내 양왕을 맞이하려 했으나 왕은 이미 함곡관으로 들어왔고 수레와 말은 모두 함곡관 바깥에 있었기에 왕이 있는 곳을 알 수가 없었다. 두태후가 울면서 말했다.

"제(帝)가 내 아들을 죽였구나!"

제는 걱정스럽고 두려웠다. 이때 양왕이 도끼와 모루[斧質=鈇鑕]를 지고 대궐 아래로 와서 사죄하니, 태후와 제가 모두 크게 기뻐하며 서로 울었다. 그런 다음에야 예전 같은 관계를 회복할 수 있었고, 경제는 양왕의 시종관들을 모두 불러 함곡관으로 들어오게 했다. 그러나 경제는 점점 왕을 멀리해서[疏=遠] 같은 수레를 타지는 않았다.

1) 【색은(索隱)】『한서음의(漢書音義)』에서는 이렇게 말했다. "모란은 효왕의 신하다."

35년 겨울에 다시 들어와 조회했다. 소를 올려 (경사에) 머물기를 청했으나 상이 허락하지 않았고, 봉국으로 돌아갔으나 마음이 불안해서 편치 않았다. 북쪽으로 가서 양산(良山)[1]에서 사냥하는 중에 누군가가 소를 바쳤는데, 다리가 위를 향해 등 위쪽에 달려 있어서[2] 효왕이 싫어했다. 6월 중에 열병을 앓다가 엿새 만에 졸하니, 시호를 효왕(孝王)이라고 했다.

1) 【색은(索隱)】 『한서(漢書)』에는 양산(梁山)으로 되어 있다.

2) 【색은(索隱)】 장안(張晏)이 말했다. "다리는 마땅히 아래에 있어 몸통을 지탱해 주어야 한다. 그런데 등 위에 다리가 있으니, 이는 효왕이 조정을 배반하고 위에 있으려 함을 상징한다."

효왕은 자애롭고 효심이 깊어[慈孝], 태후가 아프다는 이야기를 듣기만 하면 매번 제대로 먹지도 못했고 잠자리도 편안하지 않았다. 그래서 늘 장안에 머물며 태후를 모시고자 했고, 태후 역시 그런 그를 사랑했다. 양왕이 훙(薨)했다는 소식에 태후는 통곡하고 한없이 슬퍼하며 아무것도 먹지 않으면서 이렇게 말했다.

"제가 과연 내 아들을 죽였구나!"

경제가 슬프고 두려워 어찌할 바를 몰라 하다가 장공주와 계책을 상의해서, 마침내 양나라를 5개로 나눠 효왕의 아들 다섯 전부를 세워 왕으로 삼고[1] 딸 다섯에게도 전부 탕목읍(湯沐邑)을 주기로 했다. 이를 태후에게 아뢰자, 태후는 마침내 기뻐하면서 제를 위한다며 한 차례 음식을 먹었다 [湌=餐].

1) 【색은(索隱)】 맏아들 매(買)가 양(梁) 공왕(共王)이고, 명(明)은 제천왕(濟川王), 팽리(彭離)는 제동왕(濟東王), 정(定)은 산양왕(山陽王), 불식(不識)은 제음왕(濟陰王)이다.

양 효왕(孝王)의 맏아들 매(買)가 양왕이 되었으니 이 사람이 공왕(共王)이고, 아들 명(明)은 제천왕(濟川工), 아들 팽리(彭離)는 제동왕(濟東王), 아들 정(定)은 산양왕(山陽王), 아들 불식(不識)은 제음왕(濟陰王)이 되었다.

효왕은 살아 있는[未死] 동안에 재산이 거만(鉅萬)을 헤아려 이루 다 헤아릴 수 없었으며, 죽었을 때도 장부(藏府-창고)에는 황금만 40여만 근이었고 다른 재물들도 다 여기에 상응했다[稱].

양 공왕 3년에 경제가 붕했다.

공왕이 세워진 지 7년에 졸하자 아들 양(襄)이 세워졌으니, 이 사람이 평왕(平王)이다.

양(梁) 평왕(平王) 양(襄)[1] 14년에 그의 어머니를 진(陳)태후라 불렀고 공왕(共王)의 어머니를 이(李)태후라 불렀으니 이태후는 평왕의 친할머니[大母]다. 그리고 평왕의 왕후는 임씨(任氏)여서 임(任)왕후라고 불렀다. 임왕후는 평왕 양에게 깊은 총애를 받았다.

애초에 효왕이 살아 있을 때 천금이나 나가는 뇌준(罍樽)[2]이란 그릇이 있었는데, 효왕은 후손들에게 뇌준을 남에게 주지 말고 잘 보존하라고 타일러 말했다. 임왕후가 이 일을 알고는 갖고 싶어 하자, 평왕의 할머니 이태후가 말했다.

"선왕께서 명하시길, 뇌준을 남에게 주지 말라고 하셨습니다. 다른 물건들은 누거만금(累巨萬金-百巨萬)이 나가도 마음대로 하실 수 있습니다."

그러나 임왕후가 한사코[絶] 갖고 싶어 하니, 평왕 양은 곧장[直] 사람을 시켜서 창고를 열어 뇌준을 갖고 오게 해서 임왕후에게 내려주었다. 이태후는 크게 화가 나 한나라에서 사신이 왔을 때 직접 이 일을 말하려 했으나, 평왕 양과 임왕후가 (알자, 중랑 호(胡) 등을 시켜)[3] 문을 잠가 이를 제지하게 했다. 이태후가 문을 열려고 안간힘을 쓰다가 손가락이 문에 끼어 결국 한나라 사신을 만날 수 없었다. 이태후가 또한 몰래 식관장(食官長), 낭중(郎

中) 윤패(尹霸) 등과 간통한 적이 있었는데, 왕과 임왕후는 이것을 가지고 사람을 시켜 넌지시[風=諷] 이태후를 제지했다. 이태후는 이미 포기했고, 그 뒤에 병으로 훙했다. 병이 났을 때 임왕후는 문병[疾=問]을 청하지도 않았고, 훙한 뒤에 상례도 갖추지 않았다.

1) 【색은(索隱)】『한서(漢書)』에는 양(讓)으로 되어 있다.

2) 【집해(集解)】정덕(鄭德)이 말했다. "덮개에 구름과 번개의 모양을 새긴 것이다."
   【색은(索隱)】응소(應劭)가 말했다. "뇌(纍)란 구름과 번개의 모양을 그려서 깎아내고 금으로 장식한 것이다."[안사고(顔師古)가 말했다. "纍는 뇌(雷-번개)의 옛글자다."]

3) 『한서(漢書)』에는 이 부분이 추가되어 있다.

원삭(元朔) 연간에 수양(睢陽) 사람 중에 유안반(類狂反)[1]이라는 자가 있었다. 아버지에게 모욕을 준 적이 있는 자가 회양(淮陽) 군수의 손님과 같은 수레를 타고 나갔는데, 안반은 태수의 손님이 수레에서 내리자, 원수를 수레 위에서 죽이고는 도망쳤다. 회양 군수가 화가 나서 양나라의 2,000석 관리를 책망하니, 2,000석 이하의 관리들이 반(反)을 서둘러 찾기 위해 반의 친척들을 잡아들였다. 반은 양나라 안의 은밀한 일을 알고 있었기에 마침내 조정에다 글을 올려 이 변고를 알렸는데, 평왕과 그 할머니가 뇌준을 두고서 다툰 진상까지 모두 털어놓았다. 당시 (양나라의) 상국 이하 관리들도 이 일을 알고 있었으므로 이를 통해 양나라 고위 관리들에게 해를 끼치고자 그 글이 천자의 귀에 들어가게 한 것이었다. 천자가 관리들에게 내려 조사하게 하니 실제로 그런 일이 있었기에, 공경들은 양 평왕을 폐해 서인으로 삼을 것을 청했다.

천자가 말했다.

"이태후에게 음란한 행실이 있었고, 양왕 양은 훌륭한 사부가 없어 의롭지 못한 일에 빠져든 것이다."

마침내 양나라의 8개 성을 깎아냈고, 임왕후 목을 베어 저잣거리에 내걸게 했다[梟首]. 양나라에는 성이 아직 10개 남아 있었다.

양(襄)이 세워진 지 39년에 졸하니 시호를 평왕(平王)이라고 했고, 아들 무상(無傷)이 세워져 양왕(梁王)이 되었다.

1) 【색은(索隱)】 위소(韋昭)가 말했다. "犴은 발음이 안(岸)이다." 살펴보건대, 유안반은 사람 이름이다. 판본에 따라 반(反)이 우(友)로 되어 있기도 하다.

제천왕(濟川王) 명(明)은 양 효왕의 아들로, 환읍후(桓邑侯)로 있다가 효경제 중(中) 6년에 제천왕이 되었다. 7년에 중위(中尉)를 쏘아 죽인 죄에 연루되자 한나라 조정의 유사(有司)에서 주살할 것을 청했으나, 천자(-무제)는 차마 그렇게 하지 못하고 명을 폐해 서인으로 삼고 방릉(房陵)으로 옮겼으며[遷]1) 땅은 한나라에 편입시켜 군(郡)으로 삼았다.

1) 유배를 보냈다는 말이다.

제동왕(濟東王) 팽리(彭離)는 양 효왕의 아들로, 효경제 중(中) 6년에 제동왕이 되었다. 29년 동안 팽리는 교만하고 사나워서[驕悍] 임금다운 예의가 없었다. 밤이 되면 몰래 노복과 떠돌이 소년 수십 명과 함께 사납게 뛰어다니면서 사람을 죽이고 재물을 빼앗는 짓을 오락거리로 삼았으니, 죽임을 당해 발견된 사람이 100명이 넘었다. 나라 사람들이 모두 이를 알았기에 감히 밤에 나다니질 못했다. 피살자의 아들이 글을 올려 이를 알리자, 유사(有司)에서 주살할 것을 청했는데, 상은 차마 그렇게 하지 못하고 폐해 서인으로 삼고 상용(上庸)으로 옮겼으며 땅은 한나라에 편입시켜 대하군(大河郡)으로 삼았다.

산양애왕(山陽哀王) 정(定)은 양 효왕의 아들로, 효경제 중(中) 6년에 산양왕이 되었다. 세워진 지 9년 만에 졸했는데, 아들이 없어 봉국을 없애고 땅은 한나라에 편입시켜 산양군(山陽郡)으로 삼았다.

제음애왕(濟陰哀王) 불식(不識)은 양 효왕의 아들로, 효경제 중(中) 6년에 제음왕이 되었다. 세워진 지 1년 만에 졸했는데, 아들이 없어 봉국을 없애고 땅은 한나라에 편입시켜 제음군(濟陰郡)으로 삼았다.

태사공(太史公)이 말한다.

"양 효왕이 비록 (상·태후와) 혈친으로 가까워서 사랑을 받아 비옥한 땅에서 왕 노릇을 했지만, 당시는 마침 한나라 왕실이 융성하고 백성이 크게 넉넉할[殷富] 때였으므로 얼마든지 재화를 늘릴 수 있었다[植=殖]. 이에 궁실을 넓히고 수레와 의복이 천자에 버금갔다. 그러나 실로 분수에 넘친 짓[僭=僭越=僭濫]이었다."

저선생(褚先生)은 말한다.

신이 낭(郎)으로 있을 때 궁전의 늙은 낭관 중에 호사가로 불리는 사람이 효왕의 일을 말하는 것을 들은 적이 있다. 가만히 생각건대, 양 효왕이 불만을 품고서 좋지 못한 일을 하려 했던 원인은 궁중에서 생겨난 것이었다.

당시 (두)태후는 여자 군주[女主]로서 작은아들을 아낀 까닭에 양왕을 태자로 삼고 싶어 했는데, 대신들이 적기에 그렇게 할 수 없는 정황을 바로 말하지 않고 여주의 뜻에 아첨해서 소소한 일들이나 처리하며 사사로이 여주의 뜻에 영합함으로써 상이나 받으려 했으니 충직한 신하가 아니었다. 만일 위기후(魏其侯) 두영(竇嬰, ?~기원전 131년)[1]처럼 바른말을 하는 자가 있었다면[2] 어찌 훗날의 재앙이 일어났겠는가? 경제가 양왕과 연회 자리에서 태후를 모시고 술을 마시면서 말했다.

"천추만세(千秋萬歲) 후에 (이 천자의 자리를) 왕에게 전할 것이다."

태후가 기뻐했는데, 두영이 그 앞에 있다가 땅에 엎어지며[據地] 말했다.

"한나라 법에 아들이나 적손에게 전하게 되어 있는데, 지금 제(帝)께서는 어찌 동생에게 자리를 전해 멋대로[擅] 고제(高帝)의 약속을 어지럽히려 하십니까?"

이에 경제는 묵묵히 아무 말도 못 했고, 태후는 속으로 불쾌해했다.

1) 두황후(竇皇后) 조카다. 문제(文帝) 때 오상(吳相)이 되었다가 병으로 사직했고, 경제(景帝)가 즉위하자 첨사(詹事)가 되었다. 오초(吳楚)가 반란을 일으키자, 대장군(大將軍)이 되어 형양(滎陽)을 지키면서 제(齊)와 조(趙)의 병사들을 감독했고, 7국(國)이 격파되자 위기후(魏其侯)에 봉해졌다. 경제는 그의 사람됨이 가벼워서 스스로를 진중하게 유지하지 못한다고 여겨 재상으로 기용하지 않았다. 무제(武帝) 초, 승상(丞相)에 임명되었으나 유술(儒術)을 숭상했기에 황로학을 중시하는 두태후의 뜻을 거슬러 파직되고 집에 머물렀다. 나중에 승상 전분(田蚡)과 사이가 나빠져서 그의 모함을 받아 살해당했다.

2) 【색은(索隱)】 두영과 원앙(袁盎)은 모두 주나라처럼 아들을 세워야지 동생을 세워서는 안 된다고 말했다.

옛날에 (주나라) 성왕(成王)이 어린 동생과 나무 아래에 서서 오동나무 잎 하나를 따주며 말했다.

"내가 이것으로[用=以] 너를 봉해주노라."

주공(周公)이 이를 듣고 나아가 말했다.

"천자께서 동생을 봉해주신 것은 아주 잘한 일입니다."

성왕이 말했다.

"나는 그냥[直=但] 장난을 친 것일 뿐이오."

주공이 말했다.

"남의 임금 된 자는 그릇된 행동을 해서는 안 되고 희롱하는 말을 해서도 안 됩니다. 말을 했으면 반드시 행해야 합니다."

이에 마침내 응현(應縣)을 갖고서 막냇동생을 봉해주었다[1]. 이후로 성왕은 죽을 때까지[沒齒] 감히 희롱하는 말을 하지 않았고, 말을 하면 반드시 실행했다. 『효경(孝經)』에 이르기를 "법도가 아니면 말하지 말고 도리가 아니면 행하지 말라!" 했으니, 이는 빼어난 이의 법언(法言)이라 할 것이다. 당시에 주상은 마땅히 양왕에게 듣기 좋은 말을 하지 말았어야 했다. 양왕은 위로는 태후의 총애를 받고 있어 교만함과 도리에 어긋남[驕蹇]이 이미 오래되었기에 경제로부터 좋은 말(-천추만세 후에 자리를 왕에게 전할 것이라는 말)을 여러 번 들었으나 결국 실행되지는 않았다.

1) 【색은(索隱)】 이 이야기는 「진세가(晉世家)」와 같지 않다.

또 제후왕이 천자를 조현(朝見)하는 것은 한나라 법도에 따르면 모두 네 차례뿐이다. 처음 (장안에) 도착하면 들어가서 소현(小見-약식 알현)하고, 정월 초하루 아침에 가죽에 싼 벽옥(璧玉)을 바쳐 정월을 축하하면서 법도에 따라 알현하고[法見], 사흘 뒤에 (천자가) 왕을 위해 술자리를 베풀면 (알현해) 금전과 재물을 하사받고, 이틀 뒤에 다시 들어가서 소현(小見)해 하직 인사를 한 다음에 떠나는 것이다. 장안에 머무는 기간은 모두 20일을 넘어서는 안 된다. 소현(小見)이란 천자가 한가한 틈에[燕] 금문(禁門) 안에서 만나는 것인데, 대궐 안[省中]에서 술을 마실 때 일반 사람들은 들어갈 수 없다. (그런데) 당시 양왕은 서쪽으로 장안에 와서 기회를 틈타고 눌러앉아 반년이나 머물렀으며, 들어와서는 천자와 같이 수레를 탔고 나올 때도 같이 수레를 탔다. 천자는 넌지시 큰소리를 치고는 실제로 주지 않아서 원망의 말을 내뱉고 만역을 꾀하게 한 다음에야 걱정했으니, 실로 사리에서 멀리 벗어난 일이 아닌가! 크게 뛰어난 사람이 아니고서는 물러나거나 사양할 [退讓] 줄 모른다[1].

지금 한나라 의법(儀法)에 따르면 황제를 조현(朝見)하고 정월을 축하하는 것은 항상 왕 1명과 제후 4명만이 갖춰 알현할 수 있었고, 그것도 10여 년에 한 번이었다. (그런데) 지금 양왕은 항상 해마다[比年=每年] 들어와 조현했고 (올 때마다) 오래 머물렀다. 속담[鄙語=諺]에 "교만한 자식은 효도하지 않는다[驕子不孝]"라고 했는데, 틀린 말이 아니다. 그래서 제후왕은 훌륭한 사부를 둬야 하고 충직한 말을 할 줄 아는 사람을 재상으로 삼아야 하니, 급암(汲黯)이나 한장유(韓長孺-한안국) 같은 이들처럼 과감하게 직언극간(直言極諫)할 수 있었다면 무슨 근심과 해악이 있었겠는가?

1) 저선생은 경제가 원인을 제공했음을 분명하게 밝히고 있다.

대개 듣건대 양왕은 서쪽으로 입조해서 두태후를 뵈었고, 한가할 때 만나면 경제와 함께 태후 앞에 앉아 은밀한 내용의 대화도 나누었다고 한다. 두 태후가 경제에게 일러 말했다.

"내가 듣건대 은나라의 도리는 혈친을 제 몸처럼 여기는 것[親親]이고 주나라의 도리는 높여야 할 조상을 높이는 것[尊尊]이라고 했는데[1], 그 뜻은 한가지일 것이오. 내가 죽거든[安車大駕=晏駕] 양 효왕을 부탁하오."

경제는 무릎을 꿇고 몸을 꼿꼿이 세우고서 말했다.

"알겠습니다."

술자리가 끝나고 다들 나가자, 제는 원앙과 경술에 밝은 대신들을 불러 말했다.

"태후께서 이렇게 말씀하셨는데, 무슨 뜻인가?"

모두 대답해 말했다.

"태후의 뜻은 양왕을 황제의 태자로 세우고 싶어 하시는 것입니다."

제가 상세한 것을 묻자, 원앙 등이 말했다.

"은나라 도리에서 혈친을 제 몸처럼 여기는 것[親親]은 동생을 세우는 것이고, 주나라 도리에 높여야 할 조상을 높이는 것[尊尊]은 아들을 세우는 것입니다. 은나라의 도리는 질(質)로서 질은 하늘을 본받아 제 몸처럼 여겨야 할 사람을 제 몸처럼 여기니, 그래서 동생을 세웁니다. 주나라 도리는 문(文)으로서 문은 땅을 본받아 높여야 할 사람을 공경하고 그 근본[本始]을 공경하는 것이니, 그래서 장자를 세우는 것입니다. 주나라 도리에 태자가 죽으면 적손을 세우고, 은나라 도리에 태자가 죽으면 그 동생을 세웁니다."

제가 말했다.

"공들의 생각은 어떻소?"

모두 대답해 말했다.

"바야흐로 지금 우리 한나라 왕실은 주나라를 본받고 있습니다. 주나라의 도리에서는 동생을 세울 수 없고, 마땅히 아들을 세웁니다. 그래서 『춘추(春秋)』는 (동생에게 자리를 전한) 송나라 선공(宣公)을 비난한 것입니다. 송선공은 죽으면서 아들을 세우지 않고 동생에게 주었고, 동생은 나라를 받았다가 죽으면서 다시 형(-선공)의 아들에게 되돌려주었습니다. 그러자 동생의 아들이 자리를 다투고는 마땅히 자기가 아버지 뒤를 이어야 한다며 형의 아들을 칼로 찔러 죽였으니, 이 때문에 나라가 어지러워지고 화가 끊이질 않았습니다. 그래서 『춘추』에서는 '군자는 바르게 머무는 것을 중시한다. 송나라의 화는 선공이 만든 것'이라고 했던 것입니다. 신들이 태후에게 이를 아뢸 것을 청합니다."

원앙 등이 들어가서 태후를 뵙고 말했다.

"태후께서 양왕을 세우고 싶어 하신다는데, 양왕이 세상을 마치면[終] 누굴 세우려고 하십니까?"

태후가 말했다.

"나는 (지금) 황제의 아들을 다시 세울 것이다."

원앙 등은 송 선공이 후계자를 바로 세우지 않아 환란이 일어났고 환란이 그 뒤로 5세 동안 끊이질 않았다면서, "작은 것을 참지 못하면 대의를 해친다[小不忍害大義]²⁾"라고 태후에게 아뢰었다. 태후가 마침내 마음을 풀고는 곧바로 양왕에게 봉국으로 돌아가게 했다.

그런데 양왕은 그 의견[義=議]이 원앙과 여러 대신에게서 나왔다는 말을 듣고는 원망해, 사람을 시켜 가서 원앙을 죽이게 했다. (자객이 이르자) 원앙이 고개를 돌려 자객에게 말했다.

"내가 이른바 원장군이다. 그대는 뭔가 잘못 알고 있는 것이 아닌가?"

자객이 말했다.

"제대로 알고 있소."

원앙을 찔렀는데, 칼을 그대로 두는 바람에 칼이 원앙 몸에 박혀 있었다. 그 칼을 조사해 보니 새로 만든 것이었다. 장안의 칼 장인을 찾아가니 장인이 말했다.

"양나라의 어떤 낭관이 와서 이 칼을 만들어달라고 했습니다."

이로써 일이 발각되었고, 천자는 사자를 보내 자객을 잡아들였다. 계속 뒤쫓아보니 양왕 쪽에서 죽이려던 대신들만 10여 명이었다. 관리가 주모자를 추궁하자 모반의 실마리가 드러났다.

두태후는 아무것도 먹지 않은 채 낮밤으로 울음을 그치지 않았다. 경제가 몹시 걱정되어 공경 대신들에게 물으니, 대신들은 경술(經術-유학)에 정통한 관리들을 보내 처리하게 하면 마침내 해결될 것이라고 했고, 이에 전숙(田叔)과 여계주(呂季主)를 보내 처리하게 했다. 이 두 사람은 모두 경술에 통달해 대체(大體-일의 큰 골격)를 잘 알았다. 돌아오는 길에 패창구(覇昌廐)에 이르자 양왕의 모반 관련 문서를 모두 불태우고는 빈손으로 경제를 만났다. 경제가 말했다.

"어찌 되었는가?"

대답해 말했다.

"양왕은 몰랐다고 했고, 일을 꾸민 자는 단지 양왕의 총신 양승과 공손궤 무리뿐이었습니다. 삼가 법에 따라 사형했고, 양왕에게는 아무 일도 없습니다[無恙=無頇]."

경제가 기뻐하며 말했다.

"서둘러 태후께 가서 아뢰어라!"

태후가 이를 듣고는 바로 일어나 앉아서 식사하고 기운을 평소대로 되찾았다.

그러므로 "경술에 통달해 고금의 대체를 알지 못하면 삼공(三公)이나 좌우 근신(近臣)이 될 수 없다. 식견이 모자라는 사람은 대롱을 통해 하늘을 보는 것과 같다[少見之人 如從管中闚天=管見]"라고 말하는 것이다.[3]

1) 【색은(索隱)】 은나라는 바탕[質]을 높여 친친(親親)했다는 것은 그 동생을 제 몸처럼 여겨 그에게 자리를 주라는 말이다. 주나라는 꾸밈이나 애씀[文]을 높여 존존(尊尊)했다는 것은 조상의 정체(正體-바른 계통)를 높이라는 말이니, 그 아들을 세우는 것이 바로 그 조상을 높이는 것이다.

2) 『논어(論語)』, 「위령공(衛靈公)」편에서 공자가 말했다. "작은 것을 참지 못하면 큰 계책을 해친다[小不忍則亂大謀]."

3) 【색은술찬(索隱述贊)】 문제의 작은 아들[文帝少子] 옮겨서 양나라에 봉했지[徙封於梁]/태후가 심히 사랑하니[太后鍾愛]/수양성을 넓게 지었네[廣築睢陽]/천자 깃발 날리며 경필 하니[旌旗]/위세는 천자와 버금갔다네[勢擬天王]/공로로는 오초를 막아 세웠고[功扞吳楚]/계책은 공손궤와 양승을 부끄럽게 했지[計醜孫羊]/두영이 의견을 바로잡고[竇嬰正議]/원앙은 겁박당해 죽었다네[袁盎劫傷]/한나라가 양나라의 옥사를 추궁하니[漢窮梁獄]/관과 수레 덮개가 서로를 바라보았네[冠蓋相望]/재앙이 교만한 아들로 인해 이뤄지니[禍成驕子]/결국 이처럼 미쳐 날뛰게 되었구나[致此猖狂]/비록 다섯 나라로 나눠졌다지만[雖分五國]/결국 실로 창성하지 못했도다[卒亦不昌]!

권 59

오종세가(五宗世家) 제29

권59 오종세가(五宗世家) 제29[1]

효경황제(孝景皇帝)의 아들은 모두 13명이 왕이 되었다. 어머니가 5명인데, 같은 어머니에게서 난 자식들은 종친(宗親)이 된다. 율희(栗姬)의 아들이 영(榮)·덕(德)·알우(閼于)[2]이고, 정희(程姬)의 아들이 여(餘)·비(非)·단(端)이고, 가부인(賈夫人)의 아들이 팽조(彭祖)·승(勝)이고, 당희(唐姬)의 아들이 발(發)이고, 왕부인(王夫人) 아후(兒姁)[3]의 아들이 월(越)·기(寄)·승(乘)·순(舜)이다.

1) **[색은(索隱)]** 경제(景帝)는 아들이 14명 있었는데 1명이 무제(武帝)이고, 나머지 13명은 왕이어서 『한서(漢書)』에서는 경십삼왕(景十三王)이라고 했다. 여기서 오종(五宗)이란 왕 13명의 어머니가 5명이었는데 동모(同母)를 종(宗)이라 하기 때문이다.

2) **[색은(索隱)]** 閼은 발음이 알(遏)이다. 『한서(漢書)』에는 우(于)자가 없다.

3) 왕황후 동생이다.

하간헌왕(河間獻王)[1] 덕(德)은 효경제(孝景帝) 전(前) 2년에 황자(皇子)라 하여 하간왕(河間王)이 되었다. 유학(儒學)을 좋아해서 옷 입는 일 같은 행동거지의 순간마다[造次] 반드시 유자(儒者)를 모범으로 삼았다. 산동(山東)의 여러 유자가 그를 따라 함께 어울렸다.

(왕으로) 세워진 지 26년 만에 졸(卒)하자 아들 공왕(共王) 불해(不害)가 세워졌다. 불해가 4년 만에 졸하자 아들 강왕(剛王) 기(基)가 뒤를 이어 세워

졌다. 기가 12년 만에 졸하자 아들 경왕(頃王) 수(授)가 뒤를 이어 세워졌다.

1) [색은(索隱)] 『한서(漢書)』에서 말했다. "대행령(大行令)이 아뢰기를, '시호법에 따르면 총명예지(聰明睿智)한 것을 헌(獻)이라고 합니다'라고 했다."

임강애왕(臨江哀王) 알우(閼于)는 효경제(孝景帝) 전(前) 2년에 황자(皇子)라 하여 임강왕(臨江王)이 되었다. 세워진 지 3년 만에 졸했는데, 아들이 없어 나라를 없애고[國除] 그 땅을 군(郡)으로 삼았다.

임강민왕(臨江閔王) 영(榮)은 효경제(孝景帝) 전(前) 4년에 황태자가 되었다가 4년 만에 폐위되고 옛 태자라 하여 임강왕(臨江王)이 되었다. (민왕) 4년에 사당의 안쪽 담과 바깥담 사이의 공터[壖地]를 침범해 궁실을 지은 죄에 걸려들어, 상이 영을 불렀다. 영이 길을 떠나면서 강릉(江陵) 북문에서 송행(送行)의 제사를 지낸[祖] 뒤 이미 수레에 올랐는데, 수레 축이 부러져 수레가 내려앉았다.
강릉의 부로들이 눈물을 흘리며 남몰래 말했다.
"우리 왕께서는 돌아오지 못 하시리라!"
영이 장안에 이르러 중위부(中尉府)로 가서 심문을 받았는데[簿=對簿], 중위 질도(郅都)가 문서를 갖고서 심문하자 왕은 두려워 자살했다. 남전(藍田)에 안장했는데, 제비 수만 마리가 흙을 머금고 날아와 무덤 위에 내려놓으니, 백성이 그를 가엾게 여겼다. 영은 형제 중에서 가장 위였다. 아들이 없어 나라를 없앴고, 땅은 한나라에 편입되어 남군(南郡)이 되었다.

이상 세 나라의 첫 왕들[本王]은 모두 율희의 아들들이다.

노공왕(魯共王) 여(餘)는 효경제(孝景帝) 전(前) 2년에 황자(皇子)라 하여

회양왕(淮陽王)이 되었다. (공왕) 2년에 오초(吳楚)가 반란을 일으켰다가 깨지고 나서, 효경 전 3년에 옮겨져 노왕이 되었다. 궁궐과 동산을 지어 꾸미고 개와 말을 기르는 것을 좋아했는데 말년에는[季年=末年] 음악을 좋아하고 문사(文辭-글)는 좋아하지 않았으며, 말을 더듬었다[吃].

26년에 졸하자 아들 안왕(安王) 광(光)이 뒤를 이어 왕이 되었다. 처음에는 음악과 여마(輿馬) 타기를 좋아했고, 말년에는[晚節] 인색해져서[遴=貪嗇=吝嗇] 오로지 재물이 모자라는 것만 걱정했다.

강도역왕(江都易王)[1] 비(非)는 효경제(孝景帝) 전(前) 2년에 황자(皇子)라 하여 여남왕(汝南王)이 되었다. 오초(吳楚)가 반란을 일으켰을 때 비는 나이 15세에 재능과 역량이 있었기에 글을 올려 오나라를 치겠다고 자원했고, 경제는 비에게 장군의 인장을 내려주고 오나라를 치게 했다. 오나라를 이미 깨뜨리고 나자 2년 후에 옮겨서 강도왕으로 삼아 오나라 유비(劉濞)의 옛 땅을 다스리게 하면서, 군공(軍功)으로 천자의 깃발을 내려주었다. 원광(元光) 5년에 흉노가 한나라 변경에 대거 침입하자 비는 또 글을 올려 직접 흉노를 치게 해달라고 청했으나, 상이 허락하지 않았다.

비는 기력이 뛰어났고 궁관(宮館)을 지어 꾸미고 사방의 호걸들을 불러들였으며 교만과 사치가 심했다. 세워진 지 27년에 졸하자 아들 건(建)이 뒤를 이어 왕이 되었는데, 건은 세워진 지 7년에 자살했다.

회남왕과 형산왕이 모반을 일으켰을 때 건은 그들이 음모를 꾸미고 있다는 말을 자못 알고 있었고 그들이 군대를 발동하면 그들에게 병합될 것이 두려웠기 때문에, 드디어 몰래 병기를 만들었으며 황제가 아버지에게 내려준 장군 인장을 늘 허리에 차고서 수레에는 천자의 기를 꽂고 다녔다. 역왕이 죽고 아직 매장도 하지 않았는데, 건은 역왕이 아끼던 미인(美人-후궁) 요희(淖姬)에게 한밤중에 사람을 보내 상차(喪次)에서 그녀와 간통했다. 회남왕 모반 사건이 발각되어 조정에서는 회남왕 무리에게 죄를 물었는데, 이때 강도왕 건도 상당히 관련되어 있었다. 유건은 두려움에 떨다가 사람을 시켜 많은 금전을 갖고 가서 사건을 무마하게 했다. 그런데 또한 그는 무축(巫祝-무속)을 신앙했기에 사람을 시켜 제사하고 기도드리게 하면서 망령된 말을 했고, 또 그의 여형제들 모두와 간통했다. 이런 일들이 이미 조정에 보고되자 한나라 공경들은 건을 붙잡아서 죄를 다스릴 것을 청했다. 천자가 차마 그렇게 하지 못하고 대신을 보내 왕을 신문하게 하니, 왕은 범한 바를 인정하고 드디어 자살했다. 나라를 없앴고, 땅은 한나라에 편입되어 광릉군(廣陵郡)이 되었다.

1) 【색은(索隱)】 시호법에 따르면, 옛것 바꾸기를 좋아하는 것을 역(易)이라고 한다.

교서우왕(膠西于王)[1] 단(端)은 효경(孝景) 전(前) 3년에 오초칠국의 난이 평정되자 황자라 하여 교서왕(膠西王)이 되었다. 사람됨이 난폭하고 비뚤어졌으며[賊戾=暴戾], 또한 성불구[陰痿]여서 한 번 여인을 가까이하면 여러 달 동안 병을 앓았다. 총애하는 소년이 있어 그를 낭(郎)으로 삼았는데, 그 낭이 후궁들과 음란한 짓을 벌이자, 단은 그를 붙잡아 죽이면서 후궁과 그 사이에서 난 자식들까지 죽여버렸다. 여러 차례 법을 어겨 한나라의 공경들이 수차례 단을 주살할 것을 청했으나, 천자는 형제라는 연고 때문에 차마 그렇게 하지 못했다[不忍]. 그 때문에 단의 행태는 점점 더 심해져갔고, 유사(有司-담당 관리)가 자주[比=頻] 다시 청하자, 그 나라를 깎아내 태반(太半)[2]을 없애버렸다. 단이 마음속으로 서운해하며[慍] 드디어 나랏일을 전혀 돌아보지 않았다. 부고(府庫)가 무너져 비가 새자, 그의 재물이 모조리 썩어서 피해액이 거만(鉅萬)에 이르렀지만, 끝내 다른 곳으로 옮기는 등의 조처를 하지 않고 관리들로 하여금 조부(租賦)를 거두지 못하게 했다. 단은 궁궐의 숙위를 없애버리고 궁문을 폐쇄했으며 문 하나만 이용해서 들고났다. 여러 차례 이름과 성을 바꾼 채 포의(布衣)를 입고서 다른 군국(郡

國)에 가기도 했다. (중앙 조정에서) 승상과 2,000석 관리에게 이르러 한나라 법으로 다스리려 하면, 단은 그때마다 자신이 그들의 죄를 찾아내 조정에 고소하거나 그 죄를 다른 사람에게 떠넘겨 결국 아무 죄도 없는 자를 속여 독살했다. 이처럼 거짓을 꾸며 임기응변을 극도로 발휘할 수 있었던 까닭은 그가 완강하게 간언을 물리칠 줄 알았고 비리를 아무 일도 아닌 것처럼 잘 꾸며낼 수 있었기 때문이다. 승상과 2,000석 관리들은 왕의 의견에 따라서만 일을 처리했는데 한나라는 법에 따라 그들을 처벌했으니, 그래서 교서는 작은 나라임에도 불구하고 살상을 당한 2,000석 관리들이 아주 많았다.

　　세워진 지 47년 만에 졸했는데, 결국 뒤를 이을 아들이 없어 나라를 없앴고 땅은 한나라에 편입되어 교서군(膠西郡)이 되었다.

1) 【색은(索隱)】 시호법에 따르면, 능히 그 덕을 넉넉히 하는 것을 우(于)라고 한다.
2) 장안(張晏)이 말했다. "3분의 2를 태반, 3분의 1을 소반(少半)이라 한다."

이상 세 나라의 첫 왕들은 모두 정희의 아들들이다.

　　조왕(趙王) 팽조(彭祖)는 효경(孝景) 전(前) 2년에 황자라 하여 광천왕(廣川王)이 되었고, 조왕 수(遂)가 드디어 반란을 일으켰다가 깨진 후에도 팽조는 광천에서 왕 노릇을 하다가 4년에 옮겨서 조왕(趙王)이 되었다. 팽조의 사람됨은 간교하고 말재주가 있어[巧佞], 자신을 낮춰 아첨하며 겉으로 지나치게 공손하면서도 마음은 아주 잔인했다[刻深]. 법률을 좋아했으며, 궤변으로 다른 사람을 해쳤다[中＝中傷]. 아끼는 후궁들과 자손이 많았다.

　　승상과 2,000석 관리들이 (팽조로 하여금) 한나라 법을 받들어 다스리게 하니 왕가(王家)에 해가 되었다. 이 때문에 매번 승상과 2,000석 관리가 올 때마다 팽조는 비단이나 베로 만든 단의(單衣-홑옷)만 입고서 직접 그들을 맞이하러 나가고 직접 숙소를 청소하면서, 의문의 사건들을 여러 차례 일으켜서 그들을 옭아 넣은 뒤 실언하게 하고는 곧바로 기록해두었다. 2,000석 관리 중에 자신을 조사하려는 사람이 있으면 이 글을 갖고서 곧바로 겁박했고, 자기 말을 듣지 않으면 마침내 이를 조정에 아뢰거나 간사한 이익을 얻으려 했다고 말함으로써 그들에게 오명을 씌웠다. 팽조가 세워진 지 50여 년이 되었는데, 그 사이에 승상이나 2,000석 관리 중에 2년을 채운 사람이 없었으니, 문득 죄를 덮어씌워 내쫓아버렸기 때문이다. 죄가 큰 자는 사형을 시켰고 가벼운 자도 형벌을 가했다. 그래서 2,000석 관리 중 어느 누구도 그의 죄를 제대로 다스리려 하는 자가 없었기에, 조왕은 권력을 제 마음대로 할[擅權] 수 있었다. 사자들을 각 현에 보내 매매 중개를 알선하고 이익을 독점했는데[推], 수입이 중앙조성의 조세 수입보다 많았다. 이 때문에 조왕의 왕실에는 돈이 많았으나 여러 희(姬)와 자식들에게 내려주어 탕진해버렸다. 팽조는 강도역왕의 총희(寵姬)이자 왕 건(建)이 간통했던 요희(淖姬)를 차지해 그녀를 심히 총애했다.

팽조는 궁실이나 귀신에게 복을 비는 공간[禨祥]을 짓거나 꾸미는 것을 좋아하지 않고 관리의 일을 좋아해 조정에 글을 올려 나라 안의 도적을 단속하고 싶다고 말하기도 했다. 늘 깊은 밤에 보졸을 데리고 한단(邯鄲) 성안을 순찰했는데, (경사의) 사자들이나 조나라를 지나는 과객들은 팽조가 뒤틀어서 곤경에 빠뜨리려 했기[險陂=險詖] 때문에, 아무도 감히 한단에 머물려 하지 않았다.

(팽조의) 태자 단(丹)이 친누이들과 간음했는데, 문객 강충(江充)과 사이가 틀어지자, 강충이 단의 음란행위를 고발했다. 단은 폐출되었고, 조나라는 태자를 바꿔서 받들어 모셨다.

중산정왕(中山靖王) 승(勝)은 효경(孝景) 전(前) 3년에 황자라 하여 중산왕(中山王)이 되었다. 14년에 효경제가 붕했다. 승은 사람됨이 술을 좋아하고 처첩에 빠져[好內] 자식이 120여 명이었다. 늘 (친형인) 조왕 팽조와 서로를 비방했으니, (승이) 말했다.

"형은 왕이 되어 오로지 관리를 대신해 일에만 빠져 있다. 왕이란 매일 음악을 들으며 여색을 즐기는 것을 자신의 일로 삼아야 한다."

조왕도 이렇게 말했다.

"중산왕은 단지 사치와 음란에만 빠져 있어 천자를 도와 백성을 돌보는 일을 하지 않으니, 어찌 번신(藩臣)이라 부를 수 있겠는가?"

승이 세워진 지 42년에 졸하자 아들 애왕(哀王) 창(昌)이 세워졌고, 창이 1년 만에 졸하자 아들 곤치(昆侈)가 이어받아 중산왕이 되었다.

이상 두 나라의 첫 왕들은 모두 가부인의 아들들이다.

장사정왕(長沙定王) 발(發)은 어머니가 당희(唐姬)로, 예전에 정희(程姬) 의 시녀였다. 경제(景帝)가 정희를 불렀는데, 정희는 피해야 할 일[所避]^{소피}[1]이 있어, 나아가지 않으면서 대신에 시녀인 당아(唐兒)를 잘 꾸며 밤에 나아가 게 했다. 상이 술에 취해 그것을 알지 못한 채 정희인 줄 알고 품어 마침내 아이가 생겼다[有身]^{유신}. 이미 정희가 아니었다는 것이 드러났지만 결국 아들 을 낳게 되자, 그 일로 인해 아이의 이름을 발(發-뒤늦게 깨달았다는 뜻)이라 고 했다. 발은 효경(孝景) 전(前) 2년에 황자라 하여 세워졌다. 그의 어머니 가 미천해서 아무런 총애를 받지 못했기 때문에, 땅이 낮고 습한 가난한 나 라의 왕이 된 것이다.

발이 27년에 졸하자 아들 강왕(康王) 용(庸)이 세워졌고, 용이 28년에 졸 하자 아들 부구(鮒鮈)가 세워져 장사왕(長沙王)이 되었다.

---

1) 안사고(顔師古)가 말했다. "생리[月事^{월사}＝月經^{월경}]가 있었다."

이상 이 나라의 첫 왕은 당희의 아들이다.

광천혜왕(廣川惠王) 월(越)은 효경(孝景) 중(中) 2년에 황자라 하여 광천왕(廣川王)이 되었다. 세워진 지 12년에 졸하자 아들 제(齊)가 세워져 왕이 되었다.

제(齊)에게는 상거(桑距)라는 총애 받는 신하가 있었다. 얼마 후에 죄가 있어, 거를 주살하려 했고 거가 도망치자, 제는 종족들을 잡아들였다. 거가 왕에게 원한을 품고 마침내 글을 올려 제가 친누이[同産]와 간음했다고 고발했고, 그 후에 제는 여러 차례 글을 올려, 한나라 공경과 총신 소충(所忠) 등에게 그 일을 말해야 했다.

교동강왕(膠東國康王) 기(寄)는 효경(孝景) 중(中) 2년에 황자라 하여 교동왕(膠東王)이 되었고, 세워진 지 28년에 졸했다. 회남왕이 반란을 모의할 때, 기는 은밀하게 그 일을 전해 듣고는 몰래 누거(樓車-적진 탐지용 수레)와 쇠화살 등을 만들어 전쟁에 대비하면서 회남이 일어날 때를 준비하고 있었다. 훗날 관리가 회남왕 사건을 조사하니, 조서 내용이 기에까지 미쳤다. 기는 상과 아주 가까워 스스로 몸을 상해 병이 나서 죽었는데, 감히 후사를 정하지도 못했다.

이에 상이 알아보았는데, 기에게는 맏아들 현(賢)이 있었지만, 어머니를 총애하지 않았다. 기는 막내 경(慶)의 어머니를 총애해 늘 경을 후사로 세우고 싶었으나 그것은 순서가 아니었고 또 자신에게 허물이 있어 끝내 아무 말도 남기지 않았다. 상이 이를 가슴 아프게 여기더니, 마침내 현을 세워 교동왕으로 삼아서 강왕의 후사가 되게 했고 경을 봉해 육안왕(六安王)으로 삼았다.

교동왕 현은 세워진 지 14년에 졸하니 시호를 애왕(哀王)이라 했고, 아들 경(慶)이 왕이 되었다[1].

육안왕 경(慶)은 무제 원수(元狩) 2년에 교동강왕의 아들이라 하여 육안왕이 되었다.

1) 【집해(集解)】 서광(徐廣)이 말했다. "다른 본에도 '경(慶)'으로 되어 있고 오직 한
   본에만 '건(建)'으로 되어 있는데, 숙부와 이름이 같은 것은 마땅치 않으니,
   기록이 전해지면서 착오가 생긴 것이다."

   청하애왕(淸河哀王) 승(乘)은 효경(孝景) 중(中) 3년에 황자라 하여 청하
왕(淸河王)이 되었다. 세워진 지 12년에 졸했는데, 아들이 없어 나라를 없앴
고 땅은 한나라에 귀속되어 청하군(淸河郡)이 되었다.

   상산헌왕(常山憲王) 순(舜)은 효경(孝景) 중(中) 5년에 황자라 하여 상산
왕(常山王)이 되었다. 순은 천자와 가장 친했고 경제(景帝) 막내아들이었는
데, 교만하고 음란해 여러 차례 법을 어겼으나 상이 늘 너그럽게 보아주었
다. 세워진 지 32년에 졸하자 아들 발(勃)이 뒤를 이어 왕이 되었다.
   애초에 헌왕에게는 그다지 아끼지 않는 희(姬)가 낳은 장남 탈(梲)이 있
었는데, 어머니가 총애를 받지 못했기 때문에 그 또한 왕에게 사랑받지 못
했다. 왕후 수(脩)가 태자 발(勃)을 낳았으나, 왕에게는 희첩이 많아서 총희
가 아들 평(平)과 상(商)을 낳았고 왕후는 총애를 받는 것이 드물었다. 헌왕
이 심한 병에 걸려서 여러 총애받는 희들이 병간호할 때 왕후는 시기와 질
투 때문에 늘 병상에 있지 못하고 그때마다 숙소로 가서 머물러야 했으며,
의원이 약을 올릴 때도 태자 발은 자신이 약을 맛볼 수가 없었고 밤을 넘겨
가며 간병할 기회도 없었다. 왕이 훙하자, 왕후와 태자가 마침내 오게 되었
다. 헌왕은 평소에[雅=素] 탈을 아들의 수[子數]에 넣어주지 않았고 재물도
나눠주지 않았는데, 낭(郞) 중에 어떤 자가 태자와 왕후를 설득해 탈에게도
재산을 나눠주라고 했다. 그러나 둘 다 듣지 않았고, 태자가 대를 이어 세워
졌어도 역시 탈을 거둬 돌보아주지 않았다. 그래서 탈은 왕후와 태자에 대
해 원망을 품고 있다가, 한나라 사자가 헌왕의 상례를 시찰하러 오자 왕후
와 태자를 고발했다. 헌왕이 병중에 있다가 왕후와 태자가 간호하지 못하

는 상태에서 졸했을 때, 6일 동안 상복을 입고 여막을 지켜야 하는데도 태자 발은 몰래 여막을 떠나서 간음하고 술을 마시며 도박을 했고, 축(筑-거문고 일종)을 두드리며 여자들과 수레를 타고 성안을 돌며 놀았고, 감옥에 들어가서 죄수를 만나보기도 했다는 것이다. 천자가 대행(大行) 건(騫-장건)을 보내 조사하게 했다.

여러 증인을 체포하려 하자 왕이 또한 그들을 숨겼고, 관리가 체포하려 하자 발은 사람을 지켜 관리들을 마구 때리게 한 다음에 마음대로 증인들을 탈출시켰다. 유사에서 발과 헌왕의 왕후 수(脩)를 주살할 것을 청하니, 상이 말했다.

"수는 평소 이렇다 할 행실이 없이 탈로 하여금 죄에 빠지게 했다. 발은 훌륭한 사부가 없어서 그렇게 된 것이니, 차마 주살할 수는 없다."

이에 유사는 왕에서 폐위한 다음 왕 발을 가족들과 함께 방릉(房陵)으로 옮길 것을 청했고, 상이 허락했다. 발은 수개월 만에 폐위되었고 나라는 없어졌다.

한 달여가 지나자, 천자는 그가 아주 가까운 친족이기에 유사에 조서를 내려 말했다.

'상산헌왕이 일찍 죽었는데[무요天], 후첩들이 서로 불화해 적자와 서자가 무고하며 다투다가 마땅치 못한 일에 빠져들어서 나라가 없어졌으니, 짐이 참으로 마음 아프게 여긴다. 이에 헌왕의 아들 평(平)을 3만 호에 봉해 진정왕(眞定王)으로 삼고, 아들 상(商)을 3만 호에 봉해 사수왕(泗水王)으로 삼으라.'

진정왕(眞定王) 평(平)은 원정(元鼎) 4년에 상산헌왕의 아들이라 하여 진정왕이 되었다.

사수사왕(泗水思王) 상(商)은 원정(元鼎) 4년에 상산헌왕의 아들이라 하여 사수왕이 되었다. 세워진 지 11년에 졸하니, 아들 애왕(哀王) 안세(安世)가 세워졌다. 안세는 세워진 지 11년에 졸했는데, 아들이 없었다. 이에 무제(武帝)가 사수의 왕이 끊어진 것을 가슴 아프게 여겨 마침내 안세의 동생 하(賀)를 세워 왕으로 삼았다.

이상 네 나라의 첫 왕들은 모두 왕부인 아후(兒姁) 아들들이고 그 후에 한나라 조정에서 그들의 서자를 각기 봉해 육안왕, 사수왕으로 삼았으니, 아후 자손들은 지금까지 모두 6명이 왕이 되었다.

태사공(太史公)이 말한다.

"고조 때 제후들은 모두 세금을 (독자적으로) 거두고[1] 내사(內史) 이하 관리를 독자적으로 임명할[除=除拜] 수 있었으며, 한나라 조정에서는 봉국으로 승상을 보내 황금 인장을 사용하게 했다. 제후들이 몸소 어사, 정위정(廷尉正), 박사를 임명했으니, 천자에 버금갔다.

(그러나) 오초(吳楚)의 반란 이후 오종(五宗)이 왕이 되었을 때부터 한나라는 2,000석 관리를 두게 하고 (조정에서 보내는) 승상(丞相)을 상(相)으로 바꿔 부르는 한편 은(銀) 인장을 쓰게 했다. (이때부터) 제후들은 단지 식읍의 세금 수입만 가졌고 권력은 빼앗겼다. 그 뒤에 제후 중에 가난한 자는 혹 소가 끄는 수레를 타기도 했다."[2]

---

1) 【집해(集解)】 서광(徐廣)이 말했다. "봉국에서 나는 것은 모두 왕에게 들어갔다."

2) 【색은술찬(索隱述贊)】 경제에게는 열세 아들이 있었고[景十三子]/다섯 종족은 화목했다네[五宗親睦]/율희가 이미 폐해지자[栗姬旣廢]/임강왕은 뜻이 꺾였지[臨江折軸]/알우는 일찍 훙했고[閼于早薨]/하간왕은 유자복을 입었네[河間儒服]/나머지 아들은 궁궐 동산 좋아해[餘好宮苑]/단은 내달리기만을 숭상했지[端事馳逐]/강도는 재주가 있었고[江都有才]/중산은 평안과 복을 받

왔다네[中山禔福]/장사는 땅이 작았고[長沙地小]/교동은 화살촉 만들었지[膠東造鏃]/어질고 뛰어난 자는 대를 이었고[仁賢者代]/도리를 어기고 다움을 어지럽히는 자는 족멸 당했도다[悖亂者族]/아후에게 네 왕이 있었는데[兒姁四王]/나뉘어 봉해져서 여섯 왕이 되었구나[分封爲六]!

권60 │ 삼왕세가(三王世家) 제30

권60 삼왕세가(三王世家) 제30

'대사마(大司馬) 신(臣) 거병(去病)[1]은 죽음을 무릅쓰고[昧死] 두 번 절하고서 황제 폐하께 소(疏)를 올립니다. 폐하께서는 지나치게 제 말씀을 들어주시어[過聽][2] 신 거병으로 하여금 군중[行間=軍中]에서 죄를 기다리게 하셨으니[待罪][3], 마땅히 변방 요새를 지키려는 생각에만 전념하면서 설령 해골을 들판에 드러낸다고 해도 (폐하의 은덕을) 갚을 길이 없습니다. (그런데도) 이에 감히 다른 의견을 갖고서 정사를 행하시는[用事] 데 끼어들려는 것[干=間]은, 진실로 폐하께서 천하를 걱정하느라 수고로우시고 백성을 가엾게 여기느라 자신을 잊으시며 음식을 아끼고 향락을 줄이시면서[虧膳貶樂] 낭관(郎官-황제 시종관)의 숫자까지 줄이시는 것을 보았기 때문입니다.

황자(皇子)들이 하늘에 힘입어 능히 혼자 힘으로 옷을 차려입고[勝衣][4] (폐하께) 종종걸음으로 나아와 절을 할 수 있게 되었으나[趨拜][5], 지금까지 봉호(封號)도 없고 작위(爵位)도 없으며 사부(師傅)의 관직도 없습니다. 폐하께서는 공손히 사양해 챙기지 않으셨지만[不恤], 여러 신하는 은밀히 바라면서도 감히 직분을 뛰어넘어 말씀을 드리지 못하고 있습니다. 신이 남몰래 (충성스러운) 개나 말의 마음을 이기지 못해 죽음을 무릅쓰고서 바라건대, 폐하께서는 유사(有司)에 조서를 내리시어 한여름의 길한 때를 잡아 황자의 지위를 정해주십시오[6]. 바라건대 오직 폐하께서 잘 살펴주신다면 다행이겠습니다. 신 거병이 죽음을 무릅쓰고 두 번 절하고서 황제 폐하께 아뢰었습니다[聞=奏].'

3월 을해일(乙亥)에 어사(御史-관리 규찰 담당 관리)인 신(臣) 곽광(霍光)이

상서령(尙書令-황제에게 올리는 문서 담당)을 겸하면서 미앙궁(未央宮-황제의 거처)에 아뢰니, (황제가) 제(制)해 말했다.

"어사(御史)에 내려보내라!"

1) 【색은(索隱)】 곽거병(霍去病)이다.

2) 큰 총애를 받았다는 말이다.

3) 원래 대죄(待罪)란 신하가 임금에게 죄를 짓고서 처벌을 기다린다는 뜻인데, 여기서는 관직을 얻게 된 것을 겸손하게 표현한 것이다. 대죄행간(待罪行間)이라는 표현은 『사기(史記)』 「위장군 표기열전(衛將軍驃騎列傳)」에도 같은 의미로 등장한다.

4) 옷을 감당한다는 말로, 남의 도움 없이 혼자 옷을 입고 벗을 수 있게 되었다는 말이다.

5) 황제에게 예를 갖출 만큼 컸다는 뜻이다.

6) 【색은(索隱)】 『명당월령(明堂月令)』에서 말했다. "계하(季夏-늦여름)의 달(음력 6월)에는 제후를 봉할 수 있고 대관(大官)을 세울 수 있다."

원수(元狩) 6년 3월 무신일 초하루 을해일에 어사 겸 상서령 광(光)과 (상서) 승(丞-상서령 보좌관) 비(非)[1]의 일로 어사에 내려보낸 문서가 도달했는데, 그 문서에서 이렇게 말했다.

1) 【색은(索隱)】 승비(丞非)란 혹 상서 좌우승(左右丞)인 듯하니, 승의 이름은 아니다.

'승상 신(臣) 청적(青翟)[1], 어사대부 신 탕(湯)[2], 태상(太常) 신 충(充)[3], 대행령(大行令) 신 식(息)[4], 태자소부(太子少傅) 신 안(安)[5]이 종정(宗正)의 일을 맡고 있으면서 죽음을 무릅쓰고 아뢰옵니다.

대사마 거병이 소를 올려 아뢰기를 "폐하께서 지나치게 제 말씀을 들어주시어[過聽] 신 거병으로 하여금 군중[行間=軍中]에서 죄를 기다리게 하셨으니[待罪], 마땅히 변방 요새를 지키려는 생각에만 전념하면서 설령 해골을 들판에 드러낸다고 해도 (폐하의 은덕을) 갚을 길이 없습니다. (그런데도) 이에 감히 다른 의견을 갖고서 정사를 행하시는[用事] 데 끼어들려는 것[干=間]은, 진실로 폐하께서 천하를 걱정하느라 수고롭고 백성을 가엾게 여기느라 자신을 잊으며 음식을 아끼고 향락을 줄이면서[虧膳貶樂] 낭관(郎官) 숫자까지 줄이는 것을 보았기 때문입니다. 황자(皇子)들이 하늘에 힘입어 능히 혼자 힘으로 옷을 차려입고[勝衣] (폐하께) 종종걸음으로 나아와 절을 할 수 있게 되었으나[趨拜], 지금까지 봉호(封號)도 없고 작위(爵位)도 없으며 사부(師傅)의 관직도 없습니다. 폐하께서는 공손히 사양해 챙기지 않으셨지만[不恤], 여러 신하는 은밀히 바라면서도 감히 직분을 뛰어넘어 말씀을 드리지 못하고 있습니다. 신이 남몰래 (충성스러운) 개나 말의 마음을 이기지 못해 죽음을 무릅쓰고서 바라건대, 폐하께서는 유사(有司)에 조서를 내리시어 한여름의 길한 때를 잡아 황자의 지위를 정해주십시오. 바라건대 오직 폐하께서 잘 살펴주신다면 다행이겠습니다"라고 했고, 이에 제해 "어사(御史)에게 내려보내라!"라고 하셨습니다.

신들이 삼가 중(中) 2,000석(石) 관리와 2,000석 신(臣) 하(賀)[6] 등과 이렇게 의견을 모았습니다[議]. 옛날에 땅을 찢어 봉국을 세우고[裂地立國] 아울러 제후를 세워서 천자를 받들게 한 것은 종묘를 높이고 사직을 무겁게 하기 위해서였습니다. 지금 신 거병이 소를 올려 직분을 잊지 않고 그로써 폐하의 은혜를 선양했으며 마침내 천자께서 스스로를 낮추고 겸양하시어 천하를 위해 수고로움을 다하신다고 말한 뒤에 황자들에게 아직 봉호와 작위가 없음을 근심했습니다. 신 청적, 신 탕 등은 마땅함을 받들고 직분을 지켰어야 하건만, 어리석어[愚憧] 이 일에 생각이 미치지 못했습니다[不逮=不及]. 바야흐로 지금은 한여름 길일이니, 신 청적, 신 탕 등은 죽음을 무릅쓰고서 황자 신(臣) 굉(閎)[7], 신 단(旦), 신 서(胥)를 세워[立] 제후왕(諸侯王)으로 삼을[爲] 것을 청하고, 신들은 죽음을 무릅쓰고 그들에게 나라 이름

을 세워줄 것을 청합니다.'

1) 【색은(索隱)】 장청적(莊青翟)이다.

2) 【색은(索隱)】 장탕(張湯)이다.

3) 【색은(索隱)】 아마도 조충(趙充)일 것이다.

4) 【색은(索隱)】 이식(李息)이다.

5) 【색은(索隱)】 임안(任安)이다.

6) 【색은(索隱)】 공손하(公孫賀)다.

7) 【집해(集解)】 서광(徐廣)이 말했다. "판본에 따라 변(開)으로 되어 있다."

제(制)해 말했다.

"대개 듣건대, 주(周)나라가 800나라를 봉할 때 (왕실과 같은) 희성(姬姓)은 나란히 열후가 되어 자작(子爵)·남작(男爵)·부용(附庸)이라 했다고 한다. 『예기(禮記)』에는 '지자(支子-서자)는 제사를 지낼 수 없다'라고 되어 있다. 그대들은 말하기를 '아울러 제후를 세우는 것은 사직을 무겁게 하기 위해서'라고 했지만 짐(朕)은 들어본 바가 없다. 또 하늘이 임금을 위해 백성을 낳아준 것이 아니다[1]. 짐이 부덕해 해내(海內-나라 안)가 아직 화합하지 못했는데[未洽=不和=未集], 아직 제대로 배우지도 못한 아이들을 억지로 여러 성을 다스리는 제후왕으로 삼는다면 팔다리 같은 신하들[股肱]을 내가 어찌 권면할 수 있겠는가? 이에[其] 열후(列侯)로 삼아서 (제후의 봉국이 아니라 경대부 봉지에 해당하는) 가(家)를 식읍으로 주는[家之] 방안에 대해 다시 토의해보라!"

1) 【색은(索隱)】 『좌전(左傳)』에서 "하늘이 증민(蒸民-백성)을 낳아주고 임금을 세워 그들을 돌보게 했다"라고 했으니, 이는 백성을 위해 군장을 세워 돌보게 한 것일 뿐 하늘이 임금을 위해 백성을 낳아준 것은 아니라는 말이다.

3월 병자일(丙子日)에 미앙궁(未央宮)에 아뢰었다.

"승상 신 청적(靑翟)과 어사대부 신 탕(湯)이 죽음을 무릅쓰고 말씀드립니다. 신들이 삼가 열후(列侯)인 신 영제(嬰齊), 중 2,000석과 2,000석 관리인 신 하(賀), 간대부(諫大夫) 박사(博士) 신 안(安) 등과 의견을 나눈 결과는 이렇습니다.

엎드려 듣건대, 주(周)나라는 800개 제후를 봉했는데 희성(姬姓-왕족)이 나란히 열후가 되어 천자를 받들어 모셨습니다. 강숙(康叔)은 돌아가신 할아버지[祖考]로 인해 현달했고 백금(伯禽-주공의 아들)은 주공으로 인해 (후에) 봉해졌는데, 이들은 모두 나라를 세우고 제후가 되어 재상과 사부[相傅]의 도움을 받았으며 모든 관리가 법규를 받들고 각자 직분을 잘 수행함으로써 나라의 큰 골격[國統]이 완비되었습니다. 신들이 남몰래 생각해보건대, 제후국을 나란히 세우는 것은 사직을 무겁게 여기기 때문이며 천하의 제후들은 각기 직분에 따라 제사에 필요한 공물을 바칩니다. 서자[支子]가 종묘의 제사를 받들 수 없다는 것은 예(禮)이고, (서자를 제후로) 봉해 세움으로써[封建] 번국(藩國)을 지키게 하는 것은 제왕(帝王)이 다움을 기르면서 교화를 베푸는 일[扶德施化]입니다.

폐하께서는 하늘의 계통[天統]을 받들어 이으시어 빼어난 실마리[聖緒]1)를 밝게 여시었고 뛰어난 이를 높이고 공로가 있는 자들을 현달케 해주셨으며 없어진 나라를 다시 일으키고 대가 끊어진 왕실을 다시 이어주셨습니다[興滅繼絶]. 문종후(文終侯) 소하(蕭何, 기원전 257~193년)[蕭文終]2)의 후손을 찬현(酇縣)에 봉해 봉읍을 잇도록 해주셨고, 여러 신하와 평진후(平津侯) 등을 포상하고 격려해주셨으며, 여섯 친족[六親]의 차례를 밝히고 하늘이 베푼 친족[天施之屬]을 분명히 하시어 제후와 왕, 봉군(封君)들로 하여금 사사로운 은택을 미뤄 헤아려 그 자제들에게 봉토[戶邑]를 나눠주게 하셨습니다. 봉호(封號)를 내려주고 봉국을 높여 세워준 것[尊建=封建]이 100여 개입니다. 그런데 황자들에게 가(家)의 식읍을 주어[家] 열후로 삼으신다면 신분의 높고 낮음이 서로 흐트러져서 지위의 서열이 뒤바뀌게 되니, 만세에 이르도록 황가의 법통을 드리울 수가 없을 것입니다. 신들이 청하옵건대, 신 굉(閎)[3]과 신 단(旦)[4]과 신 서(胥)[5]를 제후왕으로 삼으십시오."

3월 병자일(丙子日)에 (이런 내용을) 미앙궁(未央宮)에 아뢰었다[6].

1) 빼어난 통치를 할 수 있는 기반을 가리킨다.

2) 패풍(沛豐) 사람으로, 일찍이 패현(沛縣)에서 옥리(獄吏)를 지냈다. 진(秦)나라 말기에 유방(劉邦)을 도와 봉기해 함양(鹹陽)을 함락시킨 후에 승상이 되었다. 진(秦)나라 어사부(禦史府)에 소장하고 있던 율령(律令), 도서(圖書)를 가장 먼저 수습해서 전국 산천의 요새와 군현(郡縣)의 호구(戶口) 등의 정황을 파악해 정책을 수립함으로써 초한(楚漢) 전쟁의 승리를 위한 책략을 만들었다. 초한(楚漢) 전쟁 때 관중(關中)에 머물면서 한군(漢軍)의 군량을 공급해주는 등 유방이 항우에게 승리하는 데 결정적인 공헌을 했다. 그는 진(秦)나라의 육법(六法)을 참조해서 구장률(九章律)이라는 새로운 율령 제도를 제정했으며, 황로(黃老) 사상을 좋아해 무위(無爲)를 주장했다. 기원전 196년에는 또 유방을 도와 한신(韓信)·영포(英布) 등의 이성(異姓) 제후들을 멸했으며, 유방(劉邦) 사후에는 한혜제(漢惠帝)를 보좌했다. 문종후(文終侯)는 시호다.

3) 【색은(索隱)】 제왕(齊王)으로, 왕부인의 아들이다.

4) 【색은(索隱)】 연왕(燕王)으로, 『한서(漢書)』에서는 이희(李姬)의 아들이라고 했다.

5) 【색은(索隱)】 광릉왕(廣陵王)이다.

6) 중복해서 들어갔으니, 이를 연문(衍文-군더더기)이라고 한다.

(황제가 다음과 같이) 제(制)해 말했다.

"강숙(康叔)의 친족이 10명이었지만 유독 그를 높여준 것은 그가 다움을 갖췄다[有德] 하여 (문왕이 그를) 기렸기 때문이고, 주공이 하늘에 교(郊)제사(郊祭)를 지냈기 때문에 (그 정신을 이어받아) 노(魯)나라에서는 흰 수소[白牡]와 붉은 소[騂剛]를 희생으로 쓰지만 다른 (나라의) 공(公-임금)들은 털빛을 가리지 않고 희생을 쓴다. 이것은 뛰어난 이와 그렇지 못한 자[賢^현不肖^{불초}]의 차이 때문이다. '높은 산은 사람들이 우러러보고, 큰길은 사람들이 따라간다'라고 했다. 짐은 (주나라의 예제를) 심히 그리워한다. 그러니 아직 성숙하지 못한 아이들은 억눌러서 가(家)의 식읍으로 열후가 되게 하는 것도 괜찮을 것이다."

4월 무인일(戊寅日)에 미앙궁에 아뢰었다.

"승상 신 청적과 어사대부 신 탕이 죽음을 무릅쓰고 말씀드리옵니다. 신 청적 등이 열후와 2,000석 관리들, 간대부·박사 신 경(慶)과 논의한 다음에 죽음을 무릅쓰고 황자들을 제후왕으로 삼으실 것을 아뢰었는데, 이에 제(制)하시기를 '강숙(康叔)의 친족이 10명이었지만 유독 그를 높여준 것은 그가 다움을 갖췄다[有德^{유덕}] 하여 (문왕이 그를) 기렸기 때문이고, 주공이 하늘에 교(郊)제사(郊祭)를 지냈기 때문에 (그 정신을 이어받아) 노(魯)나라에서는 흰 수소[白牡^{백모}]와 붉은 소[騂剛^{성강}]를 희생으로 쓰지만 다른 (나라의) 공(公-임금)들은 털빛을 가리지 않고 희생을 쓴다. 이것은 뛰어난 이와 그렇지 못한 자[賢^현不肖^{불초}]의 차이 때문이다. "높은 산은 사람들이 우러러보고, 큰길은 사람들이 따라간다"라고 했다. 짐은 (주나라의 예제를) 심히 그리워한다. 그러니 아직 성숙하지 못한 아이들은 억눌러서 가(家)의 식읍으로 열후가 되게 하는 것도 괜찮을 것이다'라고 하셨습니다.

신 청적과 신 장탕과 박사 신 장행(將行) 등이 엎드려 듣건대, 강숙의 형제 10명 가운데 무왕이 대통을 잇고[繼體^{계체}] 주공이 성왕(成王-무왕의 아들)을 보필하자 나머지 8명은 모두 돌아가신 할아버지의 존귀함으로 큰 나라에 봉해졌습니다. 강숙의 나이가 어렸을 때 주공은 삼공(三公) 지위에 있으면서 백금(伯禽)을 노(魯)나라에 봉했으니, 아마도 작위를 내리는 명이 있었을 때는 아직 성인이 아니었을 것입니다. (그런데도) 강숙은 훗날 녹보(祿父)의 난을 막아냈고[扞^한], 백금은 회이(淮夷)의 반란을 섬멸시켰습니다[殄^진].

옛날에 오제(五帝)는 제도를 다르게 했고, 주나라의 작위가 5등급이었는데 춘추시대 때는 3등급으로 고쳤으니, 이는 모두 시대의 변화에 따라서 높고 낮음의 순서를 정한 것입니다.

고황제(高皇帝)께서는 어지러운 세상을 다스려[撥=治] 바른 곳으로 되돌려놓으시고 지극한 다움을 밝히시어 해내(海內)를 안정시킨 뒤에 제후들을 봉해 세워주셨는데[封建], 작위를 두 등급으로 하셨습니다. 황자 중에 어떤 이는 강보(繦褓)에 있으면서 제후왕으로 세워져 천자를 받들었으니, 이는 만세를 위한 법칙이므로 바꿀 수 없는 것입니다.

폐하께서는 몸소 어짊과 마땅함을 제 것으로 삼아 빼어난 다움을 몸으로 행하셨고 문무(文武)가 겉과 속을 이루셨습니다. 자애롭고 효성스러운 행실을 (포상해) 드러내 주셨고, 뛰어나고 유능한 이들의 길을 넓혀주셨습니다. 안으로는 다움이 있는 자를 기리고, 밖으로는 힘세고 사나운 자들을 토벌하셨습니다. 저 머나먼 북해에 임하시고 서쪽으로 월지국(月氏國)에 이르니[溱=至], 흉노와 서역의 나라들이 거국적으로 황제의 군대를 받들었습니다. (전쟁에 필요한) 수레와 기계 등의 비용을 백성에게서 거두지 않으시었으니, 궁궐 창고[御府]에 쌓아둔 재물을 다 내어 군공을 세운 장수들에게 상으로 내리셨고 궁궐의 식량창고[禁倉]를 열어 가난하고 힘든 자들을 구휼해주셨으며 변방을 지키는 병사들[戍卒]을 절반으로 줄이셨습니다. 온갖 남쪽 오랑캐[百蠻]의 왕들은 한(漢)나라의 교화를 입지 않음이 없어 매사를 한나라 조정의 뜻에 맡겼습니다. 먼 나라는 풍속이 달랐지만, 이중 삼중의 통역을 통해서라도 조회를 왔기에 (폐하의) 은택이 나라 밖에까지 미쳤습니다. 그리하여 진기한 짐승들[珍獸]이 들어오고 질 좋은 곡식들[嘉穀=佳穀]이 자라났으니, 하늘이 응해주심[天應]이 매우 분명하게 드러났습니다.

(그런데) 지금 이제 제후의 서자는 제후왕에 봉해 지극히 대우하면서 (정작) 황자들에게는 가(家)의 식읍을 주어[家] 열후로 삼는 것은, 신 청적과

신 탕 등이 남몰래 엎드려 깊이 생각해보건대 모두 높고 낮음[尊卑]이 차례를 잃게 되어 천하로 하여금 기대를 잃게 하는 일이므로 옳지 않다고 생각됩니다. 신들이 청하건대, 신 굉(閎)과 신 단(旦)과 신(臣) 서(胥)를 제후왕으로 삼으시옵소서.”

4월 계미일(癸未日)에 (이 일이) 미앙궁에 올라갔으나, (황제는) 궁중에 (상주문을) 머물러두게 하고서[留中] 아무런 명을 내리지 않았다[不下].

“승상 신 청적, 태복(太僕) 신 하(賀-공손하), 행(行)어사대부 겸 태상(太常)인 신 충(充-조충), 태자소부 신 안(安)은 죽음을 무릅쓰고 종정(宗正-종실)의 일을 말씀드립니다.

신 청적 등이 전에 ‘대사마 신 거병이 소를 올려 황자에게 아직 봉호와 작위가 없다고 했습니다’라고 아뢰었고, 신은 삼가 어사대부 탕(湯)과 중(中) 2,000석, 2,000석 관리들 그리고 간대부, 박사 신 경(慶) 등과 더불어 죽음을 무릅쓰고 황자 신 굉(閎) 등을 제후왕으로 삼으실 것을 청하면서, 폐하께서는 문무(文武)가 빼어남에도 겸양하시고 몸소 스스로 절절하게 하시는데도 황자들에게는 아직 제대로 가르치지 않았다고 말씀드렸습니다.

여러 신하의 의견으로는 유자(儒者)들은 입으로는 유술(儒術)을 말하면서 혹 속마음과 어그러지는 경우가 있습니다. 폐하께서는 굳게 마다하시며[固辭] 허락하지 않으시다가 황자들을 가(家)의 식읍으로 열후가 되게 하라고 하셨습니다만, 신 청적 등이 남몰래 열후 신 수성(壽成-소하의 후손) 등 27인과 상의했더니 모두가 말하기를 그것은 높고 낮음의 차례를 잃게 하는 것이라고 했습니다.

고황제께서는 천하를 세우시고 한(漢)나라의 태조(太祖)가 되자 자손들을 왕으로 삼으시고 서자들이 보좌할 수 있는 영역[支輔=枝輔]을 넓히셨으니, 선제(先帝)의 법칙은 바꿀 수가 없는 것입니다. 이는 지존의 자리를 높여주는 것이기 때문입니다. 신들이 청하건대, 사관(史官)으로 하여금 길일

(吉日)을 골라서 예의를 갖춰 상(上)을 모시게 한 다음에 어사로 하여금 해당국의 지도[輿地圖-종합적인 지도]를 바치게 하시옵소서. 다른 일들은 모두 옛일에 따라 처리하시옵소서."

제(制)해 말했다.

"그렇게 하라."

4월 병신일(丙申日)에 미앙궁에 아뢰었다.

"태복 신 하(賀-공손하)는 어사대부 일을 겸하기 때문에 죽음을 무릅쓰고 아뢰옵니다. 태상(太常) 신 충(充-조충)이 말하기를, 점을 쳐보니 4월 28일 을사일(乙巳日)에 제후왕들을 세우면 좋다고 했습니다. 신이 죽음을 무릅쓰고 해당국의 지도를 올리면서 봉국 이름을 정해주기를 청합니다. 예법와 의례 절차[禮儀]는 별도로 아뢰겠습니다. 신이 죽음을 무릅쓰고 청했습니다."

제해 말했다.

"황자 굉(閎)을 세워 제왕(齊王)으로 삼고, 단(旦)을 세워 연왕(燕王)으로 삼고, 서(胥)를 세워 광릉왕(廣陵王)으로 삼노라."

4월 정유일(丁酉日), 미앙궁에 아뢰었다.

(원수) 6년 4월 무인일(戊寅日) 초하루와 계묘일(癸卯日)에 어사대부(御史大夫) 탕(湯)이 (황제의 명을) 승상(丞相)에게 하달했고, 승상이 중 2,000석 관리들에게 하달했으며, 2,000석 관리는 군 태수와 제후의 재상들에게 하달했고, 승서종사(丞書從事)는 일을 맡은 관원들에게 하달해서 율령에 따라 시행했다.

'원수(元狩) 6년(기원전 117년) 4월 을사일(乙巳日)에 황제께서는 어사대부

장탕(張湯)으로 하여금 태묘에 나아가 황자 유굉(劉閎)을 세워 제나라 왕으로 삼게 하면서, 이렇게 책문을 내렸다.

"아! 아들 굉아, 이 푸른 사토[靑社]¹⁾를 받으라. 짐은 조상의 대업을 이어받고[朕承祖考] 옛일을 깊이 상고해서[維稽古] 네 나라를 세워주고 동쪽 땅을 봉해주니, 대대로 한나라의 울타리가 되어 돕도록 하라. 아! 명심해야 할 것이다. 짐의 조서를 공손히 받들라. 저 천명이란 늘 그대로 있는 것이 아니어서 사람이 다움을 좋아하면 능히 밝히고 흰히 빛나게 할 수 있지만 의로움을 도모하지 않는다면 군자라도 게을러지게 된다. 네가 마음을 다해 그 적중해야 할 도리를 진실로 딱 잡는다면[允執其中] 하늘의 복은 영원히 이어지겠지만, 만일 허물이 있거나 힘써 좋은 일을 행하지 않는다면 너의 나라에 재앙이 있을 것이고 네 몸도 손상을 입게 될 것이다. 아! 나라를 보존하고 백성을 잘 다스리려면 정녕 삼가지 않을 수 있겠는가? 왕이 되었으니 이를 조심해야 할 것이다.'"

이상은 제왕(齊王)의 책문(策文)이다.

1) 제단의 흙을 말한다. 천자가 청색·황색·적색·백색·흑색 등 오색의 흙으로 제단을 쌓아서 토지 신에게 제사 지내면, 제후는 그중 하나의 흙을 하사받고 자신의 봉국에 가서 사(社)를 세워야 한다.

'원수(元狩) 6년(기원전 117년) 4월 을사일(乙巳日)에 황제께서는 어사대부 장탕(張湯)으로 하여금 태묘에 나아가 황자 유단(劉旦)을 세워 제나라 왕으로 삼게 하면서, 이렇게 책문을 내렸다.

"아! 아들 단(旦)아, 이 검은 사토[玄社]를 받으라. (짐은 조상의 대업을 이어받고[朕承祖考] 옛일을 깊이 상고해서[維稽古]) 네 나라를 세워주고 북쪽의 땅을 봉해주니, 대대로 한나라의 울타리가 되어 돕도록 하라. 아! 훈육씨(薰鬻氏)¹⁾가 노인을 학대하는 짐승 같은 마음을 갖고서 수시로 침범해 도적질

하며 변방의 백성을 간교하게 꼬드겼으나, 짐이 장수에게 명을 내려 그들의 죄를 벌하게 하자, 우두머리[夫長] 1만 명, 우두머리 1,000명, 장수 32명이 모두 귀순해 왔다. 깃발은 내려가고 군대는 달아났으니, 훈육의 무리가 옮겨가자, 북방의 주군(州郡)들이 평온을 얻었다. 너의 마음을 다하고 원한을 빚지 말며 다움을 저버리지 말고 전쟁 준비를 소홀히 하지 말라. 교화되지 않은 사람을 주변에 불러들여서는 안 된다. 왕이 되었으니 이를 조심해야 할 것이다.'"

이상은 연왕(燕王)의 책문이다.

1)　여러 명칭이 있는데, 이들이 바로 진나라와 한나라 때 흉노다.

'원수(元狩) 6년(기원전 117년) 4월 을사일(乙巳日)에 황제께서는 어사대부 장탕(張湯)으로 하여금 태묘에 나아가 황자 유(劉胥)를 세워 제나라 왕으로 삼게 하면서, 이렇게 책문을 내렸다.

"아! 아들 서(胥)야, 이 붉은 사토[赤社]를 받으라. (짐은 조상의 대업을 이어받고[朕承祖考] 옛일을 깊이 상고해서[維稽古]) 네 나라를 세워주고 남쪽의 땅을 봉해주니, 대대로 한나라의 울타리가 되어 돕도록 하라. 옛사람의 말 중에 '장강 남쪽 오호(五湖) 사이의 사람들은 마음이 경박스럽고 양주(楊州)는 변방을 지켜야 하고 삼대 때 멀리 떨어져 있던 험지이므로 정사와 가르침[政敎]이 제대로 미치지 못한다'라고 했다. 아! 너는 마음을 다해 늘 삼가고 두려워하면서[祗祗兢兢] 은혜를 베풀고 공손해야 할 것이며, 가벼이 굴거나 안일함에 빠지지 말라. 또 소인배를 가까이하지 말고 법과 원칙을 지켜야 할 것이다.

『서경(書經)』에 이르기를 '신하 된 자는 감히 스스로 복을 내리지 않고 위력을 함부로 행하지 않아야1) 뒷날에 부끄러움이 없을 것'이라고 했다. 왕이 되었으니 이를 조심해야 할 것이다."

이상은 광릉왕(廣陵王)의 책문이다.

1) 복록과 벼슬은 신하가 아니라 임금이 내려주는 것이기 때문이다.

태사공(太史公)이 말한다.

"옛사람의 말 중에 이런 말이 있다. '그를 아끼면 그를 부유하게 해주려 하고, 그를 몸과 같이 여기면 그를 존귀하게 해주려 한다.' 그래서 임금다운 임금[王者]들은 땅을 구획해 나라를 세우고 자제들을 봉해 세워주었으니, 이는 친족을 제 몸과 같이 여기는 도리[親親]를 기리고 골육간의 차례를 정하며 선조들을 높이고 종족들을 귀하게 함으로써 동성(同姓)을 천하에 넓히려는 것이었다.

이 때문에 형세는 강해지고 왕실은 안정되니, 예로부터 지금까지 그 유래가 오래되었다. (이 문제와 관련해서는) 특별한 것이 없으므로 따로 논해 드러내지 않는다.

연나라와 제나라의 일은 굳이 실을[采] 필요가 없다. 그러나 삼왕(三王)을 책봉한 일을 보면 천자는 공손하고 겸양했으며 여러 신하는 마땅함을 지켰으니, 문사(文辭)가 빛나고 아름다워서[斐然=華美] 심히 볼 만했다[可觀]. 이 때문에 세가(世家)에 덧붙였다."[1]

1) **[색은술찬(索隱述贊)]** 삼왕이 세상에 봉해지니[三王封世]/오랜 역사 찬란했도다[舊史爛然]/저씨가 뒤에 보충해[褚氏後補]/책서의 의미가 보존될 수 있었네[冊書存焉]/거병이 의견을 세우고[去病建義]/청적은 마땅한 논리 올렸도다[靑翟上宣]/천자는 마음 비워 겸양했고[天子沖挹]/마음은 뛰어난 이들을 찾아 쓰는 데 급급했지[志在急賢]/태상이 예를 갖춰[太常具禮]/제왕 연왕 세울 것 청하니[請立齊燕]/(제왕) 굉의 나라는 바다를 등지고 있었고[閎國負海]/단의 사직단은 검은색이었지[旦社惟玄]/간사한 자 가까이하지 말라 했고[胥人

不邇]/훈육은 먼 변방이었지[葷鬻遠邊]/밝았도다! 그 경계함이여[明哉監戒]/ 미리 그 허물을 막으려 했도다[式防厥愆]!

저선생(褚先生)은 말한다.

내가 요행히 문학(文學-유학)으로 시랑(侍郞)이 되어 「태사공열전(太史公列傳-태사공자서)」을 즐겨 읽었는데, 열전에서 「삼왕세가(三王世家)」의 글이 볼 만하다고들 말했다고 했으나 「세가(世家)」에서는 끝내 그 글을 찾을 수가 없었다. 이에 개인적으로 장로 중에서 고사를 좋아하는 분에게 봉해주는 책서를 얻어 그 일을 편성해 전함으로써 후세 사람들로 하여금, 뛰어난 군주[賢主]의 깊은 뜻을 볼 수 있도록 했다.

대개 듣건대, 효무제(孝武帝) 때 같은 날에 세 아들을 함께 제배해[拜] 왕으로 삼았는데[爲] 한 아들은 제에, 한 아들은 광릉에, 한 아들은 연에 봉했다고 한다. 각각 재능과 지혜, 토지의 강함과 부드러움, 백성 습속의 경박함과 중후함에 맞춰 책문을 지어 거듭해서 경계해 말했다.

'대대로 한나라 울타리 보신[藩輔]이 되어 나라를 지키고 백성을 잘 다스리려면 삼가지 않을 수 있으랴! 왕은 이에[其] 경계할지어다!'

무릇 뛰어난 군주가 지은 책문은 진실로 들은 바가 얕은 자로서는 능히 알 수가 없으니, 널리 듣고 잘 기억하는 군자가 아니고서는 그 뜻을 제대로 다 알지 못한다. 차례와 단락, 문자의 안배, 문장의 길이와 차이가 모두 나름의 의미가 있어 일반 사람들은 능히 알아차릴 수 없는 것이다. 삼가 원래의 초고와 조서(詔書)를 논하고 정리해서 아래와 같이 편찬함으로써 열람자가 그 뜻을 스스로 알아차릴 수 있도록 해보았다.

왕부인(王夫人)은 조(趙)나라 사람으로 위부인(衛夫人)과 나란히 무제에게 총애를 받았는데, 아들 굉(閎)을 낳았다.

굉이 장차 세워져 왕에 봉해질 무렵, 어머니가 병이 나자, 무제가 몸소 문안을 와서 물었다.

"아들이 마땅히 왕이 될 텐데, 어디에 봉해주길 바라오?"

왕부인이 말했다.

"폐하께서 계신데 첩이 또 무슨 할 말이 있겠습니까?"

무제가 말했다.

"비록 그렇더라도, 그대의 뜻으로는 어디에 그 아이를 왕으로 삼았으면 좋겠소?"

왕부인이 말했다.

"바라건대 낙양에 두십시오."

무제가 말했다.

"낙양에는 무기고와 오창(敖倉-군량 창고)이 있으니, 천하의 요충지[衝阨]이고 한나라의 큰 도시요. 선제(先帝) 이래로 어느 아들도 낙양에서 왕 노릇을 한 적이 없소. 낙양을 빼고 나머지는 다 가능하오."

왕부인이 응답하지 않으니, 무제가 말했다.

"관동(關東)에 있는 나라 중에 제(齊)나라보다 큰 곳은 없소. 제나라는 동으로 바다를 등지고 있고 성곽이 커서 옛날에는 임치(臨菑) 한 곳에만 해도 10만 호가 있었으니, 천하의 기름진 땅[膏腴地] 중에 제나라보다 좋은 곳은 없소."

왕부인이 손으로 머리를 치면서 감사해하며 말했다.

"참으로 다행입니다."

왕부인이 죽자, 제(帝)는 비통해했고, 이에 사자를 보내 절하게 하고서는 이렇게 말하게 했다.

"황제께서 삼가 사자 태중대부 명(明)을 시켜 벽옥 하나를 올리게 하시면서, 부인에게 제왕태후(齊王太后)의 칭호를 내려주셨습니다."

아들 굉은 제나라 왕이 되었으나 나이가 어리고 아들이 없이 세워졌다가, 불행하게도 일찍 죽는 바람에 나라는 끊어져[國絶] 군(郡)이 되었다. 천하 사람들은 제왕이 왕 자리에는 어울리지 않았다고 말했다.

이른바 "이 흙을 받으라"라는 것은, 제후왕이 처음 봉해질 때 반드시 천자의 사직단에서 흙을 받아서 자기의 봉국으로 돌아온 뒤 사직단을 세우고 해마다 때가 되면 제사를 지내라는 뜻이다. 『춘추대전(春秋大傳)』에 이르기를 "천자 나라에는 태사(泰社)가 있다. 동방은 푸른색, 서방은 흰색, 남방은 붉은색, 북방은 검은색, 중앙은 누런색"이라고 했다. 그러므로 장차 동방에 봉해지는 자는 푸른색 흙을 취하고, 서방에 봉해지는 자는 흰색 흙, 남방에 봉해지는 자는 붉은색 흙, 북방에 봉해지는 자는 검은색 흙, 중앙에 봉해지는 자는 누런색 흙을 취한다. 각기 자기에게 맞은 색깔의 흙을 취해 흰 띠풀로 싼 뒤 그 흙을 쌓아 올려서 봉국에 사직단을 만든다. 이것이 바로 천자로부터 봉토를 받는 시초다. 이를 주토(主土)라고 한다. 주토란 사직단을 세우고서 그것에 제사를 받드는 것이다.

"짐은 조상의 대업을 이어받고[朕承祖考]"에서 조(祖)는 선조들, 고(考)는 돌아가신 아버지를 말한다.

"옛일을 깊이 상고해서[維稽古]"에서 유(維)는 헤아린다[度], 유념한다[念]는 뜻이며, 계(稽)는 마땅히[當]라는 뜻으로 당연히 옛날의 법이나 도리에 고분고분하다는 뜻이다.

제(齊) 땅은 변화와 거짓[變詐]이 많아서 예와 마땅함에 익숙하지 않았기 때문에, 그래서 경계시켜 이렇게 말했다. "짐의 조서를 공손히 받들라. 저 천명이란 늘 그대로 있는 것이 아니어서, 사람이 다움을 좋아하면 능히 밝히고 흰히 빛나게 할 수 있지만 의로움을 도모하지 않는다면 군자라도 게을러지게 된다. 너의 마음을 다해 적중해야 할 도리를 진실로 딱 잡는다면

[允執其中] 하늘의 복은 영원히 이어질 것이지만, 만일 허물이 있거나 힘써 좋은 일을 행하지 않는다면 너의 나라에 재앙이 있을 것이고 네 몸도 손상을 입게 될 것이다."

제왕이 봉국에 가자, 좌우 신하들이 예와 마땅함으로 그를 붙들어주었는데, 불행하게도 중년(中年)에 요절했다. 그러나 자기 몸에 아무런 허물이 없었기에 책문의 뜻과 같았다.

전(傳)에 이르기를 "푸른색은 쪽빛에서 나왔으나[靑采出於藍=靑出於藍] 바탕은 쪽빛보다 더 푸르다"라고 했으니, 교화를 통해 그렇게 만든 것이다. 멀리 내다보는 뛰어난 군주는 홀로 탁월한 식견을 갖고 있기에 제왕에게는 안으로 신중할 것을 경계시켰고, 연왕에게는 원한을 빚지 말고 다움을 저버리지 말 것을, 광릉에게는 나라 밖의 일을 신중히 할 것과 위력이나 복을 행하지 말 것[1]을 경계시켰던 것이다.

1) 형벌을 내리고 벼슬을 내리는 것은 천자의 일이므로 신하인 제후왕이 함부로 행하려 해서는 안 된다는 말이다.

무릇 광릉(廣陵)은 오(吳)나라와 월(越)나라 땅에 있어 백성은 세세하되 경박했기[精而輕] 때문에, 그래서 경계시켜 이렇게 말했다.

"'장강 남쪽 오호(五湖) 사이의 사람들은 마음이 경박스럽고 양주(楊州)는 변방을 지켜야 하고 삼대 때 멀리 떨어져 있던 험지이므로 정사와 가르침[政敎]이 제대로 미치지 못한다'라고 했다. 아! 네 마음을 다하며 늘 삼가고 두려워하면서[祗祗兢兢] 은혜를 베풀고 공손해야 할 것이며, 가벼이 굴거나 안일함에 빠지지 말라. 또 소인배를 가까이하지 말고 법과 원칙을 지키도록 하라. 그래야만 뒷날에 부끄러움이 없을 것이다."

삼강(三江)과 오호는 어업과 염업의 이점이 있고 풍부한 구리광산이 있어 천하 사람들이 우러러본다. 따라서 "신하 된 자는 감히 스스로 복을 내리지 않아야 한다"라고 경고한 것이니, 재물과 화폐를 남용하고 상을 지나치게 내림으로써 자신의 명성과 명예를 세우고, 이를 통해 사방이 귀의해오게 해서는 안 된다는 말이다.

또 "신하 된 자로서 위력을 함부로 행하지 말라"고 한 것은 경박함으로 인해 마땅함을 저버리는 일이 없도록 하라는 말이다.

마침 무제가 붕하고 효소제(孝昭帝)가 처음 세워졌을 때 (소제는) 가장 먼저 광릉왕 서(胥)를 조회하러 오게 했는데, 금전과 재물을 두텁게 내려준 것이 3,000여만이나 되었고 사방 100리 땅과 식읍 1만 호를 더해주었다.

(또) 마침 소제가 붕하고 선제(宣帝)가 처음 세워졌을 때 (선제는) 은애(恩愛)하는 마음으로 마땅함을 행해, 본시(本始) 원년 연간에 한나라 조정의 땅을 떼어 광릉왕 서의 네 아들 모두를 봉해주었으니, 첫째를 조양후(朝陽侯), 둘째를 평곡후(平曲侯), 셋째를 남리후(南利侯)로 삼고 가장 아끼던 막내아들 홍(弘)을 세워 고밀왕(高密王)으로 삼았다.

(그러나) 후에 서(胥)는 과연 위력과 복을 지으면서[作威福] 초왕(楚王)과 사자(使者)를 통해 내통했고, 초왕은 선포해 말했다.

"내 선조 원왕(元王-유방의 이복동생 交)은 고제(高帝)의 동생으로 성 32개에 봉해졌는데, 지금 봉지와 성읍이 점점 줄어드니 나는 광릉왕과 함께 군대를 일으키고자 한다."

그러고는 광릉왕을 상(上-천자)으로 삼아서 자신은 다시 원왕 때처럼 초나라 성 32개를 되찾겠다고 말했다. 일이 발각되자 공경(公卿)과 담당 관리[有司]들이 (서를) 주살할 것을 청했는데, 천자는 골육이라는 이유로 차마

서를 법대로 처리하지 못해 조서(詔書)를 내려서 '광릉왕은 법대로 다스리지 말고 다만 수괴 초왕만 죽이라'라고 했다. 전(傳)에 이르기를 "쑥이 삼밭에 자라면 붙들어 매지 않아도 저절로 곧게 자라고, 흰 모래가 진흙 속에 있으면 함께 검어진다[1]"라고 했는데, 그 땅과 교화가 그렇게 만든 것이다. 그 후에 서는 다시 (상을) 저주하며 모반하다 자살했고, 봉국은 없어졌다[國除=國絶].

1) 【색은(索隱)】 이는 『순자(荀子)』에 보인다.

　연나라는 땅이 메마르고[墝埆=瘠薄] 북쪽으로 흉노와 가까이 있으며 백성이 용감하긴 하지만 사려가 깊지 못하니, 그래서 경계시켜 이렇게 말했다.

　"훈육씨(薰鬻氏)가 노인을 학대하는 짐승 같은 마음을 갖고서 수시로 침범해 도적질하며 변방의 백성을 간교하게 꼬드겼으나 짐이 장수에게 명을 내려 그들의 죄를 벌하게 하자, 우두머리[夫長] 1만 명, 우두머리 1,000명, 장수 32명이 모두 귀순해 왔다.

　깃발은 내려가고 군대는 달아났으니, 훈육의 무리가 옮겨가자, 북방의 주군(州郡)들이 평온을 얻었다."

　"네 마음을 다하고 원한을 빚지 말라"라고 한 것은, (흉노의) 습속을 좇아 원한을 만들지 말라는 것이다.

　"다움을 저버리지 말라"라고 한 것은 연왕에게 다움을 저버리지 말 것을 경계한 것이다.

　"전쟁 준비를 소홀히 하지 말라"라고 한 것은, 무기 비축을 소홀히 하지 말고 늘 흉노에 대비하라는 말이다.

　"교화되지 않은 사람을 주변에 불러들여서는 안 된다"라고 한 것은 예와 마땅함을 익히지 않은 자를 주변에 두어서는 안 된다는 뜻이다.

마침, 무제가 연로했을 때 태자[1]가 불행하게 훙했다. 아직 새 태자를 세우지 않았는데, 단(旦)이 사자를 보내 자신이 몸소 장안에서 숙위(宿衛)하고 싶다는 글을 올렸다. 효무가 그 글을 보고는 땅바닥에 내던지며 분노해서 말했다.

"아들을 낳으면 마땅히 제나라나 노나라 같은 예와 마땅함[禮義]을 아는 고을에 두어야 하건만, 연나라나 조나라 같은 땅에 두었더니 과연 다투려는 마음만 있고 겸양을 모르는 싹이 보이는구나."

이에 사람을 보내 그 즉시 궁궐 아래에서 사자를 목베게 했다.

1) 위(衛)황후 소생 유거(劉據)다.

(얼마 후) 마침 무제가 붕하고 소제(昭帝)가 처음 세워졌는데, 단(旦)은 과연 원한을 품고서 대신들을 원망했다[望=怨望]. 그는 스스로 맏아들이 마땅히 세워져야 한다고 생각해서 제왕의 아들 유택(劉澤) 등과 반역을 모의하면서 이렇게 말했다.

"나에게 어찌 동생이 있을 수 있는가![1] 지금 세워진 자는 곧 대장군의 아들이다."

그러고는 군사를 일으키려 했다. 일이 발각되었으니 마땅히 주살되어야 했으나, 소제는 은애(恩愛)하는 마음으로 너그럽게 참으면서 이 사안을 억누르고 겉으로 드러내지 않았다. 공경 대신들이 종정(宗正)과 태중대부 공호만의(公戶滿意)를 시켜 어사 두 사람과 함께 연나라에 사자로 가서 풍자를 통해 일깨워주게 할 것을 청하니[2], (공호만의 등은) 연나라에 도착해 각자 서로 날을 달리하며 연왕을 번갈아 만나서 꾸짖었다.

종정은 종실 유씨들의 호적을 주관하는데, 먼저 왕을 만나 구체적인 사례를 들어가며 소제가 진짜 무제의 아들인 정황을 말해주었다.

(이어서) 시어사가 마침내 다시 왕을 만나 국법에 따라 그를 꾸짖어 물

었다.

　"왕이 군사를 일으키려 한 죄는 명백하니 처벌을 받아야 합니다. 한나라에는 바른 법이 있으니, 왕이라 하더라도 검불 같은 작은 죄를 지으면 곧장 법에 따라 처벌을 받을 뿐입니다. 어찌 왕을 용서해줄 수 있겠습니까?"

　그러고는 법조문[文法]을 들어 그를 놀라게 했다. 왕은 속으로 위축이 되었고 내심 두려웠다.

　(이어서) 공호만의가 맨 마지막으로 왕을 만났다. 그는 경술(經術-유학)을 익힌 사람으로서 고금에 두루 통하는 의리와 국가 대례를 끌어들여 이야기했는데, 그 말이 비근하면서도 반듯했다[爾雅][3].

　왕에게 일러 말했다.

　"옛날의 천자들은 궁정 안에는 반드시 성이 다른 대부를 두어 골육간의 일을 바로잡았고, 밖으로는 성이 같은 대부를 두어 다른 종족의 일을 바로잡았습니다. 주공이 성왕을 보좌할 때 두 동생을 죽였기 때문에 나라가 다스려진 것입니다. 무제께서 계실 때는 그나마 왕을 용서하실 수 있었으나, 지금은 소제께서 막 세워지고 연세도 어리시어 장차 사실 날이 많기[富] 때문에, 아직 정사에 임하지 않고 대신들에게 위임하신 것입니다. 옛날에는 친척을 가리지 않고 형을 집행했기에 천하가 다스려졌습니다. 바야흐로 지금 대신들이 정사를 도우면서 법을 받들어 바르게 집행하는 것이 감히 봐주는 바가 없으니, 왕을 용서하지 못할까 걱정스럽습니다. 왕께서는 스스로 근신하시어 몸이 죽고 나라는 없어져서 천하의 웃음거리가 되는 일이 없도록 하십시오."

　이에 연왕 단이 두려워하면서 죄에 엎어져[服罪][4] 머리를 조아리고 잘못을 빌었다. (본래) 대신들은 골육을 화합시키고자 했기에 법으로 그를 해치기는 힘들었다.

---

1) 【색은(索隱)】 살펴보건대, 소제는 구익부인(鉤弋夫人)의 소생으로 무제가 붕했을

때 나이가 겨우 일고여덟 살일 뿐이었다. 일찍이 서(胥)와 단(旦)은 외방에 봉해지자 두 사람 모두 의심하는 마음이 있었으나 무제는 춘추가 많은 데다 안에서 총애하는 여인에게 미혹되었기에 태자를 주살하고 어린아이를 세우면서도 서와 단으로 하여금 의심이나 원망을 품지 않도록 하지 못했다. 또한 정치를 보필하고 있는 권신들은 어린 임금을 세우는 것이 자신들에게 이로울 것이라고 여겼기 때문에, 드디어 구익의 아들을 세우게 된 것이다.

2) 【색은(索隱)】 종정은 관직명으로 반드시 종실 사람 중에서 덕을 갖춘 사람이 이를 맡았는데, 이때는 누가 종정이었는지 알 수가 없다. 공호는 성이고 만의는 이름이다. 이 두 사람과 또 어사 두 사람을 사사로 삼아서 함께 가서 연왕을 다스리게 한 것이다.

3) 【색은(索隱)】 이(爾)는 '가깝다[近=邇]', 아(雅)는 '반듯하다[正]'는 뜻이다.

4) 죄인이 죄를 인정하고 받아들인다는 뜻이다.

그 후에 단은 다시 좌장군(左將軍) 상관걸(上官桀) 등과 함께 모반하며 노골적으로 이렇게 말했다.

"내가 태자의 다음이다. 태자가 없으니 내가 세워져야 마땅한데도 대신들은 함께 나를 억누른다."

이런 따위의 말을 내뱉었다. 대장군 곽광(霍光)이 정사를 보좌하고 있었는데, 공경 대신들과 토의해 말했다.

"연왕 단이 잘못을 뉘우쳐 바로잡으려 하지 않고, 나쁜 일을 저지르려는 마음이 조금도 변하지 않았다."

이에 법에 따라 단죄해 주살을 시행했다. 단은 자살했고 나라는 없어졌으니, 책문에서 지적한 바 그대로였다.

담당 관리가 단의 처자식까지 죽이자고 청했으나, 효소(孝昭)는 골육지친이라 하여 차마 법으로 다스리지 못하고 단의 처자식을 사면하면서 작위를 없애 서인으로 삼았다.

전(傳)에 이르기를 "난초 뿌리와 백지(白芷-구릿대뿌리)를 오줌에 담그면 [蘭芷漸滫]^{난지점수}[1], 군자는 가까이하지 않고 서인들도 그것을 몸에 두르지 않는다"라고 했으니, 그것은 점점 그렇게 된 것[所以漸然]^{소이 점연}이었다.

1) 수(滫)는 원래 쌀뜨물이다.

선제(宣帝)가 처음 세워졌을 때 은덕을 널리 베풀었다. 본시(本始) 원년 연간에 다시 연왕 단의 두 아들을 모두 봉했으니, 한 아들을 안정후(安定侯)[1]로 삼았고 연왕의 이전 태자 건(建)을 다시 세워 광양왕(廣陽王)[2]으로 삼아서 연왕의 제사를 받들게 했다.

1) 【정의(正義)】『한서(漢書)』「표(表)」에 따르면, 안정은 거록군(鉅鹿郡)이다.

2) 【정의(正義)】『괄지지(括地志)』에서 말했다. "광양고성은 지금의 유주(幽州) 양향현(良鄕縣) 동북쪽으로 37리다."

KI신서 16199

이한우의 사기 6
세가(世家) 권43-권60

1판 1쇄 인쇄 2026년 3월 13일
1판 1쇄 발행 2026년 4월 1일

지은이 사마천
옮긴이 이한우
펴낸이 김영곤
펴낸곳 ㈜북이십일 21세기북스

서가명강팀 팀장 양으녕 **책임편집** 서진교 **마케팅** 김주현
디자인 푸른나무디자인
마케팅영업부문 정지은
영업팀 김지윤 강경남 김도연
e-커머스팀 장철용 명인수 황성진
제작팀 이영민 권경민

출판등록 2000년 5월 6일 제406-2003-061호
주소 (10881) 경기도 파주시 회동길 201(문발동)
대표전화 031-955-2100   **팩스** 031-955-2151   **이메일** book21@book21.co.kr

(주)북이십일 경계를 허무는 콘텐츠 리더

21세기북스 채널에서 도서 정보와 다양한 영상자료, 이벤트를 만나세요!
페이스북 facebook.com/jiinpill21   **포스트** post.naver.com/21c_editors
유튜브 youtube.com/book21pub   **인스타그램** instagram.com/jiinpill21
홈페이지 www.book21.com

당신의 일상을 빛내줄 탐나는 탐구 생활 〈탐탐〉
21세기북스 채널에서 취미생활자들을 위한 유익한 정보를 만나보세요!

© 이한우, 2026
ISBN 979-11-7357-899-1 (04910)
      979-11-7357-893-9 (04910) (세트)